仿真科学与技术及其军事应用丛书

军队"2110工程"重点建设项目资助
空军指挥学院优秀专著后期资助项目

军事模型服务原理与技术

赵　倩　李永红
李宏权　邓红艳　董冬梅　编著

国防工业出版社
·北京·

内容简介

本书围绕构建作战模拟系统的军事模型资源，研究如何以面向服务的方式实现军事模型的共享与重用。全书分为15章。第1章主要介绍军事模型服务的相关概念；第2章和第3章分别论述了支持实现军事模型服务的技术；第4章到第8章分别阐述了军事模型共享服务的体系设计、军事模型服务组件设计方法、设计实例、开发规范和目录服务方法；第9章至第11章分别论述了模型服务的主动机制、基于需求的主动服务和主动服务设计；第12章和第13章探讨了基于云计算的军事模型服务问题；第14章给出了一个军事模型共享服务的实例；第15章展望了军事模型服务的发展。

本书可以作为相关院校建模与仿真专业方向本科生和研究生的教科书，也可作为相关专业工程技术人员研究模型服务技术的参考书。

图书在版编目(CIP)数据

军事模型服务原理与技术/赵倩等编著. —北京：国防工业出版社，2014.2
（仿真科学与技术及其军事应用丛书）
ISBN 978-7-118-09202-8

Ⅰ.①军… Ⅱ.①赵… Ⅲ.①计算机仿真—应用—作战模型—研究 Ⅳ.①E211-39

中国版本图书馆CIP数据核字(2014)第022487号

※

国防工业出版社出版发行
（北京市海淀区紫竹院南路23号　邮政编码100048）
北京嘉恒彩色印刷有限公司
新华书店经销

*

开本710×960　1/16　印张24½　字数425千字
2014年2月第1版第1次印刷　印数1—3000册　定价48.00元

（本书如有印装错误，我社负责调换）

国防书店：(010)88540777　　　　发行邮购：(010)88540776
发行传真：(010)88540755　　　　发行业务：(010)88540717

丛书编写委员会

主任委员 郭齐胜

副主任委员 徐享忠　杨瑞平

委　　员（按姓氏音序排列）

曹晓东	曹裕华	丁　艳	邓桂龙	邓红艳
董冬梅	董志明	范　锐	郭齐胜	黄俊卿
黄玺瑛	黄一斌	贾庆忠	姜桂河	康祖云
李　雄	李　岩	李宏权	李巧丽	李永红
刘　欣	刘永红	罗小明	马亚龙	孟秀云
闫华侨	穆　歌	单家元	谭亚新	汤再江
王　勃	王　浩	王　娜	王　伟	王杏林
徐丙立	徐豪华	徐享忠	杨　娟	杨瑞平
杨学会	于永涛	张　伟	张立民	张小超
赵　倩

总 序

为了满足仿真工程学科建设与人才培养的需求,郭齐胜教授策划在国防工业出版社出版了国内第一套成体系的系统仿真丛书——"系统建模与仿真及其军事应用系列丛书"。该丛书在全国得到了广泛的应用,取得了显著的社会效益,对推动系统建模与仿真技术的发展发挥了重要作用。

系统建模与仿真技术在与系统科学、控制科学、计算机科学、管理科学等学科的交叉、综合中孕育和发展而成为仿真科学与技术学科。针对仿真科学与技术学科知识更新快的特点,郭齐胜教授组织多家高校和科研院所的专家对"系统建模与仿真及其军事应用系列丛书"进行扩充和修订,形成了"仿真科学与技术及其军事应用丛书"。该丛书共 19 本,分为"理论基础—应用基础—应用技术—应用"4 个层次,系统、全面地介绍了仿真科学与技术的理论、方法和应用,体系科学完整,内容新颖系统,军事特色鲜明,必将对仿真科学与技术学科的建设与发展起到积极的推动作用。

中国工程院院士
中国系统仿真学会理事长
李伯虎
2011 年 10 月

序 言

系统建模与仿真已成为人类认识和改造客观世界的重要方法,在关系国家实力和安全的关键领域,尤其在作战试验、模拟训练和装备论证等军事领域发挥着日益重要的作用。为了培养军队建设急需的仿真专业人才,装甲兵工程学院从1984年开始进行理论研究和实践探索,于1995年创办了国内第一个仿真工程本科专业。结合仿真工程专业创建实践,我们在国防工业出版社策划出版了"系统建模与仿真及其军事应用系列丛书"。该丛书由"基础—应用基础—应用"三个层次构成了一个完整的体系,是国内第一套成体系的系统仿真丛书,首次系统阐述了建模与仿真及其军事应用的理论、方法和技术,形成了由"仿真建模基本理论—仿真系统构建方法—仿真应用关键技术"构成的仿真专业理论体系,为仿真专业开设奠定了重要的理论基础,得到了广泛的应用,产生了良好的社会影响,丛书于2009年获国家级教学成果一等奖。

仿真科学与技术学科是以建模与仿真理论为基础,以计算机系统、物理效应设备及仿真器为工具,根据研究目标建立并运行模型,对研究对象进行认识与改造的一门综合性、交叉性学科,并在各学科各行业的实际应用中不断成长,得到了长足发展。经过5年多的酝酿和论证,中国系统仿真学会2009年建议在我国高等教育学科目录中设置"仿真科学与技术"一级学科;教育部公布的2010年高考招生专业中,仿真科学与技术专业成为23个首次设立的新专业之一。

最近几年,仿真技术出现了与相关技术加速融合的趋势,并行仿真、网格仿真及云仿真等先进分布仿真成为研究热点;军事模型服务与管理、指挥控制系统仿真、作战仿真试验、装备作战仿真、非对称作战仿真以及作战仿真可信性等重要议题越来越受到关注。而"系统建模与仿真及其军事应用系列丛书"中出版最早的距今已有8年多时间,出版最近的距今也有5年时间,部分内容需要更新。因此,为满足仿真科学与技术学科建设和人才培养的需求,适应仿真科学与技术快速发展的形势,反映仿真科学与技术的最新研究进展,我们组织国内8家高校和科研院所的专家,按照"继承和发扬原有特色和优点,转化和集成科研学术成果,规范和统一编写体例"的原则,采用"理论基础—应用基础—应用技术—应用"的编写体系,保留了原"系列丛书"中除《装备效能评估概论》外的其余9本,对内容进行全面修订并修改了5本书的书名,另增加了10本新书,形成"仿真科学与技术及其军事应用丛书",该丛书体系结构如下图所示(图中粗体表示新增加的图书,括号中为修改前原丛书中的书名):

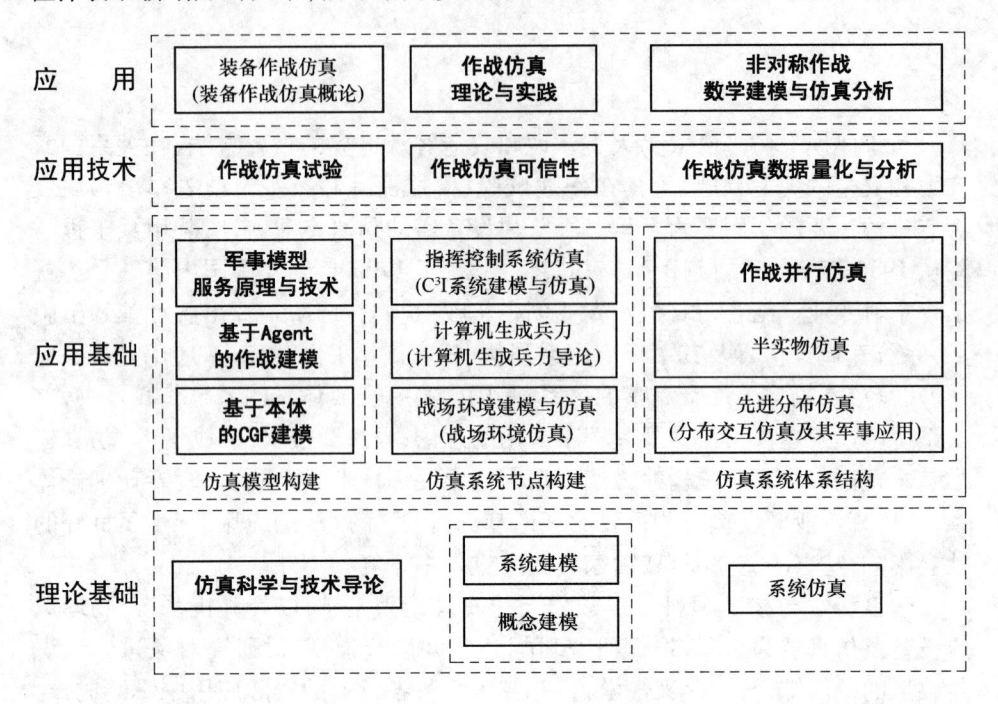

应用	装备作战仿真 (装备作战仿真概论)	**作战仿真** **理论与实践**	**非对称作战** **数学建模与仿真分析**
应用技术	**作战仿真试验**	**作战仿真可信性**	**作战仿真数据量化与分析**
应用基础	军事模型 服务原理与技术	指挥控制系统仿真 (C³I系统建模与仿真)	**作战并行仿真**
	基于Agent **的作战建模**	计算机生成兵力 (计算机生成兵力导论)	半实物仿真
	基于本体 **的CGF建模**	战场环境建模与仿真 (战场环境仿真)	先进分布仿真 (分布交互仿真及其军事应用)
	仿真模型构建	仿真系统节点构建	仿真系统体系结构
理论基础	仿真科学与技术导论	系统建模 概念建模	系统仿真

中国工程院院士、中国系统仿真学会理事长李伯虎教授在百忙之中为本丛书作序。丛书的出版还得到了中国系统仿真学会副秘书长、中国自动化学会系统仿真专业委员会副主任委员、《计算机仿真》杂志社社长兼主编吴连伟教授,空军指挥学院作战模拟中心毕长剑教授,装甲兵工程学院训练部副部长王树礼教授、装备指挥与管理系副主任王洪炜副教授和国防工业出版社相关领导的关心、支持和帮助,在此一并表示衷心的感谢!

仿真科学与技术涉及多学科知识,而且发展非常迅速,加之作者理论基础与专业知识有限,丛书中疏漏之处在所难免,敬请广大读者批评指正。

郭齐胜

2012年3月

总 序

系统建模与仿真及其军事应用系列丛书

仿真技术具有安全性、经济性和可重复性等特点，已成为继理论研究、科学实验之后第三种科学研究的有力手段。仿真科学是在现代科学技术发展的基础上形成的交叉科学。目前，国内出版的仿真技术方面的著作较多，但系统的仿真科学与技术丛书还很少。郭齐胜教授主编的"系统建模与仿真及其军事应用系列丛书"在这方面作了有益的尝试。

该丛书分为基础、应用基础和应用三个层次，由《概念建模》、《系统建模》、《半实物仿真》、《系统仿真》、《战场环境仿真》、《C^3I 系统建模与仿真》、《计算机生成兵力导论》、《分布交互仿真及其军事应用》、《装备效能评估概论》、《装备作战仿真概论》10 本组成，系统、全面地介绍了系统建模与仿真的理论、方法和应用，既有作者多年来的教学和科研成果，又反映了仿真科学与技术的前沿动态，体系完整，内容丰富，综合性强，注重实际应用。该丛书出版前已在装甲兵工程学院等高校的本科生和研究生中应用过多轮，适合作为仿真科学与技术方面的教材，也可作为广大科技和工程技术人员的参考书。

相信该丛书的出版会对仿真科学与技术学科的发展起到积极的推动作用。

中国工程院院士

2005年3月27日

序 言

仿真科学与技术具有广阔的应用前景，正在向一级学科方向发展。仿真科技人才的需求也在日益增大。目前很多高校招收仿真方向的硕士和博士研究生，军队院校中还设立了仿真工程本科专业。仿真学科的发展和仿真专业人才的培养都在呼唤成体系的仿真技术丛书的出版。目前，仿真方面的图书较多，但成体系的丛书极少。因此，我们编写了"系统建模与仿真及其军事应用系列丛书"，旨在满足有关专业本科生和研究生的教学需要，同时也可供仿真科学与技术工作者和有关工程技术人员参考。

本丛书是作者在装甲兵工程学院及北京理工大学多年教学和科研的基础上，系统总结而写成的，绝大部分初稿已在装甲兵工程学院和北京理工大学相关专业本科生和研究生中试用过。作者注重丛书的系统性，在保持每本书相对独立的前提下，尽可能地减少不同书中内容的重复。

本丛书部分得到了总装备部"1153"人才工程和军队"2110工程"重点建设学科专业领域经费的资助。中国工程院院士、中国系统仿真学会副理事长、《系统仿真学报》编委会副主任、总装备部仿真技术专业组特邀专家、哈尔滨工业大学王子才教授在百忙之中为本丛书作序。丛书的编写和出版得到了中国系统仿真学会副秘书长、中国自动化学会系统仿真专业委员会副主任委员、《计算机仿真》杂志社社长兼主编吴连伟教授，以及装甲兵工程学院训练部副部长王树礼教授、学科学位处处长谢刚副教授、招生培养处处长钟孟春副教授、装备指挥与管理系主任王凯教授、政委范九廷大校和国防工业出版社的关心、支持和帮助。作者借鉴或直接引用了有关专家的论文和著作。在此一并表示衷心的感谢！

由于水平和时间所限，不妥之处在所难免，欢迎批评指正。

郭齐胜
2005年10月

前 言

当今,人们身处于一个被信息完全包围的世界里,信息化技术已经渗透到人类社会生活的每一个角落,无论是否使用计算机,它都在主动或被动地为人们提供着服务。信息技术与传统技术相比,最大的特点是它的发展变化和更新速度快,同时也带动了各应用领域快节奏的变化,这在以信息化技术为基础的现代作战模拟领域体现地尤为明显。因作战模拟手段的安全性、经济性以及可重复性、可调整性和可预测性,它已成为研究战争和参与战争不可或缺的手段,并成为世界各军事强国积极发展的重要领域之一。

为适应复杂的战争需要,作战模拟系统不仅要随时根据军事需求的不断变化调整系统功能,而且还要不断地引入新技术与新方法以带动军事理论研究、武器装备论证和作战训练的创新发展。传统的"一事一议"的系统开发模式,已经不能适应作战模拟系统建设时效性的要求,只有采用开放的体系结构和开放的标准,在最大可能共享已有资源的基础上,利用工程化的快速组合装配的系统开发模式,才能使作战模拟系统以更高的时效性、适用性和可信度满足各种军事应用的需求,并充分发挥模拟系统建设的投资效益。在作战模拟系统建设中可以共享的资源既包括模型、数据,也包括系统平台。其中,模型资源的共享与重用尤为重要。模型是作战模拟系统中的核心,模型的质量直接影响作战模拟的可信性。因此,如何科学有效地管理作战模拟系统,及其所包含的大量的军事模型,共享已有的研究成果,提高军事模型的质量,促进作战模拟训练系统的进一步发展,并发挥在模拟(仿真)建设领域投资的最大效益,已成为当前各国包括我军军事训练信息化基础建设中面临的主要问题之一。

任何理论的发展都始于实践的需要,同时理论又要指导实践并为实践服务。军事模型的理论和应用价值具体体现在军事模型的表达和军事模型的使用方面。军事模型一旦开发出来,只有不断地重复使用才能发挥其效益。重复使用既包括模型开发者在不同的模拟系统中重用已有的军事模型,还包括军事模型的其他使用者重用已有的军事模型。随着第三代网络技术——网格技术的发展,"模型就是服务的思想"应运而生;同时 SOA 及云计算技术的成熟与发展,也为实现军事模型服务注入了新的活力。通过实现军事模型服务,一方面可以减少或避免军事模型的重复建设和资源浪费,让模型建设的投入经费发挥更大的效益;另一方面,军事模型服务提供的共享模型资源能够支持实现作战模拟系统的快速构建,适应瞬息万变的战场需要。

本书的作者均长期从事建模与仿真理论研究、模拟系统开发和模型建设工作。结合实际工作,我们感觉到有必要对军事模型服务建设中有关理论和技术方法进行总结、梳理和提高,这也是我们编写本书的初衷。

全书分为15章,第1章主要介绍军事模型服务的相关概念;第2章阐述了面向服务的架构原理,包括 SOA 的框架结构及服务设计模式等;第3章论述了服务实现的技术基础,包括 WS 的体系结构、协议规范及实现方式等;第4章分析了军事模型共享服务的策略和设计原则,探讨了军事模型服务体系和服务流设计;第5章基于组件技术提出了军事模型服务组件的概念,分析了基于军事模型服务组件的系统开发及组件化的军事模型建模过程;第6章结合实例阐明了军事模型组件化的实现方法;第7章介绍了军事模型服务组件的开发规范;第8章论述了军事模型服务中的目录服务体系架构,以及相关的模型和实现技术;第9章探讨了军事模型服务的主动机制,包括军事模型服务方式、主动服务的体系结构、实现流程和其中的模型挖掘的相关内容;第10章分析了基于需求的主动服务,包括相关的概念和实现技术、体系架构等;第11章结合实例说明了主动服务中的主动发现和服务组合方法;第12章探讨了基于云计算的军事模型服务平台的设计及其结构;第13章论述了基于云计算的军事模型服务的资源管理方法;第14章给出了一个军事模型共享服务的实例;第15章展望了军事模型服务未来的发展。

在本书的编写过程中,我们查阅了大量资料,并参考和引用了许多国内外相关书刊和文献,在此衷心感谢所有参考文献的作者以及未在参考文献中一一列出的作者;特别指出的是,本书在编写过程中得到了毕长剑教授的大力支持与帮助,并借鉴和吸收了周良伟、夏准博士的研究成果,同时还得到了空军指挥学院优秀专著出版基金资助,在此一并表示诚挚的谢意。

由于作者水平有限,加之信息技术发展日新月异,模型服务理论与技术不断发展和完善,书中难免有错误、疏漏与不妥之处,殷切期望有关专家和广大读者批评指正。

作 者

2013 年 10 月

目 录

第 1 章 绪论 …………………………………………………………………… 001

1.1 现代作战模拟与军事模型 ………………………………………………… 002
    1.1.1 现代作战模拟 ……………………………………………………… 002
    1.1.2 军事模型 …………………………………………………………… 009
1.2 军事模型服务 ……………………………………………………………… 013
    1.2.1 军事模型重用与共享 ……………………………………………… 013
    1.2.2 军事模型服务概念的提出 ………………………………………… 017
    1.2.3 军事模型服务的实现基础 ………………………………………… 025
1.3 军事模型重用的演变历程 ………………………………………………… 027
    1.3.1 模型重用技术 ……………………………………………………… 027
    1.3.2 模型计算环境的演变与计算技术 ………………………………… 031
1.4 军事模型发展特征与应用现状 …………………………………………… 038
    1.4.1 军事模型的发展特征 ……………………………………………… 038
    1.4.2 军事模型建设的发展历程 ………………………………………… 041

第 2 章 面向服务的架构原理 ……………………………………………… 044

2.1 SOA 概述 …………………………………………………………………… 044
    2.1.1 SOA 的基本概念 …………………………………………………… 045
    2.1.2 SOA 的基本特点 …………………………………………………… 045
    2.1.3 面向服务的计算环境 ……………………………………………… 047
    2.1.4 面向服务的抽象 …………………………………………………… 049
2.2 SOA 的概念层次 …………………………………………………………… 052
    2.2.1 层次框架 …………………………………………………………… 052
    2.2.2 功能描述 …………………………………………………………… 052
2.3 SOA 的服务特征 …………………………………………………………… 054
2.4 SOA 的设计模式 …………………………………………………………… 055

XV

2.4.1　发现服务 ································· 056
　　2.4.2　确定服务规约 ······························ 057
　　2.4.3　实现服务 ································· 058

第3章　服务实现的技术基础　060

3.1　Web 服务的体系结构 ································ 060
　　3.1.1　基本概念 ·································· 060
　　3.1.2　体系结构 ·································· 066
3.2　Web 服务的协议规范 ································ 068
　　3.2.1　基本内容 ·································· 068
　　3.2.2　Web 服务开发支撑环境 ·························· 070
3.3　Web 服务的实现方式 ································ 074
　　3.3.1　Web 服务的客户端 ····························· 074
　　3.3.2　Web 服务的服务器端 ··························· 075
　　3.3.3　Web 服务的开发方式 ··························· 076
3.4　Web 服务的资源框架 ································ 076
　　3.4.1　Web 服务资源与 WSRF 技术规范 ···················· 076
　　3.4.2　WSRF 资源模型及流程 ··························· 077

第4章　军事模型共享服务体系设计　080

4.1　军事模型共享服务的策略分析 ·························· 080
　　4.1.1　军事模型共享的方式策略 ························ 080
　　4.1.2　军事模型服务组件的设计策略 ····················· 082
　　4.1.3　军事模型服务的角色管理策略 ····················· 084
4.2　军事模型共享服务的设计原则 ·························· 087
　　4.2.1　概念表达相一致的设计原则 ······················ 087
　　4.2.2　保持服务灵活性的设计原则 ······················ 088
　　4.2.3　保持松散耦合的设计原则 ························ 090
4.3　军事模型服务的体系结构 ····························· 091
　　4.3.1　军事模型多维分类体系框架 ······················ 091
　　4.3.2　军事模型服务体系结构的层次模型 ·················· 093
　　4.3.3　军事模型服务管理的逻辑结构 ····················· 095

  4.3.4　军事模型服务实现的拓扑结构 ·················· 095
4.4　军事模型共享的服务流设计 ························· 096
  4.4.1　服务流的概念 ······························ 096
  4.4.2　服务流引擎的设计 ··························· 098

第 5 章　军事模型服务组件的设计方法　　　　　　　　　　　　　100

5.1　组件化的相关技术 ······························· 101
  5.1.1　组件的基本概念 ····························· 101
  5.1.2　组件的技术特征 ····························· 101
  5.1.3　组件化技术 ······························· 103
5.2　军事模型服务组件 ······························· 107
  5.2.1　军事模型服务组件的概念模型 ····················· 107
  5.2.2　军事模型服务组件的主要特点 ····················· 107
  5.2.3　军事模型服务组件与软件组件的比较 ·················· 108
5.3　基于军事模型服务组件的系统开发 ······················ 109
  5.3.1　基于军事模型服务组件开发的核心思想 ················ 110
  5.3.2　基于军事模型服务组件的开发过程 ··················· 110
5.4　组件化军事模型建模过程分析 ························ 112
  5.4.1　系统需求分析 ······························ 113
  5.4.2　组件的设计模型 ····························· 114
  5.4.3　基于组件的模型资源库构建 ······················ 116

第 6 章　军事模型服务组件化设计实例　　　　　　　　　　　　　　119

6.1　空军战役训练仿真中的模型组件结构设计 ··················· 119
  6.1.1　组件划分原则与方法 ·························· 119
  6.1.2　模型组件的实现结构 ·························· 120
  6.1.3　空军战役训练仿真中的模型组件描述 ·················· 121
  6.1.4　模型组件的组合结构 ·························· 123
6.2　空军地空导弹兵作战行动仿真军事模型组件 ·················· 126
  6.2.1　仿真中的模型组件结构 ························ 126
  6.2.2　构建雷达探测功能模型组件 ······················ 128
  6.2.3　构建射击指挥功能模型组件 ······················ 130
  6.2.4　构建火力打击功能模型组件 ······················ 132

6.3 空军地空导弹兵作战行动仿真军事模型组件调用 ············· 134
　　6.3.1 模型组件的接口设计 ·· 135
　　6.3.2 地空导弹兵抗击战斗模型组件调用流程 ·················· 136

第7章　军事模型服务组件的开发规范　138

7.1 军事概念模型的开发规范 ·· 138
　　7.1.1 基本术语 ·· 138
　　7.1.2 军事概念模型的建模原则与建模方法 ······················ 140
　　7.1.3 基于 EATI 的军事概念模型描述 ····························· 141
　　7.1.4 基于 UML 的军事概念模型描述 ····························· 141
　　7.1.5 军事概念模型建立的基本步骤 ································ 146
7.2 数学逻辑模型的开发规范 ·· 150
　　7.2.1 基本术语 ·· 150
　　7.2.2 建模原则 ·· 151
　　7.2.3 建模一般步骤 ·· 152
　　7.2.4 模型文档描述 ·· 153
7.3 仿真程序模型的开发规范 ·· 155
　　7.3.1 基本术语 ·· 155
　　7.3.2 建模的一般要求 ··· 156
　　7.3.3 建模的基本步骤 ··· 156
　　7.3.4 模型文档描述规范 ·· 158
7.4 模型接口交互规范 ·· 160
　　7.4.1 基本术语 ·· 160
　　7.4.2 模型交互内容 ·· 161

第8章　军事模型服务中的目录服务　175

8.1 概述 ··· 175
8.2 基于网格的军事模型服务目录体系架构 ·························· 176
8.3 军事模型服务中的 LDAP 信息模型 ································ 178
　　8.3.1 LDAP 信息模型概述 ··· 178
　　8.3.2 元数据概述 ··· 179
　　8.3.3 基于军事模型元数据的目录服务信息模型 ················ 180
8.4 军事模型服务中的 LDAP 命名模型 ································ 181

  8.4.1　LDAP 命名模型概述 ·················· 181
  8.4.2　基于军事模型结构体系的 LDAP 命名模型 ········ 182
 8.5　军事模型服务中的 LDAP 功能模型 ·············· 183
 8.6　军事模型服务中的 LDAP 安全模型 ·············· 185
  8.6.1　访问控制策略的选择 ·················· 185
  8.6.2　基于角色的 LDAP 安全模型 ··············· 186
 8.7　目录服务的技术实现 ···················· 189
  8.7.1　方案设计 ······················ 189
  8.7.2　方案实现 ······················ 190

第 9 章　军事模型服务的主动服务机制　193

 9.1　军事模型服务方式 ····················· 193
  9.1.1　军事模型服务方式的划分 ················ 193
  9.1.2　感知需求的主动服务 ·················· 195
 9.2　军事模型主动服务的体系结构 ················ 197
  9.2.1　主动服务体系中的角色关系 ··············· 198
  9.2.2　实现主动服务的协议规范 ················ 199
 9.3　军事模型主动服务的实现流程 ················ 202
  9.3.1　主动服务实现流程的阶段划分 ·············· 202
  9.3.2　模型服务的主动发现 ·················· 203
  9.3.3　模型服务的主动定制 ·················· 205
 9.4　主动服务中的模型挖掘 ··················· 206
  9.4.1　实现主动服务的相关技术 ················ 206
  9.4.2　主动服务中的模型挖掘技术 ··············· 209
  9.4.3　模型挖掘的主要研究内容 ················ 213

第 10 章　基于需求的军事模型主动服务分析　216

 10.1　基于需求的模型服务概述 ·················· 216
  10.1.1　基于需求的模型服务的提出 ··············· 216
  10.1.2　基于需求的模型服务的内涵 ··············· 218
  10.1.3　基于需求的模型服务的功能 ··············· 219
 10.2　基于语义 Web 服务的实现技术 ··············· 223
  10.2.1　语义 Web 服务技术 ·················· 224

XIX

10.2.2　本体技术与OWL-S描述语言 …………………… 226
　　　10.2.3　基于语义的服务发现与组合 …………………… 230
　10.3　基于需求的模型服务体系架构 ………………………… 233
　　　10.3.1　面向空军战役训练仿真系统的模型服务需求 …… 234
　　　10.3.2　基于需求的模型服务系统的结构 ………………… 235
　　　10.3.3　基于需求的模型服务系统的功能组成 …………… 236
　　　10.3.4　基于需求的模型服务系统的协议规范 …………… 240
　　　10.3.5　基于需求的模型服务运行流程设计 ……………… 241

第11章　基于需求的军事模型主动服务设计　　　244

　11.1　空军战役训练模型服务的描述、注册与发布 ………… 244
　　　11.1.1　基于OWL-S扩展的模型服务描述 ……………… 244
　　　11.1.2　基于OWL-S/UDDI的模型服务注册与发布 …… 249
　11.2　空军战役训练模型服务的自动发现 …………………… 252
　　　11.2.1　模型服务自动发现的设计思路 …………………… 253
　　　11.2.2　模型服务自动发现匹配算法——分级匹配
　　　　　　　过滤模型 ……………………………………………… 254
　　　11.2.3　模型服务自动发现匹配算法——各级匹配算法 … 255
　　　11.2.4　模型服务自动发现功能的实现设计 ……………… 263
　　　11.2.5　模型服务自动发现的实现过程 …………………… 264
　11.3　空军战役训练模型服务的组合 ………………………… 266
　　　11.3.1　模型服务组合的设计思路 ………………………… 266
　　　11.3.2　模型服务组合的功能结构 ………………………… 269
　　　11.3.3　模型服务组合的实现设计 ………………………… 273

第12章　基于云计算的军事模型服务平台　　　277

　12.1　云计算技术概述 ………………………………………… 277
　　　12.1.1　云计算的概念 ……………………………………… 277
　　　12.1.2　云计算的特征及服务形式 ………………………… 279
　　　12.1.3　云计算军事应用前景 ……………………………… 281
　12.2　军事模型服务云平台设计 ……………………………… 281
　　　12.2.1　设计目标 …………………………………………… 281

  12.2.2 服务模式 ·············· 283
 12.3 军事模型服务云平台的层次结构 ·············· 387
  12.3.1 云架构的基本层次结构分析 ·············· 388
  12.3.2 军事模型服务云平台的层次结构 ·············· 289
  12.3.3 基础设施层设计 ·············· 291
  12.3.4 平台层设计 ·············· 294
  12.3.5 应用层设计 ·············· 298

第13章 基于云计算的军事模型服务的资源管理 300

 13.1 基于云计算的模型服务群管理 ·············· 300
  13.1.1 基于云计算的资源池设计 ·············· 300
  13.1.2 云中的资源发现方法 ·············· 301
  13.1.3 云中的资源调度策略 ·············· 302
  13.1.4 资源调度策略的实现 ·············· 303
 13.2 军事模型资源全生命周期管理 ·············· 304
  13.2.1 领域需求分析 ·············· 304
  13.2.2 模型需求制定 ·············· 306
  13.2.3 模型设计实现 ·············· 307
  13.2.4 模型评审校验 ·············· 307
  13.2.5 模型资源注销 ·············· 308
 13.3 军事模型服务中的基础数据资源管理 ·············· 309
  13.3.1 数据虚拟化映射 ·············· 310
  13.3.2 数据传输 ·············· 311
  13.3.3 数据副本管理 ·············· 314
 13.4 军事模型服务资源的调度方法 ·············· 316
  13.4.1 目标函数 ·············· 316
  13.4.2 调度算法分类 ·············· 317
  13.4.3 无依赖关系任务的遗传调度算法 ·············· 317
  13.4.4 有依赖关系的调度算法 ·············· 318
 13.5 基于信任的模型服务选择 ·············· 319
  13.5.1 信任的定义 ·············· 319
  13.5.2 基于信任的服务选择算法 ·············· 320
  13.5.3 信任更新方法 ·············· 323

第14章 军事模型共享服务的实例   325

14.1 原型系统设计   325
- 14.1.1 原有 VC++ 航空兵截击模型组件改造设计方案   325
- 14.1.2 基于 Web 服务的模型服务器搭建   327

14.2 军事模型服务组件的绑定、装载与运行   328
- 14.2.1 模型服务组件的注册与发布   328
- 14.2.2 模型服务组件的查找与发现   331
- 14.2.3 模型服务组件的绑定与执行   332

14.3 部分实现   333
- 14.3.1 主要逻辑类实现   333
- 14.3.2 服务方式实现   335

第15章 军事模型服务的发展与展望   340

15.1 技术发展对军事模型服务的影响   340
- 15.1.1 计算机系统发展带来的影响   341
- 15.1.2 基于工作流技术的过程服务   344
- 15.1.3 服务过程中的协同问题   350
- 15.1.4 服务的标准化问题   355
- 15.1.5 情境感知的按需模型服务   357

15.2 作战模拟需求发展影响军事模型服务   358
- 15.2.1 嵌入式的作战模拟   358
- 15.2.2 伴随式的作战模拟   359
- 15.2.3 游戏化的作战模拟   362
- 15.2.4 技术融合的模拟训练   363

参考文献   366

第 1 章

绪 论

  人类社会从古至今,每一次的社会进步与变革,都与技术的发展与进步密不可分。工具的出现,把人类从游牧社会带入到农业社会;蒸汽机的发明使人类进入了工业化社会;计算机与网络的发展,又使人类迈入了信息化社会。现代信息技术利用计算机和网络在人类的社会生活空间与自然空间之间建立起了一条传递信息的高速公路,拉近了人与人之间的距离,极大地拓展了人们获取和使用信息的能力。通过数字化的方法将地球、地球上的活动及整个地球环境的时空变化输入到计算机中,实现全球信息在网络上的流通,形成了数字地球。人们只要坐在计算机前,就可以随时获得他们所要了解的有关地球的信息,最大限度地利用各种资源。当今,新一代的信息技术与物质结合在一起,它通过射频识别、红外感应器、全球定位系统、激光扫描器等信息传感设备,按约定的协议,可以将任何物品接入互联网,进行信息交换和通信,实现物与物、物与人之间的智能化识别、定位、跟踪、监控和管理。在信息技术的推动下,数字地球演变为智慧地球,亦即"地球正在变得更小、更扁平,而且变得更智能"。

  信息技术在改变人们的生活和生产方式的同时,对军事领域也带来了极其深刻的影响。一方面,军事需求催生了新技术的产生。如在第二次世界大战期间,美国国防部为了能够给其军械试验提供准确而及时的弹道火力表,迫切需要有一种高速的计算工具来提高美军"弹道实验室"火力表中的弹道计算速度。于是,在美军的大力支持下,产生了世界上第一台电子计算机 ENIAC。ENIAC 的计算速度是之前使用继电器计算的 1000 倍,手工计算的 20 万倍,将原来计算一条弹道需要至少 20min 的时间,缩短为 30s,这在当时是一个极大的突破。

在苏美冷战期间，美国国防部为防止集中的军事指挥中心在遭到核武器打击时全国的军事指挥处于瘫痪状态，提出了建立一个分散的指挥系统的设想。这个指挥系统由多个分散的指挥点组成，当部分指挥点被摧毁后其他指挥点仍能使指挥系统正常工作。为实现这一设想，诞生了世界上的第一个网络 ARPAnet。尽管最初的网络只是将 4 台计算机联在了一起，但它却为互联网的发展奠定了基础。另外，技术的发展又为军事活动开辟了更广阔的应用空间。以信息技术发展为动因的世界新军事变革，正在深刻改变着传统的战争形态和战斗力生成模式，信息化已成为未来战场的制胜之匙，信息将以全新的形式主导战争的进程和战争的结局。信息和信息技术的发展不但促进了人的认知、思维和作战指挥能力的大幅度提高，促进了武器装备性能的跨越式发展，而且还促进了人与武器结合方式的转变，促进了作战要素的有机融合和作战能力的指数增长。在转变战斗力生成模式的过程中，作战模拟已经成为不可或缺的重要工具和手段。

信息技术与传统技术相比较，最大的特点是它的发展变化和更新速度快，同时也带动了应用领域快节奏的变化，作战模拟系统也不例外。作战模拟系统不仅要应对军事需求的不断变化而调整系统功能，而且还要不断地引入新技术与新方法以带动军事理论研究、武器装备论证和作战训练的创新发展。传统地自上而下的瀑布式的系统开发模式，已经不能适应作战模拟系统建设时效性的要求，只有采用开放的体系结构和开放的标准，在最大可能共享已有资源的基础上，形成螺旋式向上、增量式、组件装配式的系统开发模式才能充分发挥模拟系统建设的投资效益，使作战模拟系统以更高的时效性、适用性和可信度满足各种军事应用的需求，包括军事训练活动和作战活动。

在作战模拟系统建设中可以共享的资源既包括模型、数据，也包括系统平台。因此，如何科学有效地管理作战模拟系统，及其所包含的大量的军事模型，共享已有的研究成果，不断提高军事模型的质量，促进作战模拟训练系统的进一步发展，并发挥在模拟(仿真)建设领域投资的最大效益，已成为当前各国包括我军军事训练信息化基础建设中面临的主要问题之一。本书将针对模型资源的共享探讨相关的理论与方法。

1.1 现代作战模拟与军事模型

1.1.1 现代作战模拟

1. 作战模拟发展的简要历程

作战模拟是人们借鉴以往的作战经验，借助一定的工具或手段，对未来将要发生的战争或是军事行动进行预想和推演的活动过程。其主要目的是通过对军事活动过程的模仿，认识或认清所研究军事活动的本质，掌握其内在的规律。作战模拟工具和手段的变化推动作战模拟从朦胧状态的运用发展成为一门严格的学科，借助自然科学发展的成果，其形态也从原始的手工化，经过机械化和电气化阶段，发展到当前的计算机化模拟。

在古代，军事首领最常用的方法是用小石块或其他标记把自己和敌人的军队布置在地面上或是粗糙原始的地图上，用一些特定的符号表示军队的运动，然后针对敌人可能的对抗行动把战术轮廓勾画出来，研究各种对局的结果，从中选择或确定有利的战法。这种活动过程，逐渐发展成为设计战术的一种模型。后来一些有创造才能的人从这种活动中抽象出了局中人按一定规则用棋盘对局、可以重复玩耍的娱乐游戏。

古代中国、日本和印度的棋戏，都是模仿战术机动和武装冲突的游戏。以中国象棋为例，其中的棋子如象、马、车、卒等，是表示古代战争中武器装备和士兵的抽象模型，而棋盘则是表示战场的抽象模型。而中国围棋艺术中的"包围"和"占领"等概念，都是从与真实战争活动中相应概念的类比而来。古印度棋戏"恰图朗加"模拟了当时在印度军队中服役的四种武装：象、马、双轮马拉战车和步兵，由四人按固定规则在棋盘上走子，不同走子的结果用掷骰子决定。

在17世纪的欧洲，也出现了用于模仿战争活动的、类似于象棋的棋戏。用不同的棋子表示长矛兵、戟兵和骑兵的专门功能，在棋盘上模拟它们的战术机动情况。比如，1664年，在乌尔穆（Ulm，在德国境内多瑙河左岸）流行的一种"君主棋戏"中，每边30个棋子，13种巧妙区分的功能，14种进行策略或规划，比以往的棋戏更加接近战斗现实。在路易十五统治时期（1710年—1744年），法国军队中也流传着两种纸牌游戏，它们能模拟防御工事和一些战斗态势，因此，通过纸牌游戏可以向指挥官和士兵传授基本战术。到了18世纪后期，棋戏发展得越来越复杂，棋盘可以包含有数千个格子，大量代表不同作战力量的棋子，甚至为棋子的运用制定了数十页厚的游戏规则。

19世纪初，普鲁士人冯·莱斯维茨（von Reisswitz）男爵和他的儿子约翰·冯·莱斯维茨（Johann von Reisswitz）突破了下棋形式的战争游戏，开创了作战模拟的新篇章。冯·莱斯维茨将早期棋盘形式的战争游戏，改制成沙盘形式，引入了真实地形的概念。他按照1:2372的比例尺度用胶泥做出地形模型，显示出地形的起伏特征，并以色彩表现水源、道路、村庄和树林，用小瓷方块表示军队和武器，进行对阵表演。在游戏过程中，不仅有两个对阵人（局中人），还有一个裁判、一个概率表和一本详细的规则。这种战争游戏被称为 War games，其德文原文是 Kriegsspiel，被公认为是现代作战模拟的真正起源。

约翰·冯·莱斯维茨在他父亲的基础上,将军事经验和时间概念引入到作战模拟的游戏中。他在现实军事经验的基础上,拟订规划,尽力在同伴中推广这种游戏,并出版了《用 Kriegsspiel 器械进行军事对抗演习的指南》一书,书中描述了作战模拟方法的详细规则。由于冯·莱斯维茨所设计的作战模拟对现实性的追求,使得规则变得十分繁杂,与实际演习所花费的时间相比,更多的时间花在了对规则的学习上。对此,普鲁士陆军上校冯·凡尔第(von Verdy)对这种游戏方式进行了改革,提出了游戏过程中不必使用大量固定的规则,即模拟对抗(对胜负的判断)按照裁判和控制人员的裁定能力进行。

从 1872 年起,Kriegsspiel 与设立总参谋部和成立军事学院一起,被并称为普鲁士军队在军事科学领域的三大创造,逐渐为各国军队所效仿。

20 世纪 60 年代电子计算机的出现,为作战模拟提供了全新的工具和手段,特别是现代信息技术的发展,让作战模拟的地位得到了极大的提升,甚至发挥着主导训练或作战的作用。不仅一直延续使用的传统沙盘和纸制地图正逐渐被电子沙盘和电子地图所取代,而且作战模拟还可以代替相当一部分的实兵演习模拟。

由作战模拟主导作战的一个典型例子非海湾战争莫属。海湾战争是以美国为首的多国联盟在联合国安理会授权下,为恢复科威特领土完整而对伊拉克进行的一场局部战争,战争始于 1991 年 1 月 17 日,截止于同年的 2 月 28 日。在这场战争中,主要战斗包括历时 42 天的空袭,和在伊拉克、科威特与沙特阿拉伯边境地带展开的历时 100 小时的陆战。多国部队以较小的代价取得了决定性胜利,重创了伊拉克军队。战史研究者发现,海湾战争最后决战的一幕,即历时 100 小时的陆战"沙漠军刀"行动,与以往传统战争不同,这次地面作战行动的一切似乎都在计划者的掌握之中。原来,在海湾战争刚爆发不久,美军就利用美国兰德(Rand)公司开发的军团战斗作战模拟系统,对地面作战的战斗和指挥计划进行了模拟分析,通过这个作战模拟系统获得了俗称"4 天计划"或"100 小时战争"的作战方案。尔后,由美国一家仿真公司的图形评价系统对该作战方案进行了推演与评估,准确地预测了伊拉克将把主力部队用以防御对科威特的攻击,并推测出,迂回到伊军西侧的盟军装甲部队的攻击具有最大成功的可能性。后来"沙漠军刀"行动结果证明,模拟精确地描绘了实战,而实战又忠实地体现了模拟,作战模拟对战争的结局起到了主导作用。

美军是最早进行模拟训练的军队,也是进行模拟训练最成功的军队。美军的模拟训练始于 20 世纪 70 年代初,至今经历了人工模拟、半自动模拟和计算机模拟 3 个发展阶段。20 世纪 70 年代初期,美陆军开始以复现实际地形的"沙盘"为主要器材的人工模拟训练。随着计算机技术的日益成熟和推广应用,美陆军训练局开始使用计算机模型来计算参训作战单位之间的战损、部队机动速度、弹药和油料消耗等，但训练中使用的计算机辅助图上机动模拟系统不能单独完成作业，仍需要用1:25000或1:50000比例尺的军用标准地图进行手工图上标绘操作。20世纪70年代末，计算机辅助图上机动模拟系统成为美军指挥所演习的"标准"模拟系统。20世纪80年代中期，美军的模拟训练基本完成了从人工模拟到计算机模拟的转变。美军建立了国家模拟中心，专司模拟训练管理之职。具体职能包括：管理维护美军系列模拟系统，支持美军演习和开发分布交互模拟系统。

以美国空军的"红旗"军演为例，它被称为全球最复杂、最逼真的空战演习。它开始于1975年，目的是通过实兵训练提高飞行员前10次作战的生存能力。在近40年的发展中，演习在不断延伸，内容不断发展和深化，训练方式不断增多。演习中对模拟训练的依赖程度越来越高。如在2005年的演习中，据统计共演练了29000架次的飞行任务，其中，约6500次飞行是在模拟器上进行的，18500架次的飞行任务是利用模拟系统在计算机上完成的。美国空军比对着"红旗"演习的内容和规模，利用作战模拟技术创造了一种全新的训练形式："虚拟旗"演习，完全在一个模拟的环境中组织训练。在2009年就举行了首次多国联合的"虚拟旗"演习。此外，代号"乙支自由卫士"的韩美联合军演，是美韩两国联合的战区级计算机模拟、带部分实兵演习。该演习原名为"乙支焦点透镜"，1976年由"乙支"民防演习和"焦点透镜"指挥所模拟演习两部分合并而成，自1982年起在演习中加入模拟战争样式，2009年改名为"乙支自由卫士"。该演习为年度例行性演习，为期约两周，是迄今为止世界上规模最大的计算机模拟军事演习。

为了区别于传统的沙盘模拟、图上模拟和实兵演习模拟，人们习惯上将建立在数学模型和计算机仿真基础上的作战模拟称为现代作战模拟。现代作战模拟作为研究战争过程和战法、分析军事态势和策略、论证武器装备作战效能的一种技术手段，通过建立现实军事系统的模型（规则或过程），利用程序将人员、仿真装备、传感设备、计算机和通信设备连接在一起，实现或演练所建立的军事系统模型，从中研究系统特性和行为[2]。为简化起见，本书后面所提及的作战模拟如无特殊说明均是指现代作战模拟。

2. 现代作战模拟的特征

1）基本理论与技术特征

模拟是运用相似性原理，用实物、半实物和数字模型，再现真实世界事物的存在和运动的过程。类比于模拟的概念，现代作战模拟是基于计算机环境对所研究的军事活动进行描述和模仿再现的一个过程。它的核心是要从现实作战空间中选择与研究问题相关的对象进行模仿,即要确定哪些对象以什么样的形式出现,对象之间的相互关系如何。这其中涉及一系列的相关理论、分析方法与实现技术,如相似理论、系统工程理论、控制理论、运筹学、计算机科学等。它既是许多科学技术的交叉点,又是军事理论、运筹学方法和信息技术综合应用的汇集点,其主要的理论与技术特征如图1-1所示。

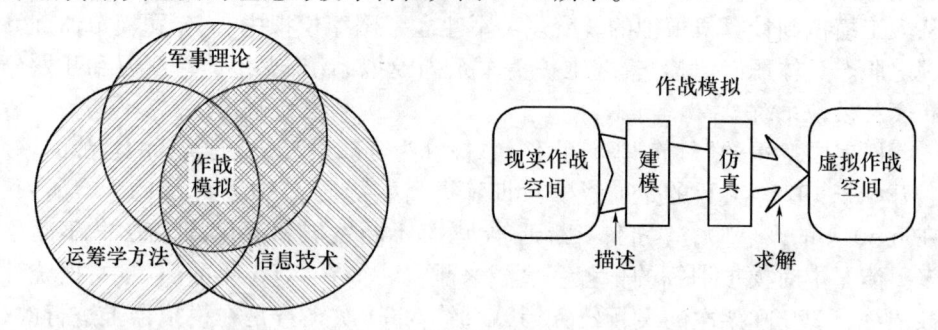

图1-1 作战模拟的理论与技术特征

从现代作战模拟的定义可知,实现模拟的第一步是选择恰当的方式描述要模拟的客观事物,然后选择适当的手段将这种描述表现出来。简单地讲,作战模拟是通过建立模型和运行模型来实现的。我们将建立模型的过程称为建模,它是人们以现有的认知水平,描述客观存在的事物及其运动规律形成各类模型的活动过程。运行模型的过程被称为仿真,是在一定的系统环境中,由计算机运行和解算模型的计算过程。

因此,从实现的时序上看,可将作战模拟看作是建模与仿真的过程,也就是说,作战模拟的实现是由建模与仿真两个过程来完成的。从技术的视角,建模与仿真是实现作战模拟的两项核心技术。一般的作战模拟过程是,首先使用物理仿真或数学抽象的方法,结合文字、图像、声音或其他可用的现代技术手段来表达实际军事系统,即建立模型;然后,在特定的计算机环境中实现并运行这些模型。通过建立模型和实现模型的作战模拟过程,对所关注的军事问题进行分析和研究。

利用作战模拟手段,人们可以得到与实际军事问题相近似的仿真军事系统。仿真军事系统(虚拟作战空间)与实际军事系统(现实作战空间)最大的不同在于它的可重复性和可调整性。在仿真军事系统环境中,不仅可以对各种新战法进行大量的模拟实验或模拟训练,而且还可对战法或武器装备涉及到的精细参数进行调整,通过模拟结果的对比分析,选择优化方案,进行辅助决策。利用仿真军事系统的可重复性和可调整性来研究有关的军事问题,可以极大地突破空间、时间的限制,节省大量人力与物力资源。

2）主要的应用特征

现代作战模拟具有科学性、相似性、可重复性等众多特点，但从应用视角看，现代作战模拟之所以能够在当前的军事领域中发挥着越来越大的作用，甚至在一定程度上可以主导作战或创新战斗力生成模式，主要归功于它的经济性、安全性、可伸缩性和可预测性这几项主要应用特征。

（1）经济性。

经济性是指通过作战模拟可以以极小的经济代价获得大的效益。对于这一点，很容易理解。以空军日常训练为例，飞行员在飞行训练过程中飞一个起落的耗费远远要大于在模拟器进行飞行起落训练的投入。同样的，在地空导弹部队的打靶训练中，与一枚实弹的消耗相比，提供一枚由模拟产生的"虚弹"的消耗可以认为是零，不但可以节省场地展开及部队移动所带来的消耗，而且还可以消除实弹打靶对环境造成的不良影响。

作战模拟的经济性具体体现在：一是可以极大缩短训练时间。例如使用射击训练装置进行模拟训练，可减少进出靶场的时间；使用近距离战斗战术训练装置展开各类作战行动，比进行野战训练可大大缩短训练时间。按美军的统计数据，在其师级模拟训练中，只需要600人就可以完成训练，而开展与之同级的野战训练需要召集并部署15000名人员，相比之下，可节省大量的时间。二是可以减少训练费用。如在进行野战训练时，需耗费大量经费来部署人员和相关装备，而在模拟训练中，此项开销可以完全省去；同时，模拟训练还可以节省野战训练中所需的油料、弹药、生活用品等供给品的费用；当异地部队通过分布式系统参加同一模拟训练时，还可以节省大量的交通运输等相关费用。三是可以提高训练效能。一方面，在模拟训练中，新装备、新条令可以得到在野战训练中很难做到的全方位检验；另一方面，在模拟训练中，对训练目标的度量要比在野战训练演习中更加容易。

（2）安全性。

安全性是指通过作战模拟可以消除或降低某些特种实验对人类安全或武器装备安全带来的危害。

作战模拟的安全性既体现在常规训练过程中，也体现在危险环境或极端条件的训练中。增加训练的安全性，始终是各国军队训练关注的重要因素。实兵训练中，不管是战场机动，还是对抗演习，潜在的安全威胁不可避免。然而，在模拟训练中，演习双方即使进行几百或上千回合的对抗也不会发生任何伤亡。作战模拟训练可以有效地减少新的操作技能和新的战法运用中的事故风险。对于危险环境或极端条件下，如防化训练、核防护训练等，作战模拟所带来的安全性更是其他训练方法无法比拟的。同时，作战模拟训练可以增加环境的安全性,即避免了对环境的破坏。一般来说,模拟训练不会造成任何环境破坏,既不会产生诸如车辆碾压、油料废气、炸弹爆炸碎片、空气水源污染等破坏性后果,也不会因为火炮或其他武器射击引发事故,或因为高性能武器装备的运行而产生噪声污染。

(3) 可伸缩性。

可伸缩性是指通过作战模拟可以对真实事物进行简略化或复杂化的实验。

人类在寻求解决问题的方案时,通常采用简化的方法,抓住主要矛盾。在满足需求的范围内,通过对模型、数据及环境的简化处理,有利于更明了的看清事物的本质及其内在规律,同时,还可以降低由系统复杂度造成的系统开销,提高效率和效益。而在验证事物的规律,或检验武器装备的作战效能时,要将其放到复杂的环境中进行验证与分析。根据研究问题的需要,可通过模型分辨率的变化,调整模拟或实验的复杂度。

(4) 可预测性。

可预测性是指通过作战模拟可以预测事物未来发展的结果。

在当今的信息化社会,各种新理论、新方法与新技术以前所未有的速度发展,并不断地应用于军事领域,促使战争的样式和作战的手段也随之不断地发展与变化。面对这种变化,谁也无法凭借上一次战争的经验来指导战争和预测战争未来的结局。为适应信息化条件下局部战争的特点,需要根据现代作战基本规律和特点尽快研究出新的战法,然而,新战法是否可行,是否可用,是否有效等,要经过验证分析,才能运用于作战之中。如果将不适用的战法运用到战争中所造成的后果可能是灾难性的。另外,不同战法的运用,会给战争带来怎样的结局,也需要分析与判断。由于战争的特殊性,既不可能为验证某一战法而人为地去安排与创造战争环境,也很难为此组织一次专门的实兵演练。而作战模拟却为我们提供了预测未来战争趋势的可能。人们可以在由作战模拟构建的一个虚拟的作战空间中,调兵遣将,研讨战法,预测未来。

世界上许多军事强国通过不断的摸索和实践,在诸多军事训练领域已经形成了一批具有一定规模的、应用特征鲜明的作战模拟系统,并且这些系统正在军事训练中发挥着积极的和极为重要的作用。

3) 作战模拟系统的新特征

以往大部分的作战模拟系统都是针对具体的应用需求开发的,基本上属于专用系统,模型、数据与系统紧密耦合在一起,很难根据应用需求对系统的功能进行裁剪和扩充。在应用中,不管需求如何,必须全系统全模型运行,存在有大量的冗余。

随着科学技术的不断发展和军事仿真技术的新变化,新一代作战模拟系统有了根本性的改变,呈现出全适应、全时空和全功能的特征。

所谓全适应,是指作战模拟系统能够适应于各种不同的应用需求。形成这一特征的基础是打破模型、数据、系统和应用之间的紧密耦合关系,实现系统与应用脱离、模型与系统脱离、数据与模型脱离。也就是说,模型按一定的规则和接口规范以组件形式存在,可以自由组合;数据独立存在,可以灵活赋值于不同的模型;系统具有柔性的结构,可以根据应用需要随时搭载或卸载不同的模型、数据,以适应需求的变化。

全时空是指作战模拟系统能够在任意时间和任意地点运行,不受时间和空间的限制。具体地表现是作战模拟系统能够做到:仿真终端分布于全空间,仿真过程运行于全时间,仿真人员沉浸于全虚拟环境。正如网格技术和云计算技术的发展,使得集中式的学校、医院、会议中心即将消失一样,新一代的全时空作战模拟系统将会使得集中式的仿真空间和仿真时间也会消失。将训练者集中于一个地方,集中一段时间的训练模式将被彻底改变,模拟训练会浸透到日常工作与训练的各个环节。

全功能是指作战模拟系统在多分辨率建模、变分辨率仿真、模型组件化、模型服务技术的支持下,能够实现系统功能的自由组装、按需组装和各类仿真资源的共享,以满足各种不同的应用需求。

需要说明的是,在作战模拟技术发展的初期,模拟与仿真具有不同的含义,通常仿真多用于工业部门,更侧重对实物的模仿;而模拟用于军事部门,主要侧重于对过程和实物使用的模仿。随着体系化建设的发展,对武器装备和作战应用的研究不再将技术能力与战术需求割裂开来,因此,模拟与仿真概念各自的内涵拓展到对方的范畴。故在本书中不刻意区分模拟与仿真。

1.1.2 军事模型

1. 定义

对军事模型的描述,离不开模型的概念。按照系统论的观点,模型是将真实系统(原型)的本质属性,用适当的表现形式描述出来的结果,换言之,模型是所研究的系统、过程、事物或概念的一种表达形式。描述的表现形式可以是文字、符号、图表、实物或数学公式等。按照美国国防部的定义,模型是对一个系统、实体、现象或过程的物理的、数学的或者逻辑的描述[1]。按照国军标"作战模拟模型开发通用要求"(GJB 7099—2010)中的定义,模型是以人类已有的认知方式,对现实世界中事物的存在形态和运动规律的抽象描述。Mc Graw·Hill认为模型是一个受某些特定条件约束,在行为上与其所仿真的物理、生物或社会系统相似,被用于理解这些系统的数学或物理系统。从各种对模型不同的描述中可以看出,模型是对所要模拟的现实事物的一个有目的的简化的抽象表达,它具有某些与原型事物相同的特性,但却不是对原型事物的简单复制,即模型一般不是真实系统本身,而是对真实系统的描述、模仿或抽象。换言之,模型是对相应的真实对象和真实关系中那些有用的和令人感兴趣的特性的抽象,是对真实系统某些本质方面的描述,它以各种可用的形式表达被研究系统的描述信息。

类比模型的定义,军事模型就是以人类已有的认知方式,对现实世界军事领域中事物的存在形态和运动规律的抽象描述。以上对军事模型的定义建立在较高的抽象层次上。而在具体的应用层次上,军事模型是对军事活动过程、关系的一种抽象与描述,是表现军事活动规律、反应军事活动实体和军事活动过程本质的具体载体。通常,在军事领域以作战模拟为目的用来研究军事问题的模型都可称为军事模型。

对于不同军事领域的问题,相应模型的建立涉及到不同的建模理论与方法。本书研究将以作战模拟训练领域所建立的作战模拟系统为切入点,针对系统所涉及到的军事模型在使用与管理方面的问题进行研究。在本书后续内容中,如无特殊说明,所提及的模型就是指军事模型。

2. 军事模型在作战模拟中的地位

军事模型是对作战领域中研究对象的一种抽象,它是一种可以表示为文字、符号、方程式等形式的静态结构,作战模拟则是对军事模型的动态实验过程,可以将作战模拟看作是军事模型静态属性的表现过程。模拟与模型之间存在着辩证关系,互为联系,缺一不可。如果没有模型,模拟就成了无本之树,无水之源,就无从进行模拟;反之,如果没有模拟,模型也只能反映客观事物的表面,而不能触及其本质。因此,在对军事训练领域的军事问题进行模拟时,首先要在军事想定的基础上建立恰当的军事模型,然后才能通过运行所建立的相对客观的军事模型,从本质上揭示军事活动的规律。由此可见,军事模型对模拟演练效果起着至关重要的作用,它直接影响作战模拟的有效性、逼真性、可信性、可用性和经济可承受性等诸多方面的性能。当模拟系统应用的可信度低时,势必会严重影响模拟系统的应用深度,从而造成上级决策机关或军事指挥员对模拟系统的不信任,从而失去作战模拟在各类军事应用中揭露新问题、引发新思维、提供辅助决策及科学咨询的科学价值。

因此,军事模型的建立质量与科学管理已成为当前作战模拟领域研究的重点问题之一。本书所探讨的问题是建立在假设已有了大量的军事模型资源的基础上,如何实现军事模型资源的重用与共享。

3. 军事模型的性质

模型是帮助人们思考的工具,模型方法已经成为人们认识世界和改造世界的一种主要工具,同时也是使研究方法形式化、定量化和科学化的一种主要工具。就像任何一种工具的发明与应用不但不能简化问题空间,反而会把人们带入一个更加复杂的问题空间一样,随着武器装备的发展,高新技术在军事领域应用的不断深化,战场环境变得更加复杂,战争规模越来越大,复杂程度越来越高,作战空间从陆、海、空、天、电,扩展到赛博空间。在这种情况下,模型在对战争问题研究中的价值也体现得越来越重要。另外,人们对复杂战争系统的研究也更依赖于模型。因此,模型的相似性、有效性、抽象性、简明性和多面性等特征也就显得尤为重要。

1) 相似性

模型的相似性是指模型应以现实世界中的对象、系统或行为为基础,在应用目标的框架内,与被研究对象充分相似,具有显著的仿真性。

2) 有效性

模型的有效性是指模型应能够有效地支持建模的目的,即模型充分表示实际系统的程度。可用实际系统数据和模型产生的数据之间的符合程度来度量。

3) 抽象性

模型的抽象性是指模型应能提取出突出系统的本质因素,而舍弃原型系统中与应用目标无关紧要的因素。

4) 简明性

模型的简明性是指模型应有清晰的边界,通过做出必要的假设,使模型更为直观,更便于人们理解与把握。效果相同的模型,越简明越好。

5) 多面性

模型的多面性是指表示系统的模型不唯一。由于不同的研究者对系统的关注点不同,或是同一个研究者要了解系统各方面的变化关系,因此对同一个系统可以产生对应于不同层次的多种模型。

军事模型除具有模型的一般性质外,还应具有通用性、易用性和可靠性等特点。所谓通用性是指军事模型在一定范围内的适应性,只有具有较强通用性的军事模型才有更强的生命力,因为只有这样的军事模型,才不会因为求出了模拟结果而失去再次使用的价值。易用性是指军事模型在使用时方便而且容易,易于军事人员掌握使用或是系统的使用。可靠性是指依赖于军事模型进行的模拟结果要相对的准确可靠,军事模型的可靠性需要合理的军事原则与准确可靠的数据作支撑。

4. 军事模型分类

由于军事模型的范畴广泛，可以从各种不同的视角对模型类型进行划分。

从模型的定义不难看出，模型就是人们依据研究问题的特定目的，在一定的假设条件下，再现原型客体的结构、功能、属性、关系、过程等本质特征的物质形式或思维形式。因此，可将模型划分为具象的实物模型和抽象的非实物模型两大类。实物模型是再现事物特征的物质形式，通常是对事物外观的描述，是人们能够看得见摸得着的具象模型，就像计算机的硬件一样，是"硬"模型。它是根据相似性理论制造的按原系统比例缩小（或放大或与原系统尺寸一样）的实物。如沙盘、飞机模型、各种武器装备的模拟器等。相对于实物模型，非实物模型是一种抽象的模型，它是对事物内在结构、规律或运动规律等特征的描述，以各种不同的方法和符号表示。就像计算机的软件一样，是"软"模型。本书所涉及到的有关军事模型服务问题均是指抽象的"软"模型。

按作战模拟中虚拟战场的构成特点，可将军事模型划分为实体模型、行为模型和环境模型。其中实体模型主要用于描述人员、武器平台、传感设备、通信设备等；行为模型主要用于描述作战过程中的行为如机动、交战、碰撞等；环境模型主要用于描述构成战场空间的地形、电磁、大气、气象、海洋、网络等。

按模型构造的特点，可将军事模型分为解析模型、仿真模型和作战对抗模型三大类。其中，解析模型是指模型中的参数、初始化条件和其他输入信息以及模拟时间和结果之间的一切关系都是以公式、方程式或不等式等形式来表示的军事模型；仿真模型的特点是把所关心的军事问题分解为一系列的基本活动和事件，通过对这些活动和事件的模拟以及它们之间按逻辑关系的相互组合，从而达到表述军事问题的目的；作战对抗模型是一种把定下决心的人的思维能力和战斗行动的模型化描述结合起来的模型，是一种人在回路中的模型，即决策过程由参演人员做出，而基本活动和事件则由定量模型描述。

按从建模到仿真逐步抽象的过程，可将军事模型分为军事概念模型、数学逻辑模型和仿真程序（构件）模型三大类。其中，军事概念模型是对现实世界军事活动的第一次抽象，是对各类军事实体、行动和效果的结构化的规范描述。军事概念模型通常是一种定性的描述，它是数学逻辑模型建立的依据，是模型及模拟的 VV&A 的参照。数学逻辑模型是用数学表达方法、逻辑表达方法和数据来描述研究对象的本质属性及其运动特征的模型。数学逻辑模型是一种定量的描述，通常由一些可求解的数学方程式（关系表达式）或算法组成，是概念模型的数学逻辑化表达。仿真程序模型是用特定程序设计语言所提供的数据和算法对军事概念模型和数学逻辑模型的编程实现，它通过计算机设备运行方式实现。这三类模型伴随着从问题域空间向问题解空间迈进的映射过程，抽象层次是逐步提高的,即表达方式逐渐远离实际军事问题,而向虚拟军事问题的实现靠近。如图1-2所示,在作战模拟过程中从对问题域的描述到求出问题解,军事模型的抽象一般是按军事概念模型、数学逻辑模型、仿真程序模型3个层次递进展开的。

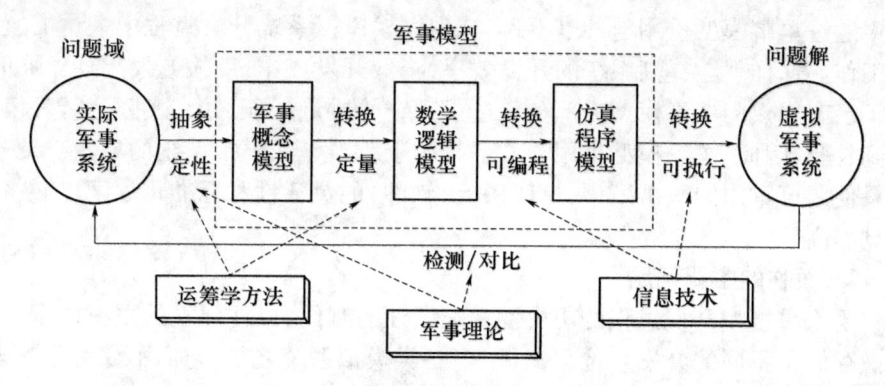

图1-2 军事模型建模的简要流程

在军事模型建模的过程中,要综合运用运筹学方法和计算机技术进行模型的分析、描述和运行。军事理论是建模的指导和依据,同时,也用于指导建模和检验仿真结果的可信性。在本书后续的研究中,将以这种军事模型分类为研究的基础。

1.2 军事模型服务

1.2.1 军事模型重用与共享

1. 概念

军事模型重用是指在两次或两次以上不同的作战模拟系统构建过程中重复使用相同或相似的军事模型的过程。重用的军事模型包括军事概念模型、数学逻辑模型和仿真程序模型。

军事模型共享是实现军事模型重用的一种方式,主要是指在横向上,军事模型可以被模型开发者或模型所有者以外的其他人或系统使用。通过军事模型共享,可以使得在统一框架下,军事模型资源得到最大效益的发挥。

为了能够在作战模拟系统开发过程中实现对军事模型的重用,需要在此之前,将军事模型从模拟系统中剥离出来,将军事模型封装为独立的模型元部件,不断地进行军事模型的积累,并将他们组织成军事模型库。军事模型重用不仅要考虑如何使用已有军事模型的机制,而且还要考虑生产可重用军事模型的机制。

军事模型的重用可分为3个层次:作战领域和建模知识的重用、方法和标准的重用、军事模型组件的重用。军事模型的共享使得跨领域的知识、方法与技术的重用成为可能。

通过军事模型重用与共享,可以减少作战模拟系统开发过程中大量的重复性工作。这样就能提高系统的开发效率,降低开发成本,缩短开发周期。同时,由于已有成熟的军事模型大部分经过了一定的质量认证,并在实践运行环境中得到校验,因此,军事模型重用与共享有助于改善作战模拟系统的质量。此外,大量使用可重用的军事模型,模拟系统(软件)的灵活性和标准化程度也必将会得到提高。

2. 面临的主要问题

受军事模型开发过程的历史性和地域性的制约,以往建立的军事模型大都分散存储于不同的开发单位,"藏匿"于各类模拟系统之中,它们不仅种类繁多、结构和形式多样,而且专业性特征明显。如果我们将作战模拟系统比作一辆汽车的话,军事模型就是其组成的核心部件。众所周知,在汽车制造的过程中,汽车是由按各种标准设计制造出来的零部件,根据整车的设计性能要求装配而成的。大部分的汽车零部件都可以被直接"拿来就用",装配成不同款式的汽车,在这一过程中,零部件生产商和整车生产商只是根据订购合同和技术标准进行各自的生产活动。对于作战模拟系统这辆车而言,在军事模型的使用上,目前还没有达到自由选择装配的境地。这主要是因为,大多数的军事模型都是为特定的作战模拟系统量身订做的,军事模型的"生产者"与作战模拟系统的"生产者"之间存在着非常紧密的关系。如果要将军事模型用于其他的"车辆",还需要经过"手工"调整,只能在一定程度上或是特定的环境下实现军事模型的部分共享与重用。现有的军事模型表现出它与其相关因素之间具有强耦合性的应用特征。具体表现在:

1) 军事模型与模拟系统之间的耦合性紧密

早期的军事模型都是为某一目的而建立的,军事模型与系统之间存在着很高的耦合性,即二者之间关联密切,不易分离;并且由于建模方法、数据准备、运行平台之间的差异,即使是相似或相近问题的军事模型描述也存在着明显的差别,这种差别又导致了模拟过程和结果的差异,从而使军事模型的通用性受到了极大的限制,造成了军事模型在低水平上的重复开发,浪费了资源,降低了系统构建的效率。

2) 军事模型与数据之间的耦合性紧密

每一个军事模型都不是一个纯粹独立的个体,依靠军事模型之间的有机联系才能构成对现实军事问题的一个完整描述。军事模型之间的关联与交互表现为数据描述，一些军事模型的运行与解算也与一些必要的数据紧密相关。由于军事模型建模和数据标准不统一，造成大量的数据不能共享。没有模型运行时所必需的数据，就不能实现军事模型的真正共享。

3）军事模型与运行环境之间的耦合性紧密

在通用的环境（如地形、气候等）以及其他需要进行专题研究的复杂量化问题方面，其相应的军事模型表现出更强的专业性和技术性要求。当在一些不具备特定条件的环境中运行这些模型时，人们往往代之以粗糙的简化模型，其结果是大大降低了军事模型的精度，影响了军事模型的准确性。

4）军事模型与开发者权益关系密切

缺乏有效的知识产权保护措施，不利于对军事模型开发者的权益进行保护，在一定程度上阻碍了军事模型的共享与重用。

现有军事模型在开发与应用上存在的诸多问题影响了军事模型的共享与重用。

3. 军事模型重用与共享的必要性

我军从20世纪80年代初期开始研究作战模拟与仿真技术，全军在用训练模拟系统已达数百种，初步形成了门类比较齐全，功能比较完善，技术比较先进的模拟训练体系。

从我军作战模拟系统的研究现状来看，目前已经基本形成了与使用需求相配套的作战模拟体系，各军种、各专业领域也已建立了符合自身需要的模拟训练系统，积累了数以万计的军事模型。随着军队信息化进程的快速发展，模拟训练方法在军事领域的应用逐步扩大和深化，部队对作战模拟系统的需求迅速增大。传统的一种军事需求对应一个作战模拟系统的开发方法已很难适应部队对训练模拟系统的需求，就如英国手工打造的劳斯莱斯汽车一样，注定只能成为少数人拥有的奢侈品。面对部队对模拟训练系统的需求，我军的模拟训练系统的建设将面临如下问题。

（1）作战模拟系统功能单一。目前的系统和研究主要集中于作战训练的应用上，对于作战实验和作战方案论证等研究还十分不足。

（2）作战模拟系统软件的开发和维护成本高，开发进度难以控制。作战模拟系统是应用在军事领域中的一种特定的软件系统，它无法回避软件开发过程中所面临的问题。20世纪50年代，软件成本在整个计算机系统成本中所占的比例为10%~20%，到20世纪70年代中期，该比例已经增长到50%左右，到1985年更达到了85%左右[2]。随着时间的推移，软件在计算机系统成本中所占的比例会越来越大。软件是一个特殊的逻辑和智力产品，在模拟训练软件的开发过程中,作战需求的变化,更加使得系统的开发进度难以控制。

（3）作战模拟系统软件的质量难以保证。一个作战模拟系统软件项目虽然能够及时按期完成,但结果却不尽人意。事实上,在系统的开发过程中,由于开发人员自身的素质,以及作战模拟需求的变化,加之,程序员几乎总是习惯性地以自己的想法代替模拟系统对软件的需求,这是造成模拟系统不能令人满意的重要因素之一。

（4）作战模拟系统软件的维护升级困难。作战模拟系统在正确性方面,具有和软件一样的特性,即永远无法通过测试证明系统是正确的,即使是经过了最严格的测试,仍然可能还有没有发现的错误潜藏在系统中。正式投入使用的系统或系统模型,总会存在一定数量的错误,在不同的运行环境中,或某种条件下,可能就会导致软件出现故障。开发人员的流失以及软件内在逻辑的复杂性,如果再加上缺乏必要的文档等,都会给系统维护工作带来困难。

（5）支撑作战训练的一些关键性问题的研究还没有取得重大突破。针对战争的复杂性和多变性,原有的作战模拟系统越来越难以满足部队灵活多变的训练需求,制约了作战模拟系统的应用和发展。

针对上述问题,人们联想到了汽车的工业化生产。如果能将作战模拟系统的功能进行模块化分割,按需进行组装,则必将会提高作战模拟系统的灵活性和可适应性,并且大大降低系统的开发成本。以航空兵执行一次轰炸任务的行动为例,其过程包括起飞前准备、起飞出航、空中飞行、目标轰炸和返航5个阶段,如果将每一阶段做成相对独立的功能模块,那么对一次轰炸的基本行动模拟就可以由5个相对独立的功能模块组合而成。用户可以在这种模型的基础上,增加或调整相应的模块,实现作战模拟功能的灵活搭建。如将轰炸模块替换成伞降模块,则构成了一个新的空降作战模拟。将相对独立的模块逐级向下分割,最终分解到军事模型元部件,可形成构建作战模拟系统的丰富资源。

如前所述,军事模型是作战模拟系统的核心组成要素。现有的各种军事模型分散在各军兵种、各专业领域的模拟训练系统之中,专业领域种类繁多、模型结构复杂。由于缺乏统一标准,缺少统一有效的管理,极大地影响了模型资源的可重用性和可重构性,同时,低水平的重复开发还造成了人力、物力、财力的浪费。加强军事模型成果的交流与共享,将全军作战模拟系统推向更高的技术层次,迫切需要在统一的体系框架下,依托全军通信资源,如军事训练网、全军指挥自动化网、全军电话自动交换网、全军数据交换网、卫星通信网等,建立军事模型重用与共享的服务平台。通过对这些分散的军事训练模型进行统一有效地管理使用,实现模型资源、计算资源、存储资源和网络资源的共享。重用与共享军事模型是当前军事训练模拟系统发展的方向。

1.2.2　军事模型服务概念的提出

自20世纪90年代中期以来,联合作战已经成为现代高技术条件下局部战争的主要作战样式。当前,模拟化、网络化、基地化训练已经成为信息化条件下作战训练的主要方式。随着分布式仿真和网络技术的发展,建设网上多节点分布式联合作战模拟训练体系,将成为作战训练的发展趋势,并且将成为未来培养一体化联合作战指挥人才的重要方式。分布式联合模拟训练体系的核心是建立系列化、分布式、互联互通的训练模拟系统,而军事模型的共享与重用问题是推动训练模拟系统建设的重要因素。

1. 军事模型的生命周期

现实世界中存在的所有生命体都要经历从孕育出生、逐渐成长成熟到衰老死亡的生命过程,生命周而复始的变化保持了世界的活力。同样的,军事模型也具有其自身的生命周期。军事模型的生命周期就是指军事模型从目标提出到最终被淘汰的整个存在期。从工程化建模的角度看,军事模型的生命周期就是从形成概念开始,经过开发、使用和维护,直到最后退役的全过程。在军事模型生命周期中,根据军事模型所处的状态、特征以及开发活动的目的、任务可以将其划分为若干个不同的阶段。按军事模型的抽象层次,可将军事模型的生命周期划分为军事模型定义、军事模型开发、军事模型使用与维护3个部分,如图1-3所示。其中军事模型开发包含了军事概念模型设计、数学(逻辑)模型设计、程序(构件)模型设计和实现与确认4个不同的阶段。在军事模型生命周期内,每个阶段活动的结果都是下一个阶段活动的开始条件。各个阶段的活动不是僵硬地按从上向下的顺序进行,在每个阶段的终点,都有对该阶段完成任务的确认与评审。如果出现的问题发生在这个阶段的过程中,则应该重新调整这个阶段的活动内容;如果出现的问题是由上一(几)个阶段活动导致的,或是只能通过调整上一(几)个阶段的活动才能解决问题,则可以直接回退到上一(几)个阶段,进行调整与修正。图中只是示意了返回上一个阶段的方式。

2. 军事模型服务实现了模型的完整共享

如前所述,我们可以从实物模型直观地看到或感觉到相应的实物。而对于作战模拟领域中我们所研究的军事模型来说,它是一种"软"模型,如表示飞机空中机动的航迹模型。无论你看到的是概念描述、数学公式,还是程序代码,它们都是一种抽象的表达,在没有运行之前,无法直观地看到模型所描述的航迹到底是什么模样。只有当模型"动"起来,也就是在运行的时候,才能得到有关航迹的形象感知。这"一静一动"之间,表明了军事模型不仅具有描述的静态

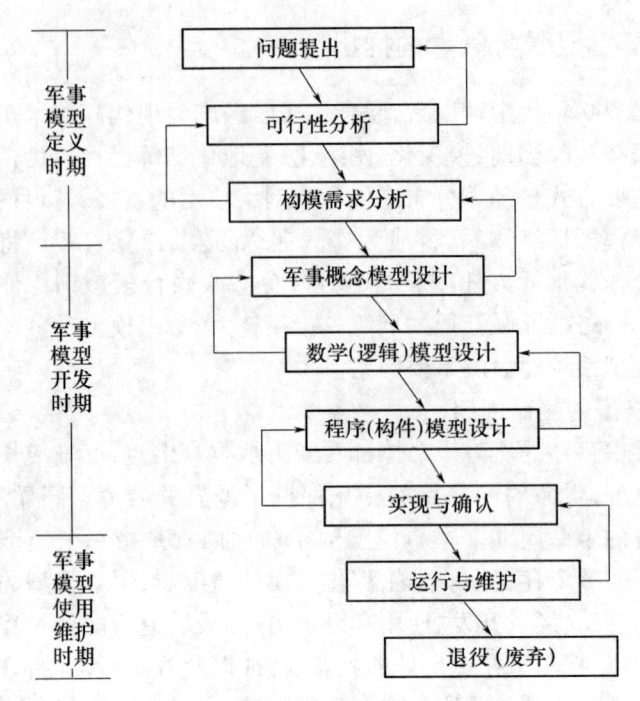

图 1-3　军事模型的生命周期阶段划分

性,而且还具有计算的动态性。

　　所谓模型的静态特性指的是我们写出来的,能够看得到的关于模型的描述文档,这其中也包括了算法和代码,而动态特性指的是模型计算或运算过程及其结果,如图1-4所示。

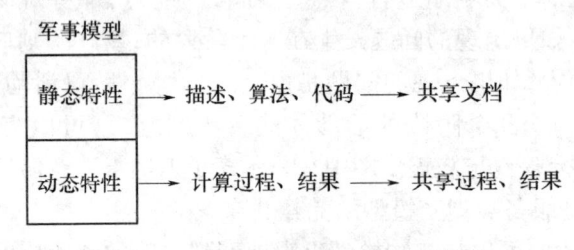

图 1-4　军事模型的静态与动态特性

　　建立军事模型只是完成了对实际军事系统静态的抽象描述,还要经过军事模型的解算与运行才能构成完整的作战模拟过程。采用传统的共享方式,如通过下载或传输的方式所得到的有关军事模型的描述、算法甚至程序代码,只是共享了它的静态特性,并不能够像下载"MP3"或是"游戏"那样,直接在本地得到应用。因为这种通过下载或传输方式的共享并不包括军事模型的计算过程和运行环境，即它的动态特性，所以，无法直接得到真正可用的结果。特别是在作战模拟领域，许多军事模型要求得计算复杂度高、环境设备相当尖端，脱离了特定的计算过程、运行环境和数据的支撑，简单的得到静态的模型是没有直接应用价值的。也就是说人们所关注的军事模型共享与重用不再是简单的文件交换，而是对军事模型、相关数据、运行环境和其他资源的直接访问。只有实现了军事模型计算的共享，才能实现军事模型在整个生命周期内全面的共享与重用，只有这样，才能适应社会大协作式的系统开发方式，充分利用各种资源，确保军事模型的先进性和可用性，以及作战模拟系统构建的时效性。

随着计算机技术的发展，特别是网格技术使军事模型全生命周期的共享成为可能。这是因为网格技术的发展带给人们前所未有的能力。主要表现在：一是突破了计算机能力、存储能力大小的限制，它可以把全社会的计算能力联合在一起并将其放大；二是突破了地理位置的限制，它使人们在任何地点都可以获得任意分布资源的整体能力；三是可以实现资源的均衡利用，建设的不平衡性使得一些计算机资源利用率不高，而又有很多应用缺乏资源，通过网格人们既可以在自己的桌面上使用"资源"，也可以把自己的"应用"放到网格中去完成；四是网格打破了传统共享与协作方面的限制，网格以"虚拟组织"的方法，将各领域专家和各种资源充分结合起来，实现全社会范围的资源共享与服务协作[3]。

由于网格技术提供了共享和协调使用各种不同资源的机制，使得人们能够从地理上、组织上分布的资源中创建出一个计算系统，这个虚拟计算系统充分集成了各种资源以获得理想的服务质量[4]。以面向服务的方式向人们提供对网格资源的共享，网格资源包括计算资源、存储资源、数据资源、信息资源、软件资源、通信资源、知识资源、专家资源等，这种共享方式被称为网格服务。借助于这一思想，在毕长剑教授的带领下，我们提出了建立军事模型服务的设想。

服务是一种普遍的社会现象，辞海中对服务的定义简单明了。所谓服务就是为集体或为别人工作。具体地说，服务就是一方凭借其所拥有的资源，如知识、技术和工具等，向另一方提供满足其需求的活动，这种使接受服务的一方从中受益的活动，可以是有偿的，也可以是无偿的。从定义中，可以清楚地看出，构成服务的基本要素包含了服务主体、服务客体、服务资源和服务管理。其中，服务主体，是提供服务的一方；服务客体，是申请或接受服务的一方；服务资源，是指能够实现服务功能的知识、技术、工具等各种资源。通常服务主体与服务客体是多对多的关系，它意味着，一个服务主体可以服务于多个客体，一个服务客体也可以请求多个服务主体为之提供服务。因此，在服务过程中，还需要引入服务管理,用于负责服务主体与服务客体之间的沟通协调以及服务资源的合理调配。服务主体和服务客体是服务存在的前提,服务资源是实现服务的基础,它是"巧妇难为无米之炊"中的米,而服务管理是实现服务的核心,它是"巧妇",是让各类服务资源"活"起来,发挥作用的关键。服务管理中包含了一套有关服务资源提供、发现、查找、使用和管理的规范、机制与方法。

军事模型服务为实现军事建模与仿真领域中的军事模型的共享与重用而工作。军事模型服务是指运用先进的计算技术,将分布在各地的、用于实现特定军事模型计算或存储的节点,通过网络连接形成军事模型资源服务体系,为使用者提供能够共享与可重用的军事模型及其相关计算资源的活动过程。主要用于实现军事模型全生命周期的共享与重用。从应用的角度理解,模型服务通过模型服务中心,建立基于网络的分布式、异构环境下的军事模型服务体系,为军事模型的使用者提供一个服务平台,通过服务方式,为作战模拟系统的建设和应用提供各类军事模型全生命周期,包括从军事模型的描述到代码、从建模方法到建模技术、从计算过程到结果的共享,实现模型的互操作性及可重用性,实现高效率的模型资源共享。

在军事模型服务中,各要素及其关系如图1-5所示。其中,服务主体是模型的所有者,它既可以是模型开发人员,也可以是拥有模型使用权的人;服务客体是需要使用模型的人员;而服务资源是指可用军事模型的集合;服务管理是统一管理、协调模型资源使用的模型服务中心。由于军事模型的特殊性,即,军事模型对军事问题抽象描述的最终结果,是在仿真或模拟过程中发挥作用的,

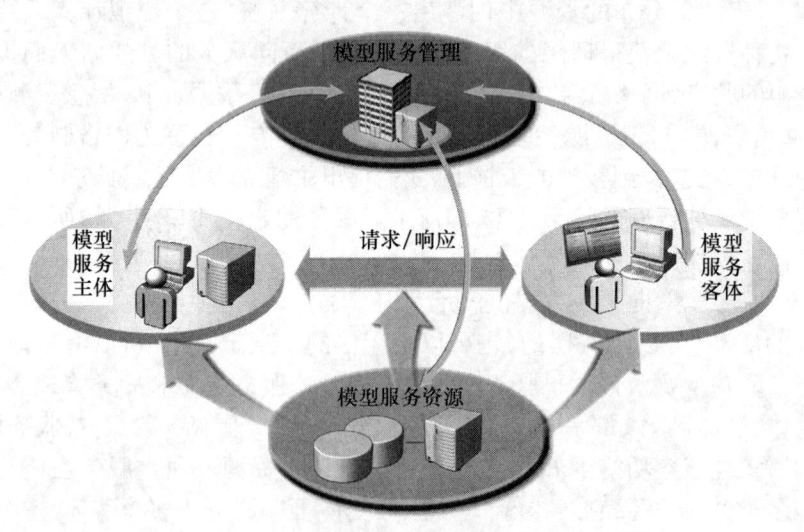

图1-5 军事模型服务要素组成及其关系示意

因此，若忽略军事模型服务过程中人的要素，服务主体也可以被看作是存储、运行或部署军事模型所依托的仿真平台或是模拟系统，同样，服务客体也可以是发出使用或调用请求的仿真平台或模拟系统。服务资源是以模型库形式存储的各类军事模型，存储方式既可以是集中式的，也可以是分布式的。服务管理是完成模型资源注册与发布、服务请求与资源查找、资源匹配与调用等功能的软件系统。从网络运行的角度看，也可将服务主体理解为部署了模型资源的服务器，服务客体是发出请求的客户端，服务资源集中存储或分布存储在网络的不同节点上，服务管理起着路由器的作用，是连接服务主体、服务客体和服务资源的桥梁。

通过服务方式，军事模型服务不仅可以为作战模拟系统的建设提供各类可重用的军事模型资源，还可以实现军事模型全生命周期的共享与重用，包括从军事模型的描述到代码、从建模方法到建模技术、从计算过程到结果。通过这种服务，可以有效地保护开发者的权益，不仅能让人们重用已有的军事模型，共享不同知识领域的各类军事模型，而且还可以通过共享、重组与再造建立新的军事模型，不断提升军事模型的质量，促进作战模拟的深化。

通过军事模型服务，用户完全可以不用知道军事模型的内部结构，不需要下载数据，不需要重构军事模型的运行环境，就可以共享军事模型的计算过程及其结果。就像我们用电一样，不用知道是哪个电厂发的电，也不用知道是水电、风电，还是核电，只要用标准的插头，插上能用电就行了，用户可以将关注点放在如何根据自身的需要合理地设计电路的布局，从而使应用更加贴近生活或工作的实际需要。这样，既保护了模型开发者的利益，又实现了资源的共享。利用这种机制，还可以实现模拟系统中各种资源的有效集成。

3. 军事模型服务的主要内容

围绕着军事模型的特性，军事模型服务的主要内容包括覆盖模型生命周期的共享模型服务、共享计算服务和过程管理服务，如图 1-6 所示。

1）共享模型服务

共享模型服务，是指用户（或是作战模拟系统）通过模型服务系统可以直接得到军事模型，包括军事概念模型、数学逻辑模型和仿真程序模型。主要实现的是对军事模型静态特性的共享。军事概念模型重用更侧重的是领域知识的重用，数学逻辑模型重用的是方法与规则，而仿真程序模型重用主要实现的是软件技术的重用。

通过不同类型的模型共享提升了模型重用的层次，将对代码与文档的重用上升到了对专业领域知识的重用，可以有效地提高模型的专业程度和权威性，使得基于模型的模拟系统的可信度和适用性得到提高。

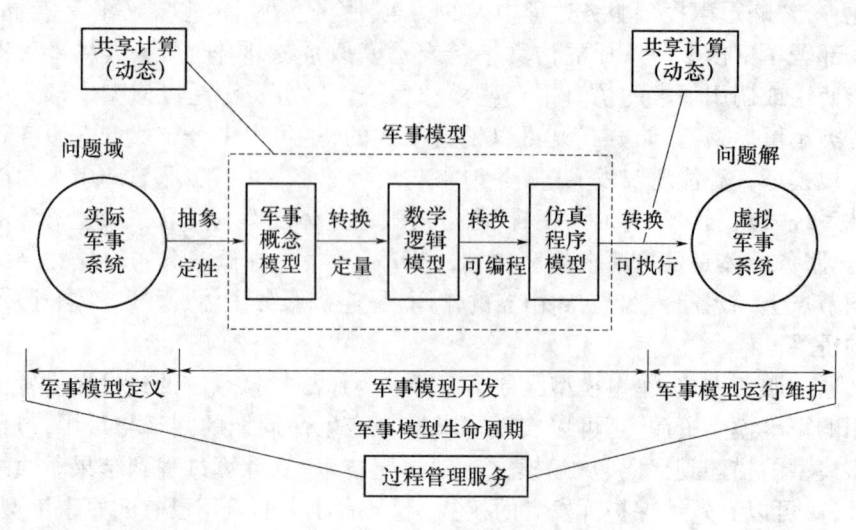

图1-6 军事模型生命周期中的模型共享

2) 共享计算服务

共享计算服务,是指用户可以通过模型服务系统共享到军事模型的计算过程和共享到与军事模型计算相关的计算资源,得到模型的运行结果。它是对军事模型动态特性的共享。

以计算 sin30°为例,说明共享计算服务的含义。在没有共享计算服务之前,要完成计算 sin30°的任务,需要用户自己设计出计算模型并编写出程序模型,或是通过下载的方法得到相关的计算模型或程序模型,模型在本机上运行;当用户发出计算请求时,启动模型的运行并返回结果,见图1-7(a)。如果计算 sin30°的模型不是用户自己编写的,也不在本地运行,而是在网络上的某一台计算机中,当用户发出计算请求时,通过网络定位到模型所在的计算机,启动模型的运行并将结果通过网络返回给计算的请求者,见图1-7(b)。这种计算方式就是共享计算服务,它通过共享模型的计算过程,得到模型的计算结果。从中不难看出,对于复杂的计算模型,用户在共享计算过程的同时,还可以共享与模型计算相关的各种计算资源,包括计算能力和存储能力。

比如,在对战场环境进行的模拟中,对于复杂的地形匹配计算,或是战场气象预测计算,所使用的模型不仅具有很强的专业性和技术性,而且还需要高性能的计算服务器和大量的数据支撑。利用模型的共享计算服务,用户无需构建复杂的计算环境,就可以直接得到计算的结果。

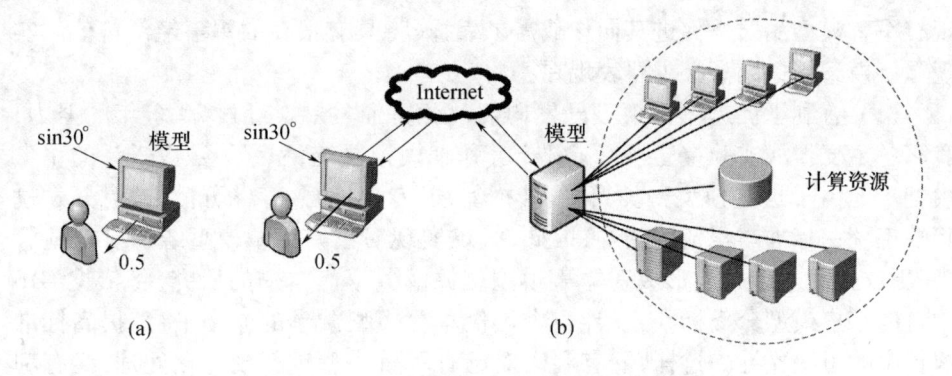

图 1-7　共享计算服务的过程示意图

如果没有模型的共享计算服务,对战场环境的模拟就会出现三种情况。一种情况是用户需要花费大量的资金投入构建完成模型计算所需要的计算环境,准备模型所需要的数据。即使这样,受一些条件的限制,也有可能无法形成模型计算所需的完整数据。第二种情况是因为没有计算能力而无法实现战场环境的模拟。第三种情况是,对模型计算进行简化处理,其结果势必会降低模型的精度,影响模拟的逼真度。如果简化得过度,就会影响模型的准确性,降低模型的可信度,失去人们对模拟的信任。

通过共享计算服务,用户完全可以不用知道模型的内部结构,也不需要重构模型的运行环境和数据资源,就可以得到模型计算的结果,并且还可以有效地保护模型开发者的知识产权。

共享计算服务是对传统的模型重用方式最大的突破,它使模型共享覆盖了模型服务生命周期的全过程,增强了服务的深度。

3) 过程管理服务

为了实现模型的共享与重用,在模型建设中,必须强调建模的标准化和军事模型存储与管理的规范化。过程管理服务指的是在军事模型的全生命周期中,为各个阶段提供支撑或辅助建模的活动,主要包括建模开发和存储与管理的标准指导、辅助建模工具、过程监理、模型验证、模型服务信息发布、模型质量评估报告、模型资源配置管理及模型服务资源推送等,以加大服务的广度。

4. 实现军事模型服务的意义

军事模型服务研究有利于提高模型服务的效率,改进模型服务的质量;有利于创新模型服务的理论和技术方法;有利于促进模型组件的研制向标准化、规范化方向发展;有利于模型的校核、验证和确认(VV&A);有利于促进模型服务系统的建设。该研究既是基础性工作,也是应用性工作,完成后无疑会提高现有军事模型品质并促进其向作战需求靠拢，将具有很高的军事经济价值。实现军事模型服务的意义主要表现在：

（1）有利于促进军事模型开发向规范化方向发展。经过20多年的努力，我军各主要作战实验室已经有了几十套作战模拟系统，积累了数以千计的军事模型。但由于这些模型种类繁多、结构复杂、专业性强、存储分散，并且开发过程缺乏统一标准与规范的指导，因此，很难实现对已有军事模型统一有效地管理，更难在此基础之上形成对军事模型资源的共享。本书的研究，将依据GJB制订的军事模型分类标准，设计一个可供军事模型共享的操作平台，提高标准执行中的可操作性。这样，既有利于对已有军事模型进行规范化处理，又有利于指导新开发的军事模型按照标准而行。

（2）有利于提高军事模型开发质量。一方面，由于目前军内外各个研制单位的软件开发工程化程度水平参差不齐，所开发出的军事模型通用性差。甚至，有些单位的军事模型开发方式仍采用手工作坊工匠式的生产方式，很不规范，随意性强，这使得军事模型在开发阶段就存在很多隐患。另一方面，由于全军作战模拟建设中的很多大型模拟训练软件由多家单位共同研制，因此，对系统调试及集成造成了极大的困难。虽然，各分系统最终能集成在一起，但运行和维护都要耗费大量人力、物力。开发者在进行模拟系统研制开发时，也不知道已有哪些军事模型可以使用，或是哪些军事模型可以用哪样的方式被提供重用。通过本书研究所建立的一套军事模型描述、存储与管理规范，可以使开发者在军事模型的开发过程中有章可循，有据可依。这样做，不但可以提高军事模型的质量和开发效率，避免军事模型开发在低水平上的重复，而且还可以借助于为军事模型开发者提供的模型开发框架标准，大大地降低军事模型开发工作的无序性，提高军事模型的可重用性。

（3）有利于推动开展军事模型的有效管理工作。模型的质量直接关系到模拟系统的水平。模拟训练系统目前的发展趋势是网络化、分布化、系列化。纵向上贯穿联合战役、合同战术和分队战术3个层次，横向上连通陆、海、空军、二炮、空间战和电子战等军(兵)种。这类系统涉及各类不同层次、不同作战应用的军事模型，开发难度大，参加单位多。要想保证模拟系统的高质量，就必须首先搞好军事模型的开发与管理工作，这就要求对军事模型的研制与开发及共享使用进行有效的管理。只有有了高质量和易使用、易维护的军事模型，才能提高作战模拟系统的水平，并且将作战模拟系统更好地应用于部队的作战训练，更快地形成战斗力。将先进的计算技术，如网格计算、云计算等，应用于军事模型服务之中，不仅可以实现军事模型描述上的静态共享，而且还可以实现军事模型实现与运行时的动态共享。由于共享计算技术可以有效地解决军事模型共享与保护军事模型开发者权益之间的矛盾,因此可以使军事模型资源共享与重用有实质上的突破,从而为提高模拟训练系统水平打下基础。

(4) 有利于进一步完善军事模型共享理论研究。任何理论的发展都始于实践的需要,同时理论又要指导实践并为实践服务。与军事模型相关的理论研究主要体现在以下两个方面。一是研究军事模型的表达;二是研究军事模型的使用,即共享问题。军事模型一旦开发出来,只有不断地重复使用才能发挥其效益。重复使用既包括模型开发者在不同的模拟系统中重用已有的军事模型,还包括军事模型的其他使用者重用已有的军事模型。传统的模型共享,无论是模型的形式化描述,还是模型的程序化描述,其共享仅仅局限于模型描述的静态共享。随着软件就是服务的思想被更多的技术所实现,如何引入这一先进的技术,实现模型就是服务的设计思想,进而实现军事模型的动态共享,即实现重用军事模型的计算过程,这是目前要着重研究的理论问题,也是本书探讨的主要内容。随着军事模型理论的发展完善与学术水平的不断提高,可有力促进全军作战训练模拟领域在军事模型共享方面的管理和应用水平的极大提高。

近年来,我军训练模拟在从静态模拟向动态模拟、从技术模拟向战术模拟、从单一兵种模拟向诸军(兵)种联合模拟的方向发展过程中,取得了十分明显的效果。随着三军联合模拟训练的通用基础公共平台的建设,对各军(兵)种作战模型信息的互联互通和共享提出了新需求和挑战。新的模型服务体系框架不仅要有利于提高不同仿真成员间的模型共享效率,促进模型可重用与可重构,而且还要满足作战问题的需求,以提高联合作战训练仿真系统应对复杂军事需求的能力,促进联合战役训练的进一步发展。

1.2.3 军事模型服务的实现基础

1. 军事模型的标准与规范

制订合理的军事模型标准与规范是实现共享的前提条件,也是各级各类作战模拟系统按应用需求实现分合,达到满足各单位、各军(兵)种、各专业独立施训或全军联合施训目的的基础。

军事模型的标准与规范是对军事模型描述、开发和应用的约束准则,它作用于军事模型的全生命周期,即包括从军事模型的提出、描述、建立到应用的各个环节。着重于解决军事模型的规范化问题,如模型的描述格式、描述风格、抽象程度、所采用的模拟方法或算法、输入数据的结构及类型、输出数据的表现形式、输出数据的结构及类型等。在问题理解的一致性方面,军事模型的规范化构造了一个通用语义环境,依据军事模型的标准与规范所开发的军事模型可以具有很强的通用性。目前,已经有了一些成熟的领域应用标准,同时,在国军标中也已发布或编制了一些与军事模型相关的标准与规范。这些建模领域的标准与规范为实现军事模型的共享奠定了基础。

2. 军事模型服务的运行机制

为实现全军各作战实验室的互通、互联、互操作,需要设立专门的机构,在全军范围内实现作战训练领域军事模型资源建设的统筹规划,形成全军一盘棋的模型建设、管理与共享使用格局,由全军军事训练模型服务中心,负责开展军事模型服务工作。

军事训练模型服务中心的任务是建立和完善军事模型的体系架构,统一分类方法;建立对全军院校作战(联合)实验室中所涉及到的各类军事模型进行统一管理的机制和操作平台,提供包括存储与计算在内的全面的军事模型共享服务。

军事训练模型服务中心可以从组织机构方面为制订军事模型应用规范提供保障,并形成军事模型收集、管理与使用的合理渠道;建立军事模型仓储与管理系统,使军事模型共享在操作上成为可行。

3. 实现军事模型共享的技术可行性

制订军事模型的标准与规范是实现军事模型共享与重用的前提条件,确立有关军事模型知识产权保护方面的规则是保护军事模型开发者或所有者权益的基本措施,建立军事模型服务中心是实现军事模型共享与重用的组织机制等,这些只是实现军事模型共享与重用的一些方针、政策,要真正实现军事模型的共享与重用还必须建立一个可用的操作平台,将军事模型的共享与重用转变为可操作的现实。人们可以提交所构建的军事模型,可以查找与发现可供共享与重用的军事模型,或是调用/使用所需的军事模型。同时,通过这个平台使军事模型开发者或所有者的利益可以得到保护。

从技术的角度上看,要实现军事模型的共享,必须要先将军事模型"零部件"化,即碎化军事模型,将军事模型构建成符合一定的规则和接口规范的模型组件。其次要有能组装和使用这些模型组件的平台与机制。组件化技术与网格技术、SOA 技术、云计算技术的发展恰好为实现上述目标提供了技术手段。

组件化技术的产生与发展,为将军事模型从模拟系统中剥离出来,建立松散耦合关系的组件化军事模型——军事模型组件,提供了技术可行性,而网格技术、SOA 技术和云计算技术的产生与发展为实现军事模型共享与服务的可操作平台提供了技术可行性,为有效地解决军事模型共享与保护开发者权益之间的矛盾提供了切实可行的技术方案。

本书研究如何实现军事模型共享与重用,将把军事模型看作是一个被封装了的部件单元(组件),军事模型的内部构造对用户是隐藏的,用户只能通过军事模型的接口描述来了解和使用该模型,不涉及军事模型内部逻辑的构建。也就是关注点在如何通过服务的方式使用模型,而不是如何建立模型。为了突出军事模型重用的特性,在下文中也会以军事模型服务组件来表示军事模型。

1.3　军事模型重用的演变历程

从目前国内外军事模型的研究成果看,研究大多限于军事模型开发的物理描述、算法描述及实现方面,对军事模型的存储管理与共享机制研究较少。究其主要原因,一是问题背景复杂,军事模型描述的针对性强,通用性差,对模型的管理集成在系统内部,军事模型尚未形成独立于模拟系统的独立资源;二是缺少有效的技术手段,难以实现军事模型仓储与共享计算服务。所以从事此领域的研究具有新意。

现代高技术条件下的局部战争突破了传统的作战样式,它的一个显著特征是在达成战争目的的作战行动中,不但战役与战术的界限在一定程度上出现模糊,并趋于融合,而且是多兵种的联合作战。作为支持作战训练的作战模拟系统也应该顺应这一变化。于是,如何重用不同层次的作战模拟系统中的军事模型,如何让不同军兵种的作战模拟系统中的军事模型为其他系统共享,成为了当前亟待解决的问题。

在作战模拟系统的建设过程中,尽可能重用已有的军事模型或相关的软件元素,有利于缩短系统的建设周期和提高系统的质量。事实上,广为大家所熟悉的标准函数库就是最基本的一种重用方式,标准函数库中包含标准和通用的函数功能,如 sin 函数,其检索机制只是采用了精确匹配函数名称的简单方法。而就应用系统的开发而言,希望能够重用功能或行为更加丰富、灵活的软部件,同时,与之相应的组织结构和检索方法也会随之复杂,因此,需要建立相配套的软部件生产与组装机制。军事模型的共享是对军事模型重用更进一步的发展。

本书的重点是研究如何实现深层次的军事模型重用,特别是模型计算过程及其结果的共享问题,因此,理解和把握模型重用技术,了解计算环境的演变与包括网格技术、云计算技术在内的计算技术的发展,对于把握本书研究的方向,确定研究问题的边界是至关重要的。

1.3.1　模型重用技术

程序设计中的子程序可以算是最早实现代码重用的一种方法,它的出现极大地降低了代码逻辑的复杂性。随后重用的概念与方法不断从代码的内核向软件功能的外壳移动，陆续出现了类和封装的概念、组件和动态库等手段，重用从代码层扩展到了设计层和分析层。模型重用技术与软件重用密切相关。

1. 面向对象的模型重用技术

面向对象的模型重用技术的核心是利用面向对象的概念和方法，按作战模拟系统的需求建立军事模型。面向对象方法所具有的封装和继承特征，使得它比其他传统的软件开发方法更适合支持军事模型的重用。

面向对象方法把世界看成是独立对象的集合，对象将数据和操作封装在一起，提供有限的外部接口，其内部的实现细节、数据结构及其操作对外部而言是不可见的。对象之间通过消息相互通信，当一个对象为完成其功能需要请求另一个对象的服务时，前者就向后者发出一条消息，后者在接到这条消息后，对该消息进行识别并按照自身的适当方式予以响应。

继承是指在定义新的子类时可利用已有父类的属性和方法。当然，也可以对父类的属性及方法进行修改，或是加入新的属性与方法。从理论上讲，使用继承不需要用户了解模型的实现细节。

利用面向对象技术实现军事模型重用时，所涉及到的军事模型均以类的形式呈现，形成军事模型可重用类库。主要的研究内容与技术实现紧紧围绕军事模型类库的构造、类库的检索和面向对象的合成 3 个方面展开。构造类库的前提是进行域分析，即针对单个或一组相似的作战模拟系统应用需求及其背景知识，以军事模型重用为目标，挖掘其中能够为多个作战模拟系统共用的军事模型；并通过设置可重用的基类，标识出具有一般适用性的军事模型对象及类。类库的组织方式采用与现实问题空间中类继承关系所存在的自然的、直接对应的继承层次结构，并通过浏览以及基于类库文档的超文本检索，寻找可重用的军事模型。如果从类库中检索出来的基类能够完全满足新软件项目（模拟系统）的需求，则可以直接应用。否则，将以类库中的基类为父类，采用构造法或子类法生成子类。

面向对象方法通过把属性和服务封装在"对象"中，当外部功能发生变化时，保持了对象结构的相对稳定，将改动局限在一个对象的内部，减少了由改动所引起的系统波动效应。尽管按面向对象方法建立的军事模型或是开发的模拟系统，具有易于扩充、修改和维护的特性，能较好地适应复杂大系统不断发展和变化的要求。但是，从抽象程度上看，面向对象技术以类为封装单位，实现的是类级或代码级的重用，重用粒度低，它要求使用者能够了解系统的整体结构及类的组织关系，因此，它更适合于大系统中不同子系统之间资源的重用，却不足以解决异构系统间的互操作问题。

2. 组件化的模型重用技术

最初的软件重用是建立在源代码的基础上的,随着应用的深化与技术的发展,逐渐产生与形成了组件技术。

简单地讲,组件是已被封装的、可分布的、具有良好接口定义的软件包[5]。其特性表现主要有:一是组件能够独立的开发和发布;二是组件能够为其所具有的服务提供定义好的显式接口;三是组件为期望从其他组件获得的服务提供定义好的组件接口;四是组件能够与其他组件组合,而不需要修改组件本身,必要时,只需修改组件的一些属性。

组件将重用的抽象程度提到更高的层次,它可以是一组类和对象的集合,即它将一组类的组合进行封装,完成包含一个或多个特定的服务,为用户提供多个接口。组件隐藏了具体的实现细节,只通过接口向外界提供服务。这样,在不同的层次上,组件均可以将底层的多个逻辑功能组合成高层次上的粒度更大的新组件,甚至直接封装成一个系统,从而使由代码级、对象级、架构级到系统级的重用都有可能实现,理想的状态是使软件像硬件一样,能够由用户自行进行定制和装配。

组件技术在使面向对象技术进入到成熟的实用化阶段的同时,自身也得到了迅速的发展。在工业界形成了3个主要流派,分别是 SUN 公司的 EJB、Microsoft 公司的 COM+/DCOM 和 OMG 的 CORBA,它们各自定义了不同的组件基础设施。在组件技术的概念模式下,软件系统可以被视为相互协同工作的对象集合,其中每个对象都会提供特定的服务,发出特定的消息,并且以标准形式公布出来,以便其他对象了解和调用。组件间的接口通过一种与平台无关的语言 IDL(Interface Define Language)来定义,并且是二进制兼容的。使用者可以直接调用执行模块来获得对象提供的服务。早期的类库提供的是源代码级的重用,只适用于比较小规模的系统开发形式,而组件则封装得更加彻底,更易于使用,并且不限于C++之类的语言,可以在各种开发语言和开发环境中使用。但是,目前组件重用技术所面临的最大问题就是组件接口和传输协议密切相关。

随着网格技术的发展,产生了 Web 服务组件技术(相关详细内容见1.3.2节)。Web 服务的应用与以往组件技术不同的是,它将传统的调用一个组件,实现某一个功能,提升到以服务的方式为使用者提供所需的功能组件,使得重用可以在更大范围和更加灵活的应用上实现。

3. 基于框架的模型重用技术

无论是面向对象技术,还是组件技术,都是以自底向上的方式研究构造可供重用的军事模型的理论与方法,为实现军事模型的重用提供可重用的单元部件元素,即军事模型组件。这只是为实现军事模型的重用提供了必要条件。如果缺少统一的组织与管理机制,按面向对象方法或组件化方法构造的军事模型组件,只不过是散落在棋盘四周的棋子,并不能充分发挥出它应有的作用。为了能有效地利用这些按一定的规范"制作"出来的军事模型组件,还需要有自顶向下的管理与使用机制。框架就是一种协同各种组件实现某一特定功能目标的方法与技术手段。

在Johnson和Russo合著的《Reusing Object Oriented Design》中给框架的定义是:抽象类是对单个对象的设计,而框架是对协同完成一些工作的对象的设计。从定义中不难看出,相对于抽象类而言,框架则是在更大程度范围内的设计,它提供了重用高层设计的手段。框架不是一些类的简单集合,它为开发人员提供了一个内部结构,在这个内部结构中,具有丰富的功能和很强的内部对象类之间的连接。框架为组件建立了集成机制并提供了组件之间协同工作的环境。

简言之,框架为运行一批组件提供了一个有组织的环境及约定规则,包括框架的组织结构、框架内部对象之间的相互作用以及框架与外部组件的相互作用内容等。框架还提供了一些工具,让用户可以按框架的约定规则构造新的组件。作为一个集成的开发环境,框架可以简化、支持、指导、约束和帮助开发者在一个已经被定义好的领域中构建应用。

框架的最终目标是用户可以按照自己的应用需要动态地组装组件,而不是受组件开发者设计意图的约束来组装。一个好的框架所定义的协作模式和机制是简单的,有利于用户建立适应性好的组合。当用户将一些简单组件组合成复杂系统时,其复杂性体现在组件的组合方面,而不是组件自身。

由于框架定义了应用结构,因此对框架评价的主要指标是它的可适应性和可扩展性。目前,在作战模拟领域中通用的框架技术是HLA(High Level Architecture)。为了实现各仿真(模拟)应用的综合集成,需要建立一个新的体系结构以及一系列的标准来实现各种类型仿真(模拟)应用之间的互操作和仿真应用及其部件的重用。美国国防部的国防建模与仿真办公室(DMSO)于1995年10月在建模与仿真主计划(DSMP)中,提出了需要为国防领域的建模与仿真制定一个通用的技术框架,该技术框架的核心就是HLA。HLA是为了将多个仿真应用集成起来而定义的一种软件体系结构,它为系统开发者提供了一个可用来构造和描述仿真应用的总体框架[6]。HLA的核心思想是互操作与重用,其显著的特点是通过运行环境RTI(Run-Time Infrastructure),提供通用的、相对独立的支撑服务程序,将仿真应用与底层的支撑环境分开,通过隐藏实现细节,使得仿真应用与底层支撑可以各自相对独立地进行开发。这种方法还有利于系统的各部分能充分利用各自领域的先进技术。全军一体化联合作战训练模拟系统需要集成陆、海、空、二炮等多军(兵)种,训练功能涵盖与联合作战相关的各种要素,该系统的基础框架建立在 HLA 的基础之上。HLA 就像一种黏合剂,将不同军(兵)种作战应用领域中的仿真系统联合成为一个大的仿真系统。

提出 HLA 的最初目的是为提高仿真组件的可重用性和互操作性,并在更大程度上有效地利用已有的各种仿真系统资源。随着应用的不断深入,虽在一定程度上实现了这一目标,但仍存在着一系列的问题和挑战,比如,HLA 运行支撑框架 RTI 的实现与特定编程程言及计算机平台有关,互操作性有限等。美国国防部为促进建模与仿真应用在更大范围内实现互操作性和重用性,提出并启动了可扩展的建模与仿真框架(eXtensible Modeling and Simulation Framework, XMSF)的研究工作。XMSF 其核心是使用通用的技术、标准和开放式的体系结构为未来的建模与仿真应用创造一个可扩展的框架,以满足军事行动中作战人员训练、分析、系统获取(信息)和战术(仿真)预览的需求。仿真框架的变化与发展将会带动仿真系统各环节的发展与变化,特别是 XMSF 强调模型组件的可组合性以及多分辨率建模的实现。

在框架技术发展的基础上,面向服务的体系架构(Service Oriented Architecture,SOA)在抽象层次上又向上迈进了一级台阶,为实现各种功能组件的集成提供了系统构建的思想与模式。基于 SOA,可以实现技术与架构的完全分离。在 SOA 的架构风格中,服务是最为核心的抽象手段,应用领域中的业务被划分(组件化)为一系列粗粒度的业务服务和业务流程。每一个业务流程相对独立、自包含、可重用,它可以由一个或多个分布的系统所实现,而业务流程由服务组装而来,它不依赖于特定的技术。利用 SOA 不仅可以共享资源,而且还可以促进应用领域中传统的业务流程方式向能提供更便捷、更灵活的服务方式改变与发展。

1.3.2 模型计算环境的演变与计算技术

军事模型的实现与运行离不开计算环境。计算环境由一组计算机、软件平台和相互联通的网络组成,在这个环境中能够处理和交换数字信息,并允许用户访问其内部资源[7]。在每种不同的计算环境中,都有特定于该计算环境的支撑技术,因此,其计算风格和编程模型也是各不相同的。

1. 计算环境的演变

计算环境是随着计算机硬件与软件技术的发展而演变的。在早期的主机时代,绝大多数的计算功能和系统的组成部分,都被包含在一台机器里。到20世纪80年代,快速发展的信息技术使得计算设备可以通过局域网相互连接,构成了客户/服务器计算环境。根据对大量业务的逻辑处理方式,区别于原来大型机的单层模式,先后形成了胖客户/服务器计算模式、瘦客户/服务器计算模式和零客户的浏览器/服务器计算模式。它们的共同特性是服务器必须分布在局域网中。现有的分布计算环境往往要求服务器位置相对固定,网络连接基本稳定,服务资源开放且容易获得,整个环境采用统一的管理策略,即计算环境所在的系统是一个自治系统。这些要求不但限制了整个系统环境的计算能力,而且,每次计算只能使用单一组织的有限资源。由于计算能力不足,现有的分布计算环境往往难以支持许多特定专业领域中的应用类型,例如气象、水文、卫星影像数据处理等。在现有基础上提高计算能力的方法可以有两种,一是提升系统自身的计算能力,二是借助具有高计算能力的系统。如果采用前一种方法,就需要在传统的分布计算环境中配备大量固定的计算资源。由于其成本非常高,从投入产出比的角度衡量,对大多数应用而言是不值得的。如果采用后一种方法,也就是将计算任务外包给配置有这些昂贵计算资源的高性能计算中心进行,这又给用户带来了操作上的不便。

为了克服传统的分布计算技术的局限性,希望能够打破服务资源必须来自于单一组织的约束,以实现互联网上所有资源的全面联通,包括计算资源、存储资源、通信资源、软件资源、信息资源、知识资源等,最终实现网络虚拟环境中的资源共享和协同工作,消除信息孤岛和资源孤岛。换句话说,相应的分布计算环境不再要求各种服务资源位于由单一组织拥有和管理的同一个自治系统中,参加协作计算的各方构成一个虚拟组织,可以使用跨越多个自治系统的资源,协同完成工作。区别于现有的分布计算技术,网格计算技术就是支持上述虚拟组织的分布计算技术。利用这种技术可以将分布计算所涉及到的资源,扩展到广域网和整个互联网的范围,这些资源可能分别属于不同的自治系统。

2. 元计算

元计算产生于20世纪90年代初。当时,美国国家科学基金会(NFS)针对网上主机大量增加但利用率却并不高的情况,决定将其4个超级计算中心构筑成一个整体,包括高速的互联通信链路、全局的文件系统、普通用户接口和信息、视频电话系统以及支持分布并行的软件系统等,于是诞生了元计算技术。

元计算的含义是通过网络连接强大的计算资源,提供统一的管理、单一的分配机制和协调应用程序,使任务可以透明地按需要分配到系统内的各种结构的计算机中,包括向量机、标量机、SIMD[①] 和 MIMD[②] 型的各类并行计算机,从而

---

① SIMD:Single Instruction Multiple Data。单指令多数据流,一种并行计算技术。
② MIMD:Multiple Instruction Multiple Data。多指令多数据流,一种并行计算技术。

形成对用户透明的超级计算环境[8]。元计算的目标是将跨地域的多台高性能计算机、大型数据库、贵重科研设备、通信设备、可视化设备和各种传感器等，整合成一个巨大的超级计算机系统，以支持科学计算和科学研究。

3. 网格计算

尽管以超级计算机为中心的元计算具有很强的计算能力，但由于超级计算机造价极高，通常只有一些国家级的部门，如航天、气象等部门才有能力配置这样的设备，因此，元计算的应用被限定在特定的专业领域。随着人们日常工作遇到的商业计算越来越复杂，数据越来越多，人们越来越需要数据处理能力更为强大的计算机，于是，人们希望能够寻找到一种造价低廉而数据处理能力超强的计算模式，以适用于普通人的工作领域。网格或计算网格应运而生，它更系统化地发展了最初元计算的概念。

网格(Grid)技术是继 Web 技术之后的第三代网络技术。它是借鉴电力网概念提出来的，其最终目标是希望用户在使用网格时，就如同现在使用电力一样方便。简单的讲，网格就是一个集成的计算与资源环境，或者说是一个计算资源池[4]。它能充分吸纳各种计算资源，并能将这些计算资源转化成一种随处可得的、可靠的、标准的，同时还是经济的计算能力。网格技术将网络上地理分布的各种资源聚合为一体，使人们能在动态变化的网格中共享计算资源和协同解决问题。网格技术的基本目标是集成计算、数据、存储、设备、软件和人员等各种资源；其基本思想是实现资源的共享与协同，强调统一和横向设计；通过建立广泛的资源共享标准和协议的方法实现计算资源(软件、设备)共享和数据信息(服务、人才)共享。网格环境包含了网格资源和网格资源管理两大核心要素。

如果将网格比做围棋的话，每一台参与的计算机可以被当作是一个节点，就如同放在围棋盘上的棋子，而现实世界中的网络就是棋盘上纵横交错的线条。对网格资源的使用就像下围棋一样，不是由单个棋子完成的，而是由棋子彼此之间互相配合所形成的合力完成的。一代互联网技术实现了计算机硬件的连通，二代 Web 技术实现了网页的连通，而三代网格技术的目标是实现互联网上所有资源的全面连通。

网格计算就是基于网格对问题的求解。网格计算的核心是计算资源的共享。根据问题求解的特点，有一些不同名称的网格。如数据网格，它以数据密集型问题的处理为核心；科学网格，它以解决科学问题为核心；地球系统网格，它以全球地球系统模型问题求解为主要目的；此外，还有一些行业网格，如地震网格、军事网格、NASA 的 IPG 等。

技术的发展以及对资源共享不断增长的需求，已经使对网格计算技术的研究成为信息技术研究领域中最重要的课题之一。不仅全球的学术界在进行大量相关的研究，而且各国政府和企业界也介入其中，推动网格计算技术的普及和进入大规模商用领域。对网格计算技术进行深入而广泛的探索，无论是对技术本身，还是考虑应用价值，都具有非常重要的意义。首先，在技术方面，服务资源动态分布在多个异构的自治系统中的网格计算对于现有单一、静态的分布计算环境是一种挑战，其对动态性、异构性、可伸缩性、多管理域和安全性等方面的性能要求将引发若干亟待解决的新问题。其次，如前所述，研究的相应成果具有最终转化为巨大商业价值的潜力，可以极大地提高资源利用率，解决许多现有技术无法解决的问题或无法支持的应用。

4. 对等计算

对等计算(Peer–to–Peer, P2P)可简单地定义为通过直接交换方式共享计算资源和服务。其含义是指网络的参与者共享他们所拥有的硬件资源的能力（包括处理能力、存储能力、网络连接能力、打印机等），这些共享资源通过网络提供服务和内容，能被其他对等节点(Peer)直接访问而无需经过中间实体[9]。在此网络中的参与者既是资源(即服务和内容)提供者(Server)，又是资源的获取者(Client)。它打破了传统的客户/服务器计算模式，在网络中的每个节点都是对等的。每个节点都具有双重身份，既充当服务器，为其他节点提供服务，同时也是客户端，享用其他节点提供的服务。

对等计算是非中心化的，即在对等计算环境中没有必须依赖的中心。由于网络中的资源和服务分散在所有的节点上，信息传输与服务的实现都是直接在节点之间进行的，没有中间环节和服务器的介入，避免了可能的瓶颈。非中心化的基本特点也带来了其在可扩展性和健壮性等方面的优势。在对等计算网络中，由于用户身份的双重性，随着用户的加入，在服务需求增加的同时系统整体的资源和服务能力也在同步地扩充。例如，当通过FTP协议下载文件时，随着用户增加，下载速度会明显降低，而对等计算网络恰好相反，加入的用户越多，可提供的资源就越多，下载的速度反而会越快，如BT下载。由于服务分散在各个节点上，部分节点或网络遭到破坏对其他部分的影响很小，使得对等计算具有较好的健壮性。随着硬件技术的发展，个人计算机的计算和存储能力以及网络带宽性能逐渐提高，采用对等计算可以有效地利用互联网中分布的大量普通节点，将计算任务或存储资料分布到所有节点上，充分利用其中闲置的计算能力或存储空间，达到高性能计算和海量存储的目的，得到较高的性价比。同时，对等计算特有的结构减少了在客户/服务器计算模式中对服务器计算能力和存储能力的要求，可以有效地均衡负载。

为用户所熟知的对等计算应用是从Napster开始的。Napster是一家通过对等计算技术提供免费共享与交换音乐文件的网站,曾经风靡一时。后虽因版权问题改为付费使用,但它带来的影响却是巨大的。Napster 的成功不仅仅是因为它的服务是免费的,更重要的是它给人们利用互联网带来了极大的便利性。微软公司在它的 Windows Vista 中也加入了对等计算技术,以加强协作和应用程序之间的通信。对等计算技术正不断应用到军事、商业、政府、通信等领域,典型的应用有:文件内容共享和下载,如 Napster、Gnutella、eDonkey、eMule、Maze 和 BT 等;计算能力和存储共享,如 SETI@home、Avaki、Popular Power 等;基于对等计算技术的协同与服务共享平台,如 JXTA、Magi、Groove 等;即时通信工具,如 ICQ、QQ、Yahoo Messenger、MSN Messenger 等;对等计算通信与信息共享,如 Skype、Crowds、Onion Routing 等;基于对等计算的网络电视,如沸点、PPStream、PPlive、QQlive、SopCast 等。

对等计算体现了网格计算所追求的一种最基本的资源共享模型和结构,采用了纵向集成的解决方法,而不像网格那样,追求标准化的协议以提供共享的底层基础结构和互操作性。

尽管对等计算解决了规模问题,然而目前对等计算的优势主要体现在大范围信息共享和搜索上,对于其他大多数的计算类型,很难分割成对等计算所需要的样式。

5. Web 服务与广义的网格计算

近年来,Web 服务,也称万维网服务,作为一种新兴的 Web 应用模式和一种崭新的分布式计算模型,已逐渐成为 Web 上数据和信息、集成的有效机制,发展非常迅速。它由 IBM、Microsoft 等公司倡导,是一种较为成熟的商业计算服务共享解决方案。通过 Web 服务,可以使全球范围内的采购商、供应商和交易市场以低廉的价格共享商业服务。与 DCE、CORBA 和 Java RMI 等方法不同,Web 服务并不倾向于特定的编程模型、编程语言和系统软件,而更强调基于单个的互联网标准,即可扩展的标记语言 XML 来解决异质分布计算的问题,从而实现在当前环境下最高的可集成性。目前,Web 服务已在全球范围得到广泛应用。以 Sun 公司为代表的 J2EE 阵营和 Microsoft 公司为代表的 COM 阵营也分别将使用 Web 服务作为其下一代软件和服务战略:Sun ONE 和 Microsoft.NET 的基础。Web 服务是用标准的、规范的 XML 概念描述的一些操作的接口。描述中包含了与服务交互需要的全部细节,包括消息格式(详细操作的描述)、传输协议和位置。同时,该接口也隐藏了实现服务的细节,从而使基于 Web 服务的应用程序具有松散耦合、面向服务、分布式和跨平台的特性。一个 Web 服务就是一个可以被识别的软件应用。一旦 Web 服务被发布,其他的应用程序和 Web 服务就可以发现并调用该 Web 服务。Web 服务定义了如何在异构系统之间实现通信的标准化方法,它建立在以 XML 为主的、开放的 Web 规范技术基础之上,是建立可互操作的分布式应用程序的新平台。换句话说,Web 服务平台是一套标准,它定义了应用程序如何在 Web 上实现互操作,人们可以用任何语言,在任何平台上编写所需要的 Web 服务。

作为一种新技术,人们从研究与应用的不同角度,给出了关于网格的各种各样的定义,并且其含义和内容随着研究的深入也在不断变化。最初的网格计算概念来源于美国联邦政府资助了十多年的高性能计算项目,可称为"正统"的网格计算。然而,在最近几年中,随着网格计算技术的迅猛发展,其外延已大大延伸,从高性能计算领域逐渐扩展到商业应用领域,目前已呈现出与 Web 服务和对等计算技术相融合的发展趋势。无论是元计算、网格计算、对等计算和 Web 服务等,其共性都是强调资源的共享与协同计算,对这些问题的研究与应用可称为广义的网格计算。从应用领域而言,网格可分为计算网格、数据网格、信息网格和知识网格等不同类型;也有人把网格看成是未来互联网技术,称之为"下一代 Internet"、"Internet2"、"下一代 Web"等;还有一类研究的侧重点是智能信息处理,它关注的是如何消除信息孤岛和知识孤岛,实现信息资源和知识资源的智能共享,常见的名词包括语义网(Semantic Web)、知识管理(Knowledge Management)、知识本体(Ontology)、智能主体(Agents)、一体化智能平台等;而企业界的研究则大多集中在尽量利用现有的 Internet/Web 技术,将互联网上的资源整合成一台超级服务器,以便有效地提供内容服务、计算服务、存储服务、交易服务等,并实现内容分发(Contents Delivery)、服务分发(Service Delivery)、电子服务(e-Service)和实时企业计算(Real-Time Enterprise Computing,RTEC)等。

6. 普适计算

最早的普适计算思想是 Mark Weiser 在 1991 年发表于《Scientific American》上的一篇文章"The Computer for the 21st Century"中提出的。他所提出的普适计算思想,强调把计算机嵌入到环境或日常工具中去,让计算机本身从人们的视线中消失,从而使人们把对问题的关注点回归到完成任务本身上。

关于普适计算尚未有统一的定义,不同的研究者有着不同的理解,其目标都是"要建立一个充满计算和通信能力的环境,同时使这个环境与人们逐渐地融合在一起。"也有观点认为:"普适计算是信息空间与物理空间的融合,在这个融合的空间中人们可以随时随地、透明地获得数字化服务。"[10]

普适计算的研究体系自底向上主要包括普适计算设备、普适网络、系统软件和人机交互等多个层次。由于不同应用领域的研究侧重点和目标不同,形成了感知上下文计算、智能空间、可穿戴计算等多个热门的研究领域。

普适计算的研究受到国内外各研究机构和产业界的高度重视。从 20 世纪 90 年代起，许多相关的研究计划纷纷启动，例如美国麻省理工的 Oxygen、卡内基梅隆大学的 Aura、伊利诺大学的 Gaia、加州大学伯克利分校的 Endeavour、华盛顿大学的 Portalano、美国 IBM 公司的 DreamSpace、微软的 EasyLiving、欧盟资助的 Disappearing Computer、清华大学的 Smart Classroom 等。

7. 云计算

2006 年底，Google 推出了"Google 101"计划，并正式提出了"云"的概念和理论，许多计算机领域的专家和学者试图从不同的角度，用不同的方式给云计算下定义。然而截止目前，对于云计算，仍没有一个明确的官方定义。理论上讲，云计算可以使每个人都有无限的计算、存储和整合资源的能力。因此，人们认为云计算是信息技术(IT)产业发展的趋势。

云计算定义的关键在于"云"这个字，"云"是对信息网络的一个形象化比喻，是一组数量众多的、互联到一起的计算机。这些计算机可以分布在许多地方，可以是个人计算机或网络服务器，可以是公共的或私有的，但它们联系在一起。不管如何定义，云计算都包含这样一种思想：把力量联合起来，形成强大的功能，给其中的每一个成员使用，实现资源的共享和面向用户的透明服务。

1) 云计算的服务功能

作为一项新的技术，人们最关心的问题是它能做什么。计算机领域的专家和学者就这个问题一直进行着讨论，云计算功能的外在表现形式正呈多样性发展趋势。但是，云计算的功能发展始终贯穿着一个重要的理念，那就是：服务。以用户为中心，为用户提供更多、更方便的服务，同时包括计算机硬件资源的需求服务。

(1) 计算资源服务。人们对计算能力的需求是无止境的，曾经拥有的 486 已被遗忘。如果有一天，通过一根网线，你能获得超级计算机的计算能力，这就是云计算将要带给我们的能力。这种云计算为用户创造虚拟的计算中心，使得其能够把内存、I/O 设备、存储和计算能力集中起来成为一个虚拟的"资源池"，为整个网络提供服务。

(2) 软件服务。云计算通过浏览器或专用的客户端软件把软件功能提供给成千上万的用户。在用户看来，会省去在服务器和软件授权上的开支。从供应商角度看，只需要维护一个程序就够了，这样能够减少成本。

(3) 云端网络服务。云计算服务供应商不只是提供成熟的应用软件，而且还提供应用编程接口，来帮助用户通过网络拓展功能应用。

(4) 平台服务。"平台即服务"是"软件即服务"的变种，云计算将开发环境作为服务来提供。任何人都可以将自己创建的应用软件运行在供应商的基础架构上,然后通过网络传递给用户。

(5) 管理服务。管理服务是云计算最早的形式之一,它是面向 IT 厂商而并非最终用户的一种应用软件,比如用于电子邮件的病毒扫描服务或者应用软件监控服务。

2) 云计算的军事应用前景

2009 年 2 月,在美国"联邦云计算技术论坛"上,美国国防信息系统局计算服务中心主任显克维奇作了题为"云计算工作展望"的报告,引起世界对美国发展军用云计算技术的关注。事实上,几年来,美国国防信息系统局首席信息官加林已经多次表达了发展云计算的观点,他甚至提出:云计算是国防部的驱动力,必须要在云计算上有所作为。目前,云计算在军事应用上的序幕已经拉开。

云计算的模式思想与未来信息化战争所要求的诸军(兵)种联合作战、快速灵活的反应能力、高效的信息与情报共享和处理能力、一体化的指挥控制系统是相一致的。它的军事应用价值至少可在以下方面大放异彩:有利于减少信息系统建设和维护费用,大量节约军费开支;提高部队应对信息化战争对系统的灵活性和可扩展性要求;有利于信息、情报共享,提高信息与情报的利用率;有利于数据的共享,为决策指挥提供更有利的数据支持;有利于加速部队信息化建设。

3) 云计算将面临的问题

云计算有很多优点,但目前还受很多因素制约。

(1) 如果你没有网络,那么你就不能访问任何东西,即使是你自己的文档。

(2) 云计算对网络的速度要求较高,由于基于 Web 的应用程序往往需要较大的带宽,在处理大量的文档时更是如此。

(3) 许多基于 Web 的应用程序功能与以桌面为主的相比还有很大差距,功能十分有限。

(4) 防范病毒软件的恶意攻击是个重大难题,而云计算环境恰恰就是隐藏这类恶意软件的温床。随着云计算用户的增多,数据容易泄露导致的安全问题将是云计算面临的重要问题。

(5) 由于目前云计算缺乏相关的标准,系统的可靠性较差,建设成本较高。

1.4 军事模型发展特征与应用现状

1.4.1 军事模型的发展特征

军事模型是随着作战模拟的发展而发展的。20 世纪 70 年代末,我军建立了军事运筹学学科专业,并成立了专门机构从事战役战术指挥领域的作战模拟研究工作。历经40多年的努力,已经研制开发出了上百套作战模拟系统,积累了数以千计的军事模型。在军事模型从无到有,从简单到复杂的发展历程中,表现出从积累军事模型数量、注重军事模型质量到关注军事模型服务这样一个明显的发展变化过程,如图1-8所示。

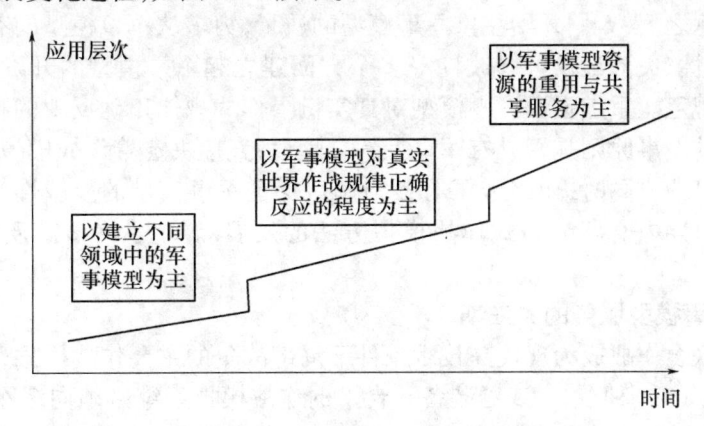

图1-8 军事模型的建设与发展历程

1. 军事模型数量的积累期

军事模型数量的积累期处于作战模拟技术应用于作战指挥领域的初期阶段,主要解决的是军事模型的有无问题。当时,计算机正从科学计算的象牙塔走出来,计算机在不同社会与生活领域中的应用,不但延伸了人们的能力,甚至还实现了以往人们能力所不及之处的理想。在军事应用领域,人们也在思考与估计着计算机将会如何影响未来的战争,考察着在军事训练、军事管理和战法研究等方面计算机将能发挥的作用及其有关使用问题。军事指挥员希望能借助于计算机系统再现作战指挥过程,将作战指挥训练过程从指挥所搬进实验室。于是,有了作战模拟初期的简单目标。受技术发展和认知水平的限制,人们将更多的关注点集中到如何能在计算机环境中表达和表现作战或训练问题上,军事模型被做了许多简化。在这一时期,随着作战模拟系统的建立,各类军事模型从无到有,从粗到细,从简到繁,经过陆续的积累,军事模型在数量上得到了极大的发展。这一时期的军事模型大都由各单位自己设计、自己使用、自己维护。军事模型的开发规模小,没有统一的标准,文档不健全。

2. 军事模型质量的注重期

至20世纪80年代中期,作战模拟系统的发展方兴未艾,全军各指挥院校和部分作战部队陆续建立起作战模拟中心或相应机构,开始研制和建立具有各军(兵)种战役战术指挥特点的作战模拟系统,作战模拟应用的领域也扩展到指挥训练、战法研究、武器装备论证。这时,军事人员不再满足于简单地用计算机再现或重复作战指挥过程,对作战模拟的细化程度、逼真程度及其可用程度等多方面的性能指标提出了更高的要求。为了满足军事人员的需要,提升作战模拟系统性能的关键反映在军事模型的构造与应用方面。在解决了军事模型有和无的问题之后,人们开始注重军事模型的质量,力求从军事模型的有效性、可信性、透明性、灵活性及可修改性等多个方面建立起军事模型的开发方法及相应的描述规范。重点强调军事模型对真实世界作战规律正确反映的程度,模型所体现出的军事原则是否具有军事上的合理性,直接决定着作战模拟的过程和结果是否可信。同时,还采取了有效措施以保证军事模型的权威性。特别是,随着这一时期内交互分布式作战模拟方法的发展,产生了许多高质量的军事模型。

3. 军事模型服务的关注期

随着联合作战成为现代高技术条件下局部战争的主要作战样式,原有的建立在单一军(兵)种、单一武器装备平台下的作战模拟系统必须向多军(兵)种、多武器平台的联合的作战模拟系统方向发展,作战模拟系统开始呈现出复杂巨系统的特征。采用早期构建思想与技术所建立的系统,军事模型与系统功能之间关系密切,表现出很强的紧耦合性,当要将为某一个特定系统开发而建立的军事模型用到另一个相似系统中去时,往往要修剪很多的枝权,做很大的修改,甚至有时的修改量相当于重新建立一个模型。如何改善已有系统的能力以满足新的需求,如何共享与重用不同作战领域中的军事模型成为所面临的现实问题。于是,人们开始关注如何实现军事模型的共享,如何提供和使用已有的军事模型的问题。

以空军战役训练模拟系统为例,以前只考虑的是空军本军种的有关问题,各类军事模型的建立都是围绕空军各兵种进行的。现在的空军战役训练模拟系统不仅要研究空军自身的有关问题,还要涉及与陆军、海军和二炮等军(兵)种的协同作战问题。因此在建立军事模型时不仅要考虑空军自身的行动,而且要考虑其他军(兵)种的军事行动。跨领域的知识描述对建模人员是一个极大的挑战。同时,随着军事模型抽象程度的细化和复杂程度的加大,即使熟知了跨领域的知识,重构军事模型也是一件相当复杂的工作。因此,人们希望不仅能重用已有的军事模型,而且能共享不同知识领域的军事模型。

正如社会生活中的各种服务机构能够提供各类专业的服务一样,以面向服务的方式建立军事模型管理机制,按照一定的规则对军事模型资源进行管理与访问,利用这种机制可以让使用者在使用军事模型时不用考虑军事模型是属于谁的,存储在什么地方,只要按照使用规则直接调用即可。从军事模型的重用角度认识军事模型,我们可以认为模型就是服务。军事模型的发展进入了服务的关注期,这也是当前军事模型发展的趋势。

1.4.2 军事模型建设的发展历程

军事模型服务的概念并不是与模拟训练同时产生的,而是随着信息技术和军事模型建设的发展于近些年提出来的。特别是近几年,随着仿真网格、普适仿真、SOA[①]和云计算等技术的快速发展,服务的思想和理念逐渐被人们所认识,并正成为模拟训练发展的一个重要方向。模型作为作战模拟系统建设的核心组成要素,模型服务是在模型资源共享和重用的思想下发展而来的,是模型资源共享和重用思想的继承和发展。追溯历史,模型建设的发展可分为4个阶段。

1. 个体化建设阶段

20世纪60年代,国外以计算机为主要工具的作战模拟较多的是应用于各种武器系统的仿真器开发,包括飞机、导弹、舰船、坦克、装甲车等。模拟训练系统针对性强,功能相对单一,模型在独立环境下,按照某个应用需求,专门研制或特殊定制,只能专用于所属的应用系统。模型和数据、系统以及硬件等捆绑研制,不具备独立性和通用性,没有标准,不能重用和共享。模型的研制各自为政,独立经营,呈现小作坊式生产。此时,模型共享和重用的需求还不明显。随着作战模拟系统开发数量的提高,模型的数量亦逐渐增多,模型的共享和重用需求开始逐步显现。

2. 协作化建设阶段

20世纪80年代,国外的模拟训练系统已开始向网络化方向发展,我们国家的作战模拟训练系统才刚刚起步。此阶段模型的建设开始在多单位协作环境下,为某应用领域或多个相关应用系统研制。模型只能用于所属的应用领域和相关系统,模型和应用系统结合相对紧密,但模型开始能够在本领域或协作圈内部小范围的重用和共享,初步具备了狭义的通用性和内部标准。

3. 工程化建设阶段

20世纪90年代中后期,作战模拟训练开始向精细化、大型化方向发展,模拟训练将是在战役作战集团的指挥下,带各兵种和实兵行动的多重联合作战训练,而军事模型开发往往落后于军事需求。从军事模型演化趋势看,建模、验模方法和相应模拟系统软件正向一体化、智能化、虚拟现实环境和面向对象趋势

---

① SOA:Service-Oriented Architecture。

迅速发展,特别是按一体化建模思想要求的作战仿真模型越来越被要求能满足可重用性需求。在工业化思想的影响下,模型开发和应用系统脱离,模型具有较强的可重用和共享性,具备一定的通用性和标准化,模型的研制开发成为了独立的产业,呈现工业化方式生产。模型库的建设是这一时期的主要特点,类似组件式模型库的要求,已于数年前由张最良、沙基昌、王智新等分别提出。目前我国依然处于军事模型工程化建设阶段。

4. 服务化发展阶段

进入到21世纪,信息技术日新月异,军事模拟仿真技术、Web Service 2.0技术以及云计算的软件即服务(SaaS)、平台即服务(PaaS)、基础设施即服务(IaaS)思想,把作战模拟中的军事模型服务带到了一个全新的时代。军事模型的工程化建设,使得军事模型的数量有了大幅的增加。但此时的模型对用户来说是被动的,传统的被动式的模型资源共享已经很难满足未来作战模拟训练的需要,服务的思想已慢慢靠近,主动式的模型服务思想应运而生。在我们还在进行模型工程化建设的同时,主动式的模型服务研究已经开始。

2003年,空军指挥学院的毕长剑教授在模型工程实践的基础上提出了"军事模型计算服务"的概念。2006年,毕长剑教授在撰写的题为《军事仿真模型服务研究》一文中进一步对军事模型服务建设的目的、指导思想、主要内容、技术实现等问题进行了分析阐述。他认为,军事模型服务的宗旨是为全军作战模拟系统应用提供统一的军事模型规范,不仅为军事模型的使用者提供一个共享存储与共享计算服务的平台,而且为军事模型开发者提供模型开发的可执行标准,降低开发工作中的无序性,同时还可使决策者能更加全面地了解和掌握军事模型的开发情况,科学制定规划,部署任务,合理的调配军事模型建设资源,提高军事模型的可重用性。这种模型共享服务机制中,模型服务的功能主要体现在:为模型开发者和模型共享需求者建立起一种联系的平台,模型使用者能够按需获得服务平台所提供的模型服务。

本书研究的主要目的是将先进的计算技术,如网格技术、云计算技术等,与军事模型共享与重用的需求相结合,寻求突破传统的军事模型重用方式的理论与方法,建立一套面向服务的军事模型共享与重用机制。具体地讲,就是基于模型即服务的思想,探索实现军事模型资源共享的一般规则与方法。本书力求通过对面向服务体系及组件化的理论研究,以及对军事模型及其共享的需求分析,在建立合理的军事模型服务体系的基础上,确定军事模型共享服务的目标,界定军事模型服务的类型及其服务规则与方法,并通过军事模型服务,特别是共享计算服务将军事模型的静态共享(存储)扩展为军事模型的动态共享(计算过程与计算结果),并让共享覆盖军事模型的全生命周期。

需要特别说明的是,本书研究中将不涉及如何构建军事模型,而是将军事模型看作是一个相对独立的部件,研究如何共享与重用军事模型的理论与方法。在技术层面上,实现军事模型服务的层次结构如图1-9所示。

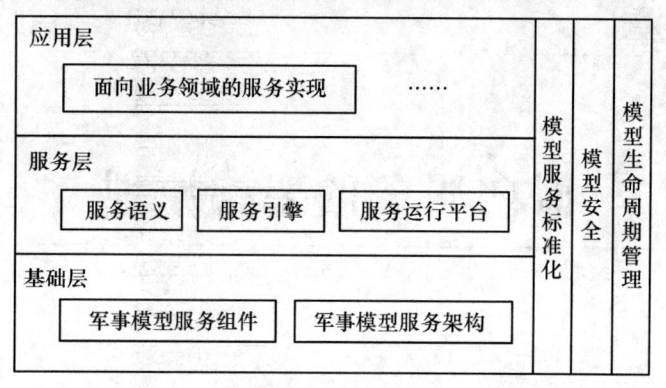

```
┌─────────────────────────────────────────┬───┬───┐
│ 应用层                                   │ 模 │ 模 │
│   ┌─────────────────────┐   ┌──────┐    │ 型 │ 型 │
│   │ 面向业务领域的服务实现 │   │ …… │    │ 服 │ 生 │
│   └─────────────────────┘   └──────┘    │ 务 │ 命 │
│ 服务层                                   │ 标 │ 周 │
│   ┌──────┐ ┌──────┐ ┌──────────┐       │ 准 │ 期 │
│   │服务语义│ │服务引擎│ │服务运行平台│       │ 化 │ 管 │
│   └──────┘ └──────┘ └──────────┘       │   │ 理 │
│ 基础层                                   │ 模 │   │
│   ┌──────────────┐ ┌──────────────┐   │ 型 │   │
│   │军事模型服务组件│ │军事模型服务架构│   │ 安 │   │
│   └──────────────┘ └──────────────┘   │ 全 │   │
└─────────────────────────────────────────┴───┴───┘
```

图1-9 实现军事模型服务的技术层次结构

从图中可以清楚地看出,实现服务不仅需要支持服务的服务元素,而且还要有对服务元素的管理与服务规则。因此,研究军事模型服务,应从军事模型服务单元(组件)的构建和服务单元的管理两方面入手,建立合理的军事模型服务架构和构建支持服务实现的军事模型服务组件。

第 2 章

面向服务的架构原理

在不考虑应用特征的情况下,作战模拟系统就是一个软件系统,军事模型在作战模拟系统中以程序组件的形式存在。按不同的粒度抽象程度,较高粒度的军事模型组件可以逐层向上合成较低粒度的军事模型组件,当合成为一个功能相对完整的大的军事模型组件时,就形成了一个面向应用的作战模拟系统。所构成的作战模拟系统仍可以作为子系统,以相对较高粒度的军事模型组件形式,向更高一级的作战模拟系统合成。在这一过程中,军事模型组件可以根据应用需求被多次重复使用,充分发挥资源的利用率。为了实现这一目标,需要为军事模型组件集成建立一个面向服务的体系架构,将军事模型组件集成框架与军事模型组件实现技术相分离,消除军事模型组件集成时的障碍。SOA 是当前 IT 领域实现软件即服务的共认模式,它是建立在具体的服务组件技术及服务架构之上的一种思想,同时,它又包容了服务实现的具体技术和架构。

2.1 SOA 概述

作为一种能提供动态资源共享和广泛协同工作的基础设施,网格技术的发展,为面向服务的软件集成提供了可能。SOA 并不是一种全新的理论与方法,之所以能成为当前研究与应用领域所关注的重点,一是因为网格技术的发展带来了前所未有的分布式系统的交互能力和标准化基础;二是因为软件工程发展和实践所积累的经验、方法和各种设计与架构模式,包括面向对象开发方法(Object – Oriented Development,OOD)、基于组件的开发方法(Component – Based

Development,CBD)、模型驱动开发方法(Model – Driven Development,MDD)、模型驱动架构(Model Driven Archtecture,MDA)、企业应用整合(Enterprise Application Integration,EAI)和中间件技术,为实现 SOA 思想提供了实现方面的支撑。

2.1.1　SOA 的基本概念

SOA 是英文词语"Service Oriented Architecture"的缩写。对于 SOA,中文有多种不同的译法,如"面向服务的体系结构"、"以服务为中心的体系结构"和"面向服务的架构",其中"面向服务的架构"比较常见。无论采用什么样的语言对 SOA 进行描述,其基本观点可被分为两类:一类认为 SOA 主要是一种架构;另一类认为 SOA 是包含运行环境、编程模型和架构风格的相关方法论等在内的一整套新的分布式软件系统构造方法和环境,涵盖服务的整个生命周期:建模 – 开发 – 整合 – 部署 – 管理。后者概括的范围更大,更能适应未来的发展。

SOA 是一种构建系统的思想,是建立系统架构的方法,而不是实现架构的具体技术(如 Web 服务)或架构元素(如 EBS)。SOA 中最核心的抽象手段是服务,按照 SOA 的思想,应用领域中的业务活动被划分(组件化)为一系列粗粒度的业务服务和业务流程。每一个业务服务由一个或多个分布的系统所实现,这些系统是相对独立的、功能自包含的和可重用的;若干个服务组装成业务流程,由业务流程反映应用领域中的业务活动。一个"服务"定义了一个与业务功能或业务数据相关的接口,以及规范这个接口的约定等。服务采用中立的、基于标准的方式对接口和约定的进行定义和描述,它独立于实现服务的硬件平台、操作系统和编程语言。SOA 的这种架构思想,可以让在不同系统中构建的服务彼此之间能够以一种统一的和通用的方式进行交互以及相互理解。

利用 SOA 所具有的不依赖于特定技术的中立特性,在基于 SOA 构建的系统中,在服务使用方和服务制造方之间,实现了高度的解耦。因此,用户可以通过对服务的灵活装配来实现不同的应用目标,一个服务可以服务于多个业务流程。同时,还可利用 SOA 提供的服务注册库和服务总线模式,实现对服务的动态查询、定位、路由和中介的功能,从而达到服务之间动态交互和服务位置透明的目标。通过 SOA,可以使作战模拟系统具有敏捷地应对军事需求变化的能力,底层的军事模型组件功能与高层的作战模拟系统应用之间形成很强的松散耦合关系,可以使系统具有很高的支持军事模型重用的能力。

2.1.2　SOA 的基本特点

面对全球化、网络化的发展,无论是在社会领域中,还是在军事领域中,各类信息系统所要处理的业务对象数量急剧增多,业务关系也随着业务对象的增多而愈加复杂。有着大型系统开发经验的人都会有这样的经历,当采用面向技术的解决方案时,一旦需求或是技术平台发生变化,人们在系统维护或系统改进面前都会变得很弱小,甚至会束手无策,对原有系统进行修改给人们带来的困扰,就如同陷入泥潭一样,即便是使出全身的解数,奋力挣扎,也只会越陷越深。放弃原有的系统重新开发新系统,理论上看可以避免维护系统所带来的困扰,但是在实际操作上,由于系统规模庞大,结构复杂,要花费的人力物力巨大,况且由于系统开发需要时间,就目前人类技术水平而言,不可能消除应用需求与系统产品之间的时延。当系统产品形成时,新的需求或技术又出来了。信息技术带来的最大不变的特点就是变化,需求的不断变化是推动社会进步的动因之一,人们不可能奢求现实空间处于静止状态,需求不发生改变。因此,就需要寻找一种新的方法,充分利用已有的资源,通过增补适应新需求的资源,快速构建满足功能变化的系统。SOA 的出现,为解决这一问题提供了一种有效的方法。SOA 提出的关键目标就是实现应用系统资源的最大化重用,使系统应用摆脱由面向技术的解决方案所带来的束缚,轻松应对需求变化和系统发展的需要。SOA 具有以下的特点:

1. 服务的重用性

服务的可重用性表现在抽象出来的服务只工作在特定处理过程的上下文之中,独立于底层实现和客户需求的变更。服务的这一特点可以显著地降低系统的开发成本。

2. 服务的封装性

服务的封装性表现在服务内部程序代码的变更不会影响用户对该服务的调用。服务被封装成业务流程中可重用的应用程序组件,其他用户通过该服务提供的一个开放接口实现对这一服务的调用。这种封装方式隐藏了程序的复杂性,程序的变化被封装在了服务的内部,服务的应用程序接口基本上保持不变。使用服务的用户只需关注服务的功能和接口来实现自己所需要的目标,而不必关心服务内部程序代码的变更,即服务内部程序代码的变化不会反馈到调用服务的应用程序中。

3. 服务的互操作性

服务的互操作特性主要是为实现在更多的环境中服务可以被重用。互操作性并不是由 SOA 提出的一个新概念,早在 CORBA、DCOM、Web 服务等技术中就已经采用互操作技术了。这一特性对系统的升级、分布和维护具有更多的优势,它可以简化提供、寻找和使用服务的过程,并通过共同资源的利用,减少开支。在 SOA 架构中,通过服务之间既定的通信协议进行互操作,主要有同步和异步两种通信机制。

4. 服务的位置透明性

所谓服务位置的透明性是指对用户隐藏服务的位置信息。也就是说，用户完全不必知道响应自己需求的那个服务的所在位置，甚至不必知道具体是哪个服务参与了响应。做到服务设计和部署对用户来说是完全透明的，是真正实现业务与服务分离的基础。

5. 服务的功能自治性

服务是由程序组件组成的组合模块，具有自包含和模块化的特点。SOA 非常强调架构中提供服务的功能实体应该具有完全独立自主的能力。这就意味着软件在其生命周期内要脱离其他软件的控制。无论服务调用者是否存在，服务本身是独立存在和发展的。

6. 服务之间的松散耦合性

服务之间保持松散耦合是 SOA 区别于大多数其他组件架构的特性。该特性体现在确定服务实现和客户如何使用服务之间的关系方面，主要目的是将服务使用者和服务提供者隔离开来。服务使用者和服务提供者之间松散耦合背后的关键点是服务接口作为与服务实现相分离的实体而存在。这使服务实现能够在完全不影响服务使用者的情况下进行修改。服务请求者同服务提供者的绑定与服务彼此之间是松耦合的，服务请求者只需要知道服务能做什么，而不需要知道服务是怎么做的，即不需要知道服务提供者实现服务模块的技术细节信息，例如程序设计语言、实现方法、部署平台等信息。服务请求者往往通过消息调用操作，发出服务请求消息和等候服务响应，而不是通过使用 API 格式调用实现服务功能的软件模块。这种松耦合性使会话一端的应用程序可以在不影响另一端的情况下发生改变，但前提是消息模式不能发生改变。这样做的好处是可以在很大程度上实现对遗留系统的重用，从而为采用 SOA 的架构降低成本。

2.1.3 面向服务的计算环境

尽管计算环境的演变经历了若干个阶段，但由于缺乏普遍的标准化技术，往往很难做到技术透明，构成系统的软部件之间是紧耦合的。直到开放的和标准的网络协议得到广泛地应用之后，所有底层计算平台开始支持这些标准和协议，打破了一个计算环境与其他计算环境之间进行交互的屏障。由此，计算环境发展到一个全新的阶段，即基于标准的、开放的互联网技术的计算环境。在这样的计算环境中，各个部分虽然采用异构的底层技术，但是它们使用通用的标记语言来描述各自的数据和功能,采用开放的网络协议来握手实现互通互联,并且基于 Web 服务来实现互操作和数据交换。计算环境中所能实现的功能以"服务"的概念来表示,服务的最主要特征不是表现事物本身是什么,而是强调事物能做什么。Web 服务是实现服务的技术手段,就如同在面向对象方法中,Object 是实现对象的技术手段,J2EE 中的 EJB 是实现组件的技术手段一样。基于标准的、开放的互联网技术,以服务为中心的计算环境,被称之为面向服务的计算环境。

在面向服务的计算环境中,系统可以是高度分布和异构的。面向服务的计算环境通常包括服务运行时环境、服务总线、服务网关、服务注册库和服务组装引擎等要素,在这个环境中,将使用(调用)服务的一方称为服务请求者,而将制造服务的一方称为服务提供者。图 2-1 表示了 SOA 计算环境的组成要素及其关系[7]。

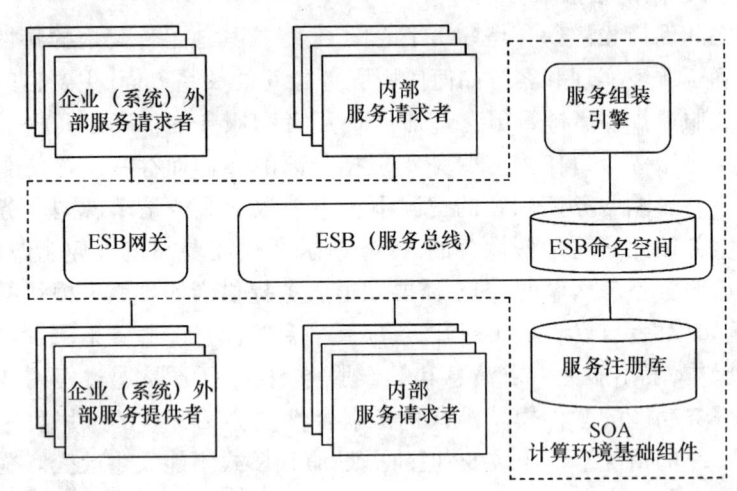

图 2-1 SOA 计算环境组成要素

图中,服务运行时环境(Service Runtime)主要用于提供服务(或服务组件)的部署、运行和管理功能,支持服务编程模型,保证系统的安全和性能等质量要素。

服务总线(Service Integration Infrastructure)主要用于提供服务中介的功能,确保服务使用者能够以技术和位置透明的方式来访问所需要的服务。

服务网关(Service Gateway)主要用于在不同服务计算环境的边界提供服务翻译功能。

服务注册库(Service Registry)主要用于支持存储和服务的描述信息,是实现服务中介、管理服务的重要基础。

服务组装引擎(Service Choreography Engine)主要用于将服务组装成服务流程,完成一个业务活动过程,即实现满足特定应用的功能组装,将军事模型组件组装成为具有特定功能的模拟系统。

面向服务的计算环境之所以是开放的、标准的,是因为它有如图2-2所示的技术标准协议栈[7]的定义和支持。如消息传输层(Transport)的 HTTP 协议,服务描述层(Service Description)的 WSDL,业务流程层(Business Process)的 WS-CDL等,以及与策略(Policy)相关的 WS-Policy。有关协议的详细内容将在2.3节中讨论。

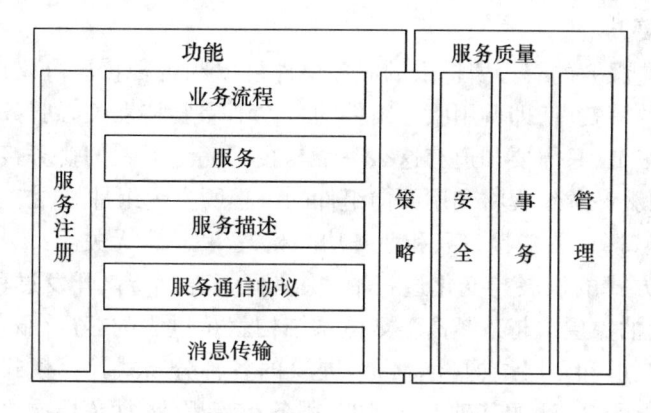

图2-2 SOA 计算环境的标准协议堆栈

在应用方面,作为 SOA 的倡导者,IBM 以 J2EE 为基础,建立了全面的、功能强大的计算环境。

2.1.4 面向服务的抽象

抛掉作战模拟系统的应用特征,从实现的手段与方法上看,可以将作战模拟系统看作是一个计算机软件系统。软件开发一直是一件很难的事,因为人们要处理的问题越来越复杂,而抽象是人们处理复杂问题的最主要也是最有效的手段。软件模块在一定层次上的抽象,就是运用封装的手段将细节隐藏起来,人们通过接口调用封装后的软件模块。这样做的好处是,让人们在一个较高的层次上思考问题,即如何合理地利用软件模块组合实现更高一级的功能。回顾软件开发的历史,编程的方式经历了几个不同的阶段:面向过程的编程,如 C 语言;面向对象的编程,如 Java、C++;面向组件的编程,如 EJB、JMS;面向服务的编程,如 Web 服务。从封装的角度看,面向对象编程是对面向过程编程的一次解耦和封装,即对面向过程的程序进行分解,将逻辑紧密相关的程序结合在一起,发布成独立的对象单元,对象单元中含有 API。

面向组件的编程是对面向对象的程序进行的进一步的封装,将这些程序发布成独立的组件,组件里面含有粒度大于 API 的接口。面向对象与面向组件相比,面向对象侧重于程序单元在概念描述上的封装,而面向组件更强调程序单元在调用时支持功能组合的封装。两者最大的区别是:组件通过传输协议进行远程调用,组件和传输协议、应用服务器端口绑定在一起;面向服务的编程是对面向组件编程的进一步解耦和封装,形成服务组件,即将组件与传输协议和应用服务器端口之间的绑定关系打破,让构成业务功能的组件可以自由地绑定在各种传输协议上。

由于面向服务的编程所提供的服务组件可以和各种传输协议自由绑定,因此作为服务的消费者,即调用服务组件的一方不需要特别关心服务提供者的具体技术实现细节,只需要知道有这么一个与技术完全无关的业务接口即可。也就是说,面向服务的编程将利用面向组件的编程所产生组件的"技术接口"转变为了"服务接口"。服务接口只和业务功能相关,和技术无关。

在编程方式的发展与变化过程中,从编程语言、平台、开发过程、工具到模式,对问题的抽象层次越来越高。如体系结构就从过去的客户/服务器的模式,逐渐演变到三层和多层结构(网格是五层)的各种分布式计算模式。在抽象层次上,SOA 在原有方法的基础上,增加了服务和流程等,抽象层次之间的关系如图 2-3 所示。

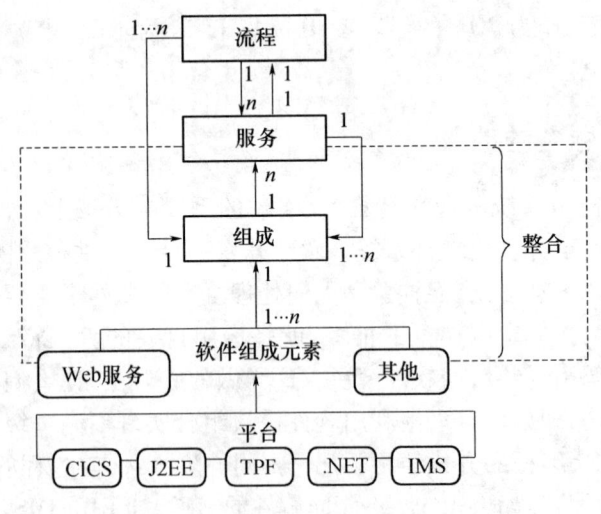

图 2-3 SOA 抽象层次示意

SOA从面向服务的角度,将对问题的研究区分为5个抽象层次,分别对应于流程、服务、组成、组成元素和平台5个概念。其中,流程用于描述系统(业务范畴)的应用(业务)流程;服务用于描述"做什么";组成用于描述"是什么";组成元素用于描述"怎样构成";而平台用于描述运行的环境。在这5个抽象层次中,服务是核心,其他各层的功能实现都是围绕着服务展开的。

从服务层向上,流程可以被分解为一系列的服务,或是若干个服务可以被组装成某种应用(业务)流程。从服务层向下,服务是由某些特定技术支撑的组件构成的。通过服务的抽象,将应用(业务)活动与技术实现分隔开来。通过SOA的抽象层次,可以将一项应用(业务)活动需求转化为流程和服务,并进一步通过建模过程,如定义服务、识别服务和实现服务,形成服务组件,然后再结合具体实现环境,在重用已有系统的功能和数据资源的基础上实现服务。

在利用以上的抽象层次设计服务时,应注意把握的原则有:

(1)无状态。主要是指应用避免服务请求者依赖于服务提供者的状态。

(2)单一实例。主要是指应避免功能的冗余。

(3)明确定义的接口。主要是指应指明服务的公共接口,划清与服务内部具体实现的界线。

(4)自包含和模块化。主要是指服务应封装那些在应用(业务)中稳定、重复出现的活动和组件,实现服务的功能实体是完全独立自主的。服务组件可以独立地进行部署、版本控制、自我管理和恢复。

(5)粗粒度。主要是指服务组件划分的粒度相比于技术实现而言是低的。具体表现是服务组件的接口应该比面向对象编程的 API 要大些,更靠近用户的实际操作,隐藏更多的技术特性。

(6)服务之间的松耦合。主要是指不同服务的功能不要相互依赖。一个服务应该能够自己实现所提供的接口功能(即所谓的自包含),而不需要依赖其他的服务。

(7)服务接口与服务实现之间的松耦合。主要是指服务使用者只能看到服务的接口,而其位置、实现技术、当前状态等,以及服务私有数据对服务使用者都是不可见的。

(8)重用能力。主要是指服务应该是可以重用的。

(9)互操作性、兼容和策略声明。主要是指通过定义可配置的互操作语义,描述特定服务的期望并控制其行为。设计时应利用策略声明确保服务期望和语义兼容性方面的完整和明确。

2.2 SOA 的概念层次

在传统方法中,作战模拟系统的构建是以应用为中心,亦即是针对军事需求进行系统的功能层次、数据架构和安全架构等设计的。比如,陆军、海军、空军、二炮战役模拟训练系统有其各自的体系结构和功能层次。当模拟训练的需求发生变化后,例如建立适应一体化联合作战训练需求的模拟系统时,需要对已有的模拟系统进行整合以适应新的应用需求,形成新的模拟系统。系统或系统间的整合包括表示层整合、数据整合和流程整合等,但有时单靠整合并不一定能得到满足需求变化的系统功能。而 SOA 与传统的方法不同,按 SOA 的思想,系统不是完全以应用为中心,而是以服务为中心进行系统的构建。SOA 方法从服务提供者和服务使用者的角度进行层次化,层次化的内容包括实现系统功能所涉及到的对象、数据、组件、应用(业务)流程、界面等。与此同时,将安全架构、数据架构、集成架构、服务质量管理等,也通过共用的设施被提取出来形成不同的层次,为所有服务所共有。按 SOA 方法构建的模拟系统,可以在最大程度地重用已有资源的基础上,可以很容易地通过模型服务组件的装配形成新的功能,以适应军事应用需求的变化。

2.2.1 层次框架

在 SOA 架构中,服务组件是通过服务层提供给请求服务的用户的,服务组件来自于服务提供者制造的具有独立功能的组件或是原有系统中已有的功能组件。服务请求者,依据应用需求以及服务的接口描述通过服务层调用相应的服务组件,装配成相应的系统。为此,SOA 架构中包含了 8 个具体的层次[7],如图 2-4 所示。

2.2.2 功能描述

第 1 层:遗留层。

也称遗留系统层,顾名思义是针对原来已有系统的操作。主要包含现有自定义构建的应用程序。具体可包含现有系统的打包应用程序,或是较早版本的基于对象的系统实现、特有的应用程序等。SOA 的复合层架构可以利用现有的系统并且用基于服务的集成技术来集成它们。这一层主要用于从已有系统中提取出能用于共享与重用的资源。

第 2 层:组件层。

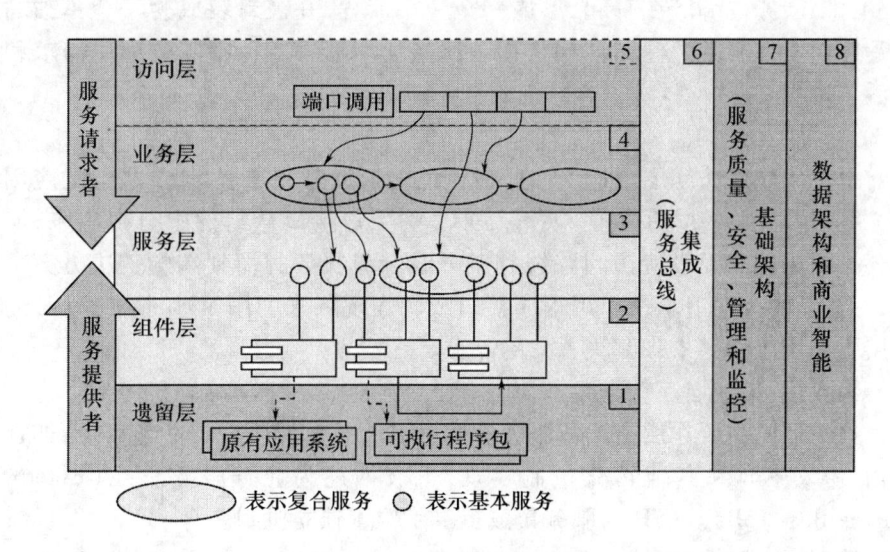

图 2-4　SOA 的概念层次

也称服务组件层。它由服务组件组成,这些服务组件除具有特定的功能外,还应具备公共服务 QoS[①]。在大多数实现中,这一层使用基于容器的技术,如实现组件、负载均衡、高可用性和工作量管理的应用服务器。简言之,这一层的主要功能是将服务组件汇聚在一起,作为实现资源共享或重用的服务支持资源集合。

第 3 层:服务层。

也称服务公开层。用户通过这一层发现所需要的服务,同时,在这一层上服务与用户需求静态绑定在一起,并等待被调用,或是服务被编排到粒度较低的合成服务中,形成由基本服务组件组成的复合服务组件。此外,这一层也为实现服务目标提供了获取应用需求范围内组件、专业应用中的特定组件及某些情况下的特定项目组件的机制,并且以服务描述的形式具体化了它们的接口子集,在实际运行时,通过接口功能为用户提供服务实现。服务公开层的服务接口就是一个服务描述,通过服务接口为用户提供服务的使用,服务既可以独立存在,也可以作为合成服务中的一部分。通过这一层对可共享与重用的资源组件进行了面向服务的接口封装。

第 4 层:业务层。

这一层的主要作用是对在第 3 层中公开的服务进行合成和编排。通过配

---

① Quality of Service:服务质量。是网络的一种安全机制。

装、编排,服务被绑定在一起,形成一个应用流程,并被封装成为一个单独的应用程序而发挥服务组件的共同作用。这些应用程序支持特殊的应用需求和应用活动过程。

第5层:访问层。

也称为应用访问层。这一层所讨论的内容通常属于在 SOA 之上的应用设计方案,超出了 SOA 的范围。尽管,SOA 将用户接口从组件中分离出来,但最终还是要为用户提供从访问路线到服务或合成服务的端到端的解决方案。而且,一些新的技术追求在应用程序接口或者表现层来利用 Web 服务。因此,这一层主要用于满足未来解决方案的需求。

第6层:集成层。

这一层的主要作用是集成服务。通过引入一系列可靠的性能集合,如智能路由、协议中介和其他转化机制实现,也被描述为业务服务总线(Enterprise Service Bus,ESB)。ESB 为服务集成提供了位置独立机制。

第7层:基础架构层。

这一层提供了监视、管理和维持诸如安全、性能和可能性等 QoS 的能力。它是一个后台处理过程,通过感应与响应机制和监测 SOA 应用程序是否正常的工具进行运行。其中,包括了 Web 服务管理、其他相关协议的所有重要标准实现、与 SOA 服务质量相关的标准等。

第8层:数据架构及商业智能层。

这一层提供了统一的数据操作能力,通过对数据进行集中的分析和挖掘,为用户的业务决策提供及时、准确的数据支持。

在这 8 个层次中,服务请求者提出的服务请求从访问层经过业务层到服务层,服务提供者所提供的服务从遗留系统层经过组件层到服务层,即服务请求者和服务提供者在服务层会合,通过服务进行联系。集成层、基础架构层和数据架构层的内容贯穿于系统层到表示层,从不同侧面保证服务实现。

2.3 SOA 的服务特征

SOA 建立在分布式计算技术的基础上,为用户提供了一种基于现有的软件资源发展形成新系统的方法,利用这种方法,用户不需要完全重新创建系统。这种体系架构本质上是动态的,它提供对服务的登记、发现和调用的支持。SOA 的软件开发人员可以将应用系统以服务的形式通过网络发布,即任何服务应用程序都可以同其他位置的基于服务的应用系统交互,使服务得到充分的重用。

SOA不是体系架构趋势的革命,而是经过一段时间发展的演变成果。它主要是为了解决在互联网环境下,业务集成的需要,以松散耦合和统一接口定义的方式将具有特定功能的组件封装为服务,并根据应用领域中的特定需要和业务规则,将服务组件连接在一起完成特定的业务处理,最大化地共享与重用应用领域中的各种资源。归纳起来,SOA具有三大基本特征:

(1)所提供服务的功能实体具有完全独立自主的能力,因此,应用中不需要关心功能实体的实现方式和运行机制;

(2)采用低频率访问原则实现对大量数据的访问,也就是在信息交换时希望一次性尽可能多地交换大量的数据;

(3)采用基于文本的消息传递方式,消息本身不包含任何处理逻辑和数据类型,因此,应用中也不需要关心消息接受者的细节。

目前,成熟的XML和Web服务标准及其应用的普及,为广泛的实现SOA提供了基础。

综上所述,SOA既是一种体系架构,也是一种设计思想,在实际应用中需要依靠现有的技术来实现。现阶段,在软件的实现上,SOA的服务主要利用Web服务实现;在服务的编排方面,利用业务过程执行语言(Business Process Execution Language, BPEL)实现;在服务的通信方面,利用ESB实现。Web服务、BPEL和ESB被普遍认为是实现SOA的技术基础。

2.4 SOA的设计模式

围绕服务,面向服务的分析与设计可以划分为3个阶段,分别是发现服务、确定服务规约和实现服务。完成这3个阶段的前提是,分析与设计人员需要全面了解企业(系统)的业务活动(功能)及其流程,对于作战模拟系统的构建而言,就是要全面了解军事领域的活动过程和作战流程,确定模拟的应用流程和模拟的目标,并通过对现有系统模块和功能的分析,为进行服务实现的设计做好准备。同时,在这个过程中,还需要借助传统方法中的一些素材,如应用环境和模拟想定、运行环境、当前的应用系统或组件的模型与设计等,来完成符合实际需要的服务规范与服务设计。

就应用而言,分析和确定服务的模型是一个演化的过程。在这个过程中,通过逐步求精的方法,逐渐贴近应用领域的应用需要。因此,发现服务、确定服务规约和实现服务这3个阶段并不是一次完成的,而是一个不断迭代的过程。发现服务、确定服务规约和实现服务的建模过程[7]如图2-5所示。

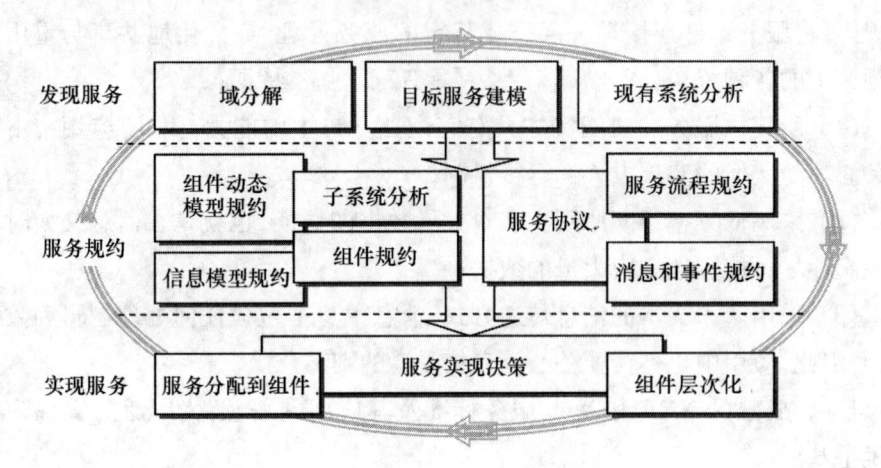

图2-5 面向服务的建模过程

2.4.1 发现服务

发现服务是进行服务分析与设计的第一步。它的主要任务是确定在一定范围内可能成为服务的候选服务列表。

发现候选服务可采用自上而下、自下而上和中间会合的分析方法进行。

1. 自上而下的分析方法

自上而下的分析方法,也可以称为领域分解方法,是一种从宏观入手逐渐细化分解的过程。它从军事活动(或系统需求)着手进行分析,选择端到端的工作流程进行分解,直到每一项具体的应用活动(系统功能)为止,然后对其中所涉及到的各项应用活动和对象进行变化分析。

在分析的过程中,将工作流程分解成子流程或应用活动,逐级进行,直到每个应用活动被分解成为具有特定业务含义的最小单元——工作活动为止。将所有的工作活动按分解的层次组织成树状结构,形成工作活动树。流程分解过程中所得到的工作活动树上的每一个节点,都是可能的候选服务,这些节点构成了候选服务集合。自上而下的领域分解方式有助于发现主要的候选服务,加上自下而上和中间会合方法发现的新的候选服务,最终形成一个候选服务列表。同时,在这个过程中,还要对候选服务进行划分,将它们与相应的功能组件进行对应。经过功能组件对候选服务列表的划分之后,最终形成层次化的服务目录。

变化分析的目的是区分业务领域中的容易变化的部分和相对稳定的部分。通过将易变的业务逻辑及相关的业务规则剥离出来,从而保证未来的变化不会影响或破坏现有的设计,从而提升架构应对变化的能力。通过变化分析,还可能从对未来需求的分析中,发现一些新的候选服务,这些候选服务也应被加入到候选服务目录中。

2. 自下而上的分析方法

自下而上的分析方法,是以现有系统为分析对象,从已有的系统及其相关的资源中,寻找出可以被重复使用的内容,是一种从微观入手逐渐抽象的过程。

通过对现有系统的分析,包括系统功能、技术平台、架构和实现方式等内容,不但可以对采用自上而下的分析方法所得到的候选服务进行验证,而且还可以发现新的候选服务。此外,还可以通过对现有系统局限性的分析,尽早验证服务实现决策的可行性,为服务实现决策提供重要的依据。

3. 中间会合的分析方法

中间会合的分析方法,是一种将自上而下分析与自下而上分析相结合的分析方法。基本的分析思路是寻找一个合适的平衡点作为中间标志点,分别从领域需求的顶端和现有系统的底端出发,将自上而下和自下而上进行的分析会合在这一点上。平衡点的寻找是针对具体的应用需求目标建模展开的,其目的是为发现与应用需求相应的服务。首先,通过应用研究需求目标建模将应用需求的总目标分解成子目标,然后,分析用于实现这些子目标的服务有哪些,以确保关键的服务在流程分解与现有系统分析的过程中没有被遗漏。

综合运用这三种不同的分析方法,发现候选服务,建立候选服务集合,并按照应用活动的范围划分为相应的服务目录。同时,为约定服务的建立作好准备。

2.4.2 确定服务规约

经过发现服务阶段的工作,确定了候选服务,并形成了一个基本的服务目录,但这时每个服务本身的属性信息依然是零散的。确定服务规约阶段的主要任务就是规范性地描述服务各个方面的属性。这些属性包括输入/输出消息等功能性属性、服务约束和响应时间等服务质量约束以及服务在业务层面的诸多属性。与此同时,还要规范与服务相关方面的关系,如服务之间的依赖关系、服务和应用需求功能组件之间的关系、服务和系统支撑组件之间的关系以及服务消息之间的关系等。

确定服务规约的第一步是让真正需要的服务从候选服务集合中突显出来,即进行确认服务的工作。理论上讲,所有的候选服务都可以被确认为服务,如果一旦候选服务被确认为服务,则该候选服务必须要满足附加的性能及安全性等方面的要求。

将候选服务确认为服务的主要规则有:

1. 与实际应用活动相一致

所确认的候选服务能够支持相关的实际应用活动的业务流程和业务目标。

2. 可组装

所有被确认的候选服务应具有技术中立、自包含和无状态等特征,同时还要满足复合应用的相关非功能性的需求。

3. 可重用

所有被确认为服务的候选服务可以被重用在不同的应用与业务流程中,从而减少实现重复功能的劳动,降低开发和维护的成本。

经过服务确认工作之后,形成基本的层次化服务目录。后续要做的工作是结合传统方法学对服务各方面属性进行描述。传统方法学主要包括系统架构、面向对象的分析和设计等。借助于系统架构方法,所建立的数据模型有助于服务消息的定义,组件模型有助于服务和组件间关系的描述,系统的安全架构有助于服务安全约束规约,系统的基础设施架构有助于服务质量的描述。借助于面向对象分析与设计,应用活动用例和系统用例有助于对服务消息、服务相关应用活动规则和活动事件等进行描述,组件静态模型和动态模型有助于描述服务之间的关系。

经过确定服务规约阶段的工作,服务组件和服务各个方面的属性都被规范下来,并成为应用层面与技术层面互动的基础。在实际中,应用的新需求将体现在服务层面的变更,技术层面的变化应该尽量遵循服务规定。在 SOA 的监管配合下,任何对服务规约的变更都应是可管理的和可控制的。

2.4.3 实现服务

确定服务规约阶段的工作,形成了应用与技术互动之间的服务规约。但是服务规约与技术实现之间仍然存在着较大的差距,如与某项服务对应的业务逻辑可能分散于不同的应用中,分散于不同的地域,某些服务还缺乏技术层面的实现等。

实现服务阶段的主要任务是通过差距分析,并综合运用传统方法学去完成实现每项服务的工作。这一阶段的主要工作有:

1. 对现有系统进行分析

对现有系统的分析包括:调研现有系统架构,了解系统架构的风格、主要架构元素和能力、架构元素的基本特征;调研现有应用,了解应用主要功能和对外接口、技术实现特征等;如果应用构建已经遵循了基于组件的开发规范,则编制应用已有组件目录;如果现有应用没有实现组件化,则需要将应用覆盖的业务功能和服务约定确定的企业组件进行映射,并确定应用现有"组件"目录。

2. 进行服务分配

根据服务组件特征和由对现有系统进行分析所得到的组件间差距分析结果,确定服务组件和技术组件之间的映射关系。例如,一个服务组件可能对应一个或多个技术实现组件,如果没有技术实现组件和服务组件的对应关系,或是没有服务组件和技术实现组件的对应关系,那么在需要服务功能对应时就可能会有能力缺失,或是不匹配的现象。经过差距分析,一些服务中介被确定下来去实现服务路由,同时,也会确定一些新的技术实现组件,这些组件主要是实现某些应用业务流程或是人工服务的组件。总之,服务组件最终都被映射到技术实现组件上,从而完成服务分配,为实现服务的调用提供物质基础。

3. 选择服务实现方法

服务分配仅仅确定了需要哪些组件来实现服务,但是并没有实现服务的策略和技术层面的服务方法决策。选择服务实现方法的关键是确定服务实现策略,即确定所需要的服务是在现有基础上进行服务包装,还是重新构建服务。如果选择重新构建服务的话,需要确定是采用已有包装好的应用,还是外包构建,或者是自己构建;如果选择服务包装的话,需要确定有哪些候选方案等。选择服务实现的方法离不开传统的架构决策。

4. 进行服务基础设施的设计

服务基础设施主要用于支持服务功能的实现和一些非功能性的应用需求。在完成了服务实现方法选择后,需要进一步根据具体的应用需求确定服务基础设施的能力,如用于支撑人工服务的人工服务容器,用于支撑服务编排的流程引擎等。

第 3 章

服务实现的技术基础

在以服务为导向的架构中,对用户而言,所谓"服务",是指独立于技术实现的、并具有相对独立功能的程序组件,服务只与应用领域中系统功能需求(或应用活动)相关。采用面向服务的设计思想与方法构建的系统,在适应需求变化和功能进化方面具有更高的灵活性,在资源的共享与重用方面具有更广泛的可重用空间。无论是面向服务的设计思想,还是面向服务实现的技术方法,归结到实现与运行的层面上,都是由一项或多项具体的技术或软件工具来表现的。Web 服务就是实现面向服务的体系架构的一项具体技术。由于 Web 服务实现了松散耦合的服务和粗粒度的服务,它不但使 SOA 在应用中逐渐突显,并与技术实现分离出来,形成了在更高层次上的设计思想,为用户在更高抽象层次上通过功能组合和资源重用,更加关注如何满足系统构建的应用需求。而且,Web 服务又使 SOA 在一个具体环境中得到了实现。

3.1 Web 服务的体系结构

3.1.1 基本概念

从世界上第一台计算机的发明与使用,到如今遍布在世界各个角落的计算机及其应用,计算机及其应用之所以能以任何领域不可比拟的速度发展,"标准化"功不可没。从硬件与接口技术的标准化,到软件技术及接口的标准化,特别是 HTML、HTTP、URL 等标准化技术极大地推动了互联网的发展。实现技术标准化无非有两种选择，一是所有人都使用同一种技术，在这种情况下，不存在技术的二义性，是一种理想状态；二是不同的技术之间能够遵循特定的规范，以达到相互联通与整合的目的。显然，采用前一种方法，所有系统的构建都被限制在一个模式下，实现的是专有的"封闭式"标准。由于社会的复杂性及社会问题解的多样性，显然，仅仅依靠专有技术实现的互联与互通是无法满足客观世界多样性的要求的，也是不现实的。因为，按系统论的观点，宇宙、自然、人类，一切都在一个统一的运转的系统之中，大的系统是由众多子系统组成。分散在社会领域中的各项活动，往往由多个按各自特点运行的系统构成，各个系统内部有其各自独立的运行规律，很难找到一种技术或方法能够适用于描述或解决所有系统面临的问题。只有通过基于开放的技术和统一的标准才能更加有效地利用资源。

从软件系统实现的角度看，软件工程师从编写机器工作逻辑的第一行代码开始，就致力于寻找能够重复使用相同逻辑的方法，从最原始的 GOTO 语句，到 PROCEDURE（FUNCTION）子程序、PACKAGE 封装，再到 OO、COMPONENT，重用的方式在不断进化，代码重用或资源重用的能力也越来越高。对代码或软件资源的重用，直接的显现的好处是可以提高软件系统开发的效率，而更重要的有利于对系统逻辑结构合理性的控制，降低系统的复杂性，提高系统的代码效率，增加系统的易测性和可维护性。虽然 DCOM、CORBA、EJB 等分布式组件技术将事物逻辑与系统服务相分离，简化了系统开发的复杂性，已经成为开发各类应用软件系统的主流技术，但仍因为缺乏 Web 接口和通信协议，而难以穿越防火墙的局限性，制约了它们在互联网环境下的应用和互联网环境中的异构系统集成。

为了解决 Web 应用中由不同平台、技术和开发者带来的不兼容问题，W3C[①] 制定了一系列标准，用来促进跨平台的程序间通信，力求人们在系统构建的应用中可以获得最佳的开放互操作性，为基于 Internet/Intranet 分布式系统的资源共享和功能整合提供了灵活的解决方案，于是 Web 服务应运而生。

Web 服务的英文表达是 Web Services 或简称 WS。它定义了应用程序如何在互联网上实现互操作，极大地拓展了应用程序的使用范围，可实现软件的动态提供。Web 服务基于最广为接受的、开放的技术标准，如 HTTP、SMTP、XML、SOAP、WSDL 和 UDDI 等，将程序组件提升为服务组件，通过支持服务接口描述和服务处理的分离、服务描述的集中化存储和发布、服务的自动查找和动态绑

[①] W3C：万维网联盟（World Wide Web Consortium），又称 W3C 理事会。1994 年 10 月在麻省理工学院计算机科学实验室成立，是国际著名的标准化组织。

定以及服务的组合,成为了新一代面向服务的应用系统的构建和应用系统集成的基础设施。

换言之,Web 服务定义了如何在异构系统之间实现通信的标准化方法,它建立在以 XML 为主的、开放的 Web 规范技术基础之上,是建立可互操作的分布式应用程序的新平台。Web 服务平台就是一套标准,借助于它所定义的标准,应用程序之间可以实现互操作,人们可以用任何语言,在任何平台上编写所需要的 Web 服务。从不同的角度,对 Web 服务有着不同的定义。如:

• 定义一:Web 服务是自包含的、模块化的应用程序,它可以在网络中被描述、发布、查找和调用。

• 定义二:Web 服务是基于网络的、分布式的模块化组件,它执行特定的任务,遵守具体的技术规范,因而能与其他兼容的组件进行互操作。

• 定义三:Web 服务是由企业发布的能完成其特定业务需求的在线应用,其他企业和应用软件能够通过互联网来使用这些应用服务。

从以上的定义中不难看出,Web 服务具有良好的封装性、松散耦合、使用标准协议规范和调试可集成能力等基本特征。

Web 服务所包含的 4 种核心技术[11]分别是:

1. XML

XML 是 eXtensible Markup Language 的缩写,被称为可扩展的标记语言。它是一个基于标准通用标记语言(Standard General Markup Language,SGML)的简单灵活的标准语言,主要用于定义系统中的标签和数据结构。XML 是与平台无关的,是实现 Web 服务的基础。

与大家熟悉的 HTML 不同,虽然 XML 也是标记语言,但它主要是用于描述数据,即侧重于描述数据的结构以及如何存放数据,而 HTML 主要用于显示数据,即侧重描述如何显示数据。XML 包含一套定义语义标记的规则,通过语义标记将文档分成许多部件,并对这些部件进行标识。在使用中用户还可以根据特定的需要,创建自己的标记符号。

通过 XML 可以将数据描述及如何显示数据分离开来,数据的变化不会导致数据显示和布局也随之改动。这样做,不仅有利于数据的维护,而且有利于数据显示页面或使用页面的维护。也就是说开发者在描述数据时,无需顾及数据显示或调用方面的要求,而在显示数据或调用数据时,只需要将注意力集中到显示数据和格式化调用数据上来即可。

通过 XML,可以有效地减少不同系统之间交换数据的复杂性,有利于数据的交换。由于 XML 以纯文本的形式表达数据,是一种与软件、硬件和应用程序无关的表达方法,因此,更有利于数据的共享与充分利用。

2. SOAP

SOAP 是 Simple Object Access Protocol 的缩写，被称为简单对象访问协议。SOAP 是一种基于 XML 的消息规范，它描述了数据类型的消息格式以及一整套串行化规则，包括结构化类型和数组，以及如何使用 HTTP 来传输消息。

SOAP 是 Web 服务的调用技术。所有的 Web 服务调用请求和响应都可以被格式化为 SOAP 消息，SOAP 消息本身以 XML 格式编码，包含了对服务器进行请求的方法调用和返回到客户机的数据。SOAP 作为一种有效的服务请求被发送到一些网络节点(服务器)，收到服务请求的节点可以采用下列任何一种方法在任意平台上执行，这些方法包括远程过程调用(RPC)、组件对象模型(COM)、Java Servlet、Perl Script 等。因此，SOAP 实现了应用程序之间的交互能力，这些应用程序可以使用不同的程序语言和不同的技术实现，可以运行在异构的平台上。

SOAP 协议主要包括 4 个部分：

（1）SOAP Envelope：是定义描述消息中的内容、发送者、接受者、处理者和如何处理的框架。

（2）SOAP 编码规则(Encoding rule)：是用于表示使用数据类型的实例。

（3）SOAP RPC 表示(RPC representation)：是表示远程过程调用和应答的协定。

（4）SOAP 绑定(Binding)：是表示使用底层协议交换信息。

SOAP 协议的 4 个部分是作为一个整体定义的，它们在功能上是相交的而非彼此独立的。特别是，SOAP Envelope 和编码规则在相同的 XML 命名空间中定义，这样可以使得定义更加简单。

SOAP 的实质就是由"RPC + HTTP + XML"构成的一个开放协议。SOAP 采用 HTTP 作为底层通信协议，以 RPC 作为一致性的调用途径，用 XML 作为数据传输格式，允许服务提供者和服务请求者通过防火墙在互联网环境下进行通信交互。

由于 SOAP 使用 HTTP 传送 XML，而 HTTP 并不是高效率的通信协议，同时，对于 XML 还需要额外的文件进行解析，因此，在应用中交易的速度会大大低于其他方案，如 COM 或 DECOM，但它却是一个开放的、健全的、有语义的消息机制，简单性和可扩展性是 SOAP 的两个主要目标。

3. WSDL

WSDL 是 Web Services Description Language 的缩写，被称为 Web 服务描述语言。它是 Web 服务的描述技术。它定义了一套基于 XML 的语法，用于将 Web 服务描述为能够进行消息交换的服务访问点的集合。WSDL 文档以 XML

格式详细说明了 Web 服务提供了什么样的方法以及每种方法的参数。WSDL 对 Web 服务的调用或通信方式格式化的描述，为实现 Web 服务的即时装配提供了基本保证。

在 WSDL 文档对 Web 服务的描述中，对服务访问点和消息的抽象定义与具体的服务部署和数据格式的绑定是分离开的，因此，可以实现对抽象定义的重用。WSDL 文档中的消息是指对数据的抽象描述，而端口类型是指操作的抽象集合，端口类型使用的具体协议和数据格式规范之间构成了一个绑定，通过将 Web 访问地址与可再次使用的绑定相关联来定义一个端口，而端口的集合则定义为服务。

在一个 WSDL 文档中，对 Web 服务的定义需要下列元素：

（1）Types（类型）：用于数据类型的定义。通过使用某种类型系统，如 XML Schema 中的 XSD 类型，提供用于描述交换消息的数据类型定义。

（2）Message（消息）：是消息数据结构的抽象类型化定义。消息中包括多个逻辑部分，每一部分与某种类型系统中的一个定义相关。消息使用 Types 所定义的类型来定义整个消息的数据结构。

（3）Operation（操作）：是对服务中所支持的操作的抽象描述。通常，一个 Operation 描述的是一个入口的请求/响应消息对。

（4）PortType（端口类型）：是某个访问入口点类型所支持的操作的抽象集合。这些操作可以由一个或多个服务访问点来支持，每个操作指向一个输入消息和多个输出消息。

（5）Binding（绑定）：是特定端口类型的具体协议和数据格式规范之间的绑定。它是由端口类型定义的操作和消息指定具体的协议和数据格式规范的结合。

（6）Port（端口）：是单个的服务访问点。它是由协议/数据格式绑定与具体的 Web 访问地址组合而成的。通过指明用于绑定的地址，定义了单个的通信终端。

（7）Service（服务）：是相关服务访问点的集合。它集成了一组相关的端口。

在上述的元素中，Types、Message、Operation 和 PortType 描述了调用 Web 服务的抽象定义，它们与具体的 Web 服务部署细节无关，因此，这些抽象定义是可以重用的，它相当于 IDL 描述的对象接口标准。而这些抽象定义的对象具体是用哪种语言实现，遵从哪种平台的细节规范，被部署在哪里等，则是由 Binding、Port 和 Service 所描述的。

Service 描述的是服务所提供的所有访问入口的部署细节。一个 Service 可包含多个服务访问入口 Port，Port 以"URL + Binding"的形式描述一个服务访问入口的部署细节。Binding 以"PortType + 具体传输协议和数据格式规范"的结构形式表示了服务调用模式，即 Binding 定义了某个 PortType 与某一种具体的网络传输协议或消息传输协议的绑定。在这一点上，服务抽象描述的内容与具体服务的部署关联上了。

WSDL 不仅继承了以 XML 为基础的开放设计理念，它允许通过扩展使用其他的类型定义语言，允许使用多种传输协议和消息格式。另外，WSDL 把抽象定义层与具体部署层分离开来，增加了抽象定义层的可重用性。

4. UDDI

UDDI 是 Universal Description, Discovery and Integration 的缩写，被称为统一描述、发现和集成协议。它是 Web 服务中的服务描述、发现和集成机制，既包含一套基于 Web 的分布式的 Web 服务信息注册中心的实现标准规范，也包含一组协议的实现标准。用户可以将自身的 Web 服务注册到 UDDI，一旦 Web 服务注册到 UDDI，用户就可以很方便地查找和定位到所需要的 Web 服务。

做一个类比，UDDI 的工作方式就如同邮局发行的电话黄页，它将 Web 服务及其与之相关的信息发布在互联网上或是应用领域专有的广域网或局域网上，包括具体的联系地址和方式。所有的信息都放置在 UDDI 注册（UDDI Registry）中心，信息的描述格式遵循 XML 格式。UDDI 注册中心面向其所在网络的所有用户发布 Web 服务目录，网络中的任何一个节点都可以访问到公共 UDDI 注册中心。UDDI 注册中心所提供的信息，从概念上可以同样的类比分为 3 个部分：白页（White page）、黄页（Yellow page）和绿页（Green page）。其中，白页包括了与单位（企业）有关的信息，如单位名称、业务范围、联系地址、单位标识等；黄页主要提供的是按某些特征区分的单位（企业）的行业类别，其目的是为了使用户在更大范围内查找到已经在注册中心注册的单位或是 Web 服务；绿页上放的是所发布 Web 服务的技术信息，具体形式可以是一些指向文件或是 URL 的指针，这些文件或 URL 是服务发现机制中的必要组成部分。

UDDI 注册中心的数据可以分为以下 5 类：

（1）服务实体（BusinessEntity）：是发布服务信息的那些单位实体的详细信息，包括单位（企业）名称、关键性的标识、可选的分类信息和联络方法等。用户可以根据单位的类别、应用的要求和地域范围等查找所需要的 Web 服务。

（2）服务信息（BusinessService）：是一组特定的技术服务的描述信息。BusinessService 是 BusinessEntity 的子结构，它组合了一系列的有关应用活动流程或分类目录的 Web 服务的描述信息。

（3）绑定模板（BindingTamplate）：是关于 Web 服务的入口点和相关技术规范的描述信息。在这个结构中定义了调用一个服务所需要的信息。

（4）技术规范（tModel）：是 Web 服务或服务分类法的规范描述信息，也就是调用规范的元数据，包括了 Web 服务名称、注册该服务的单位信息和指向这些规范自身的 URL 指针等。

（5）关系声明（PublisherAssertion）：是关于服务实体之间关系的声明。

每一类数据都是 UDDI 中的一种实体。任何一个实体在 UDDI 注册中心都有自己的通用唯一识别码（Universally Unique Identifier，UUID）。利用 UUID，用户可以在 UDDI 注册中心的上下文中找到它所代表的实体。当用户需要调用某项服务时，这 5 类数据是技术人员必须了解的技术信息。

对这些种类的数据进行的操作可以被归纳为搜索查找服务（find）、获取服务信息（get）、变更与存储服务信息（save）和删除服务（delete）4 种类型。5 种数据（BusinessEntity、BusinessService、BindingTamplate、tModel 和 PublisherAssertion）与 4 种操作（find、get、save 和 delete）之间交叉变换的 20 种方法，几乎是所有 UDDI 的依赖。

3.1.2 体系结构

Web 服务是用标准的、规范的 XML 概念描述的一些操作的接口。在描述中包含了与服务进行交互时所需要的全部细节信息，诸如描述详细操作的消息格式、传输协议和服务指向的位置等。同时，Web 服务的操作接口也隐藏了实现服务的细节，用户看不到服务是如何实现的，也就是服务的具体实现方法不会对服务的使用者造成干扰，用户只需要关注有哪些服务可以满足应用的需求，如何调用这些服务即可。也就是说，允许用户用独立于实现服务所基于的软硬件平台和编写服务所用的编程语言来使用服务，从而使基于 Web 服务的应用程序具有松散耦合、面向服务、分布式和跨平台等特征。

Web 服务的体系结构由基于 3 个抽象的逻辑角色之间的交互构成。这 3 个抽象的逻辑角色分别是服务提供者、服务请求者和服务注册中心，角色之间的交互操作包括有服务的发布、服务的查找和服务的绑定。其中，服务提供者就是 Web 服务的制造者或拥有者，在服务的过程中，服务提供者耐心地等待为其他服务或用户提供自己已有的功能；服务请求者就是 Web 服务功能的使用者，服务请求者利用 SOAP 消息向 Web 服务提供者发送服务请求，以获得服务；

而服务注册中心,起着服务中介的作用。服务提供者将自己所拥有的 Web 服务通过服务注册中心进行发布,服务请求者在服务注册中心从已发布的服务目录中查找自己所需求的 Web 服务。当收到服务请求时,服务注册中心会按一定的规则,将一个 Web 服务请求者提出的服务请求与一个由 Web 服务提供者提供的合适的服务联系在一起,服务请求者通过绑定所获取的服务接口信息,调用服务提供者所拥有的服务。如果将 Web 服务看作是一种货物资源的话,在这 3 个角色中,服务提供者是 Web 服务的供货方,服务使用者是 Web 服务的需求方,而服务注册中心扮演着中介的角色,主要负责 Web 服务资源信息汇集管理与资源调配管理,从这一点上,服务注册中心是 Web 服务资源信息的管理者,因此,服务注册中心也可被称为服务管理者,这一角色一般都是由 UDDI 担当的。在实际应用中,一个用户(服务器)可以扮演多个角色,即他既可以是模型提供者,也可以是模型服务者,甚至同时也是一个模型管理者。

Web 服务体系结构如图 3-1 所示。

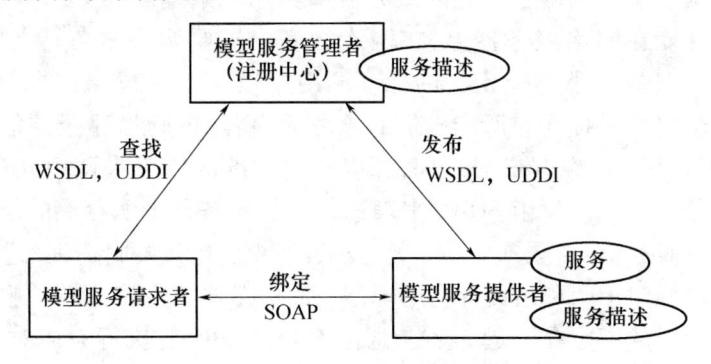

图 3-1 Web 服务体系结构示意

Web 服务体系结构中的 3 个角色的功能描述见表 3-1,角色之间的 3 种操作的功能描述见表 3-2。

表 3-1 Web 服务体系结构中各角色的功能

名 称	功 能 描 述
服务提供者(Service Provider)	发布自己的服务,并且对使用自身服务的请求进行响应
服务注册中心(Service Registry)(服务管理者)	注册已经发布的 Web 服务,并对其进行分类;提供用于发现 Web 服务的检索服务
服务请求者(Service Requester)	利用服务注册中心查找所需的服务,发出请求使用该服务的消息,并得到服务响应

表3-2 Web服务体系结构中各角色之间的操作

名称	功能描述
发布操作(Publishing)	使服务提供者可以向服务注册中心注册自己的功能及其访问接口
查找操作(Finding)	使服务请求者可以通过服务注册中心查找特定种类的服务
绑定操作(Binding)	使服务请求者能够真正使用服务提供者提供的服务

在典型情况下,服务提供者托管可通过网络访问的服务(如软件模块),定义Web服务的服务描述并将其发布到服务注册中心;服务请求者首先使用查找操作从服务注册中心检索到服务描述信息,然后利用所获得的服务描述信息与服务提供者提供的服务进行绑定。绑定之后,便可通过调用Web服务的具体实现过程,完成对Web服务资源的利用。

对于Web服务与WSDL、SOAP和UDDI之间的相互作用及其关系,还可以借助于网络及其网络上运行的服务器和客户端来理解相关的概念。假设,Web服务存储在网络服务器上,在网络的客户端要调用服务器上的Web服务。为了实现Web服务所定义的标准调用过程,在服务器端,首先要用一套标准的方法向外界描述它所能提供的服务的内容,这套描述服务信息的标准采用的是WSDL;而在客户端,也需要以一种标准的协议来调用此项服务,这种调用服务的标准协议由SOAP来表达;同时,服务器上所存储的能够被他人使用的所有服务信息,要被放在一个公共的网址上供人们查询,这项工作由UDDI完成,同时UDDI还负责利用规范化的信息格式将客户端的服务调用与服务器中的服务绑定在一起,最终,通过客户端程序的执行完成对Web服务的调用。

3.2 Web服务的协议规范

3.2.1 基本内容

Web服务中所包含的服务规范除了前面提到的XML、SOAP、WSDL和UDDI之外,还包括其他一些相关的各种规范。这些服务规范用于不同的目的,图3-2表示了这些规范按功能进行的分组与分类。从图3-2可以看出,Web服务的服务规范包括5类:基础设施规范、服务描述规范、服务信息获取规范、服务质量保证规范和服务组装规范。每一类中所包含规范的具体功能或作用的简要描述见表3-3。

```
                              ┌ HTTP/HTTPS
                    ┌ 消息传递 ┤ SMTP
                    │         └ MQ
          ┌ 基础设施 ┤
          │         │         ┌ XML
          │         └ 传输协议 ┤ SOAP
          │                   └ WS-Addressing
          │
          │         ┌ WSDL
          ├ 服务描述 ┤
          │         └ WS-Policy
 Web      │
 服务 ────┤             ┌ WS-MetadataExchange
 规范     ├ 服务信息获取 ┤
          │             └ UDDI
          │
          │                   ┌ WS-Security
          │                   │ WS-Trust
          │           ┌ 安全性 ┤ WS-SecureConversation
          │           │       └ WS-Federation
          ├ 服务质量保证┤
          │           ├ 可靠性 — WS-Reliable Messaging
          │           │
          │           │         ┌ WS-Coordinatin
          │           └ 事务处理 ┤ WS-AtomicTransaction
          │                     └ WS-BusinessActivity
          │
          └ 服务组装 — WS-BPEL
```

图 3-2　Web 服务规范分组

表 3-3　Web 服务规范功能描述

规范名称	简　要　功　能　描　述
HTTP/HTTPS	定义了超文本传输（安全传输）的协议
SMTP	定义了有效可靠的电子邮件传输协议
MQ	定义了应用程序之间依靠消息队列进行通信的方法
XML	定义了提供抽象约定消息（数据）结构的机制
SOAP	定义了基于 XML 表示消息的标准编码
WS-Addressing	定义了消息和响应发送到某处或来自于某处的地址
WSDL	定义了服务接口的语义
WS-Policy	提供了定义策略表达式的基本模型
WS-MetadataExchange	使得服务能够通过 Web 服务接口将元数据提供给其他服务
UDDI	定义了元数据聚合服务
WS-Security	定义了如何以可互操作的方式使用现有的安全性模型
WS-Trust	定义了建立和验证信任关系的可扩展模型

(续)

规范名称	简要功能描述
WS – SecureConversation	提供定义约定签署和加密信息的会话专用密钥
WS – Federation	允许定义虚拟的安全性区域
WS – Reliable Messaging	允许不同的操作系统和中间件系统可靠地交换消息
WS – Coordinatin	提供了开始和约定多方、多消息 Web 服务任务结果的通用机制
WS – AtomicTransaction	一组特定的协议,用于实现传统的两阶段原子事务处理协议
WS – BusinessActivity	一组特定的协议,用于实现长期运行的、基于补偿的事务处理协议
WS – BPEL	提供了对组合服务的支持

3.2.2　Web 服务开发支撑环境

W3C 联盟制定了 Web 服务的一系列标准,为实现面向服务的资源共享与重用奠定了基础。但是只有标准协议还是不够的,还必须有能够执行这些标准的载体,即需要有途径来生成、部署、扩展和维护这些 Web 服务。Microsoft. NET 框架(Microsoft. NET Framework)就是支持这些标准运行的载体之一。

Microsoft. NET 框架的目的是使建立网络应用程序和 Web 服务更加容易。Microsoft. NET 框架的体系结构如图 3 – 3 所示。

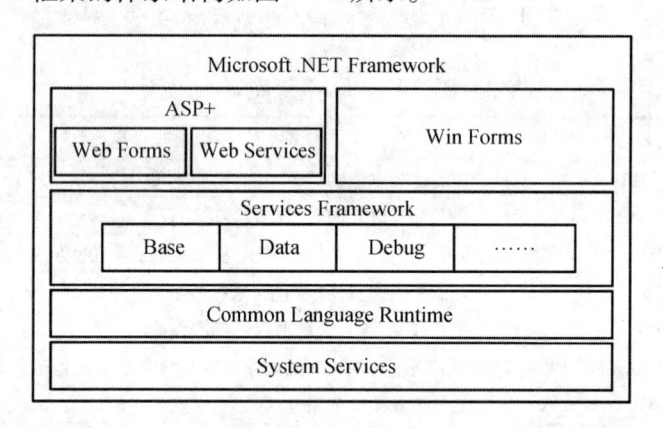

图 3 – 3　Microsoft. NET Framework 体系结构

在 Microsoft. NET 框架的体系结构中,主要包括了运行时通用语言(Common Language Runtime)、服务框架(Services Framework)和用于建立与集成 Web 服务的程序模板。

Common Language Runtime 是管理代码运行的执行环境,这些代码可以是用任何编程语言编写的。Runtime 提供了许多服务,这些服务有助于简化代码开发和应用程序的开发,同时也会提高应用程序的可靠性。且.NET Framework 包括一套可被开发者用于任何编程语言的类库,并在此之上建立了许多应用程序模板,这些模板为开发网络站点和 Web 服务提供了高级组件和服务。

1. 运行时通用语言

运行时通用语言是一种能表达大部分编程语言语义的通用类型系统,该通用类型系统定义了一套标准类型及生成新标准的规则。运行时通用语言知道怎样生成、执行这些类型。编译器和解释器使用运行语言服务来定义类型、管理对象和进行方法调用。

通用类型系统的主要设计目的是使多种语言能够深度集成。即用某一种语言所写的代码能够继承用另一种语言所写的类,同时,用某一种语言所写代码产生的异常能被用另一种语言写的代码所捕获并识别,调试之类的操作会在完全封闭下进行,而不用考虑代码编写所用的语言。这就意味着编写可重用类库的开发者,不再需要为每一种编程语言或编译器生成一个版本,并且使用类库的开发者也将不再受到他们所使用的编程语言开发库的限制。

运行时通用语言可以调用并运行任何编程语言所写的代码。以运行为目标的代码被称为受控(Managed)代码,受控代码只是意味着在内部可执行代码与自身代码存在已经定义好的合作规约。对于生成对象、调用方法等这样的任务,被委托给了运行时通用语言,这使得运行时通用语言能为可执行代码增加额外的服务。

运行时通用语言具有交叉语言集成、自描述组件、简单配制、版本化以及集成安全服务等特点。

2. 服务框架

在 Microsoft.NET 框架的体系结构中,位于 Common Language Runtime 之上的是服务框架(Services Framework),此框架提供能被任何编程语言所调用的类。所有的类都遵循着一套命名和设计方针,从而大大减小了开发人员学习过程中的难度。

服务框架包括一套开发人员希望存在于标准语言库中的基类库,例如:集合、输入/输出、字符串及数据类,如图 3-4 所示。另外,基类库提供访问操作系统服务如图画、网络、线程、全球化和加密的类。服务框架也包括数据访问类库及开发工具,如调试和剖析服务等。

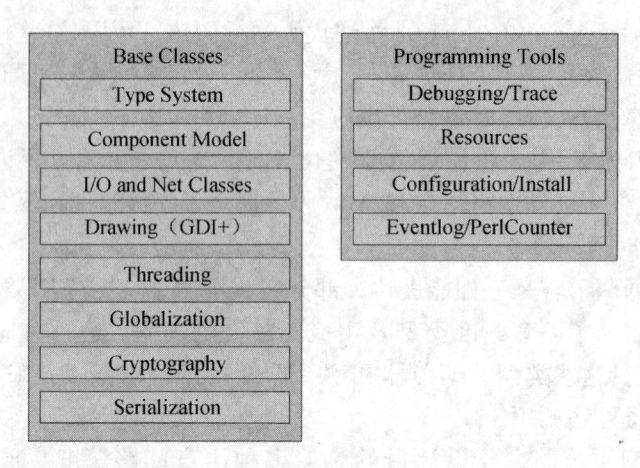

Base Classes	Programming Tools
Type System	Debugging/Trace
Component Model	Resources
I/O and Net Classes	Configuration/Install
Drawing（GDI+）	Eventlog/PerlCounter
Threading	
Globalization	
Cryptography	
Serialization	

图 3-4　Services Framework 类库

3. 网络应用程序模板

在服务框架的上面是两个应用程序模板：Windows 表单应用模板（Win Forms）和网络应用程序模板（ASP+）。建立在 Microsft. NET 框架上的网络应用程序共享一个通用应用程序模板，包含用于生成在浏览器中观看的网页的网络应用程序和 Web 服务。ASP+（Active Server Pages+）的网络应用程序可编程模板如图 3-5 所示。

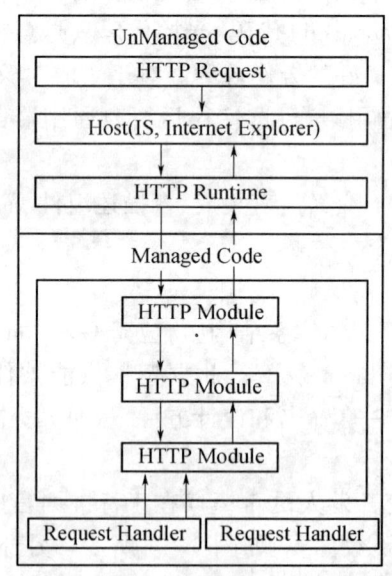

图 3-5　ASP+网络应用模型

ASP+是由活动服务器页面(ASP)发展而来。ASP+利用运行时通用语言和服务框架为网络应用程序提供了一个可靠的、自动化的、可扩展的主机环境。同时,ASP+也受益于运行时通用语言集成模板,简化了应用程序的配制。另外,它还提供简化应用程序开发的服务,如状态管理服务,并提供高水平的编程模板,如ASP+网络表单,ASP+的Web服务等。

ASP+的核心是运行时HTTP(HTTP runtime),它是一个高性能的用于处理基于低级结构的HTTP请求的运行语言。而它所基于的结构与Microsoft Internet Information Services(IIS)所提供的ISAPI结构相似。由图3-5可知,运行时HTTP负责处理引入的所有HTTP请求,并对每个请求应用程序的URL进行解析,然后把请求分配到应用程序以进行进一步的处理。运行时HTTP是多线程的,并采用异步方式处理请求,因此,低质量的应用程序代码阻碍不了它对新请求的处理。而且运行时HTTP具有假定失败必会发生的机制,因此,它通常可以自动地从访问冲突、内存泄漏、死锁等事故中恢复过来。

ASP+使用基于构件的Microsoft .NET框架配制模板,因此它获得了如XCOPY配制、构件并行配制、基于XML配制等优点。支持应用程序的实时更新是ASP+的另一个主要优点。网络管理员在更新应用文件时,不必关掉网络服务器,甚至不用停止应用程序的运行。应用程序文件永远不会被加锁,甚至在程序运行时文件就可以被覆盖。当文件更新后,系统会检测到文件变化,并用新的应用程序代码建立一个新的应用程序实例,然后将引入的请求传递到应用程序。当所有被现存的应用程序实例处理的未完成的请求处理完后,该实例才被销毁。

在应用程序中,HTTP请求(HTTP Request)通过HTTP模块(HTTP Module)的管道路由,最终到达请求处理程序。HTTP模块和HTTP请求处理程序是一些实现特殊接口的受控类,而这些接口是由ASP+定义的。这种管道结构使得为应用程序增加服务非常方便,只需要补充一个相应的HTTP模块即可。例如安全、状态管理及跟踪等功能都可以被设计并实现为HTTP模块。高级可编程模块,如Web服务和网络表单等,通常被用于请求处理程序。尽管一个应用程序能链接多个请求处理程序,每个处理程序都有一个与之相对应的URL,但是所有的HTTP请求都要通过同样的管道路由。

由于网络基本上是一个无状态模型,并且在HTTP请求之间没有联系,这就使得编写网络应用程序很困难,因为应用程序通常需要维护跨多个请求的状态。ASP+增强了由ASP引入的状态管理服务,以便为网络应用程序提供3种类型的状态:应用程序、会话和用户。就像在ASP中一样,应用程序状态特定于一个应用程序实例,并且不会持久。会话状态是特定于一个用户与应用程序间的会话。与 ASP 会话状态不同，ASP＋会话状态存储在一个独立的过程中，并且它可被配制存储到一台独立的机器上。当应用程序在网络群扩展时，会话状态非常有用。用户状态类似于会话状态，但通常它不会超时，并且是永久性的。因此，用户状态对储存用户参数和其他个性化的信息是有用的。所有状态管理服务均被实现为 HTTP 模块，因此，它们可以很容易地被增加到应用程序管道中，或是被从中删除。

如果还需要除了由 ASP＋提供的服务以外的额外的状态管理服务，那么可由第三方的模块提供。

ASP＋同样提供高速缓冲服务，以改善性能。利用段缓冲储存部分的网页，输出缓冲可完全节省网页翻译。由于提供了相应的类，所以只需要应用程序、HTTP 模块以及请求处理程序就可以在高速缓存中储存任意数量的对象。

Microsft.NET 框架为开发人员提供了一个极为方便的开发环境，从而简化了安全、可靠、可扩展、高可用性的 Web 服务的建立、部署和更新过程。

3.3 Web 服务的实现方式

典型 Web 服务的应用是由一个应用程序发出请求，通过网络获得另一个应用程序的服务。如果将发出请求的一端定义为客户端，提供服务的一端定义为服务器端的话，那么客户端（服务的请求方）与服务器端（服务的提供方）就成为实现 Web 服务过程时要考虑的两个方面。

3.3.1 Web 服务的客户端

Web 服务的客户端，更确切地说是客户程序端，代表客户端调用 Web 服务的编程模式。

Web 服务的编程模型是采用端到端的形式。在进行 Web 服务的过程中，用户需要通过某种方式在客户端调用服务端所提供的服务。Web 服务的客户端所起的作用是作为客户应用程序调用 Web 服务的桥梁。按照功能可以将 Web 服务客户端划分为 3 个部分：服务代理接口、参数类型注册接口和消息传送接口。

1. 服务代理接口

服务代理（Service Proxy）接口是一段对用户可见的代码，客户端程序通过这段代码来访问某个 Web 服务。服务代理接口帮助用户屏蔽了客户端的复杂代码,借助于相关的工具,用户可以利用 WSDL 文件自动生成 Web 服务客户端调用代码。

2. 参数类型注册接口

参数类型注册表(Registry mapping)起到的作用是在调用 Web 服务时,将客户程序的数据类型映射到统一的 Web 服务消息(SOAP);在收到 Web 服务返回的结果时,将消息内容从 SOAP 格式翻译成客户程序的数据类型。SOAP 是基于文本的消息模式,通过参数类型注册接口,实现了程序调用参数(与具体实现相关)与 XML 文本消息之间的映射转换。

3. 消息传送接口

消息传送(Message code/decode)接口与具体的 Web 服务传送平台相关,它负责将具体的 Web 服务消息利用通讯层协议(如 HTTP)进行打包封装、传递及接收。消息传送接口是与 Web 服务发生的上下文环境有关的,当它处于 HTTP/Internet 环境时,则基于 HTTP 进行传输;如果是基于 JMS 的异步消息环境,则 Web 服务的请求/响应的消息的载体就是 JMS 消息。

3.3.2 Web 服务的服务器端

Web 服务的服务器端代表了调用 Web 服务的逻辑实践,Web 服务的服务器端也被划分为 3 个部分,与 Web 服务的客户端对应,具有与客户端完全类似的功能。

1. 参数类型注册接口

在调用 Web 服务时,将数据从 Web 服务消息(SOAP)映射到 Web 服务实现代码的数据类型;在完成逻辑调用返回结果时,将消息内容从业务程序的数据类型翻译成 SOAP 格式。

2. 消息传送接口

消息传送接口与具体的 Web 服务传输平台相关,负责将具体的 Web 服务消息利用通讯层协议(如 HTTP)进行打包封装、传递及接收。

3. 注册服务管理

注册服务管理与客户端的服务代理接口相对应。在客户端,客户程序需要透过服务代理接口访问远端的 Web 服务,而在服务器端,需要的是如何将服务请求转发给恰当的服务实现体。这一过程包含两方面的内容:第一,需要一种登记机制,将已经存在的逻辑实现注册成 Web 服务,并且,当 Web 引擎收到服务请求时,能够帮助找到对应的服务体;第二,需要发出针对服务体的调用,并接受服务体的执行结果。

3.3.3　Web 服务的开发方式

完整的 Web 服务开发包括开发、部署和发布 3 个阶段。

1. 开发阶段

这一阶段的主要任务包括开发与部署逻辑模型,设计或生成 WSDL 服务定义文件。

在此阶段可采用自上而下或是自下而上的不同方式完成任务。自上而下的方式,通常用于基于标准的 WSDL 开发。即先设计服务的接口定义 WSDL,然后按 WSDL 的定义再生成服务逻辑代码。而自下而上的方式,主要用于基于当前的应用创建服务。即先完成业务逻辑代码的开发或者使用已经存在的逻辑代码,然后再根据代码确定服务的接口 WSDL,包装形成服务。这两种方式没有绝对的好坏之分,而是根据实际情况确定。

2. 部署阶段

这一阶段的主要任务是指定 Web 服务的传输协议(绑定),明确服务的终端地址,创建 Web 服务的附属文件,以平台可识别的方式将 Web 服务注册到相应服务描述的部署文件中。

3. 发布阶段

这一阶段的主要任务是公开 Web 服务的接口和调用地址,供客户端调用,常用的发布方式为基于 Web 提供的 WSDL 的链接,也可以是 UDDI。

3.4　Web 服务的资源框架

3.4.1　Web 服务资源与 WSRF 技术规范

Web 服务本身是无状态的,在通常情况下,Web 服务通过 HTTP 传输,每个请求独立于前一个请求。但随着应用的需要,Web 服务内部常常操作有状态的资源,而且多个请求之间存在一定的逻辑关系,这就需要 Web 服务能够维护资源状态,并识别不同的请求。于是就有了 Web 服务资源框架 WSRF(WS – Resource framework)协议。

Web 服务资源(WS – Resource)指的是 Web 服务和与之关联的有状态资源的组合。WSRF 由一系列技术规范组成,表达了有状态资源与 Web 服务的关系,允许编程者使用标准接口实现 Web 服务与一个或多个有状态资源进行关联,WSRF 规范定义了 Web Services message 的交互及相关的 XML 定义。表3 – 4中描述了 WSRF 中的主要技术规范。

表 3-4 Web 服务资源框架的主要技术规范

名称	描述
WS-ResourceLifetime	定义了 WS-Resource 的生命周期管理。是 Web 服务资源的析构机制。通过它，请求者可以即时或者通过使用基于时间调度的资源终止机制来销毁 Web 服务资源。
WS-ResourceProperties	定义了请求或更改服务资源属性值的标准的消息模式和方法。
WS-Addressing	定义了端点引用方式，用于指定让消息到达适当的位置并带有适当的相关信息所需的信息。
WS-ServiceGroup	定义了将不同的 Web 服务端点引用组合在一起的方法。
WS-BaseFaults	提供了在 WSRF 中统一的错误消息机制，定义了基本的错误类型及错误处理规则。

3.4.2 WSRF 资源模型及流程

WSRF 的目的就是使资源成为 Web 服务框架下有状态的资源。构成这种有状态的资源的方式也被称作隐式资源模式。Web 服务资源框架的主要作用是：描述资源的 Web 服务接口、定义如何通过接口获得资源属性、管理资源的生命周期。Web 服务资源的创建、寻址、发现、终止等操作与以前的网格资源架构（OGSI）区别不大，其主要功能相似，不同的是 WSRF 完全采用 Web 服务结构和技术。

在 WS-Addressing 中将 Web 服务地址（名字或句柄）标准化为端点引用（Endpoint Reference），其中包含了 Web 服务的端点地址、相关的元数据、引用属性。依照隐式资源模式，包含表示状态资源的引用称为有 Web 服务资源资格的端点引用，本书简称端点引用。

得到端点引用的方式有两种。一是通过由服务请求者向 Web 服务发送申请消息，创建一个 Web 服务资源得到；二是通过查询服务注册得到，如图 3-6 所示。

申请生成一个 Web 服务资源的过程如下：

第一步：服务请求者向 Web 服务发送消息，该消息包含在具有 Web 服务寻址的访问中；

第二步：Web 服务接收到消息，根据要求创建或定位一个 Web 服务资源；

第三步：Web 服务将新生成或定位好的资源标识与 Web 服务地址包装成端点引用；

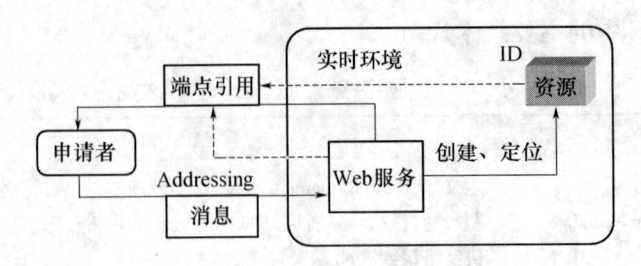

图 3-6　WS 资源的创建、定位

第四步:Web 服务将端点引用发回。

其中资源标识(ID)是一个作为属性文件子元素被某个命名空间约束的值,用来在 Web 服务内唯一确定一个资源。

在拥有一个端点引用后就可以访问 WS 资源,访问过程如图 3-7 所示。对资源的直接利用,并不是由对 Web 服务资源的访问实现的,而是通过资源所属的 Web 服务访问实现的。其过程如下:

第一步:服务请求者将 Web 服务访问消息和 Web 服务资源 ID 封装,发送到 Web 服务;

第二步:Web 服务将 Web 服务资源 ID 与资源匹配,形成一个上下文环境;

第三步:Web 服务根据访问消息确定访问内容,开始对资源的操作;

第四步:同一个 Web 服务下可能会存在多个 Web 服务资源,对每个资源的访问重复上述过程,并互不干涉。

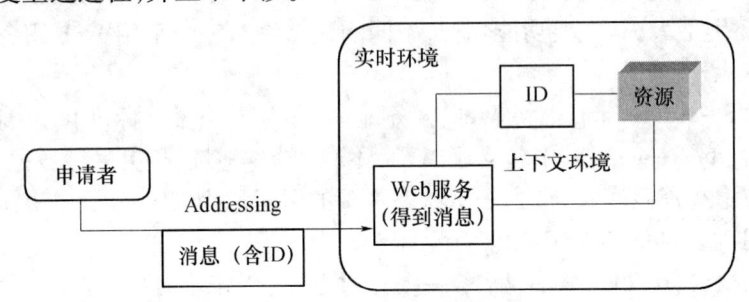

图 3-7　Web 资源的访问

事件驱动或者基于通知(Notification)的交互机制是对象间通信常见的一种模式。随着从面向对象到面向服务思想的发展,在 Web 服务环境下也需要能够支持这种通信模式的规范。WS-Notification 是为支持 Web 服务领域使用通知而制定的一系列规范。它使用基于主题的发布订阅模式,定义了要参与通知的服务所需要支持的标准消息交互、通知代理所需要支持的消息交互以及描述主要的 XML 模型等。WS – Notification 包含 3 个标准的规范：WS – BaseNotification、WS – Topics、WS – BrokeredNotification。

WS – BaseNotification 描述了基本的角色、概念和通知模式。它允许一个订阅者(subscriber)注册感兴趣的通知消息，通知消息产生者可以向感兴趣的订阅者发布消息。

WS – Topics 定义了主题(topic)的元数据(Metadata)和 XML 描述。主题是一种将通知消息组织分类的机制，通过这种机制，订阅者能够方便地了解可以订阅哪些类型的通知。主题可以按层次来组织；一个主题可以进一步分解成子主题。主题同样也由名称空间划定范围。

WS – Brokered Notification 定义了通知代理的接口，它实现了一个代理服务来管理订阅。

WS – Notification 和 WSRF 是紧密相关的。WSRF 描述了一个资源(Resource)和一个 Web 服务(Service)之间的关系，以及如何通过 Web 服务来访问一个资源。WSRF 为通用的描述和构建提供了基础。这是因为，为了支持通知机制，需要参与通知的 Web 服务具有状态，于是实际上参与通知的 Web 服务实体常常实现为一个 Web 服务资源。另外，从 WS – Notification 角度来看，WS – Notification 可以扩展 Web 服务资源的能力，它允许在资源属性值发生变化时，Web 服务资源异步地通知服务请求者。

第 4 章

军事模型共享服务体系设计

本章将通过对军事模型共享的策略分析,重点研究军事模型共享服务的设计原则,建立军事模型共享服务的体系结构,以及共享服务的安全问题。

4.1 军事模型共享服务的策略分析

4.1.1 军事模型共享的方式策略

将 SOA 的思想与 Web 服务技术结合在一起应用于军事模型共享的组织与实现时,需要按以服务为中心实现军事模型共享与重用的思路,对所提供的军事模型服务组件(包括现有的或是新建的军事模型组件)及对这些组件的管理进行重新的整合。由于军事模型共享的目的是为作战模拟系统的建设提供可利用的重用资源,因此,作战模拟系统就是军事模型服务的应用领域,按不同的军事应用需求建立的作战模拟系统具有不同的功能结构,通常这些功能结构是与一定军事活动相对应的。

在建立有效的军事模型共享与重用的架构之前,应首先依据军事模型重用与共享的应用需求,对军事模型共享的使用方式进行分析,划分不同的共享形式类型集合,并针对不同的集合确定实现共享的方法与实现技术。

军事模型是对军事应用领域问题的抽象,具有多样性特征。针对不同的应用需求、不同的抽象层次、不同的建模机理、不同的建模方法、不同的模型运行依托环境等因素,军事模型的分类标准并不唯一。在军事模型共享研究中,我们把军事模型作为一个已封装的组件来研究与实现服务相关的问题,不去关注军事模型内部的构建过程,而是把关注点放在军事模型的外部描述和使用方面,即对于军事模型,并不关心它是"怎么做的",而是关心它是"做什么的"和"怎么用"。从建模与仿真的角度,根据军事模型在其生命周期内不同阶段的状态,将军事模型抽象为两类。其中,一类是静态的军事模型,另一类是动态的军事模型。静态的军事模型是指对军事模型的文档描述,对应于军事模型建模阶段的模型产品形式。它只是表明了军事模型对相应的客观对象的一种抽象的表达,以文档的形式存在。它既可以是军事概念模型,也可以是数学逻辑模型,或者是仿真程序模型。动态的军事模型是指具有运行计算过程并能得到计算结果的军事模型,对应于军事模型仿真阶段的模型产品形式,具有明显的过程性,它依托于一定的仿真上下文(Simulation Context)运行环境,主要以程序代码或程序组件的形式存在。从对一个对象描述的角度看,军事模型具有静态和动态两种属性。

在表4-1中,简明地归纳了以抽象层次区分的3类军事模型类型所具有的静态与动态特征,其中√表示有,而×表示无。

表4-1　3类军事模型的静态与动态特征

特征 类型	静态	动态
军事概念模型	√	×
数学逻辑模型	√	×
仿真程序模型	√	√

与实物模型相比较,我们所研究的军事模型最大的特点是它的抽象性。正如本书在1.2.2节中所论述的那样,实物模型是可以触摸得到的,也就是说人们可以从实物模型直观地看到或感觉到相应的实物。而对于军事模型,如飞机空中机动的航迹模型,无论你看到的是概念描述、数学公式、程序代码,它们都是一种抽象的描述,只有当模型动起来,也就是运行的时候,才能形象地感知到模型所描述对象的物理意义。一静一动,表明了模型既具有静态特性,还具有动态特性。对于以Web服务形式封装的军事模型,对它的共享可以得到静态的文档,也可以是通过共享计算过程,得到模型计算的动态结果。

按照以上的分类方法,军事模型共享也相应的可以被划分为两大类,一类是静态军事模型的共享,另一类是动态军事模型的共享。实现静态军事模型共享的方式可以采用传统的共享方式,即文档共享方式,如下载、复制、浏览等。

而动态军事模型的共享利用传统的技术手段,只能实现一些特定军事模型的共享,这些特定的军事模型具有与运行环境、运行数据(大量、特殊的)的无关性,可以以动态库或组件的形式提供运行。当另外一些军事模型要求有特殊的运行环境或数据环境的支撑时,是无法以动态库或组件形式实现共享的。而且,当需要保护军事模型开发者的知识产权时,也希望能有一种有效的技术手段,为军事模型提供一个可以运行的动态环境,使用者只关心军事模型的运行过程和计算结果,而将军事模型的实现隐藏起来。我们将这种共享称为计算过程共享方式,简称过程共享方式。根据上述的分析,可以得出如图4-1所示的共享方式选择流程。在这个方式选择流程中,首先以军事模型3种不同抽象阶段的模型类型作为判断条件,其取值分别为军事概念模型、数学逻辑模型和仿真程序模型;然后分别对每类模型的属性进行判定,即是静态共享还是动态共享(其中用T表示静态共享,用F表示动态共享),如果是静态共享,则选择文档共享方式,如果是动态共享,则选择过程共享方式。在实际应用中,可根据所要建立的军事模型共享,或是使用军事模型共享的目的,确定所要共享或提供的共享是静态的还是动态的,从而确定军事模型共享的方式策略。

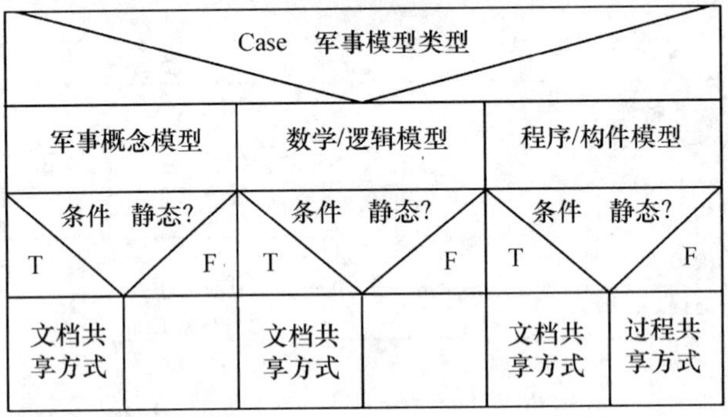

Case 军事模型类型		
军事概念模型	数学/逻辑模型	程序/构件模型
条件 静态? T / F	条件 静态? T / F	条件 静态? T / F
文档共享方式		文档共享方式		文档共享方式	过程共享方式

图4-1 军事模型共享方式选择流程

4.1.2 军事模型服务组件的设计策略

在SOA的架构风格中,服务是最为核心的抽象手段,应用领域中的应用活动(业务)被划分(组件化)为一系列粗粒度的业务服务和业务流程。每一个业务流程相对独立、自包含、可重用,它可以由一个或多个分布的系统所实现,而业务流程由服务组装而来,它不依赖于特定的技术。利用SOA不仅可以共享资源,而且还可以促进作战应用领域中传统的作战或作战指挥流程方式向能提供更便捷、更灵活的服务方向的改变与发展。

为了实现以服务为中心的应用模式,首先要将军事应用领域中的业务活动划分(组件化)为一系列粗粒度的业务服务和业务流程。当我们把军事应用领域聚焦到作战模拟系统的建设问题时,军事模型就成为了一系列粗粒度的业务服务,而业务流程可以是组成作战模拟系统的各子系统。利用这些军事模型服务就可以编排或组装成满足不同应用需求的作战模拟子系统,进而形成整体的大系统。

分解过程中得到的相对独立的、功能自包含的和可重用的军事模型就是一个军事模型服务单元,或称为军事模型服务组件。军事模型服务组件既可以是提供基本服务的军事模型服务组件,也可以是提供复合服务的军事模型服务组件。这里,基本服务也可称为元服务,主要是指不可再分的基本服务;复合服务是指由元服务或是其他的复合服务组成的服务。

一个"军事模型服务"定义了一个与应用功能或与应用数据相关的接口,以及约束这个接口的规约(规范)等。因此,在分解与构造军事模型服务组件,即进行军事模型服务组件设计时应做到以下几方面:

1. 具有良好的文档

军事模型服务组件应该具有结构清晰和内容准确的文档,良好的文档是实现可重用的基础。

2. 具有良好的独立性

良好的独立性表现在两个方面,即军事模型服务组件应该具有较高的内聚性和较松散的耦合性。

内聚性是对军事模型服务组件内部功能相关性的描述。军事模型服务组件应该是在某一抽象层次上对某一重要目标(如一个功能或者结构)的封装。应尽量以保持高内聚为设计目标。

耦合性是对军事模型服务组件之间关联程度的描述。军事模型服务组件应该尽可能地独立于其他的军事模型服务组件,最小化与其他军事模型服务组件的耦合度,从而使军事模型服务组件更便于重用和更容易实现互操作。

3. 具有良好的可用性

可用性是指使用军事模型服务组件的难易程度。为了使用户易于使用,通常应提供一组使用军事模型服务组件的应用示例和应用环境。也就是说,在军事模型服务组件的核心文档中,应该包含关于该模型服务组件在其他系统中应用的相关信息。

4. 具有良好的可验证性

应该提供可用来对军事模型服务组件进行独立验证的测试套件和测试基

准程序,应有军事模型服务组件提供者提供的验证文档,或者是第三方权威机构对军事模型服务组件进行验证的权威报告。

5. 具有定义良好的接口

军事模型服务组件的目标是为了能够利用现有的军事模型服务组件组合成新的功能,因此,定义良好的接口对于模型重用时的重要性是不言而喻的。

6. 具有良好的组件规范

军事模型服务组件的构建应该尽量遵循统一的、规范化的组件构建方法模型,这样,军事模型服务组件就可以直接与遵循同样方法的其他军事模型服务组件进行交互。同时,这也是获得良好的定义接口和组合能力的有效途径。

7. 具有良好的安全性

安全性问题会涉及到一个军事模型服务组件定义和管理其内部组成部分的访问权限。通常情况下,军事模型服务组件提供者是不希望军事模型服务组件被修改的,因此拥有内置的安全机制是非常重要的。

4.1.3 军事模型服务的角色管理策略

在以服务为中心的军事模型重用机制中,一切问题都是以"服务"为焦点展开的。在这个服务的大环境中,军事模型服务组件以"服务"的形态出现,无非充当着两种角色,一种角色是主动服务者,即提供服务给其他需要的军事模型服务组件;另一种角色是被动服务者,即请求其他军事模型服务组件的服务。为了避免服务之间的盲目性,如需要请求得到服务的军事模型服务组件,不知该到何处去查找与发现所需求的服务,或是提供服务的军事模型服务组件,不知该把服务发布到哪里,不知该怎样提供服务等,需要引入一个新的角色,用于管理服务,建立有效的服务秩序,我们将其称为服务的管理者,相当于是模型的注册中心,军事模型服务提供者将其所拥有的模型资源提供给模型服务管理者,军事模型服务请求者到模型注册中心查找自己所需要的模型,军事模型服务管理者负责建立请求者的需求和提供者的模型之间的联系,即通过绑定实现对模型的调用。因此,我们将实现军事模型服务的角色划分为 3 类,分别是:军事模型服务提供者(Provider)、军事模型服务管理者(Registry)和军事模型服务请求者(Requestor)。

3 类角色之间相互联系、相互作用构成了完整的军事模型共享计算服务体系。其基本的功能联系如图 4-2 所示。

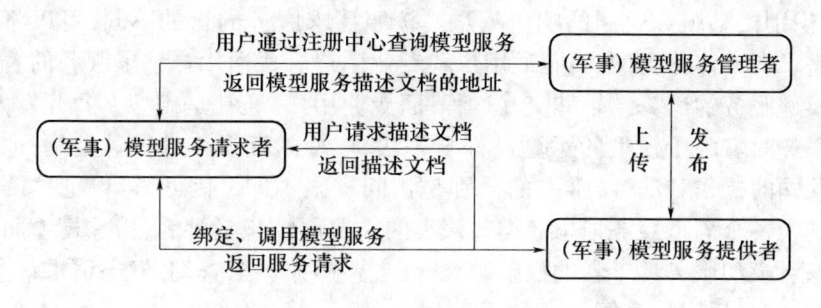

图 4-2　军事模型服务角色关系示意

在服务的过程中,模型服务提供者向外界描述其所提供服务内容的一套标准方法,借助于 WSDL 完成;军事模型服务请求者调用服务的一种标准的协议是 SOAP,而由军事模型管理者通过 UDDI 将服务内容发布到一个公共的军事模型服务中心网址上,供用户(军事模型服务请求者)查阅。

1. 军事模型服务提供者

军事模型服务提供者,简称模型服务提供者,是军事模型服务组件的开发者或拥有者。从模型服务的所有权角度看,它是模型服务的所有者;从军事模型服务体系结构的角度看,它是一个托管被访问服务的平台。要实现模型服务的共享,模型服务提供者应首先开发出军事模型服务组件,进而实现模型的软件服务。这些军事模型服务组件的开发必须使用标准的协议规范,并具备完好的封装性、松散的耦合性以及高度的可集成能力。此外,为便于服务请求者查询与调用,模型开发者还要把模型服务发布并放置在可以被服务请求者访问到的在线服务器上。模型服务提供者的主要行为有:模型发布、响应模型服务请求者的请求信息以及返回响应信息等。因此,可以把模型服务提供者归纳为一个模型服务提供者类。其属性包括姓名、模型服务名称、类型、保密等级等;其行为包括注册、返回请求信息等。

2. 军事模型服务请求者

军事模型服务请求者,简称模型服务请求者,它是模型服务组件的需求者。从作战模拟的角度来看,模型服务的请求者要求使用能够满足特定模拟系统特定功能需要的军事模型组件;从军事模型服务体系结构的角度看,它是查询并调用模型服务或启动与服务交互的应用程序。模型服务请求者要得到所需的模型服务,首先要在模型管理者那里利用关键字/词等要素查询是否有所需的模型服务;模型管理者根据查询要素返回符合条件的模型服务描述文档的地址;模型服务请求者根据描述文档的地址可以得到模型服务的描述文档(WSDL);根据描述文档,模型服务请求者就可以构建符合特定通信协议的请求消息,并识别模型服务返回的响应消息。按照请求服务的目的不同,可以将模型服务需求者大体分为两类:普通用户和专业用户。普通用户请求服务的着眼点在于模型服务的运算结果和交互过程;而专业用户,通常是模型专业开发人员,请求服务时着眼于模型的运算过程与算法、模型的互操作性等。但是,他们都具有共同的操作和属性,唯一的区别是访问权限不同。因此,可以把这两类用户归纳为一个模型服务请求者类。该类的主要属性包括姓名、请求模型服务名称、类型、模型服务请求者的权限等级等;主要操作包括查询、发送请求信息、绑定调用、接受返回信息等。

3. 军事模型服务管理者

军事模型服务管理者简称模型服务管理者。从模型服务提供者的角度看,模型服务管理者是一个可以注册模型服务的注册中心和一个可以存储模型服务组件的模型库的结合体;从模型服务请求者的角度看,模型服务管理者是一个可以查询、调用模型服务组件的平台;从军事模型服务体系结构的角度看,模型服务管理者为模型服务提供者和模型服务请求者提供了一个互相交流的平台,利用这个平台,可以非常方便地实现模型服务的发布、查询和调用等功能。

对模型的管理可以采用集中式存储管理和分布式引用管理相结合的方式。其中,公共的、基础的模型可采用集中式存储,而版权等级较高的模型可采用分布式存储。因此,模型服务管理者这一角色必须具备全面的数据管理和存储功能,并能提供完整的军事模型计算服务功能。与之相应,在结构上必须具备一个模型数据库和一个注册中心。模型数据库为公共基础的模型提供全面的数据管理功能,包括对模型的整理与存储、上传、下载、模型的计算服务及模型的日常动态维护与管理等功能。注册中心提供军事模型服务的查询、发布和调用等功能。计算服务主要有两种方式:一种是通过注册中心直接在模型数据库的服务器上进行计算,这种方式适用于集中存储的公共基础模型;另一种是注册中心根据用户的请求,将用户查询的模型服务描述文档的地址返回给用户,用户根据描述文档的内容将计算请求发送到模型开发者的模型服务器上,在模型开发者的服务器上进行计算,然后将结果返回给用户。因此,模型服务管理者也可以归纳为一个模型服务管理者类,其功能属性主要包括提供模型服务的名称、类型、查询方式等;主要操作包括模型管理、验证访问者的身份、确定权限、返回请求信息等。

3类角色之间是组成关系,具有极强的关联性,三者之间缺少任何一个,军事模型服务体系将是不完整的。离开模型服务提供者,模型服务体系将失去存在的基础;离开模型服务请求者,模型服务体系将失去存在的动力与意义;离开模型服务管理者,模型服务请求者与模型服务提供者将失去一个重要的交流平台,需求者的需求得不到满足,模型服务开发者的价值也得不到认可。这3类角色两两之间都要发生关联,关联的方式与角色有关。根据模型服务提供者类与模型服务管理者类的属性与操作,可知它们之间的关联方式主要是注册和上传。同样,根据属性和操作内容,模型服务请求者类与模型服务管理者类的关联方式包括查询、调用和下载。模型服务请求者类与模型服务提供者类之间的关联方式包括获取模型服务描述文档、绑定调用模型服务、发送请求信息和返回请求信息等。一个模型管理者可以与一个或多个模型服务提供者或模型服务请求者发生关联,模型服务请求者与模型服务提供者之间的关联也是多重性的。

4.2 军事模型共享服务的设计原则

在进行军事模型共享服务设计时,应该主要把握下面的几项原则。

4.2.1 概念表达相一致的设计原则

现实的问题空间与利用计算机求解问题的解空间之间存在着截然不同的思考方法和表达形式。在计算机技术发展与应用的早期,人们总是想法设法地去理解计算机的思维方式,学习计算机的语言。人们对客观世界的认识在经过多道的转换与映射后,信息不可避免地受到损失,甚至会使关键信息丢失,从而对应用造成极大的影响。例如,在传统的软件生命周期内,各个阶段采用不同的概念表达问题。通常的做法是:分析阶段以用例为核心概念,设计阶段以组件和对象等为核心概念,实现阶段以对象和过程等为核心概念,测试阶段以测试案例为核心概念,而到了运行阶段则以系统和应用为核心概念。这种概念表达方法的不一致性,导致了系统面对业务需求变化的响应速度慢,所建立的系统往往难以满足用户的需求,或是难以适应用户的需求变化。

随着对计算机控制能力的逐渐加强,人们试图让计算机按照人类的思维方式进行工作,最典型的一个例子就是面向对象思想的出现,从面向对象分析、面向对象设计到面向对象编程,概念是一个逐渐细化、粒度逐渐增大的过程,从而有效地保持了在不同阶段概念表达的一致性。在面向服务的军事模型共享体系中,将应用(业务)领域概念与技术领域概念表达相一致作为最高优先级的设计原则,这样做,可以使系统敏捷地应对应用需求的变化。

具体表现为:

1. 应将服务作为第一位的核心概念

服务提供了一种跨越多个用例的功能性能力的视角,这种服务的视角对于需求分析、设计、部署、运行和监管各个阶段都是共用的、一致的,甚至是对资源管理方面也是共用的。不论是面向业务端的服务,还是面向技术实现端的服务,服务所表现出来的都是一样的功能接口。同时,为了达到这一目标,要求服务及其相关属性能够提供相对于功能接口更多的业务与技术实现之间的映射,以提高业务概念与技术实现概念的一致性。

2. 服务必须要有适当的粒度和抽象度

服务必须要有适当的粒度和抽象度,也就是要求服务必须有针对性的应用(业务)含义。服务的粒度越大或是服务的抽象度越低,服务自身的应用功能与技术实现的依赖性就越强。当应用需求或功能要求发生变化时,服务自身进行变更的压力就越大。让服务保持适当的粒度和抽象度,是为了让多数的应用需求及其变化可以通过组装服务和变更服务的实现来完成,而不是通过重新变更服务的定义让服务来适应变化,这样,就可以使系统能以尽量小的代价和尽量短的时间来适应需求或功能的变化。

3. 通过规约设计法规范服务

通过规约设计方法,遵循相关的标准与规范进行设计,其主要目的是使围绕服务的各个参与方都能够精确地理解其职责,极其准确地理解彼此之间在描述服务各方面的约定。在商用领域,常用的规约有:功能逻辑规约,用于定义服务的业务描述以及服务的前件或后件;运行规约,用于定义服务的 SLA[①] 和 QoS;商业规约,用于定义服务在商业层面的术语和条件。在军事模型服务共享中,规约就是对有关军事模型组件开发或是功能描述方面具有约束效力的文档,它将作为各方对军事模型组件理解一致性的基础文件。

4.2.2 保持服务灵活性的设计原则

除了保持概念的一致外,还需要在各阶段的设计与构建中保持军事模型服务的灵活性。主要体现在从上向下看,服务是粗粒度的,从下向上看,服务具有恰当的粒度层次,同时,服务彼此之间是松散耦合的,这样,才能使服务的技术实现不过多地依赖于具体的应用特征,从而便于调用各种军事模型服务组件,灵活地构建出新的应用。

1. 设计抽象粗粒度的服务

设计抽象粗粒度的服务,主要目的是为能够适应更广泛的需求及其变化。在军事模型共享服务过程中,会存在着这样一类服务调用,由于具体的服务请

---

① SLA:Services-level agreement,服务等级协议,是网络服务供应商与客户之间的一份服务合同。

求者和服务提供者不同,服务调用时的技术形态(如通信协议)和业务形态(如消息格式)将会有所差异,但其核心业务逻辑却基本相似。比如,航空兵空中交战模型,在空军作战模拟系统中和在海军作战模拟系统中的调用和应用场景会有不同,但其核心的功能是一样。对于这种情况,可以通过设计粗粒度的服务,在较高的抽象层次上满足各种调用类型,而把对各种不同需求的功能实现留给调用它们的服务实现层去表达。对于这种粗粒度的服务,当应用需求或功能发生变化时,比如多了一种类型的服务请求者或提供者,服务在抽象层的定义仍保持不变,用户只需要通过服务实现层的变更来适应变化即可。这种方法,可以将应用需求变化对技术实现的影响控制在合理的范围内,从而提高系统对变化的响应速度。

2. 设计适当粒度的服务

这一做法的目的是为便于实现服务的组装。有一些服务,尽管它们的核心业务逻辑相似或不尽相同,但却都是建立在一组公共的功能逻辑之上。在这种情况下,需要一些较细粒度的服务来表达公共的功能,然后通过组装的方法实现各种粗粒度的服务。图4-3示意性的说明了由较细粒度服务和较粗粒度服务之间的组装关系。服务粒度的粗细是相对的,当某一个服务是由另一些服务组装而成时,它是较粗粒度的服务,而当它作为组装成另一个服务的成分时,它又成为较细粒度的服务。通过服务粒度的区分与组装变换,可以使军事模型服务具有灵活地适应性。

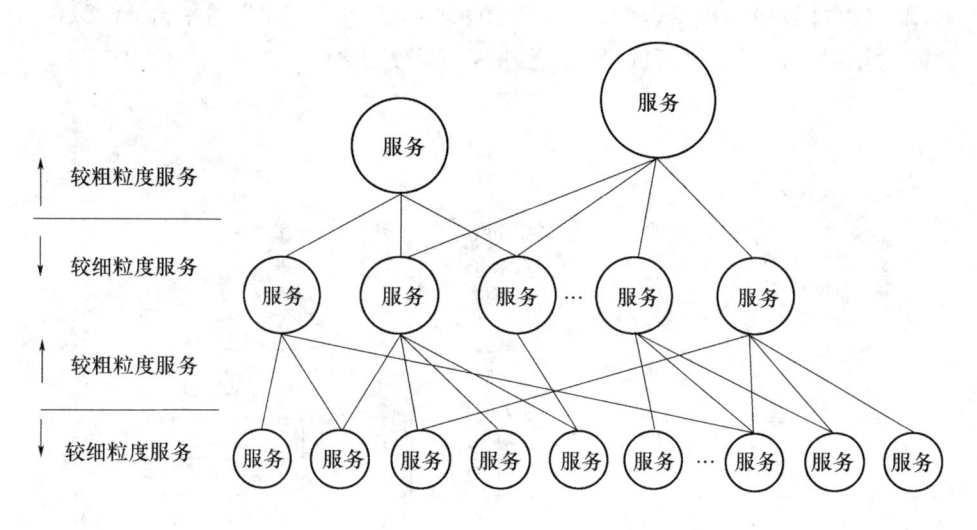

图4-3 适当粒度服务之间的组装

3. 设计松散耦合的服务

通过松散耦合技术，减少服务请求者与服务提供者之间的技术依赖关系。具体见下节。

4.2.3 保持松散耦合的设计原则

这里所说的松散耦合是指服务请求者与服务提供者之间的松散耦合，也就是作为一个 Web 服务，在设计时无需考虑请求者的态度，而在调用时请求者不用关心服务的内部功能。为达到这一目标，具体应做到：

1. 保持服务定义层面的抽象性

松散耦合要求服务能够保持技术和业务功能两个方面的抽象性。具体要求：一是应消除服务使用方对服务提供方相关实现的依赖性；二是减少由于服务实现变化而导致的对服务的相关方面的变更；三是当服务实现进行替换时，如服务提供方的替换，或是服务的新版本，对于服务使用方来说应该是透明的。

2. 保持服务调用平台的中立性

随着技术的发展和应用需求的变化，没有一成不变的服务，不变是相对的，而变化是绝对的。为了减少由于技术演变或平台变更对服务使用方和服务提供方带来的影响，服务应该建立在平台中立的技术基础之上。利用 Web 服务技术，军事模型组件以 Web 服务的方式出现，不同的应用之间通过 Web 服务进行调用，可以有效地实现平台的中立性，如图 4-4 所示。应用（或平台）A、B、C、D 之间的作用不是直接进行的，而是通过 Web 服务进行。

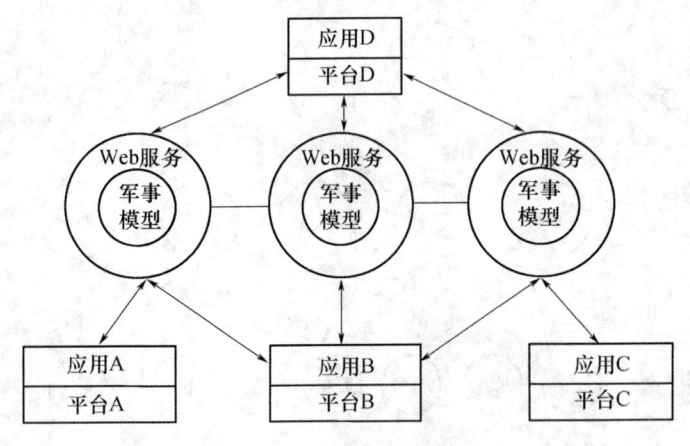

图 4-4 平台中立性示意

3. 保持应用架构和技术架构的清晰性

利用 SOA 的概念层次(详细论述见 2.2 节),保持应用管理、应用、技术实现等问题域之间清晰的边界。

4. 保持更细粒度的应用功能和技术实现的清晰性

利用组件化设计方法在服务实现层次上或是为从服务到应用的过程提供灵活性。如通过更细粒度的功能接口提高重用性,通过应用服务器的容器功能将应用(业务)功能实现和其他事物隔离,保持技术实现方面的清晰性。

4.3 军事模型服务的体系结构

4.3.1 军事模型多维分类体系框架

军事模型的分类直接影响对军事模型服务组件的查找与发现效率,因此,首先要制订合理、可用的军事模型分类体系。结合作战模拟系统所涉及到的应用特征,可将构建作战模拟系统所涉及到的各种各样的军事模型分为 7 个层次 5 种类型。7 个层次分别是战略仿真、联合战役仿真、军种战役仿真、合同战术仿真、兵种战术仿真、分队战术仿真和兵器操作仿真;5 种类型分别是导演控制类模型、作战指挥类模型、作战仿真类模型、公共环境类模型和评估与决策类模型。

在这种分类结构中,导演控制类模型用于对整个系统进行演习准备、演练过程的控制和监控,对演习情况的调理等,它包括导调与系统控制两大部分。作战指挥类模型包括指挥作业和指挥过程的模型,其中指挥作业主要指静态的方案拟定,参谋业务等,指挥过程是指用于模拟过程的指挥模型。作战仿真类模型主要是进行兵力兵器作战行动仿真,包括陆军、海军、空军、二炮、后勤、装备、电子战等多军(兵)种的多种类型的不同层次的模型。公共环境类模型是指用以支持作战仿真、作战指挥和导演控制模型体系的运行支持环境、战场环境和数据环境所涉及到的模型,这类模型是系统的运行基础。评估与决策类模型一方面用于对作战方案、作战结果等内容进行静态评估,另一方面用于对行动过程和方案的优选、特殊事件处置决心选择等。

实现对军事模型统一有效管理的基础,是根据作战模拟系统对军事模型的需求,制订合理的军事模型建模标准。通过对作战模拟系统的研究与分析,如果将军事模型按照一个单一属性进行分类,将不能满足作战模拟系统的要求。为此,可通过进一步细化模型的分类,建立军事模型分类的多维体系框架[12],如图4-5所示。

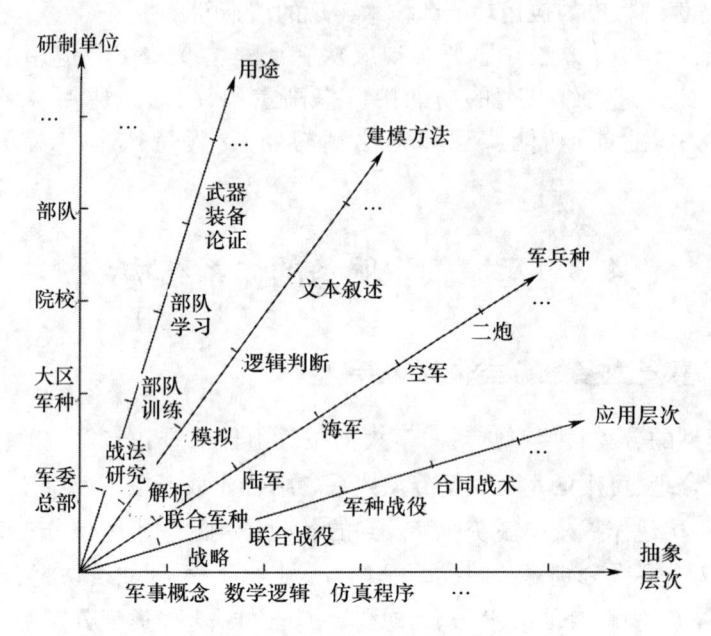

图4-5 军事模型多维分类体系框架

在军事模型多维分类体系框架中,处于任何一点的任一军事模型都同时具有多种不同的属性。具体划分如下:

1. 按模型描述的抽象层次划分

按模型描述的抽象层次,可将模型划分为军事概念模型、数学逻辑模型和仿真程序模型。

2. 按模型应用的层次划分

按应用层次,可将模型划分为战略、联合战役、军种战役、合同战术、兵种战术、分队战术、单兵战术、单武器操作(格斗)及其他等类型。

3. 按模型应用的军(兵)种划分

按模型应用的军(兵)种,可将模型划分为联合军种、陆军(步兵、反坦克兵、工兵、侦察兵……)、海军(含水面舰艇、潜艇、海军航空兵、海军陆战队、海岸炮兵……)、空军(含航空兵、地面防空兵、通信兵、雷达兵、空降兵……)、二炮、电子战、空间战、政工、后勤、装备、炮兵(地面炮兵、防空兵、战术导弹)、通信兵、工程兵、防化兵、装甲兵等类型。

4. 按模型应用的属性划分

按模型应用的属性,可将模型划分为指挥作业(主要包括标图、文书拟制与分发、战术计算、辅助决策……)、兵力兵器作战(主要包括兵力编成、兵力部署、兵力行动、兵器行动……)、导控及系统管理(演练进程控制、特情设置、导演干预、网络监测与管理、仿真时钟控制、仿真系统运行管理……)、战场环境(地理信息、天文气象、海洋水文、电磁环境…)和战效训效评估(指挥效能、作战效能、组织效果、实施效果……)等类型。

5. 按模型的研制单位划分

按研制单位,可将模型划分为军委总部、大区和军种、院校、野战军、科研所及其他等类型。

6. 按模型文件类型划分

按模型文件的类型,可将模型划分为:源文件(.C)、目标文件(.obj)、执行文件(.exe、.ocx、.dll)、文本文件(.doc、.txt)等类型。

7. 按模型的内容划分

按模型的内容,可将模型划分为军事想定、军事规则、概念模型、建模理论与技术、建模工具及相关资源等类型。

8. 按模型建立的方法划分

按建模方法,可将模型划分为解析、模拟、逻辑(定性)判断等类型。

9. 按模型的用途划分

按模型的用途,可将模型划分为战法研究、部队训练、部队演习、武器装备论证等类型。

4.3.2 军事模型服务体系结构的层次模型

为实现军事模型服务,系统应具有军事模型服务组件的存储与管理的功能,并在此基础上提供服务接口描述方法,通过互操作访问服务的方法,识别相关服务提供者的发现方法以及服务绑定的方法。从逻辑结构上看,军事模型服务体系的层次模型主要包含4层,分别是服务基础设施层、服务接口描述层、服务存储与管理层和服务应用层,如图4-6所示。

1. 服务基础设施层

该层是实现军事模型服务的基础设施,它集成了 Web 服务和 Web 服务资源框架,主要包括 Web 服务消息、安全引擎、Web 服务资源框架引擎和基础设

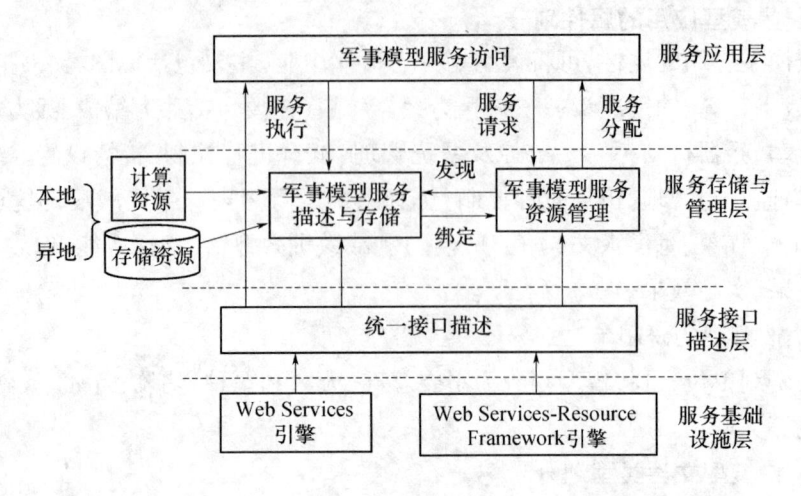

图 4-6 军事模型服务体系结构的层次模型

施管理。Web 服务引擎实现网格服务安全通信,包括 SOAP 以及 WS – Security 等协议;Web 资源框架引擎实现网格设备物理位置的透明性。其中,网络基础设施是已在使用中并正在高速发展着的,不需要重新建设,重点在于管理与维护。

2. 服务接口描述层

该层的主要功能是集成 Web 服务和 Web 服务资源框架的功能,为用户提供统一的服务描述规范。当用户调用服务时,采用统一的接口描述,而不用区分是由 Web 服务实现还是由 Web 服务资源框架实现。

3. 服务存储与管理层

该层是系统的核心,由军事模型服务描述与存储和服务资源管理两部分组成。军事模型服务描述与存储是一种逻辑结构,所有的军事模型服务组件实例既可以存储于本地,也可以分布存储于异地,它们按照服务接口规范描述并注册到服务资源管理服务器上。服务资源管理主要利用 UDDI 建立注册中心,一方面用于接受服务实例的注册,并将其进行发布,另一方面接受服务请求,并将查找到的服务与用户的服务请求进行绑定。同时,服务资源管理还负责军事模型服务中的基本安全问题。

4. 服务应用层

在这一层上主要实现对军事模型服务的访问与调用。用户根据其所需的服务向服务存储与管理层提出请求,并根据服务存储与管理层提供的服务分配结果,绑定到军事模型服务组件实例上,得到模型服务的计算结果。

4.3.3 军事模型服务管理的逻辑结构

军事模型服务管理是指为包括用户、应用或服务在内的其他实体提供控制军事模型资源和服务可用能力的一组操作。这些操作不涉及军事模型服务的核心功能,即它们能够做什么,而是指功能执行的方式,即怎样使用这些服务。

服务管理的目的是通过建立服务管理框架,形成一套通用的服务机制。其核心是在服务提供者和服务请求者之间建立一种共同的协议,通过该协议,服务提供者为服务请求者提供执行某种任务的能力。图 4-7 从服务提供者、服务请求者和服务管理者的角度描述了军事模型服务管理的逻辑结构。

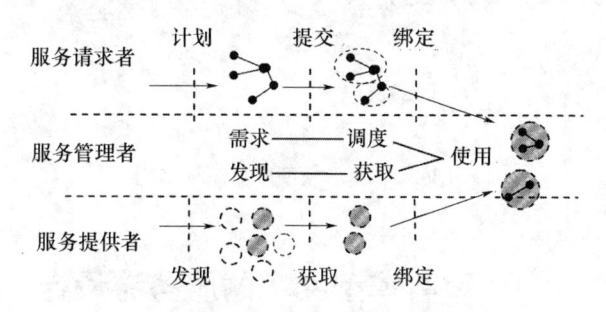

图 4-7 军事模型服务管理的逻辑结构

在图 4-7 中,有上、中、下 3 条路径。上层的路径从服务请求者的角度表达了服务管理的过程,即根据对服务调用的计划,提交服务请求并等待与服务的绑定;下层的路径表达了服务提供者所提供的服务能力,即当所拥有的服务被发现时,获取服务信息并等待服务被绑定;中间层的路径表示服务管理者的作用,一方面根据应用需求进行服务调度,通过执行提交操作使服务请求任务等待服务绑定,另一方面在该结构中发现可用的服务资源,并获取服务能力,最后通过绑定操作,将所获取的服务与相关的服务请求任务进行绑定,完成服务的使用。

4.3.4 军事模型服务实现的拓扑结构

军事模型服务实现的拓扑结构依托于广域网,如图 4-8 所示。

在这一结构中,NAS 服务器和模型数据库服务器主要用于支持 UDDI 的实现;系统模型计算服务器群是由军事模型服务中心集中管理的各类军事模型服务组件的载体,是逻辑上的模型提供者;Web Services 服务器用于 Web 服务引擎的实现;自由模型计算服务器是异地分布的军事模型组件载体;用户通过 Web 客户浏览器查询或访问军事模型服务组件。

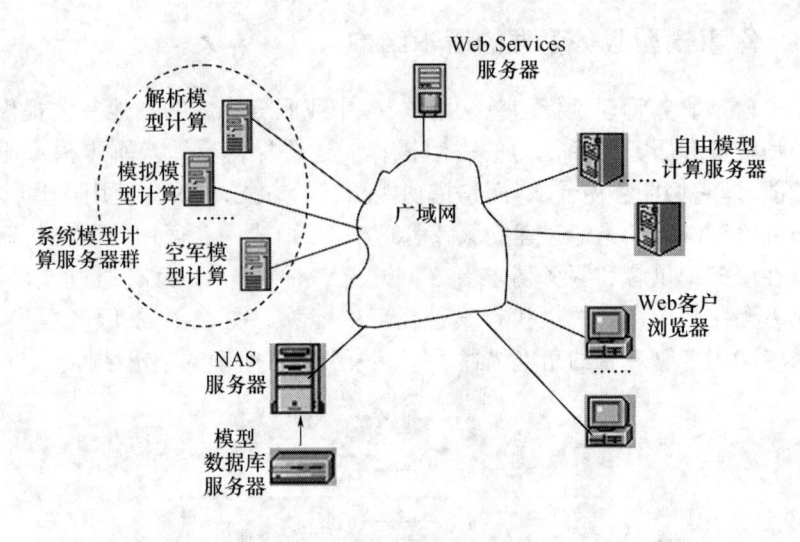

图 4-8　军事模型服务拓扑结构

4.4　军事模型共享的服务流设计

4.4.1　服务流的概念

从前面的论述中可知,服务是军事模型共享服务的体系结构的核心概念,其他所有的一切工作都是围绕着服务展开的。从服务所包含的内容看,服务是一个(组)逻辑功能的抽象,每一个抽象的服务都与一个特定的功能实现相对应,我们可以将抽象的服务称为逻辑服务,将具体的功能实现称为物理服务,物理服务与逻辑服务之间存在着映射关系。从服务的粒度看,服务包含了复合服务和基本服务,基本服务是提供简单服务功能的元服务,而复合服务由基本服务或其他的复合服务组装而成。从服务的形态上,我们还可以将基本服务分为计算服务和文档服务两类。计算服务支持过程共享,而文档服务支持技术文档共享。在军事模型共享服务中的服务分类如图 4-9 所示。

按照构建军事模型服务组件的要求,模型服务组件是相对独立的、功能自包含的和可重用的军事模型或军事模型实现。也就是说,军事模型所提供基本服务的功能是相对独立的,请求单个的军事模型服务的实用意义不大。具有实用价值的应用通常是多个基本(复合)服务协同工作,为此我们引入服务流的概念。

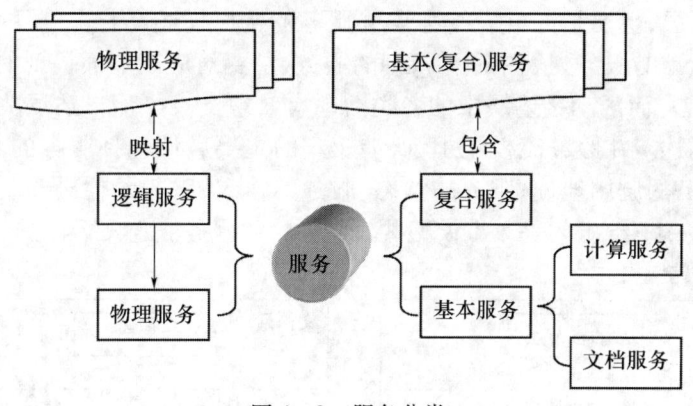

图 4-9 服务分类

服务流的概念中包含了抽象和具体的两层含义。在抽象层次上可以将服务流定义为是逻辑服务的组合,是不可以直接运行的概念描述。这层抽象概念的含义主要用于服务流模型的定义。而在具体层次上,服务流被定义为可执行的服务实例。即可以根据服务网络的当前情况将用户对服务的请求动态地绑定到实际存在的物理服务上,组成可执行的服务流,执行用户的请求。这层具体概念主要用于服务过程中的动态实现,即形成应用系统的运行状态。

图 4-10 给出了服务流模型定义。服务流模型由流描述层、活动描述层和服务描述层组成。从图中可以清楚地看出:流描述层通过其中的活动列表关联到活动描述层,活动描述层通过其中的服务列表关联到服务描述层。服务描述

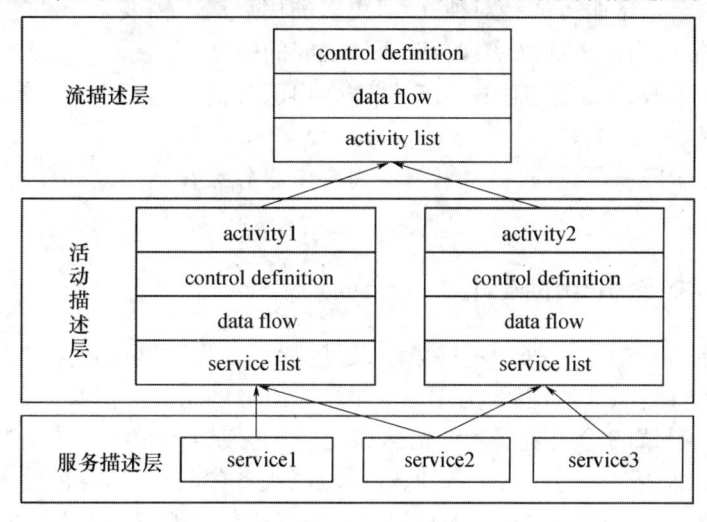

图 4-10 服务流模型定义

第 4 章 军事模型共享服务体系设计 097

层位于最下层,主要是汇集了各类 Web 服务的接口描述,为上一层的活动描述提供组成活动的服务列表中所涉及到的服务,主要对应于前面提到的应用活动(业务)流程。而活动描述层中的各类活动有效地支持了流描述层关于活动列表的抽象描述。在服务流模型中,所涉及到的主要属性包括服务的名称、服务的方法、服务的调用地址、服务的状态、服务的输入、服务的输出和服务描述等内容。图 4-11 给出的是军事模型共享服务中的服务流定义示例。

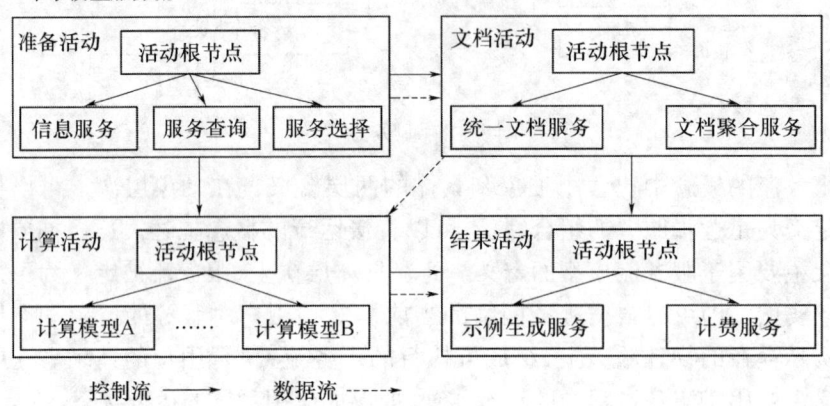

图 4-11 服务流定义示例

服务流的主要作用表现在以下 3 个方面:
(1) 由于基本服务的相对独立性,更多的用户请求需要多个基本服务协同工作,因此需要由服务流来实现各个服务之间的交互。
(2) 由于服务运行具有的动态性,需要由服务流在运行期间对服务进行监控以及选择。
(3) 由于服务所具有的不确定性,需要由服务流在运行期间动态确定需要运行的服务。

4.4.2　服务流引擎的设计

服务流引擎是指根据一定的策略,运用特定的程序搜集可用的服务信息,在对信息进行组织和处理后,为用户提供检索服务的系统。

服务流引擎的输入是服务流语言,以服务流模型定义的形式出现,其中包括了服务名称、服务的方法、服务的调用地址、服务的状态、服务的输入/输出和服务描述等。服务流引擎的输出是得到一个可执行的服务流实例,以及成功日志或错误报告。通过服务流引擎,将服务流的抽象定义变换为服务流的一个可执行的实例。如果服务被成功地绑定,则将成功的信息写入成功日志;如果服务未被成功绑定,也就是说没有得到一个可执行的服务实例,则输出错误报告。服务流引擎中包括了语法检查、服务查询、服务验证、服务选择与绑定、服务执行以及分析与计划、服务监测等活动过程。服务引擎的工作流程如图4-12所示。

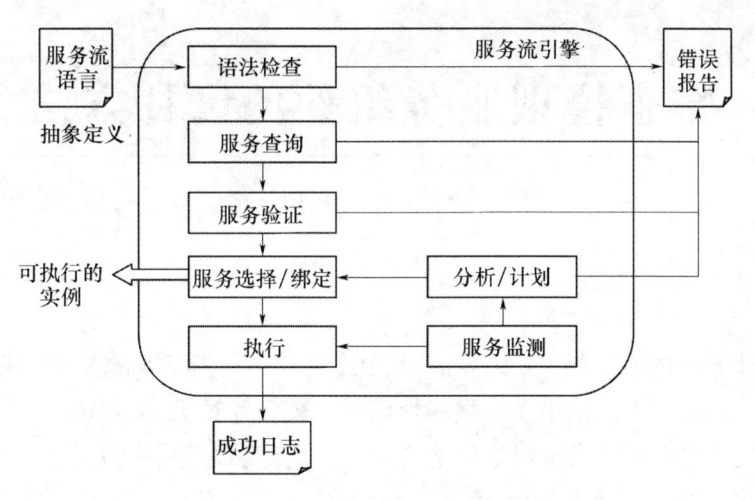

图4-12 服务流引擎的工作流程

服务流及服务流引擎在军事模型共享服务中的使用方式如图4-13所示。其中由专业用户,即模型服务提供者将服务注册到军事模型服务中心,二次开发人员可以在军事模型服务中心去查找所提供的服务,他可以结合应用需要组装成新的服务(新的应用),并通过服务流进行注册。而普通用户只是通过服务流引擎查询可用的应用,并进行服务调用。

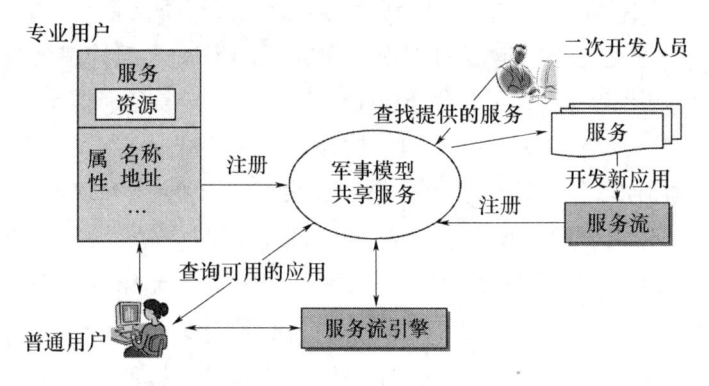

图4-13 服务流及服务流引擎的使用

第 5 章

军事模型服务组件的设计方法

　　在计算机技术近七十年的发展过程中,硬件设计师逐渐将建造房屋大小的计算机发展到了生产基于小而强大处理器的微型计算机,摩尔定律使得高性能的计算机不再是象牙塔中可望而不可及的尖端产品,而是成为了平民化的大众装备。在这期间,软件开发者由使用汇编和 COBOL 等语言工具编写大型的应用系统发展到使用 C 和 C++ 编写更大型的应用系统,但软件业的发展速度却远远落后于硬件业。其原因就在于软件系统的功能组件没能像硬件系统中的主板、显卡那些"组件"一样组装、更换、升级的快捷方便,适应需求变化的能力相对薄弱。其实,组件并不是一个新的概念,在许多相对成熟的工程领域中,组件的应用十分广泛,利用标准化的接口,按一定的规则就可以拼装成符合功能需求的系统。软件行业的组件系统比其他的行业发展得都要慢,尽管基于组件的程序设计方法正受到越来越多的重视和研究,像 COM 这样的组件体系也渐趋成熟。不过,随着新技术的不断涌现,社会生活节奏变得越来越快,以往的软件开发方法已经不足以应对功能需求的快速变化,人们希望提高软件系统开发效率和研制效益,使软件系统的开发工作能够跟上需求变化的步伐。这就需要降低组件与应用需求的耦合性,组成可重用的软件开发资源库,搭建软件服务平台,通过为新系统的开发提供软件资源服务,同时,针对新增功能开发的组件作为资源存入软件开发资源库,为其他的系统提供同样的需求服务。这种面向服务的软件组件化发展,不但会给软件产业带来新的生机,而且还会引导用户业务流程的变革。

5.1 组件化的相关技术

5.1.1 组件的基本概念

如何定义组件,究竟标识组件基本属性的特性是什么?不同的学者对此有着不同的理解。在基于组件的软件开发(Component-based Software Development,CBSD)中认为,组件一般是指语义完整、语法正确和有可重用价值的单位软件,是软件重用过程中可以明确辨识的系统;结构上,它是语义描述、通信接口和实现代码的复合体。以下是一些关于组件的代表性观点:

(1)组件是软件的基本量子。它具有一定的功能,可插用,同时又是可维护的。

(2)组件是软件开发中一个可替换的软件单元,它封装了设计决策,并作为一个大单元的一部分和其他组件组合起来。

(3)组件是具有特定功能的,能够跨越进程的边界,实现网络、语言、应用程序、开发工具和操作系统的"即插即用"的独立的对象。

(4)组件是指任何可被分离出来,具有标准化的、可重用的公开接口软件。

在1995年召开的面向对象程序设计欧洲会议(European Conference on Object-Programming,ECOOP)上,对"组件"进行了定义:"A software component is a unit of composition with contractually specified interfaces explicit context dependencies only. A software component can be deployed independently and is subject to composition by third parties."该定义包含了技术和工程两方面的因素。

综合各种观点,从软件实现的视角,可以将组件看作是具有一定的独立功能,能同其他组件进行组合的、具有标准化和可重用特征的代码集合,是一种"即插即用"的功能模块,如图5-1所示。

组件化是将软件系统中可以明确辨识的构成成分从系统中剥离出来,按一定的规则封装成为可重用的功能组件的活动过程。

5.1.2 组件的技术特征

与结构化软件开发技术相比较,组件技术有一些显著的特征。

1. 真正的重用性和高度的互操作性

组件是完成通用或特定功能的一些可互操作的和可重用的模块,开发者可以根据不同的应用需要来组合生成合适的应用系统。其重用性主要表现在:

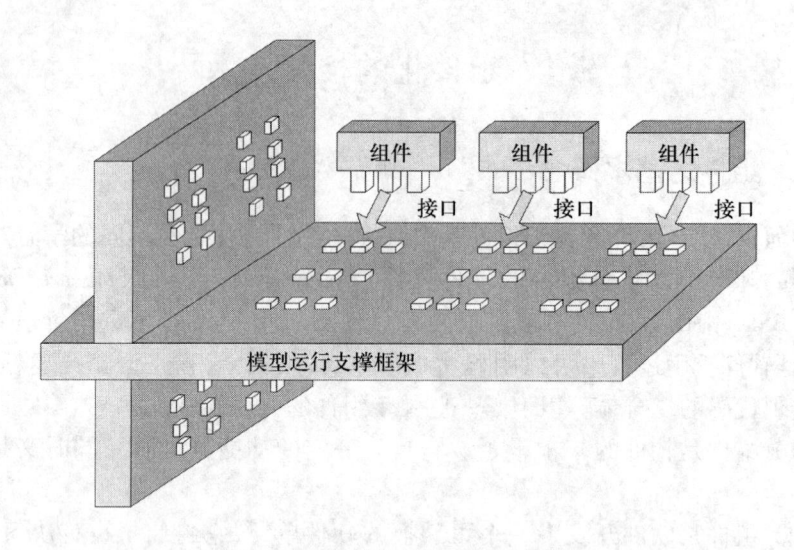

图 5-1　组件的"即插即用"特性

1）组件之间是彼此独立的

当系统的应用需求发生变更时，只要对其中功能需求发生变化的组件进行更换即可，部分组件的更换操作并不会影响其他组件的继续使用。

2）组件所提供的功能接口是可选择的

组件具有若干对外接口（属性和方法），相当于芯片的"管脚"。根据不同的应用需求，可以有选择地使用不同的"管脚"。即使某些管脚被"废弃"，组件本身仍然可继续使用。

3）同一组件可以在不同的应用环境中重复使用

组件不一定是为专门的系统而设计，可以有较宽的应用领域，不会因为某一系统的"过时"而被"废弃"。

2. 组件接口的可靠性

组件接口是稳定不变的。当组件的接口被发布后，它们就不能被修改。换言之，一旦组件的使用者通过某个接口获得某项服务后，就可从这个接口持续地得到此项服务。因此，组件封装后，只能通过已定义的接口来提供合理的、一致的服务。这种接口定义的稳定性为基于该组件的系统开发者能构造出坚固的应用。

3. 组件功能的可扩充性

每个组件都是自主的，有其单独的功能，它通过接口与外界通信。组件之间通过消息传送互相提供服务。当一个组件需要提供新的服务功能时，可通过增加新的接口来完成。组件增加接口后，不会影响调用了原接口功能的用户。

当然,用户也可通过重新选择接口来获得新的服务。

4. 组件应用需要平台的支撑

为了使不同功能的组件能够有机地粘贴在一起,实现无缝连接,需要建立组件运行的支撑平台或是基础设施,它们是实现组件重用性、可移植性和互操作性的有效工具。用户通过组件支撑平台,可以知道如何找到组件提供的服务,并能在应用程序编译时进行静态联编,或在应用程序执行时进行动态联编。在动态机制中,客户可以不知道可用的服务器和接口信息,而是在运行时间内搜索可用服务器,找到服务器接口,构造请求并发送,最后收到应答。

利用组件支撑平台提供的辅助工具,用户可以方便地增加和替换应用中的组件,充分发挥组件资源可重用和可组合的优势,实现应用系统的快速组装和功能升级。

5.1.3 组件化技术

在实际应用中,目前比较成熟的组件化技术有微软公司提出的组件对象模型(Component Object Model,COM)及其分布式扩展 DCOM(Distributed COM)、对象管理组织 OMG 的通用对象请求代理体系结构 CORBA(Common object Request Broker Architecture)以及 Sun 的 JavaBeans 组件技术。

1. COM 组件技术

组件对象模型(Component Object Model,COM)是组件对象之间在二进制表达层相互连接和通讯的一种协议,两个 COM 对象通过规定的"接口"机制进行通信。COM 不是一种面向对象的语言,而是一种二进制标准,它定义了组件对象之间基于该技术标准进行交互的方法。COM 所建立的是一个软件模块与另一个软件模块之间的链接,当这种链接建立之后,模块之间就可以通过称之为"对象接口"(Interface on Object)的机制来进行通信,进而实现 COM 对象与同一程序或者其他程序之间,甚至是远程计算机上另一个对象之间进行交互,而这些对象可以是使用不同的开发语言,由不同的组织方式开发而成的。

COM 组件是遵循 COM 规范编写的、以 Win32 动态链接库(DLL)或可执行文件(EXE)形式发布的可执行二进制代码,能够满足对组件架构的所有需求。COM 定义了一种基础性接口,这种接口为所有以 COM 为基础的技术提供了公共函数。COM 允许组件对其他组件开放其功能调用,既定义了组件如何开放自己以及组件如何跨程序、跨网络实现这种开放,也定义了组件对象的生命周期。

COM 不仅提供了组件之间的接口标准,它还引入了面向对象的思想。在 COM 规范中,把对象称为 COM 对象。组件模型为 COM 对象提供了活动的空间,COM 对象以接口的方式提供服务,图 5-2 表明了 COM 组件、COM 对象和 COM 接口三者之间的关系。

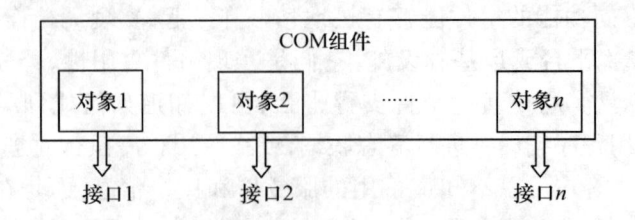

```
┌─────────────────────────────────────┐
│           COM组件                    │
│  ┌──────┐  ┌──────┐      ┌──────┐  │
│  │对象1 │  │对象2 │ ……  │对象n │  │
│  └───┬──┘  └───┬──┘      └───┬──┘  │
└──────┼─────────┼──────────────┼─────┘
       ↓         ↓              ↓
     接口1     接口2           接口n
```

图 5-2　组件、对象和接口之间的关系

一个组件程序可以包含多个 COM 对象,而且每个 COM 对象可以实现多个接口。当另外的组件或普通程序(即组件的客户程序)调用该组件的功能时,它首先创建一个 COM 对象或者通过该对象所实现的 COM 接口调用它所提供的服务。当所有的服务结束后,如果客户程序不再需要该 COM 对象,那么应该释放掉该 COM 对象所占有的资源,包括对象自身。

COM 的本质仍然是客户/服务器模式。客户(通常是应用程序)请求创建 COM 对象并通过 COM 对象的接口操纵 COM 对象。服务器根据客户的请求创建并管理 COM 对象。客户和服务器这两种角色并不是绝对的。

2. DCOM 组件技术

分布式组件对象模型(Distributed Component Object Model,DCOM)是 COM 的一种扩展,它把组件对象技术的应用范围扩展到了互联网。当客户和组件位于不同的网络节点时,DCOM 用网络协议(TCP/IP 等)取代 COM 中的本地进程间通信(LRPC),从而为位于互联网不同节点上的组件对象之间的相互通讯提供透明的支持。DCOM 的体系结构如图 5-3 所示。其中,COM 运行库向客户和组件提供面向对象的服务,并使用远程过程调用 RPC 和安全机制,按照 DCOM 网络协议(TCP/IP 等)标准生成网络协议包(Packet)。

DCOM 中,服务器对象对客户是完全透明的。客户方通过方法调用来访问服务器对象。当客户对象需要访问一个组件的方法时,它先从虚函数表中获取该方法的指针,然后调用它。如果该组件是一个和客户对象运行在相同线程内的进程内组件,方法调用可直接到达该组件而无须通过 DCOM 的介入,DCOM 所起的作用仅是为虚函数表的组织制定标准;如果该组件位于本地机的不同进程内或远程机器上,DCOM 就将它的远程过程调用 RPC 底层代码放到虚函数表里,然后将方法调用打包成标准缓冲表示,DCOM 将方法调用的缓冲表示发送到服务器端后,再进行解包和重组织。

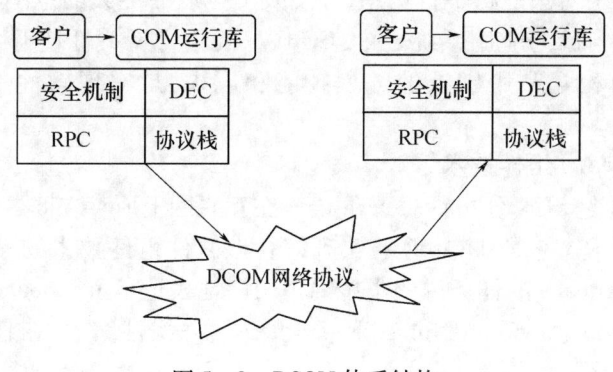

图 5-3 DCOM 体系结构

3. CORBA 组件技术

CORBA 是由国际组织对象管理组(Object Management Group, OMG)制定的。CORBA 作为"体系结构",表明它是一个规范,而不是产品。但根据该规范,可以做出各种实现的产品。OMG 组织在 1991 年提出 CORBA 后,得到了近千家厂商和机构的支持,从而使其具有了很广泛的应用。

CORBA 的基本想法是中间件的思想,即在操作系统与应用软件之间引入中间层软件,专门负责处理通信和平台间差异,使得使用中间件的应用软件开发者可以不用考虑平台差异和通信细节,而是将精力集中于开发自己的应用逻辑。CORBA 实际上就是一种中间件。它就像一条总线,将不同的平台和应用挂接在上面,使它们可以相互通信和操作,因此也有人把 CORBA 叫作软总线。

CORBA 在面向对象的标准化和互操作上迈出了坚实的一步。CORBA 易于集成各厂商的不同计算机,从大型机一直到微型内嵌式系统的终端桌面,是针对大中型企业应用的优秀的中间件。最重要的是,它使服务器真正能够实现高速度、高稳定性处理大量用户的访问。正是基于面向对象技术的发展和成熟、客户服务器软件系统模式的普遍应用以及集成已有系统等方面的需求,推动了 CORBA 技术的成熟与发展。作为面向对象系统的对象通信的核心,CORBA 为当今网络计算环境带来了真正意义上的互联。

使用 CORBA,用户能在不知道软件和硬件平台以及网络位置的情况下透明地获取信息;CORBA 自动进行许多网络规划任务如对象注册、定位、激活;多路径请求;分帧和错误处理机制;并行处理以及执行操作。CORBA 定义了一种面向对象的软件组件的构造方法,使不同的应用可以共享由此构造出来的软件组件;每个对象都将其内部操作细节封装起来,同时又向外界提供了精确定义的接口,从而降低了应用系统的复杂性,也降低了软件开发费用;CORBA 的平台无关性实现了对象的跨平台引用,开发人员可以在更大的范围内选择最实用的对象加入到自己的应用系统之中;CORBA 的语言无关性使开发人员可以在更大的范围内相互利用别人的编程技能和成果,是实现软件重用的实用化工具。

4. JavaBeans 组件技术

JavaBeans 是 SUN 公司针对 Java 语言在互联网上所存在问题的解决而提出的一种新型技术。它是 Javasoft 对实现综合性软件组件技术的一种解决方案。Javasoft 在 JavaBeans 的任务说明书中简单明白地表达了 JavaBeans 技术的要求:"Write Once,Run Anywhere,Reuse Everywhere"(一次性编写,在任何地方运行,在任何地方重用)。

JavaBeans(简称 Beans)是建立在 Java 平台上,扩展了的 Java 语言。按照 SUN 公司的定义,JavaBeans 是一种可重用的软件部件,并能在开发中被可视化操作。它的最初目的是为了定义一种 Java 的软件组件模型,使第三方厂家可以生产销售其他开发人员使用的 JavaBeans 组件。JavaBeans 可被放在容器中,提供具体的操作功能。它可以是中小型的控制程序,也可以是完整的应用程序,可以是可视 GUI,也可以是不可视的幕后处理程序。

JavaBeans 支持 6 种特性,即属性、事件、方法、持续性/串行化、内省/反射、定制。其中,前 3 种特征(属性、事件、方法)是面向对象的组件必须满足的基本要求。后 3 种特征(持续性/串行化、内省/反射、定制)主要侧重于对 JavaBeans 组件性质的刻画。内省用于暴露与发现组件接口。使用内省机制,可以使组件的使用者了解到组件的属性、方法和事件。由于一个组件通常是具有一定性质和行为的对象的抽象,它往往有很大的通用性。为了在一个具体的应用环境中使用组件,必须对组件进行定制。JavaBeans 的定制通常在一个可视化生成工具中进行,通过组件的内省机制,发现组件的属性、方法和事件,然后利用生成工具提供的属性编辑器实现定制。持续性/串行化是将组件的状态保存在永久存储器中并能够一致恢复的机制。Java 通过串行化(serialize)实现定制组件的永久性存储,通过反串行化可以实现组件状态的恢复。

JavaBeans 由两个部分组成:数据和处理这些数据的方法。JavaBeans 的数据完整地描述了 JavaBeans 的状态,而状态则提供了改变 JavaBeans 状态并由此采取行动的方式。像普通的 Java 类一样,JavaBeans 拥有不同类型的访问方法,如私有、保护和公共方法等。公共方法对 JavaBeans 有独特的重要性,因为它们形成了 JavaBeans 同外界通讯的主要途径。JavaBeans 的公共方法按功能分类,功能相似的公共方法组被称为接口。接口定义了特定的 JavaBeans 向外界展示自己的功能。接口指定了特定的 JavaBeans 与外界交互作用所采用的协议。

5.2 军事模型服务组件

5.2.1 军事模型服务组件的概念模型

如前所述,在对组成作战模拟系统的模型进行分解的过程中,所得到的相对独立的、功能自包含的和可重用的军事模型就是一个军事模型服务单元,或称为军事模型服务组件。是在某一层次上的抽象概念,它既可以组合成更高一级的军事模型服务组件,也可以由更低一级的军事模型服务组件组成。

军事模型服务组件的模型如图 5-4 所示。

一个军事模型服务组件 MSC 是组件描述 D 及其相应功能实体集合 E 的组合:

$$MSC :: = \{D, E\}$$

其中,军事模型服务组件功能实体集合 E 包含一个相应的接口集合 I,对于任意 $e \in E$,都存在有 $i \in I$,e 与 i ——对应。

军事模型服务组件描述 D 包括界面描述 U 和功能实现描述 F 两部分:

$$D :: = U \cup F$$

界面描述 U 是界面元素集合 M 和组织方式 O 的结合,$U :: = \{M, O\}$;功能实现描述 F 记录的是界面元素集合 M 到接口集合 I 的映射:$F = \{f | m \in M, i \in I\}$。

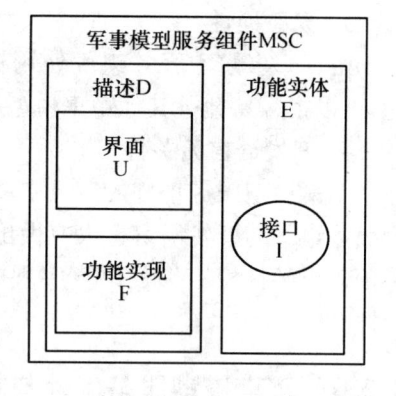

图 5-4 军事模型服务组件模型

从军事模型服务组件的定义可以看出:

(1) 军事模型服务组件由描述和功能实体两部分组成,当用户引用该组件时,只需关心其描述,而不必关心其功能实体是如何实现的;

(2) 描述部分包括界面和功能实现两部分,界面是对该组件外部接口的声明,而功能实现是对该组件内部接口的定义;

(3) 界面是对界面元素,即外部引用接口声明及其组织方式的文字描述;

(4) 功能实现是一组映射关系,它定义了界面元素与功能实体接口的对应关系;

(5) 功能实现是该组件的实现代码模块,具备完整的可执行的功能。

5.2.2 军事模型服务组件的主要特点

从军事模型服务组件的定义可以看出其特点:

1. 可重用性

由于对军事模型服务组件的外部引用是通过描述进行的,因此,军事模型服务组件内部细节对外部而言是透明的,从而使得军事模型服务组件具有很好的可重用性。

2. 易集成性

一方面,由于军事模型服务组件的功能实体被封装起来,它与其他军事模型服务组件之间保持着很高地松散耦合性;另一方面,其功能实体与接口存在着一一对应的关系。因此,对军事模型服务组件的集成就表现为对应的接口集合、界面元素集合及其映射关系集合的简单相加,便于实现军事模型服务组件的集成。

3. 易替换性

由于军事模型服务组件使用标准化的内部接口和规范化的外部描述,因此,可以很容易地被其他军事模型服务组件所替换。

4. 开发语言无关性

军事模型服务组件的定义中并未规定组件实现的编码过程,对开发军事模型服务组件的开发语言也没有做出硬性规定。也就是说,军事模型服务组件是不依赖于某种特定编程语言实现的,提高了军事模型服务组件的通用性和适应性。

5.2.3 军事模型服务组件与软件组件的比较

本书提出的军事模型服务组件属于一种特殊的软件组件,与软件工程中的组件相比,它既具有软件组件的一般性,又和通常的软件组件有着不同之处,如军事模型服务组件更关注时间的调度、运行的实时性等问题。软件组件在不同的领域具有不同的特点,也存在多种组件形式。研究比较军事模型服务组件与软件组件的特点,可以更加清晰地了解军事模型服务组件的特殊之处,更好地开发和重用军事模型资源。

首先,二者在概念层次上、重用策略上和应用层面上都有所不同。军事模型服务组件在概念层次上比软件组件更抽象。软件组件是对客观世界实体的抽象描述,一个软件组件通常表现为一个对象,而军事模型服务组件是对客观世界服务的抽象,一个军事模型服务组件表现为一个服务。在重用策略上,军事模型服务组件较之软件组件更为简单。通常,软件组件是通过继承的方式实现软件的重用的,是紧耦合的重用技术,而军事模型服务组件通过集成实现资源的重用,是松散耦合的重用技术。在应用层面上,军事模型服务组件比软件组件更直接。通常软件组件是面向程序员的,需要经过程序员的二次开发才能面向最终用户,而军事模型服务组件既可面向程序员,也可以直接面向最终用户。

其次,对军事模型服务组件而言,其可执行性不是所必要的,军事模型服务组件运行在特定的模拟或仿真环境中,特定的约束和不同隐含规则,限定了军事模型服务组件的应用范围,与软件组件相比,它的应用范围专业性更强,具有"横窄纵深"的特点,即横向上的应用面较之软件组件的通用性弱、范围窄,而纵向上的专业程度较之软件组件强,层次较深。

1999年德国"基于组件的商务应用系统"工作组开发了商务组件的标准规范,从7个层次上描述商务组件,分别为交易层(Marketing Level)、任务层(Task Level)、术语层(Terminology Level)、质量层(Quality Level)、协作层(Coordination Level)、行为层(Behavioral Level)和接口层(Interface Level)。但是,军事模型服务组件不需要所有层次的描述。商务组件的目的是为提高支持商务过程,基本的软件系统大多是信息系统,而军事模型服务组件关注点与之不同,比如更关注的是模拟或仿真过程中事件的出现和时间的约束,事件之间的交换状态,以及对真实世界功能的简化,以便能降低系统的复杂性,提高系统的响应速度等。

军事模型服务组件与软件工程的组件还有一个重要差别是互操作的接口。软件组件通常更关注的是接口的语法层,如接口名、接口的参数定义等,而军事模型服务组件除了要满足一定的语法层接口外,还必须要求具有严格一致的语义层接口,尤其对构成分布式模拟系统的组件而言,更是如此。如在HLA领域内,HLA规范要求模拟系统之间的互操作必须遵循公共的协议信息接口,如FOM/SOM。同样,军事模型服务组件要实现互操作必须采用具有良好规范的组件接口描述信息BOM。

后续提到的组件除与上下文相关的软件组件描述外,均指军事模型服务组件。

5.3 基于军事模型服务组件的系统开发

随着计算机技术的飞速发展,人们对软件产品的质量和软件的生产速度都有了更高的要求,这就使软件开发方法和技术的更新日益成为当今最迫切的研究课题。从传统的结构化开发方法到20世纪80年代发展起来的面向对象开发方法无疑是软件工程学的重大进步,但随着软件规模的不断扩大,人们希望软件的可重用程度能够得到进一步的提高,并且可以实现软件的"即插即用(Plug and Play)"。实际上,人们希望能够像组装汽车一样地来生产软件,这也是软件工程界多年来梦寐以求的理想,20世纪90年代出现的"基于组件的开发技术"(Component-Based Develop,CBD)使这个愿望逐渐成为现实。利用组件,我们可以像堆积木似的"搭建"系统,从而实现软件的大粒度重用,缩短开发周期,降低维护成本。随之而来的,软件即服务的系统开发与应用模式,也推动和改变着作战模拟或仿真系统的开发与应用模式。

5.3.1 基于军事模型服务组件开发的核心思想

基于军事模型服务组件进行作战模拟或仿真系统的开发具有基于组件开发软件系统的相同模式。

基于组件开发的核心思想就是将现有的可重用组件集成到当前应用中来,使得应用系统开发无需从头开始,通过软件重用大大提高软件生产效率。与以往的系统开发的区别是,传统的系统开发在分解用户需求的基础上,划分系统的功能模块,划分的主要目的之一是为了降低模块实现的复杂性,随后,逐一实现各个功能模块的功能;而基于组件的系统开发,在依据用户需求明确了系统功能的总目标后,依然是进行功能模块划分,但划分的主要目的是为了在更大范围内使用已有的组件化资源,或是便于形成组件化资源;当没有现成的组件能够实现所需功能时,则开发新的组件,以满足特定的功能需求。

软件重用技术有多种,如生成技术、继承技术、组装技术、设计模式等,其中生成技术被限于特定的应用领域,继承技术基于的是"白箱"模型,设计模式面向的是抽象的高层次设计,而组装技术被认为是提高软件生产率的最直接、最有效的方法。

组装技术的核心是组件。组件是模块化思想和面向对象技术的发展结果。它不同于面向对象方法中的"对象"或"类",相比之下,组件具有更高的重用度,更灵活的产生方式,也更容易理解和分发。组件模型标准表示了组件构造过程中遵循的方式,保证使用相同模型构造的组件具有很好的互操作性和可重用性,并能在支持该组件模型的组件框架(或称组件容器)中被管理、操纵、装配和运行。

5.3.2 基于军事模型服务组件的开发过程

组件的开发一般由组件设计、开发和组装等过程组成,不同岗位的开发者可以明确分工,充分发挥技术资源优势,快速投入基于组件的开发过程中。

1. 开发过程中的阶段划分

基于组件的模型开发过程,主要是一个组装和集成的过程,这种方法可以将一个系统的开发分为3个阶段:应用系统分析与设计、组件开发以及组件组装。这种开发过程如图5-5所示。

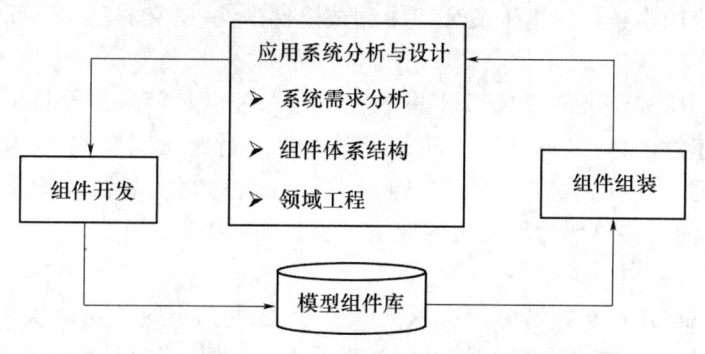

图5-5 基于组件的开发过程

1) 应用系统分析与设计

应用系统分析与设计是一个领域工程,由领域问题专家根据系统需要建立系统模型,再由系统分析及设计人员对该模型进一步完善,设计出系统的总体结构,按照组件开发规则定义系统所需的所有组件以及组件的接口说明和组件之间的交互协议。

2) 组件开发

可以用不同的方法得到实现各种功能的组件。如,可以重新设计组件,可以将现有的软件封装成组件,也可以从外界直接获得。所有获得的组件均装入组件库中统一管理。

3) 组件组装

组件的组装就是按照应用系统设计中提供的结构,从组件库中选取合适的组件,按照组件接口规范,用组装工具完成应用系统的连接与合成,最后对系统进行各种测试(如集成测试和系统测试等)。

2. 开发过程中的基本活动

可重用组件库不同于对象库,组件库保存的是一些经过测试的组件,这些组件遵从一定的标准或规范,并且组件库也包括这些组件的细节功能说明文档。基于可重用组件库的组件开发,其基本活动包括:

1) 检索

根据组件需求规格说明(如组件应用领域、功能说明、约束条件及版本信息)向组件库提交检索请求,确定候选组件集。

2) 判断

获取候选组件的功能、领域及接口语法/语义,初步判断候选组件与需求的匹配程度,筛选候选组件集。

3) 验证

在满足约束条件的上下文环境中测试组件语法、语义的正确性和一致性。

4) 适应

经过理解和验证的候选组件并不能完全保证满足需求规格说明或是开发人员的真正意图,可能只是近似匹配。对组件进行配置或修改,使其符合当前应用环境的过程称为适应。组件的适应可通过参数化、封装或聚集等途径进行,适应后的组件可作为新的版本或组件条目插入组件库中。

5) 组装

适应后的组件被拼装到组合系统框架中,装配为系统的功能模块。根据不同的软件开发模式,组件的装配可能基于手工、自动或半自动方式实现。

6) 调试

验证组件的装配是否符合系统的设计目标,排除特定上下文及组件搭配可能出现的错误。调试过程侧重于分析、定位,并排除应用系统全局行为特征及可能的异常。

7) 运行

组件形成最终系统的构成部件。为了配合系统的管理和进化,组件在运行时不仅需要提供稳定的应用服务,而且必须被有效地控制和协调,包括监测组件的状态和性能、组件故障的定位/恢复及通知机制。

8) 进化

系统的需求日益多样化,软件生命周期内在不同时间和空间上都会产生新的功能或非功能需求,应用系统适应新需求的过程称为进化。进化阶段的内涵较为广泛,可以看作是组件重用周期结束和开始的连接点。

其中,从检索、判断、验证到适应阶段是一个逐步迭代的组件获取过程。系统设计需要根据组件获取的结果不断地调整设计方案,并产生新的组件需求规格描述,迭代过程在系统设计最终达到稳定状态时结束。

5.4　组件化军事模型建模过程分析

组件化仿真模型建模过程一般要经过 3 个阶段:一是需求分析阶段,通过需求分析确定模型系统的总体目标,并把系统划分成一系列易于实现和维护的模型组件;二是组件模型的设计与实现阶段,设计和开发确定的模型组件;三是模型组件的使用管理阶段,对开发好的模型组件进行使用管理。

5.4.1 系统需求分析

依据作战模拟或仿真系统的建设目的对系统进行分析,为确定军事模型服务组件集合打下基础。

1. 系统概况分析

简要地描述出系统顶层功能划分。以空军战役训练仿真系统为例,从功能上可将系统分为总体控制、指挥控制和模拟模型3个分系统。其中,总体控制分系统的主要功能是支撑系统的运行,支持实时动态数据传输和系统运行监控;指挥控制分系统的主要功能是支持作战指挥作业和作战指挥辅助决策;模拟模型分系统的主要功能是模拟空军作战行动及战役决策等过程,如模拟预警指挥、电子对抗、空中截击、空中突击、巡逻待战、雷达探测、防空作战等行动过程,对红蓝双方战果、战损和消耗进行计算、统计、评估、记录、查询和复现等。

从系统概况分析可以限定军事模型服务组件所涉及的专业领域。

2. 系统总体需求

假设空军战役训练仿真系统的目标是满足实验室联合演习、空军战役模拟训练、空军合同战术模拟训练和空军战法与训法论证等功能需要。具体需求包括:

(1) 满足一体化联合作战指挥训练的需要。根据一体化联合作战指挥训练的总体需求,模拟系统不仅要能满足空军内部组织的战役作战训练需要,也要能满足一体化联合作战指挥训练的需要,这就要求系统能与其他军(兵)种的模拟系统互联互通,实现多军(兵)种的联合战役作战(训练)。

(2) 满足空军战役战术训练多元化的需要。系统要建立多级、多专业、多任务的训练模拟平台,满足多种战役战术层次的训练活动和用于基本作战指挥训练;系统既能用于空军一级在本地独立组织训练,也可以用于多级远程联网同步组织训练和全军实验室联合演习;系统还应能用于重大作战问题研究中的作战方案检验、论证和武器装备整体效能评估等。

(3) 满足可伸缩性的应用需要。根据系统使用对象多,领域广,在大规模异地同步的实战模拟训练中,系统交互的数据量大,对传输实时性要求高等特点,系统需要采用先进的软件技术和体系结构,以便具有较好的可伸缩性,以满足不同的使用需求,其中包括要求系统的模型能实现本地和异地的资源共享等。

从系统的总体需求可以得出军事模型服务组件的功能结构。

5.4.2 组件的设计模型

1. 模型组件层次结构

依据模型组件与系统功能实现之间的耦合关系，将模型组件分为系统组件、功能组件和元模型，它们彼此之间的定义是相对的，元模型也是一种组件，它是描述模型的组件，是模型系统中具有通用功能的部分，可复用的最小组件。对用户而言，系统组件也是一种功能组件，它提供的是复杂的应用功能。系统组件、功能组件、元模型三者之间的关系如图 5-6 所示。

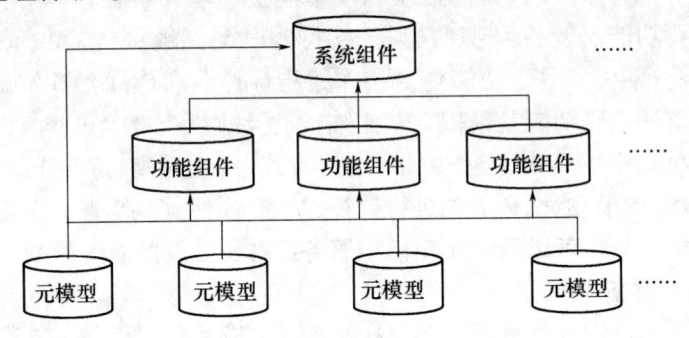

图 5-6 模型组件的层次结构

基于组件的建模方法，首先将模型组件功能抽取出来，然后按照规范来设计基本组件接口，最后使用编程语言开发工具来实现组件，其中，基本组件接口的设计最为关键，同时需编写组件模型字典。组件模型字典的内容包括输入/输出参数的数量和类型、模型实现技术、算法等。模型组件最后以动态链接文件 DLL 或以可执行文件形式入库，由于这种基于二进制代码级的标准与开发语言无关，因此拓展了模型组件的应用范围。

2. 元模型提取

组件最大的特色是它的重用性，也就是说，要求模型组件是通用的。将脱离了具体应用的模型组件称之为元模型。元模型就如同面向对象方法中的一个基类，用户可通过继承或派生的方法扩展模型的功能。元模型的提取是一个复杂的过程，必须先对系统的功能及数据流程进行分析和抽象，而后才能从抽象的模型中抽取出可重用的部分，而每个模型分别表示一个功能或部分，元模型的相互结合就可组成具有更复杂功能的模型组件。下面，将采用面向实体的 EATI(Entity - Action - Task - Interation) 法说明提取元模型的过程，对作战行动中的实体、动作、任务、交互 4 个模型要素进行定义和抽象,分别建立实体元模型、动作元模型、任务元模型和交互元模型。

1) 实体(Entity)元模型

实体元模型可以表示为如下的四元组:

$$EN :: \ = \ < N, TE, AT, AC >$$

其中　N——实体名称。如指挥所、导弹、雷达等。

TE——实体执行的任务。描述实体执行的任务内容和程度的信息,如对空射击、对空探测等。

AT——实体属性集合。包括空间属性、运动属性、能力属性、效能属性等。可用向量表示为:$AT = \{AT_1, AT_2, \cdots, AT_n\}$,$n$ 代表属性向量的维数。

AC——实体的动作集合。动作集合包括了实体在整个生命周期中为完成任务而进行的各种动作,如进入一等战备、发射制导导弹、弹体飞行、爆炸等。动作集合可表示为:$AC = \{AC_1, AC_2, \cdots, AC_n\}$,$n$ 代表该实体动作的维数。

实体元模型只是对单个实体进行的描述,实体间的关系将通过交互元模型得到描述。

2) 动作(Action)元模型

动作的执行通过实体来完成。任何一个动作都有一个开始、发展、结束(可能会中断)的过程。实体执行动作需要一定的条件,当动作的开始条件得到满足时,实体执行该动作。当执行实体达到了该动作规定的目标时,该动作正常结束。但有时,实体执行动作的过程中会受到一些意外情况的干扰或执行实体临时被赋予其他任务而被迫中断,使动作无法继续执行,实体进入其他状态,此时称非正常结束。如执行"对空探测"任务的实体(雷达)由于受敌攻击损坏而无法继续执行任务,退出战斗。

动作元模型可以表示为如下的五元组:

$$AC :: \ = \ < N, EN, SC, IC, EC >$$

其中　N——动作名称;

EN——执行实体,即执行该动作的实体;

SC——开始条件,动作开始执行时必须满足的条件;

IC——中断条件,满足该条件时,中断当前动作的执行;

EC——结束条件,动作结束时必须满足的条件。

3) 任务(Task)元模型

任务是一个具有行动意义的独立过程。对任务的描述应明确具体的执行实体和相关实体。执行实体是执行各项动作完成任务的主体。相关实体是为保证执行实体完成任务参与指挥和保障的其他实体。关于任务的其他信息可以通过实体元模型获得。

任务元模型可以表示为如下的三元组：

$$TS::\ =\ <TN, EN, XN>$$

其中　　TN——任务名称；

EN——执行任务的实体；

XN——相关实体。

4）交互(Interaction)元模型

交互元模型可以表示为如下的四元组：

$$IA::\ =\ <IN, FN, JN, JR>$$

其中　　IN——交互名称；

FN——发送实体；

JN——接收实体；

JR——交互内容。

5.4.3　基于组件的模型资源库构建

1. 基于组件的模型资源库构建

军事模型组件应既能方便地描述客观系统，又能真实地反映客观世界。从功能方面讲，模型组件主要是用于完成从现实系统到软件系统的转变。

同传统软件开发一样，必须通过抽象化来将现实世界的客观系统用逻辑系统表达出来，进而才能提取出可重用的组件，其主要工作包括：提取元模型作为组件创建的基础；设计模型组件资源库，实现对可重用组件的管理；完成模型的组件设计与实现。

从存储的角度可以将模型组件看作是数据库中的实体，即将模型组件作为数据库的基本单元。由于其对应一个或多个文件，并要求对接口、功能和实现技术进行描述，因此，仍然可以采用与关系型数据库的记录——表结构类似的管理方式来建立模型组件字典和支持组件的调用、修改、组装等操作。

有两种类型的组件库：一种是根据抽取的通用功能建立的元模型库；另一种是用户创建的扩展模型组件库，对元模型可进行继承开发或者组合成新组件库，属于应用层次的模型组件库，可面向具体的行动(如地空导弹兵的战斗部署、射击指挥、抗击战斗)进行建模。其中，第二种模型组件库便于应用的扩展。

2. 模型组件库管理平台

模型组件库管理平台的功能应该是管理组件以便于用户对组件扩展，通过一个系统平台来对组件进行管理，进而实现对组件库的管理和扩充。图5-7所示是一种适用于模型组件库管理的平台结构。

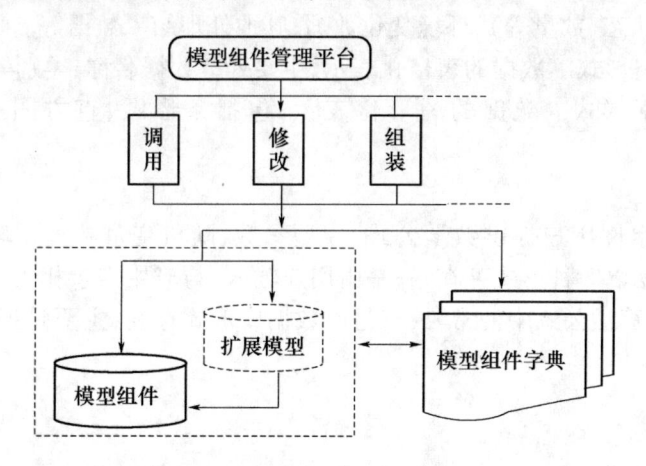

图5-7 组件库管理平台体系结构

3. 模型组件字典

模型组件字典主要包括以下几项内容：

1) 输入数据

运行(或调用)该模型所需的输入数据，包括4个部分：

第一部分为支持模型系统运行的系统设置数据。主要用于模型系统的启动、运行、数据交互支持、系统更新等。

第二部分为基础数据。基础数据是指不随想定变化的数据，如装备的战术技术参数、部队编制数据、部队战斗力指数、修正系数、地理、气象、天文、水文等数据。

第三部分为想定数据。想定数据是指模拟训练中制定的数据，通常由企图立案、基本想定和补充想定三部分组成。具体包括作战背景等文本数据、作战地域、作战分界线、作战编成、初始态势、机场等想定地理数据，是一次训练过程中基本不变的数据。

第四部分为计划方案数据。计划方案数据是模拟过程中经常变更的数据，包括作战计划、命令等数据。

2) 输出数据

模型运算产生的输出数据(结果数据)，包括中间数据和最终数据。中间数据是模型解算过程中按照需要输出的计算结果,最终数据是模型最终解算的结果。

通常的输出形式包括:

(1)数据形式。模型运算的数字结果。如:作战效果数据;实体属性变化数据(位置、状态、数量等);环境变化数据;其他处理结果数据等。

(2)表格形式。数据的表格化表示,主要列举数据名称、类别等。

(3)图形形式。数据的图形化表示,包括条形图、直方图、柱形图、饼图等。

3)算法

算法为组件用户提供数学公式、模型参数、随机变量和模型解算结果等。算法中的数据以3种形式存在:一是由用户输入,与应用需求相关;二是嵌入在组件内,比如算法公式中的常量;三是以数据库形式存在,主要是提供模型解算的基础数据。

第 6 章

军事模型服务组件化设计实例

本章将以空军战役训练仿真系统为例,分析军事模型服务组件的结构设计,并结合空军地空导弹兵作战行动仿真给出相应的元模型描述。

6.1 空军战役训练仿真中的模型组件结构设计

6.1.1 组件划分原则与方法

1. 划分原则

任何系统都是由相互作用和相互依赖的若干要素组成的具有特定功能的有机整体,各实体通过自身行为动作和其他实体的交互构成整个系统。空军战役训练仿真系统中的行动模拟子系统是由各作战行动仿真模型组件组合构建的,系统的运行效率也与模型组件结构的好坏紧密相关。为了保证模型组件具有良好的独立性、稳定性、可重用性,在划分组件时应遵循以下原则:

1) 具有完整的组件功能

各功能组件耦合性弱,独立性好,易于移植和推广。

2) 具有适中的组件颗粒度

组件越小越稳定,也易于重用,但组件的管理代价增大;组件越大,重用的效率高,但重用的范围有限,难于理解和实现。因此,在实际开发中应选择合适的颗粒度。

3) 具有合适的抽象度

将可能改变的部分数据化、参数化,实现组件内容与具体作战任务相分离,以提高组件应用的灵活性。

此外,划分组件时应考虑对已有模块的重用,改造已有模型,通过必要的二次开发减少重新开发的工作量,从而降低开发费用。

2. 划分方法

划分组件方法主要有两种。

1) 面向实体的划分方法

该方法以系统中的实体为基础进行划分。采用面向实体方法划分时,根据组件在模型系统中的作用、颗粒度大小以及应用功能的不同而划分为不同类型、不同层次的模型组件。

面向实体的方法开发出的组件稳定性好,但是由于实体组件通常要求其模型描述要有权威性和完整性,因此开发周期较长。

2) 面向过程的划分方法

该方法主要是依据任务、功能来划分组件。如地空导弹的兵力部署、抗击战斗等过程。面向过程的划分就要把这些独立的任务或者功能作为一个组件来实现。以功能模块为基础的方法开发周期快,但是组件需要根据描述对象功能的变化而升级。因此,面向任务及过程的方法比较直观,但是通常开发出的组件重用性相对较差。面向过程的划分方法适合于在一个仿真系统或者相似的仿真系统中应用。

在以下的讨论中,系统、组合模型组件、组件只是相对的概念,相互之间并没有严格的区分,系统可以视为一个结构复杂、功能强大的军事模型组件,同样,军事模型组件也可视为一个结构简单、功能单一的系统。这里在叙述时省略了军事模型服务组件中的服务,一是为了表述简洁,二是因为服务是模型组件的后期行为,这里讨论的是它的前期设计。

6.1.2 模型组件的实现结构

在具体实现上,每个军事模型组件主要由三部分组成:模型描述文件、模型数据文件和代码执行体,如图 6-1 所示。

在军事模型组件实现结构中,模型描述文件定义了模型结构,可采用 XML 语言进行描述;模型数据文件描述了组件运行中所需的模型数据,如初始化脚本文件,根据模型描述文件信息为组件内仿真对象类实例提供初始化数据,比如创建的实例个数和该实例相应属性的默认值等;代码执行体实现了模型操

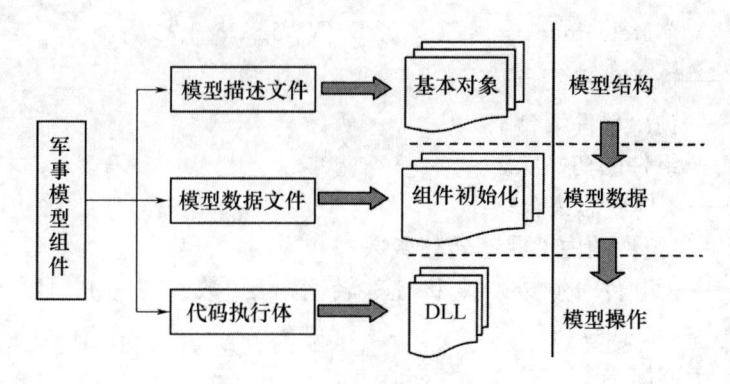

图 6-1 军事模型组件的实现结构

作,它是模型组件特定于某种平台和编程语言的代码实现,通过编码化实现模型对数据的操作,完成该军事模型组件具体的服务功能,即军事模型服务的调用。模型结构和模型操作经过设计和开发后,通常不会随意改变,而模型数据在不同的仿真运行中通常会发生变化,因此要在模型结构的基础上进行设置,作为模型操作的输入。这种结构使模型数据的变化不会影响到模型结构和模型操作,从而可提高数据处理的灵活性和仿真模型组件的重用性。

6.1.3 空军战役训练仿真中的模型组件描述

可重用的军事模型组件是能够事先被开发出来的,因此,在开发新的军事模型组件之前,我们可以从空军战役训练仿真模型组件库中寻找满足需求的可重用的仿真模型组件。但是,在开发之前如果模型组件不能提供足够的信息并清晰地描述其内部结构、行为能力及与外部的相互关系,就造成了模型开发人员难以充分地了解这些组件是否正确,是否有效地反映了作战行动的需求。因此,需要良好的军事模型组件结构描述能够有利于在新的模型组件开发之前决定是否使用这些组件进行模型开发。

根据组件的存在形式,将按照层次对空军战役训练仿真中的军事模型元模型组件和组合组件分别进行描述。

1. 元模型组件的形式化描述

元模型是指仿真模型组件中最小的粒子单位,同时其本身也是一个不再分解的模型组件,它是构造更高层次的组合模型组件或仿真应用(系统)所需的基本模块单元。

元模型形式的空军战役训练军事模型组件作为一个不再分解的整体,是构造更高层次的系统或组合模型所需的基本模块单元,其形式化描述如下:

$$\text{MetaModel} = <\mathbf{X}, s_0, \mathbf{S}, \mathbf{Y}, \delta_{\text{int}}, \delta_{\text{ext}}, \lambda, t_a>$$

其中 $\mathbf{X}$——输入事件集合；

$\mathbf{Y}$——输出事件集合；

s_0——组件的初始状态；

$\mathbf{S}$——实体状态集合；

δ_{int}——组件的内部状态转移函数；

δ_{ext}——组件的外部状态转移函数，其中 $\mathbf{Q} = \{(s, e) | s \in \mathbf{S}, 0 \leq e \leq t_a(s)\}$；

λ——输出函数；

t_a——时间推进函数。

2. 组合组件的形式化描述

与元模型形式的军事模型组件不同，组合形式的空军战役训练军事模型组件向下可按照一定的连接关系进一步分解为低一层的若干个子组件，如航空兵行动模型组件、地空导弹兵行动模型组件、雷达兵行动模型组件等，向上可与同一层次的几个相关组件如陆军作战行动模型组件、海军作战行动模型组件、二炮作战行动模型组件等，按照给定的连接关系组合成高一层次联合作战行动仿真模型组件，其结构如图6-2所示。

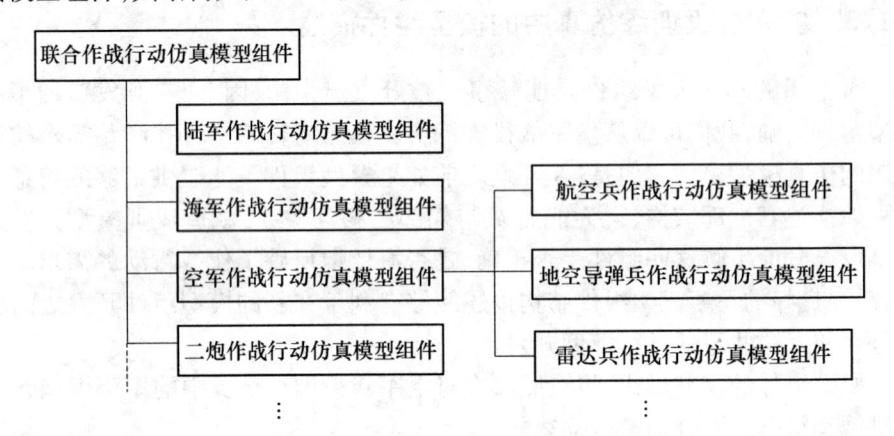

图6-2 联合作战仿真中的模型组件结构

组合组件形式化描述如下：

$$\text{ComposeModel} = <\mathbf{X}, \mathbf{Y}, \mathbf{D}, \{\mathbf{M}_d\}, \{\mathbf{I}_d\}, \{\mathbf{Z}_{i,d}\}, \text{Select}>$$

其中 $\mathbf{X}$——输入事件的集合；

$\mathbf{Y}$——输出事件的集合；

D——组合组件内所有子组件的集合;

对 $\forall d \in \mathbf{D}, M_d$ 是组合组件中的子组件,其本身可能是元模型组件,也可能是组合组件;

对 $\forall d \in \mathbf{D} \cup \{\text{ComposeModel}\}, \mathbf{I}_d \in \mathbf{D} \cup \{N\}$ 是组件 d 的影响者集合,即 $\mathbf{I}_d \subseteq \mathbf{D} \cup \{\text{ComposeModel}\}, d \neq \mathbf{I}_d$;

对 $\forall i \in \mathbf{I}_d, \mathbf{Z}_{i,d}$ 是一个从组件 i 到组件 d 的接口映射函数,满足:

$\mathbf{Z}_{i,d}: X \to X_d$, if $i = N$;

$\mathbf{Z}_{i,d}: Y_i \to Y$, if $d = N$;

$\mathbf{Z}_{i,d}: Y_i \to X_d$, if $d \neq N$ and $i \neq N$;

Select 是确定仿真下一时刻允许某一元模型组件推进的选择函数,元模型组件的时间推进函数 $t_a: S \to R_{0,\infty}^+$,其定义为

$t_a(s) = \min\{\sigma_d | d \in D\}, \forall d \in D, \sigma_d = ta_d(s_d) - e_d$;

令 $\text{IMM}(s) = \{d | d \in D \wedge \sigma_d = t_a(s)\}$ 是具有最小请求推进时间值的组件集合;在仿真过程中,仿真下一时刻允许推进的组件 $d* = \text{Select}(\text{IMM}(s))$。

6.1.4 模型组件的组合结构

由以上分析可知,军事模型组件存在两种形式:元模型形式和组合形式。空军战役训练仿真中的军事模型如果是由多个元模型组件组合构建的,则称之为元模型形式的模型组件;如果系统的组成中包含了组合组件,则称之为复合形式的模型组件。这两种形式的系统结构差异较大,对组件的管理和系统的运行效率影响有很大的不同。下面分别对这两种形式的模型系统进行分析。

1. 元模型形式的组合组件结构

元模型结构的组合组件由多个属于元模型的空军作战行动军事模型组件组合形成。空军作战任务是由作战实体的一系列按军事规则进行的作战活动组合而成,对战役级训练仿真而言,每一个活动模型即可视为元模型。

元模型是构成组合模型和仿真应用(系统)的基础,各活动元模型组件之间是对等关系,如图 6-3 所示。在系统中模型组件之间必须通过模型组件中的组件管理模型的管理来进行仿真信息的交互和模型功能的实现。这种由单元模型构成的组合模型组件结构比较简单,仿真事件在组件间交互方便高效。

2. 复合形式的组合组件结构

复合形式的组合模型组件是由低层次的组合模型组件组合而成。如图 6-4 所示,组件 a、b 和 c 是组合形式的军事模型组件,根据仿真需求,军事模型组件 a、b 和 c 可以进一步分解,直到满足应用需求或子组件为元模型为止。

图 6-3　元模型形式组合组件

组合组件一般有两种构建方式。第一种方式是组件与组合组件之间是包含关系，组合组件可以看作是一个组件容器，如图 6-4 中的轰炸行动模型，此模型是一个组合组件，它主要由轰炸机作战行动模型、预警机作战行动模型、歼击机作战行动模型和其他保障模型组成，这是组合形式中常见的组合方式。第二种组合组件中的子组件在仿真运行过程中通过引用不同的其他组件来实现组件功能以响应由仿真应用不同而引起的功能的变化，如歼击行动模型，在运行过程中通过引用歼击机作战行动模型组件、指挥控制模型组件、电子对抗模型组件等来实现不同的功能应用。通常，这种组件是一种接口形式的组件，真正的组件行为实现由被引用的组件完成。

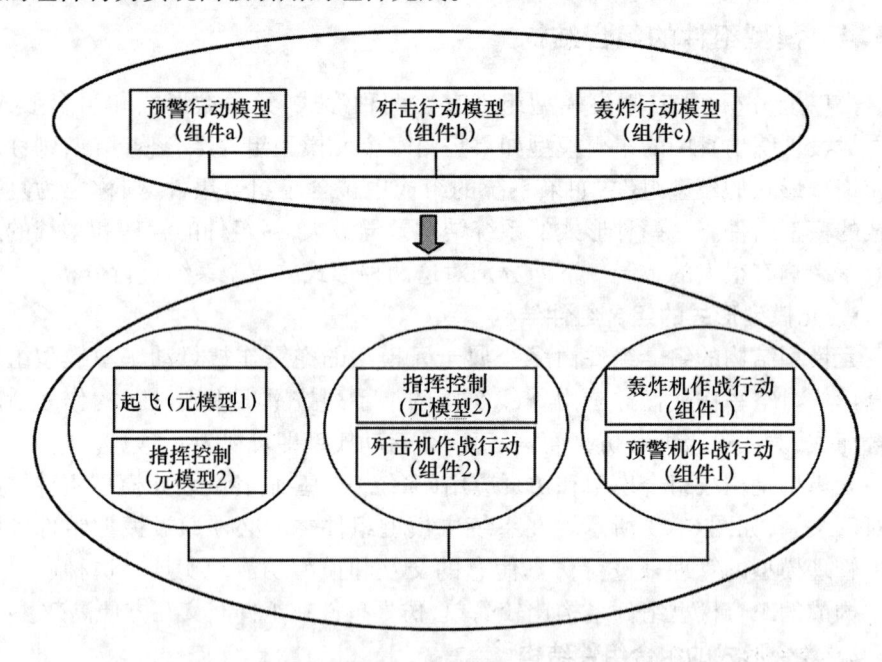

图 6-4　复合形式组合组件

当然，组件并不能分为绝对的元模型和组合组件模型，通过改变它们之间的组合信息可以改变组件的组合关系，这种方式可以提高组件的重用性和仿真系统结构的灵活性。

3. 组合组件的"扁平化"设计

现代信息化条件下的作战指挥体系,与传统工业时代的按军种、建制单位从上到下建立横向不连通的"树"状结构指挥体系相比,呈现出扁平网络化特征[13]。这种扁平网络化结构的指挥体系,大幅度增加了指挥跨度,减少了信息流动的层次,不同层次的指挥趋于一体,不同级别的单位也可能处于同一层次之中,从而提高了信息的使用效率。

和空军战役指挥体系相对应,在进行战役训练仿真中也要体现这一特点,针对训练仿真系统作战模型开发,在分析元模型形式和复合形式组合组件结构的基础上,可建立相应的"扁平化"形式的模型结构,如图6-5所示。在"扁平化"形式中,组合组件的所有子组件都被看作在同一层次,但在逻辑结构上仍然没有改变组件之间的组合关系。例如,组合组件a与其子组件1和组件2仍保持父子关系,采用实线连接,但子组件1和子组件2在仿真事件的处理上与组合组件a是在同一层次,直接通过虚线路径。在组合组件的结构中,假设子组件1发送仿真事件,子组件2和子组件Ⅱ都订购了该仿真事件,则仿真事件须经过四步才能到达子组件Ⅱ;在"扁平化"形式的组件结构中,子组件1产生的仿真事件只需经过两步就能达到子组件Ⅱ,明显提高了仿真事件的传递效率。

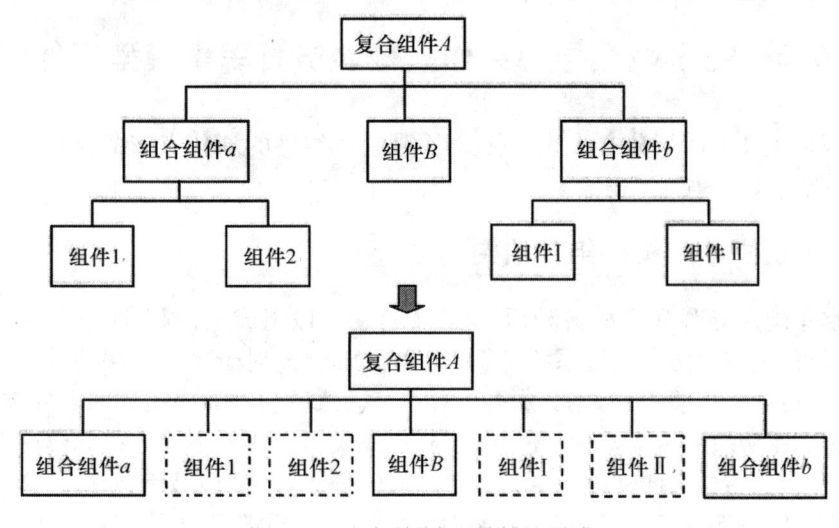

图6-5 "扁平化"组件结构形式

4. 组件的不同组合方式

组件的组合存在多种不同的方式,根据组件在逻辑上的存在关系可以分为聚合关系的组合和隶属关系的组合,如图6-6所示。在聚合关系的组合中,组合组件通常只是一个逻辑上的概念组件,作为子组件的容器,组合组件实际是维护组员之间关系的一个"虚实体"(这里是指不是真正存在的实体);在隶属关系的组合中,组合组件与子组件通过隶属关系绑定在一起,组合组件本身也是一个物理上存在的组件。聚合关系的组合主要目的是通过低分辨率模型代替高分辨率模型,减少模型的计算量和数据量;隶属关系的组合主要目的是通过隶属关系描述组件之间的逻辑存在关系,如同生共死,即父组件的存在与否决定了子组件的存亡。

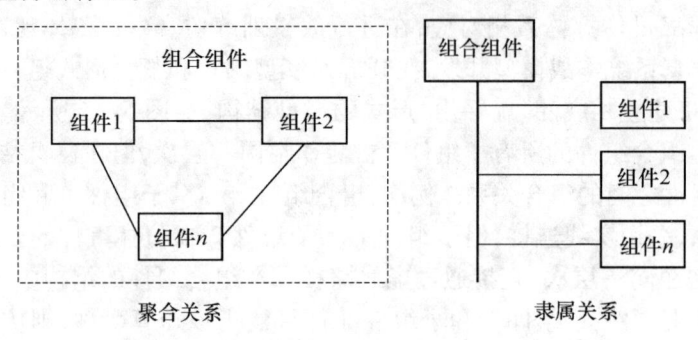

图 6-6 组合的不同方式

6.2 空军地空导弹兵作战行动仿真军事模型组件

根据组件不同划分方法的特点,对军事模型组件的划分应该结合使用两种方法,取其长、去其短。

6.2.1 仿真中的模型组件结构

空军地空导弹兵作战行动,是由若干行动阶段组成的,划分时按照不同的行动过程,把整个仿真模型系统(其本身是系统组件,对于更上一层的应用系统而言,它也属于功能组件)划分成若干分系统。然后利用面向实体的划分方法,把各模型系统按照武器实体、环境实体和作战人员实体的不同分成规模适当的功能模块,如雷达探测功能组件。按照类似的方法直至划分为元模型。这样的划分方法既可保证所开发组件的稳定性和独立性,也兼具开发的灵活性,确保组件开发的效率。

根据以上分析划分组件的原则和方法,对仿真系统中的模型进行组件划分。根据作战行动过程,空军地空导弹兵作战行动仿真系统模型组件可以分成地空导弹兵战斗部署功能组件、地空导弹兵兵力机动功能组件、地空导弹兵抗击战斗功能组件等。根据武器实体、作战人员实体的不同,地空导弹兵抗击战斗功能组件可划分为雷达探测功能组件、射击指挥功能组件、火力打击功能组件等,如图6-7所示。

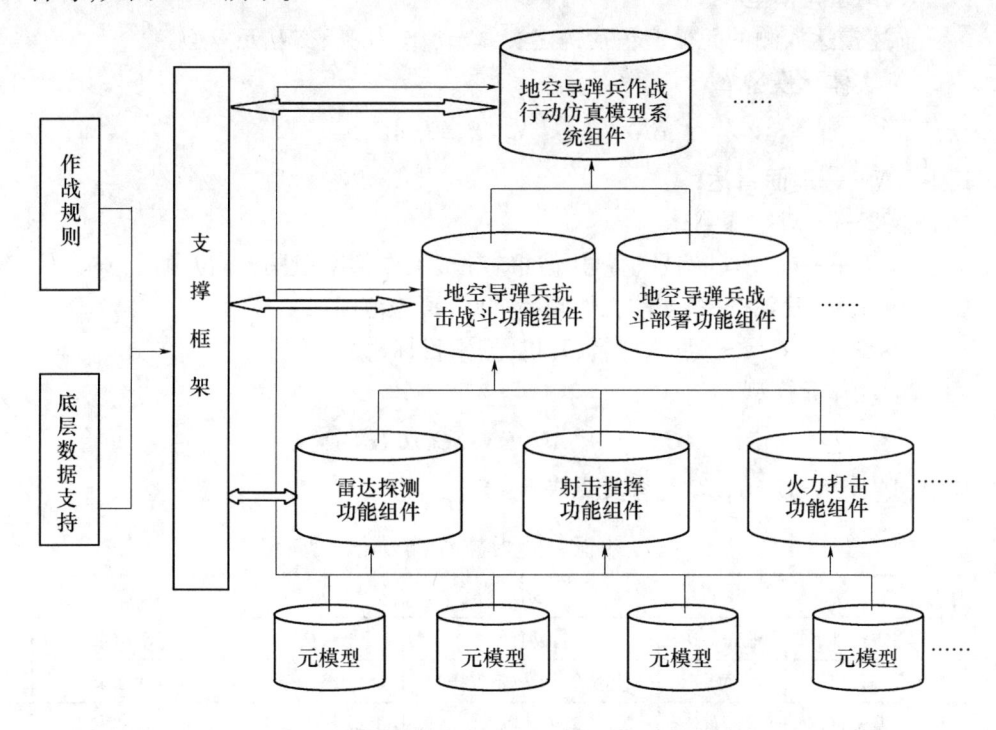

图6-7 空军地空导弹兵作战行动仿真中的模型组件层次结构

可重用空军地空导弹兵作战行动仿真模型组件旨在实现从战役到战术级应用的功能组成,并辅助决策分析。在图6-7中,上层是实现空军地空导弹兵作战行动仿真的模型组件(可构建空军作战行动仿真的模型系统组件),底层是数据支持和作战规则,中间是元模型和各级模型组件,用于构建上一级的模型组件或通过支撑框架与应用系统相联系以供各种功能需要。

这样的设计有3个优点:一是组件可以先行开发,提高了模型的开发效率。二是各个组件提供标准化接口,有利于模型开发的规范化。三是各单位对组件模块的开发实行分工负责,这样可以避免重复开发,提高了组件的可重用性,极大的降低了开发成本,充分体现了"组件"的优越性,同时也可以实现开发的"强强联合"。

以下将以地空导弹兵抗击战斗功能组件中的雷达探测功能组件、射击指挥功能组件和火力打击功能组件为例,讨论模型组件的构建。

6.2.2 构建雷达探测功能模型组件

1. 构建元模型

描述雷达探测的元模型包括构建实体、动作、任务、交互元模型。

1) 实体元模型 EN

$$EN :: = <N, TE, AT, AC>$$

其中 N——地面雷达；

TE——对空探测；

AT——$AT :: = \{$编号、型号、情报容量、工作频率范围、方位覆盖范围、位置、探测距离、发现概率、当前工作频率、仰角覆盖范围$\}$；

AC——$AC :: = \{$雷达部署、开机、搜索目标、关机$\}$。

2) 动作元模型 AC

$$AC :: = <AN, EN, SC, IC, EC>$$

其中，AN, EN, SC, IC, EC 的含义见表 6-1。

表 6-1 地面雷达对空探测动作元模型

序号	AN	EN	SC	IC	EC
1	雷达部署	地面雷达	上级命令	上级命令	行动结束
2	开机	地面雷达	上级命令(战备安排)	上级命令	行动结束
3	搜索目标	地面雷达	正常开机后	上级命令、受损	行动结束
4	关机	地面雷达	上级命令	上级命令	行动结束

3) 任务元模型 TS

$$TS :: = <TN, EN, XN>$$

其中，TN, EN, XN 的含义见表 6-2。

表 6-2 地面雷达对空探测任务元模型

序号	TN	EN	XN
1	对空探测	地面雷达	地空导弹、旅(团)指挥所

4) 交互元模型 IA

$$IA :: = <IN, FN, JN, JR>$$

其中，IN, FN, JN, JR 的含义见表 6-3。

表6-3 地面雷达对空探测交互元模型

序号	IN	FN	JN	JR
1	地空导弹兵旅(团)指挥所对地面雷达实施指挥	地空导弹兵旅(团)指挥所	地面雷达	地理信息、气象参数、开/关机时间、探测区域、反干扰措施
2	地面雷达向地空导弹兵旅(团)指挥所报告各种突发情况	地面雷达	地空导弹兵旅(团)指挥所	出现故障、被摧毁
3	地面雷达向地空导弹兵旅(团)指挥所报告空情	地面雷达	地空导弹兵旅(团)指挥所	目标批号、目标位置坐标、目标速度、高度、航向、目标敌我属性
4	旅(团)指挥所或地面雷达对地空导弹实施指挥引导	地面雷达	地空导弹	目标批号、目标位置坐标、目标速度、高度、航向、目标敌我属性

2. 组件字典

雷达探测功能模型组件字典提供组件的数据需求和相关算法。以下提供的数据(输入、中间、输出)和算法只是其中一部分,作为示例。

1) 数据需求

雷达探测功能组件数据需求见表6-4。

表6-4 雷达探测功能组件数据需求

名称	输入数据内容	中间数据	输出数据内容	备注
雷达探测功能组件	编号 型号 发射功率 天线增益 工作波长 雷达截面积 接收机噪声温度 接收机带宽 噪声系数 工作频率范围 情报容量 雷达精度 雷达高度 方位覆盖范围 仰角覆盖范围	雷达信噪比 雷达脉冲积累数 雷达天线波束宽度 雷达天线扫描速度 雷达脉冲重复频率 雷达探测区域	目标批号 目标位置坐标 目标高度 目标速度 目标航向 目标敌我属性 发现概率 最大探测距离	1. 干扰包括积极干扰和消极干扰 2. 地理坐标可以是地理坐标也可是极坐标 3. 两坐标雷达目标的绝对高度为空

2）相关算法

相关算法包括无干扰条件下和干扰条件下的地面雷达对目标的探测距离，以及地面雷达对目标的发现概率。具体内容见参考文献[14]。

6.2.3 构建射击指挥功能模型组件

1. 构建元模型

1）实体元模型 EN

$$EN :: = <N, TE, AT, AC>$$

其中　N——旅（团）指挥所；

TE——射击指挥；

AT——AT :: = {编号,番号,位置（经度、纬度、高度）,战斗状态,上级指挥所编号}；

AC——AC :: = {战斗准备,分析判断敌情,定下射击决心,下达射击任务,组织部队射击,恢复战备}。

2）动作元模型 AC

$$AC :: = <AN, EN, SC, IC, EC>$$

其中,AN,EN,SC,IC,EC 的含义见表 6-5。

表 6-5　旅（团）指挥所射击指挥动作元模型

序号	AN	EN	SC	IC	EC
1	战斗准备	旅（团）指挥所	上级命令目标飞临一等线	上级命令目标飞离	行动结束
2	分析判断敌情	旅（团）指挥所	指挥所进入一等战斗值班	上级命令敌情不明	行动结束
3	定下射击决心下达射击任务	旅（团）指挥所	部队进入一等战斗值班	上级命令空情消失	行动结束
4	组织部队射击	旅（团）指挥所	各营定下射击决心	上级命令空情消失	行动结束
5	恢复战备	旅（团）指挥所	上级命令空情消失	上级命令空情出现	行动结束

3）任务元模型 TS

$$TS :: = <TN, EN, XN>$$

其中，*TN*，*EN*，*XN* 的含义见表 6-6。

表 6-6 旅（团）指挥所射击指挥任务元模型

序号	TN	EN	XN
1	射击指挥	旅（团）指挥所	地空导弹部队、旅（团）指挥所

4）交互元模型 *IA*

$$IA :: = <IN, FN, JN, JR>$$

其中，*IN*，*FN*，*JN*，*JR* 的含义见表 6-7。

表 6-7 旅（团）指挥所射击指挥交互元模型

序号	IN	FN	JN	JR
1	旅（团）指挥所对部队实施指挥	旅（团）指挥所	地空导弹部队	进入一等、概略空情、射击任务、射击要求、战备等级
2	导弹部队向旅（团）指挥所报告突发情况	地空导弹部队	旅（团）指挥所	目标消失武器装备故障
3	导弹部队向旅（团）指挥所报告战况	地空导弹部队	旅（团）指挥所	等级转进、目标情况、对目标射击情况、本部队战果/战损

2. 组件字典

1）数据需求

根据地空导弹兵旅（团）指挥所射击指挥的交互内容、模型的解算需求可列出射击功能模型组件的数据需求，见表 6-8。

表 6-8 射击指挥功能组件数据需求

名称		输入数据内容	中间数据	输出数据内容
射击指挥功能组件	旅（团）	编号 番号 位置 战斗状态 上级指挥所编号各批次目标参数	目标距发射阵地距离 雷达开机距离 目标速度 进入 X 等战斗值班所需时间 下达和传递进入一等战斗值班命令所需时间 制导雷达开机和功能检查所需时间 下达射击任务所需时间 威胁程度权重	指挥所进入一等战备时机 部队进入一等战备时机 命令终止线的距离 各批次目标的威胁值
	营	编号 番号 位置 战斗状态 上级指挥所编号 上级指挥所番号各批次目标参数		

2）相关算法

包括指挥所进入一等战备时机、部队进入一等战备时机、命令终止线、各批次目标的威胁数值计算等。具体内容见参考文献[14]。

6.2.4 构建火力打击功能模型组件

1. 构建元模型

1）实体元模型 EN

$$EN::=<N,TE,AT,AC>$$

其中 N——地空导弹火力单元；

TE——对空射击；

AT——$AT::=$ {编号、武器型号、位置、发射架数量、导弹数量、人员编制、探测距离、杀伤区远界、杀伤区近界、杀伤区高界、杀伤区低界、单发杀伤概率、反应时间、可靠性}；

AC——$AC::=$ {进入一等战备、发射制导导弹、弹体飞行、爆炸、转火射击、恢复战备}。

2）动作元模型 AC

$$AC::=<AN,EN,SC,IC,EC>$$

其中，AN,EN,SC,IC,EC 的含义见表 6-9。

表 6-9 地空导弹对空射击动作元模型

序号	AN	EN	SC	IC	EC
1	进入一等战备	地空导弹火力单元	目标到达一等距离	上级命令	行动结束
2	发射制导导弹	地空导弹火力单元	定下营（预先）射击决心 导弹加电	上级命令 特殊情况、故障	行动结束
3	弹体飞行	地空导弹火力单元	导弹发射	特殊情况、故障	行动结束
4	爆炸	地空导弹火力单元	命中目标	特殊情况、故障	行动结束
5	转火射击	地空导弹火力单元	首次射击完毕	上级命令 无射击目标 武器受损、故障	行动结束

3) 任务元模型 TS

$$TS :: = <TN, EN, XN>$$

其中，TN, EN, XN 的含义见表 6-10。

表 6-10　地空导弹对空射击任务元模型

序号	TN	EN	XN
1	对空射击	地空导弹火力单元	制导雷达、地空导弹营指挥员

4) 交互元模型 IA

$$IA :: = <IN, FN, JN, JR>$$

其中 IN, FN, JN, JR 的含义见表 6-11。

表 6-11　地空导弹对空射击交互元模型

序号	IN	FN	JN	JR
1	地空导弹营指挥员对地空导弹火力单元实施指挥	地空导弹营指挥员	地空导弹火力单元	射击目标批次、发射导弹数量、制导体制、再次射击、转火射击、战斗结束
2	地空导弹火力单元向地空导弹营指挥员报告各种突发情况	地空导弹火力单元	地空导弹营指挥员	出现故障、被摧毁、目标消失
3	地面雷达向地空导弹火力单元通报目标诸元	地面雷达	地空导弹火力单元	目标批号、目标位置坐标、目标高度、目标速度、目标航向、目标敌我属性

2. 组件字典

1) 数据需求

火力打击功能组件数据需求见表 6-12。

表 6-12　火力打击功能组件数据需求

名称	输入数据内容	中间数据	输出数据内容
火力打击功能组件	编号 武器型号 位置 发射架数量 导弹数量 人员编制 探测距离	杀伤目标的期望值 杀伤概率值 空袭目标的威胁值 火力单元对目标的分配判断参数 导弹发射可靠率 武器系统的可靠性	射击单位 时间地点 发射导弹数量 导弹发射时机 导弹杀伤概率 整个作战的战果、战损 火力运用方法

第 6 章　军事模型服务组件化设计实例 | 133

(续)

名称	输入数据内容	中间数据	输出数据内容
火力打击功能组件	部署位置、形式 兵力配置 地空导弹火力单元数 敌方空中目标数量 导弹火力通道数 导弹的杀伤半径 圆概率误差	导弹系统的可靠性	发射方式 火力转移方式 导弹的杀伤概率 对目标发射的导弹数

2) 相关算法

包括火力分配的优化模型、导弹发射时机、毁伤效果等,具体内容见参考文献[14]。

6.3　空军地空导弹兵作战行动仿真军事模型组件调用

组件的调用有两种方式:一是本地调用,二是远程调用。本地调用是模型系统内部通过调用组件接口实现对组件的调用,远程调用是指将系统组件、功能组件和元模型放入建立好的组件库中,然后由应用系统通过组件管理平台来定位、调用组件。需要说明的是,组件、元模型具有数据独立性,即组件、元模型之间数据交互通过数据库进行,他们提供的是"功能",而不是"数据",因此,对于地空导弹兵抗击战斗而言,一次抗击战斗后战损、战果对下次抗击组件的调用并无影响,只是模型运行数据不同而已。

仍以空军地空导弹兵作战行动仿真为例,表 6-13 显示了模型组件调用时机和主要功能接口。

表 6-13　空军地空导弹兵作战行动仿真模型组件调用时机和主要功能接口

组件名称	功能描述	调用时机	主要功能接口
雷达探测功能组件 IRadarDetect	探测目标诸元并通报给旅(团)指挥所和导弹力单元	需要探测目标情况时	IRadarCov IDetectPro ITargetDir
射击指挥功能组件 ICommand	辅助决策和组织部队射击	雷达发现目标且目标到达一等距离时	IMenaceCoef IMissileDis IMissileTime ITransferTime

(续)

组件名称	功能描述	调用时机	主要功能接口
火力打击功能组件 ILaunch	对目标进行射击	目标构成射击条件时	IMissileArea IMissileNum IMissilePro IMissileResult

6.3.1 模型组件的接口设计

1. 雷达探测功能模型组件接口设计

根据建立的模型组件可以得出，雷达探测功能模型组件用来探测目标诸元并通报给旅（团）指挥所和导弹火力单元。根据探测雷达的不同计算功能，由此可以定义雷达探测功能组件的接口，包括探测范围接口 IRadarCov、发现概率接口 IDetectPro、目标参数接口 ITargetDir 等，如图 6-7 所示。

图 6-7 雷达探测功能模型组件接口

2. 射击指挥功能模型组件接口设计

射击指挥功能模型组件主要用于辅助指挥决策和组织部队射击，主要的功能接口包括目标威胁系数 IMenaceCoef、火力分配 IMissileDis、开火时机 IMissileTime、转火时机 ITransferTime 等，如图 6-8 所示。

图 6-8 射击指挥功能模型组件接口

3. 火力打击功能模型组件接口设计

火力打击功能模型组件主要用来计算导弹发射数量、杀伤区域、毁伤概率、统计战果，主要的功能接口包括杀伤区域计算 IMissileArea、导弹发射数量 IMissileNum、毁伤概率计算 IMissilePro、战果统计 IMissileResult 等，如图 6-9 所示。

图 6-9 火力打击功能模型组件接口

6.3.2 地空导弹兵抗击战斗模型组件调用流程

空军地空导弹兵抗击战斗模型各功能组件的调用时机如图 6-10 所示。

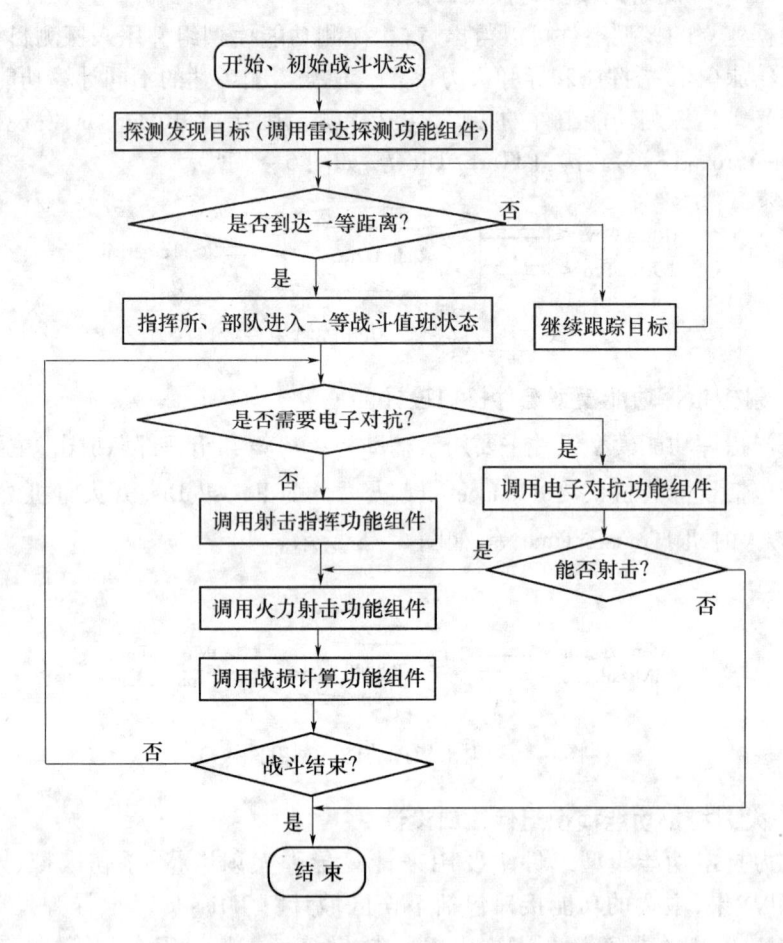

图 6-10 地空导弹兵抗击战斗模型组件调用流程

对组件进行调用时要注意一个问题,即调用的"死循环"。当 A 功能组件请求调用 B 功能组件进行计算服务时,B 为完成其功能反过来需要调用 A,这样就形成相互请求调用的"死循环",其结果是无法完成组件的计算功能。调用的"死循环"一般在同级功能组件之间出现。组件调用死循环问题可以通过增加一个判断模型进行解决,比如在 A 调用 B 时,如果在 B 的运算过程中又需要调用 A,则判断模型发出警告,由此避免死循环的发生。

第 7 章

军事模型服务组件的开发规范

军事模型服务组件是指以面向服务方式封装起来的应用于作战模拟领域的军事模型,其可共享或重用的模型形式包括军事概念模型、数学逻辑模型和程序构件模型。本章将论述不同描述形式的军事模型的通用要求及模型交互的通用要求。

7.1 军事概念模型的开发规范

本节提出了在构建作战模拟系统的军事模型开发过程中,有关军事概念模型的开发要求,包括其中所涉及到的相关术语和定义、原则与方法、步骤及文档描述等规范。这些规范不仅适用于军事模型开发过程中军事概念模型的开发,并作为军事概念模型验收和入库的基本依据,而且还是相关数学逻辑模型和仿真程序模型开发的依据和基础。

7.1.1 基本术语

为统一对军事概念模型的认知,有必要对以下术语进行强调与统一说明。

1. 模型(Model)

模型是以人类已有的认知方式,对现实世界中事物的存在形态和运动规律的抽象描述。在建模与仿真领域中,所提到的模型都是非实物模型。

2. 军事模型(Military model)

广义上讲,军事模型是以人类已有的认知方式,对现实世界军事领域中事物的存在形态和运动规律的抽象描述。狭义上看,在作战模拟领域所提到的军事模型,是指系统对所要模拟的客观对象的抽象描述,包括客观对象的属性和行为。

3. 概念模型(Conceptual model)

概念模型是对现实世界的第一次抽象,它以结构化方式对现实世界中的客观对象进行规范化的定性描述,其表现形式可以是文字、模板或图表等。

4. 军事概念模型(Military conceptual model)

军事概念模型是对现实世界军事活动的第一次抽象,它是对各类军事实体、行动和预期目标的结构化的规范描述。同时,军事概念模型也是数学逻辑模型建立的依据,还是模型及模拟的校核、验证和确认(VV&A)的参照。

5. 军事行动(Military operation)

军事行动是指用军事手段来达成某种目的的行动。军事行动包含行动主体、客体和环境 3 个要素。

6. 实体(Entity)

实体是以一定状态存在于军事行动问题空间内的相对独立事物。它既可以是军事行动的主体,也可以是军事行动的客体,如指挥所、飞机编队、舰船、导弹、阵地等。

7. 实体属性(Entity attributes)

实体属性是关于实体自身特征的描述,它是一个实体区别于其他实体的重要标志。实体的属性按其变化特征可分为基本属性和动态属性;按应用特征可分为空间属性、工作状态属性和能力属性等。

8. 实体关系(Entity relation)

实体关系是指两个或两个以上实体相互关联的形式。主要的关系包括从属关系、并列关系、组合关系、交互关系和操作关系等。

9. 动作(Action)

动作是特指实体为达到某一预定的状态,在一段时间内持续进行的最小操作或行为。它是实体状态转换中分辨率最高的、最基本的行为要素。

10. 任务(Task)

任务是指由一个或多个动作组成的具有明确意图或目标的行动过程。任务是一系列相关动作的集合。

11. 交互(Interaction)

交互是指模型在运行中实体之间的信息交流。它反映了实体之间的相互感知或影响。

12. 事件(Event)

事件是指模拟或仿真系统状态质变的结果或引发模拟或仿真系统状态发生变化的瞬间行为。

13. 分辨率(Resolution)

分辨率是指在模型中对实体可辨识的精度,它表示的是实体属性及行为描述的详细程度。通常分辨率用高低表述,分辨率越高表明对实体属性或行为的描述越详细,反之,则表示描述粗略。

14. 粒度(Granularity)

粒度是指在模型中对实体可辨识的抽象程度或可度量的最小单位。通常粒度用粗细来表示,粗粒度表明对实体的抽象程度高,描述的详细程度低,反之,细粒度表明对实体的抽象程度低,描述的详细程度高。

15. 模型文档(Model document)

模型文档是指按照一定规范对模型进行的形式化描述文本,是模型开发成果的表现形式之一,核心内容是对模型功能、结构、输入数据、输出数据、适用范围等要素的描述。

7.1.2 军事概念模型的建模原则与建模方法

1. 建模原则

军事概念模型在建立时,应尽量遵循以下的原则。

(1)适度抽象原则。对现实军事活动的抽象程度以满足用户的需要为目标,能够清楚地描述最小粒度实体。

(2)真实可信原则。用权威知识源中的知识表述抽象问题空间的结构、运行机制和各要素间的关系;按条令条例和相关法规的规定,描述模型中表示军事规则的条件向量、条件值及走向选择;用成熟的建模方法表述模型中的假设、算法和数据。

(3)边界清晰原则。明确抽象问题空间的边界,详细描述系统边界内部各要素的静态结构和动态过程,将系统边界外部的行动均视为系统运行的环境。

(4)划分层次原则。不同层次模型对概念模型建模要求不同。建模过程中应依据建模目标,把握好模型的层次,合理的抽象与描述相应层次上的客观问题。根据用途通常将军事模型分为战略、联合战役、军种战役、合同战术、兵种战术、分队战术、单兵单件武器和部件单元等不同层次。

2. 建模方法

军事概念模型的建模方法有多种,但从本质上划分可包括两类:基于实体的军事概念建模方法和基于过程的军事概念建模方法。

1）基于实体的军事概念建模

这种建模方法以抽象军事活动中的实体为主,侧重实体间相互作用的分析。具体做法是将问题空间中的概念映射为"类"和"对象",并找出"类"或"对象"之间的相互作用关系。适合基于实体的军事概念建模的具体方法有 EATI (Entity – Action – Task – Interation)法、统一建模语言(UML)、功能建模(IDEF0)、信息建模(IDEF1X)、面向对象法(IDEF4)等。

2）基于过程的军事概念建模

这种方法以抽象军事活动的过程为主,侧重过程和现象的分析。按照逐步分解的思想,把军事活动过程分解为一系列子过程,子过程根据需要再进一步细分,直到分解成不可打断的原子性行动。通过找出问题的解决过程或解决方案来建立相应的概念模型。适合基于过程的军事概念建模的具体方法有过程建模(IDEF3)、流程图等。

此外,从描述的手段和方法上区分,军事概念模型的描述方法还可采用基于实体—关系的描述方法、基于 IDEF 的描述方法、基于概念图的描述方法和面向对象的本体论描述方法。其中,基于实体—关系的描述方法采用图形描述方式,分别用长方形、椭圆和菱形表示实体、属性和关系,并通过线段相连构成一个概念模型。各要素的名称分别标记在各自所表示的图元符号框内。基于 IDEF 的描述方法以结构化方式对模型中的各要素进行描述。主要采用 IDEF0 建立功能性的概念模型,IDEF1X 建立军事概念的数据模型。基于概念图的描述方法把应用领域中的概念和关系表示为一个图形,即概念图。概念图是一个形式系统。面向对象的本体论描述方法采用存在的系统化解释对事物本质进行描述,它由本体部分和对象部分组成。

7.1.3　基于 EATI 的军事概念模型描述

EATI 方法是一种面向对象的军事概念模型描述方法,它采用实体(Entity)、动作(Action)、任务(Task)和交互(Interation)等基本要素对军事概念模型进行规范化描述。基于 EATI 的军事概念模型描述方法以实体、动作、任务和交互为核心,从分析作战过程入手,依次抽取出作战双方的参战实体、实体执行的任务、实体完成任务需要执行的动作、实体间的关系、可能发生的交互、交互的条件、交互的效果等,并分别建立实体元模型、动作元模型、任务元模型和交互元模型,并通过对作战行动过程的控制规则和数据需求等要素进行规范化描述,形成军事概念模型文档。

基于 EATI 的军事概念模型描述的具体步骤包括概念描述、军事背景与假设描述、需求描述、元模型构建、行动规则描述及数据需求等。

(1) 概念描述。应采用《军语》、条令条例等权威资料对描述对象所涉及的基本概念给出明确的定义。

(2) 军事背景与假设描述。主要描述作战任务空间要素所发生或存在的军事背景,说明在建模过程中省略和简化处理的过程、现象或因素。

(3) 需求描述。主要描述军事概念模型的总要求,内容一般包括军事概念模型的功能、适用范围、分辨率等。

(4) 元模型构建。主要包括构建军事概念模型中的实体、任务、动作和交互等四类元模型。实体元模型、任务元模型、动作元模型和交互元模型可分别用不同的元组表示,其格式及内容说明见 5.4.2 节所述。

(5) 行动规则描述。主要给出所描述对象的动作过程和处理规则,包括语言规则和逻辑流程图等。所描述的规则中包括行动的执行条件、行动的控制规则、行动的执行结果和行动的逻辑流程图四部分。各项含义见表 7-1。

表 7-1　行动规则描述的内容及含义

序号	名　称		说　明
1	行动的执行条件	行动触发条件	行动触发条件是触发行动执行的条件或命令,以计划命令、临机干预命令或行动执行实体状态或事件等形式描述。
		行动执行必要条件	行动执行必要条件是为保证行动的执行必须满足的系统状态取值,以一个或一组条件描述。
		行动结束条件	行动结束条件以导致行动正常结束或异常终止的一个或一组状态值或事件来描述。
2	行动的控制规则		行动的控制规则以各组成要素排序表、行动的内部机制、行动的逻辑流程、行动过程控制规则体系等形式描述。
3	行动的执行结果		以图、文、表的形式描述。
4	行动的逻辑流程图		用逻辑流程图对作战行动过程的时间顺序和逻辑关系进行描述。

逻辑流程图常用的图元符号及含义如表 7-2 所列,其他图元符号的使用应符合 GB1526 的规定。逻辑流程图的一般描述形式如图 7-1 所示。

表7-2　逻辑流程图常用的图元符号及含义

符号	名称	说　　明
▭	处理	表示各种处理功能，例如，执行一个或一组确定操作，从而使信息的值、形式或位置发生变化，或者确定几个流向中的某一个流向。
▱	输入/输出	表示数据的输入或输出。
◇	判断	此符号表示判断或开关类型功能。该符号只有一个入口，但可以有若干个可选择的出口，在对符号中定义的条件进行求值后，有一个且仅有一个出口被激活。
→	数据流	用来连接其他符号，指明数据的流动方向。
○	连接符	此符号表示转向流程它处，或自流程图它处转入。它用来作为一条流线的断点，使该流线在别处继续下去。对应的连接符应有同一标记。
⌐	注解符	此符号用来标识注解内容。注解符的虚线要连接在相关的符号上或框住一组符号。注解的正文应该靠近边线。
○---⌐ 到	出口连接符	此符号表示换页时的出口。
接* ---○	入口连接符	此符号表示换页时的入口。
⬭	端点符	此符号表示转向外部环境或从外部环境转入。例如，程序流程的起始或结束。

（6）数据需求。主要包括输入数据需求和输出数据需求两类。

输入数据以初始数据和动态输入数据等模型运行的驱动数据来表述。其中，初始数据以启动模型运行所需的数据的内容、形式来描述；而动态输入数据以模型运行中所涉及的动态信息数据或者控制模型运行的数据来描述。

输出数据以数据、文电、表格、图形等形式描述模型运行过程中产生的中间数据和最终数据。

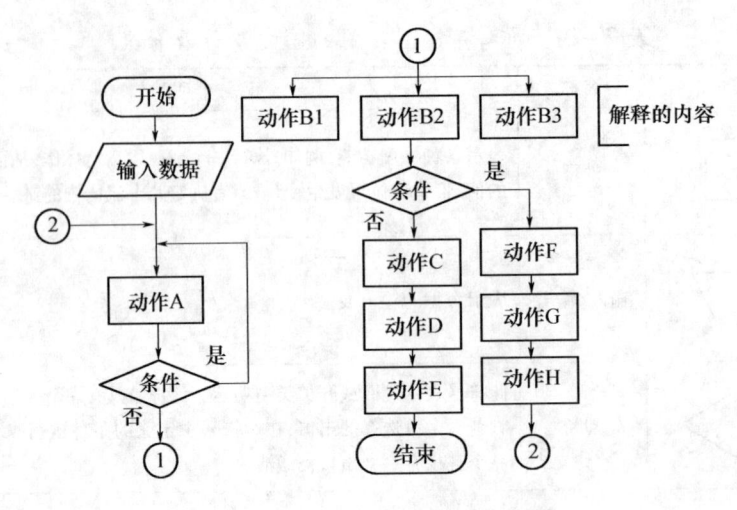

图 7-1 流程图的一般描述方法

7.1.4 基于 UML 的军事概念模型描述

统一建模语言（Unified Modeling Language，UML）是一种面向对象的通用建模语言，采用动态和静态建模机制，在概念模型和可执行体之间建立明确的对应关系。以视图和文字相结合的方式表达。基于 UML 的描述方法以面向对象为核心，运用用例图、类图、状态图、活动图和顺序图等表达模型中各种要素及其关系。这里的各种要素主要是指模型中的实体和任务。

1. 模型描述的主要内容

1) 概念定义

应根据《军语》、条令条例等权威资料对描述对象的基本概念给出明确的定义。

2) 实体描述

对于模型中所涉及的实体，分别描述实体的分类和属性。在 UML 中实体用类图表示，实体的相关内容放在实体的属性中。各项含义如表 7-3 所列。

表 7-3 实体描述的内容及含义

序号	名称		说 明
1	实体的分类		描述实体的类型，详细说明实体的存在形式、运动属性、行为方式、功能等。
2	实体属性	静态属性	静态属性定义了实体的固有品质。
		动态属性	动态属性定义了实体在模型运行中产生变化后的状态。

3) 任务描述

对于实体的任务,按照任务的标识、执行实体集、动作组成、逻辑关系、任务完成标志 5 部分分别进行说明。各项含义如表 7-4 所列。

表 7-4 任务描述的内容及含义

序号	名称	说明
1	任务标识	描述任务的名称(简称)、标志、任务的目标。
2	执行实体集	描述执行任务的实体标识的集合。详细说明实体的数量、名称和实体间关系。
3	动作组成	描述组成该任务的实体动作集。详细说明动作的数量和名称。
4	逻辑关系	描述任务之间的时序关系、并发关系、嵌套关系、依赖关系和重复关系等。
5	任务完成标志	描述表示任务结束条件的逻辑表达式。

2. 建模步骤

基于 UML 的军事概念模型描述的主要步骤包括建立用例图、类图描述和说明行为状态,如图 7-2 所示。

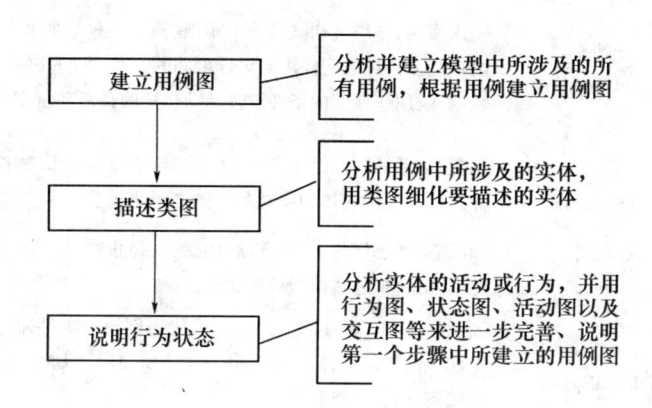

图 7-2 基于 UML 的建模步骤

基于 UML 建立的军事概念模型描述的层次结构如图 7-3 所示。

3. 图的使用

各类表示模型过程和状态的图及其使用含义见表 7-5。有关详细的说明 UML 的使用方法请参见 RJB 05(统一建模语言标准 UML)或是 UML 相关书籍。

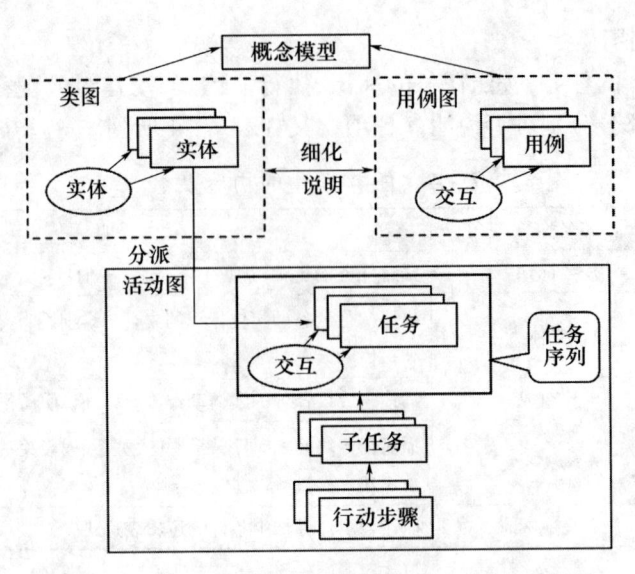

图7-3 基于UML的军事概念模型描述的层次结构

表7-5 图的使用及含义

序号	名称	说明
1	用例图 Use case diagram	使用用例、作用者和联系等UML建模元素描述军事概念模型的顶层功能。详细说明需求与设计之间的关系、参与实体及相互间的关系、影响用例性能的条件以及活动执行的目标和量度等。
2	类图 Class diagram	用类、联系、聚合、泛化、联系类、接口、依赖等UML建模元素描述实体。详细说明实体的属性和实体之间的联系。
3	状态图 State diagram	用状态、状态转移、子状态、起始状态、终止状态、判断、同步等UML建模元素，描述实体所处的状态。
4	活动图 Action diagram	表示任务和行动步骤。进一步描述用例图中事件流结构。活动图是状态图的超集，除要用到状态图中所使用的UML建模元素外，还要用到活动和泳道。
5	顺序图 Sequence diagram	用UML建模元素对象和对象消息表示实体间信息交互的流程。用活动间的状态转移表示任务间的交互，交互中传递的消息、事件等放入转移规范中的事件里。

7.1.5 军事概念模型建立的基本步骤

军事概念模型建立的基本步骤包括：确定军事活动的问题空间、分析军事行动过程、描述军事概念模型、建立军事概念模型文档和审查军事概念模型的整体合理性等,如图7-4所示。

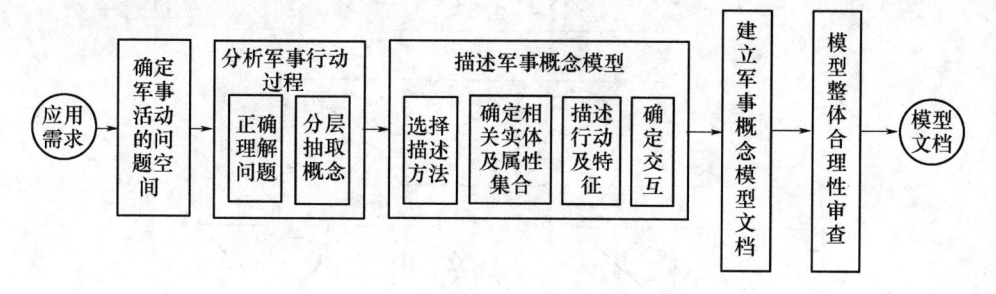

图7-4 军事概念模型建立的基本步骤

1. 确定军事活动的问题空间

这一步骤的主要任务是根据外部应用的需求和目标,明确概念分析的范围和界定领域知识的收集范围。即采用大家都能理解的自然语言,将系统需求中那些隐含的、模糊的、不完整的约定,明确地描述为对军事活动问题空间范围内的、能共同理解的约定。

2. 分析军事行动过程

对军事行动过程的分析,首先是建立对所描述问题正确地理解,即依据权威的领域知识源(包括官方颁布的条令条例、理论文献、经过认可的专业教材及领域专家的经验),对军事活动问题空间中的军事行动过程进行分析,明确军事行动的过程。其次,是采用逐层分解的方法抽取出军事行动过程中的相关概念。所谓分层抽取概念的含义是指采用自顶向下、逐步细化的分析方法,以军事任务为牵引,将军事行动抽象区分为不同的层次,然后,逐层分析军事行动的概念组成。在分解过程中,较高一层的概念为识别其所包含的较低层次的军事行动提供背景,或说明下一层的任务及其协作关系,直至达到应用目标所需要的最高分辨率的实体和行动为止。

在抽取概念的过程中,对分解中出现的若干项同类任务加以统一概念标识,只需要对其中一项进行继续分解或描述。在进行完每一层的分析后,要对分解所得到的概念进行归类,并对其所属的任务进行描述。分解完成后,所有抽取出来的概念集合在一起,最终形成军事概念条目集合,如图7-5所示。

3. 描述军事概念模型

这一步骤的主要任务是完成对军事概念模型的描述。在对军事概念模型进行描述时,首先要选择描述方法,其次是确定相关实体及属性集合,第三是描述相关的行动及特征,第四是确定交互内容。

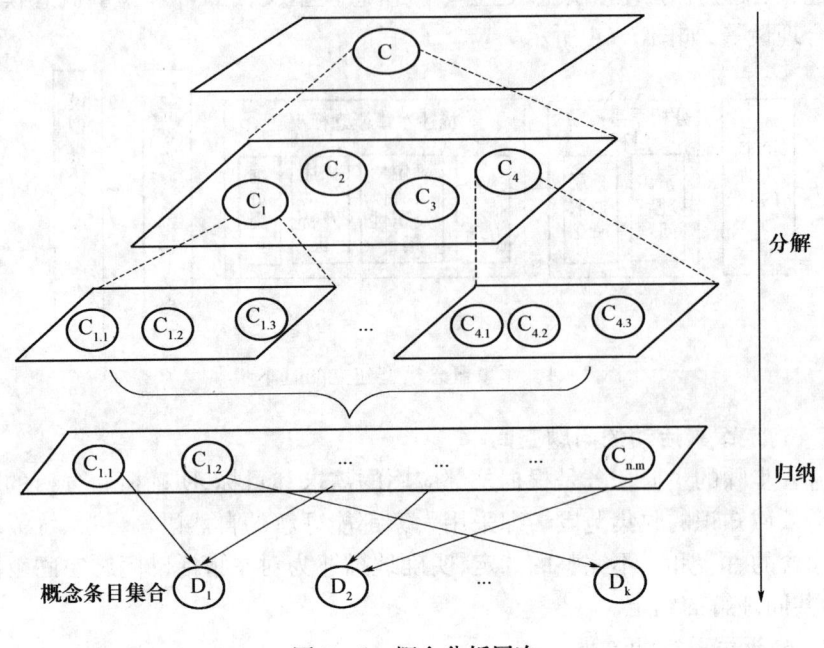

图 7-5　概念分析层次

1）选择描述方法

根据军事概念模型使用的目的不同,可采用不同的方法或多种方法综合运用,对前一个步骤分析与抽取出来的与军事概念模型相关的数据和信息进行描述。当前为采用基于 EATI 和 UML 的描述方法为多数。

2）确定相关实体及属性集合

基于前面的分析结果,从军事概念条目集合中提取出相关的实体并确定实体的属性。其中,对相关军事活动中所包含的实体进行提取时,可分步进行。首先从相关军事活动中分析并标识出所有潜在的实体,这些实体通常包括可感知的物理实体、人或部队组织的角色、应该记忆的事件、两个或多个实体的相互作用以及需要说明的概念。然后,从潜在的实体中筛除不必要和不正确的实体,如冗余的实体、与系统无关的实体、表述笼统空泛的实体、实体的属性、实体的操作以及与实体有关的现象等。

针对所选择出来的实体,确定它们与问题解相匹配的属性集合,并详细对实体的显性属性和隐性属性进行描述。

3）描述行动及特征

对实体行动及其特征的描述,包括了确定行动的约束空间以及对行动中的动作集合和关系、因实体变化所形成的事件集合和事件处理规则进行的描述。其中,确定行动的约束空间指的是依据应用需求和目标,明确限制行动的各种约束条件和行动的边界条件,也就是划出该模型的边界。对行动中的动作集合和关系的描述时,要依据行动的性质,明确区分组成行动的各种动作,并详细描述动作执行的顺序和相互关系。在对行动中实体状态变化所形成的事件集合进行描述时,通常需要列出所有实体状态变化所形成的事件,并详细说明每个事件的名称、内容、性质、事件的触发条件等。而对事件处理的军事规则进行描述时,也是要依据应用需求和目标,根据事件的内容和性质,详细描述对事件处理的军事规则,包括条件向量、条件值及走向选择。

4) 确定交互

这是军事概念模型描述的最后一部分内容。主要是明确交互对象及其关系,并对交互的内容和交互响应进行描述。其中,在明确交互对象及关系时,应详细列出行动中互相有关联的实体,描述关联实体之间的交互关系,包括主被动关系、对应关系等。在对交互内容进行说明时,应详细描述各种交互的具体内容,包括交互的名称、时刻、类型和交互参数集合。同时,还要明确实体在交互后所产生的响应、处理方法和引发的状态变化。

4. 建立军事概念模型文档

军事概念模型描述的最终形式是一份相对完整、独立、具有无二义性的军事概念模型文档。文档的核心内容是关于军事概念模型要素的描述信息。对军事概念模型文档要求体现在以下3个方面:

1) 基本要求

军事概念模型文档中的描述要求叙述清楚、内容完整、格式规范、可读性好。通常要求行文方法应符合 GB 7713 的规定。

2) 内容描述要求

对军事概念模型文档内容的描述要求主要包括:文档内容中要明确该模型所在的特定问题域、建模的基本需求和目标、概述、基本假定、实体和过程、算法和摘要等。各要素的基本内容见表 7-6。

3) 格式描述要求

对军事概念模型文档描述的格式要求包括:基本文档格式、图表格式和参考文献格式三类。其中,文档格式约定分为文档的技术描述约定和文档版面约定,文档的技术描述约定,按 GJB 0.1—2001、GJB 438 和 GJB 21 的规定执行;文档版面约定,按 GJB 5001 的规定执行。图的使用格式应符合 GB 1526 的规定;表的使用格式应符合 GJB 0.1—2001 中 7.4 的规定。参考文献的标注和著录,按 GB 7714 的规定执行。

表7-6 军事概念模型文档内容描述中的要素及含义

序号	名称	说明
1	特定问题域	主要说明模型的名称、编号、关键词、模型所属军(兵)种、专业和所属方、模型应用层次(如战略、战役等)、适用范围和内容等。
2	基本需求和目标	主要说明建立模型的军事背景需求和建立模型的目标。
3	概述	简要说明模型表示的军事概念。
4	基本假定	主要说明模型描述的基本假定和边界条件约束。
5	实体和过程	主要标识所描述实体和过程可能的状态、任务、行动、行为、关系和交互、事件、参数和因素等。
6	算法	主要明确说明模型中所包含的算法种类、数量及对应的数学模型。
7	摘要	简要描述模型的主要功能和内容。

5. 审查模型的整体合理性

军事概念模型建立的最后一步是选择有效的审查方式，确定具体的审查内容，选定审查标准和形成审查结果报告，给出是否满足应用需求和目标的结论。

7.2 数学逻辑模型的开发规范

本节提出了在构建作战模拟系统的军事模型开发过程中，有关数学逻辑模型的开发要求，及其在数学逻辑模型开发中的相关术语和定义、建模原则、建模一般步骤及模型文档描述规范。这些规范适用于军事模型开发过程中，以军事概念模型为基础的数学逻辑模型的开发，同时，又可作为数学逻辑模型验收和入库的基本依据，并指导仿真程序模型开发。对无对应军事概念模型的数学逻辑模型的开发也可参照应用。

7.2.1 基本术语

在数学逻辑模型建模过程中，除去与军事概念模型建模过程中相同的术语概念后，需要统一认知的主要术语有：

1. 数学逻辑模型(Mathematic and logic model)

数学逻辑模型是在军事概念模型基础上对客观世界的进一步抽象,它是用数学表达方法、逻辑表达方法和数据来描述研究对象的本质属性及其运动特征的模型。通常由数学解析式、逻辑表达式和逻辑图等组成。

2. 量化(Quantizating)

量化是指定量表达研究对象的表现形态和运动过程的工作。它是数学逻辑模型的主要特征之一。

3. 量化方法(Quantization method)

对研究对象的表现形态和运动过程进行量化的各种数学逻辑方法。

4. 模型参量(Model parameter)

模型参量是指在数学逻辑模型中所使用的各种表示符号及数值的总称。

5. 任务空间(Mission space)

在数学逻辑模型建模中描述使命任务所需的要素空间,主要包括各种实体、实体行为、相互间作用和交互关系。

7.2.2 建模原则

数学逻辑模型的构建应尽量遵循以下原则。

1. 可信性原则

所谓可信性是指模型解算结果的可信或可靠程度,主要包括建模信息源、模型数学结构和所用数据的可信性。在建立数学逻辑模型时,要采用经过权威机构认证的军事概念模型为基础,确保用以建立模型的信息的准确性。同时,还要选择科学合理的数学模型方法,并采用权威数据源的数据,以确保量化的真实性。

2. 简明性原则

所谓简明性是指模型本身结构和组成的简单清晰程度。主要体现在两个方面:一是在满足实用、可信、可靠、唯一辨识的前提下,模型要尽可能简单;二是子模型之间除仿真应用所必须的信息联系外,相互耦合信息要最少化,结构要尽可能清晰。

3. 重用性原则

所谓重用性是指模型适用于其他仿真应用的程度,达到对模型不进行修改即可直接重用,或对模型稍加修改或改进后即可应用于其他的系统。

4. 易用性原则

所谓易用性是指模型容易被用户使用的程度。模型表达要易于被用户理解、易于处理与计算并转化为计算机程序,模型要求的运算条件要易于提供,模型要求的数据要易于获取,模型要易于移植到其他运算环境中以及模型运算所需时间要容易满足等方面。

7.2.3 建模一般步骤

数学逻辑模型建模的一般步骤包括:在理解军事概念模型的基础上,确定与其他模型的关系,并描述数学逻辑模型的内容,如图7-6所示。

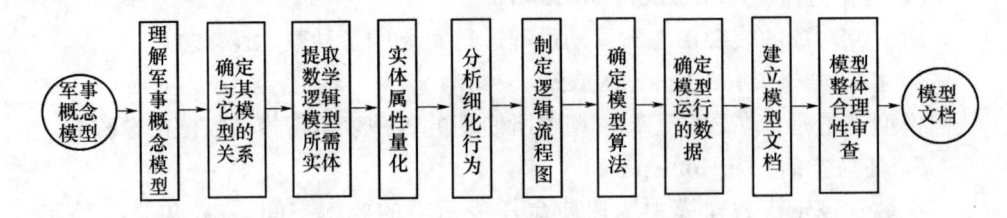

图7-6 数学逻辑模型建立的基本步骤

1. 理解军事概念模型

由于数学逻辑模型是在军事概念模型基础上对客观世界的进一步抽象,因此,建立数学逻辑模型的第一步是解读军事概念模型,充分理解军事概念模型所描述的军事行动的含义,确定出其任务空间。

2. 确定与其他模型的关系

这一步骤的主要目的是分析并确定模型运行中可能调用(或嵌套)、触发运行及被感知的其他模型。

3. 提取数学逻辑模型所需实体

根据所构建模型及其与其他模型的关系,分析军事概念模型所确定的实体属性,从中提取出数学建模所需要的实体集合,包括执行任务实体、作用对象实体以及其他相关实体(如地理目标实体)等。

4. 实体属性量化

按军事概念模型提出的需求,对实体属性进行量化处理。

5. 分析细化行为

按照军事概念模型中对任务实施、交互过程的阐述,对实体行为进行细化分析,定量描述实体在时间和空间上的行为关系。

6. 制定逻辑流程图

以逻辑流程图的方式,对影响行动的内部和外部约束因素、整个行动过程中可能发生的事件以及处理规则(选择调用的算法)等内容进行表述。

7. 确定模型算法

以数学解析式,对实体状态的处理过程进行定量化表达;以逻辑表达式,定量化表述上述的约束条件和选择规则。

8. 确定模型运行的数据

确定模型运行(或被调用)所需的输入数据、输出数据(结果数据)以及模型运行所需的中间数据。

9. 建立模型文档

建立数学逻辑模型文档,形成模型开发成果。

10. 审查模型整体合理性

选择有效的审查方式,确定具体的审查内容,选择审查标准和形成审查结果报告,给出是否满足应用需求和达到目标的结论。

7.2.4 模型文档描述

同军事概念模型一样,对数学逻辑模型文档描述的基本要求是表述清楚、内容完整、格式规范、可读性好。对数学逻辑模型的内容描述要求和格式要求分别如下:

1. 内容描述要求

对数学逻辑模型的内容描述通常要求包括:对模型的概要描述、对模型相关数据的描述、实体与行动过程描述、约束/算法/规则描述、参量说明等内容。其中各要素的基本内容见表7-7。

表7-7 数学逻辑模型文档内容描述中的要素及含义

序号	名称	说　　明
1	模型概要描述	模型概要描述主要是依据所对应的军事概念模型,对数学逻辑模型描述的军事活动和模型的主要算法结构等内容作简明扼要的说明,其目的是为模型用户提供检索或选择依据。
2	输入数据	输入数据是启动数学逻辑模型运算的初始数据。与模型相关的输入数据主要包括两大类:一类是模型运算前需一次性输入的初始数据,如实体基础数据、环境数据、想定数据和计划命令数据等;另一类是模型运算过程中输入的动态信息数据,即模型运行的驱动数据,如实体属性变化数据、环境数据、交互事件数据和干预命令数据等。
3	中间数据	中间数据是指为模型运算需要所设置的过渡性数据以及模型运算中检测和迭代所需的变化数据。

（续）

序号	名称	说明		
4	输出数据	输出数据是数学逻辑模型经过解算后所产生的结果数据。		
		输出数据类型	包括运行中数据和最终数据。运行中数据是模型运算中需要输出的数据；最终数据是模型最终解算的结果。	
		输出数据内容	包括模型运算结果数据或作战效果（作用）数据、实体属性变化数据（位置、状态、数量等）、环境变化数据、控制信号（因本模型运行的结果而引发其他模型）和其他运算或处理结果数据等。	
		数据输出形式	数据输出的形式可以有不同的表现形式。通常模型解算得到的数据主要有数字、文本、表格和图形等不同的输出形式。	
5	实体组成及属性	依据军事概念模型，定量描述模型涉及到的实体及其属性，主要包括实体的类型、数量、性能、状态、关系及反映其特征的其他数据。		
6	行动过程描述	依据军事概念模型，采用逻辑流程图形式对军事行动过程进行规范化描述。		
7	约束、规则及算法描述	对逻辑流程图中的约束、规则和算法用数学语言进行定量描述。		
8	模型参量说明	以表格的形式给出模型中所使用的参量的物理意义、表示方法、量纲、值域和精度等。		
9	与外部相关模型的关系	明确表述需调用模型的名称、功能和调用条件。		
10	参考文献列表	以列表的形式表述模型开发中参考的文献资料，选择主要者按其在模型文档中出现的先后次序列入文末，且一般只引用权威数据源和正式颁布的资料，必要时可在正文中加注。		

2. 格式描述要求

对数学逻辑模型描述格式的要求主要包括：文档格式、符号与图表规定、文献引用规定等。其中，文档格式约定分为文档的技术描述约定和文档版面约定。文档的技术描述约定，按 GJB 0.1、GJB 438 和 GJB 21 的规定执行；文档版面约定，按 GJB 5001 的规定执行。

在数学逻辑模型中，公用的数学运算符号和量纲符号参照通用用法要求，各专业特有的参量表示符号遵循本专业的约定。所使用的框图的使用应符合 GB 1526 的规定，所有表格的使用应符合 GJB 0.1—2001 中 7.4 的规定。参考文献的标注和著录,按照 GB 7714 的规定执行。

需要特别强调的是:模型中同一参量的量纲应保持一致,量纲采用国际和行业内通用的表示方法说明,参照 GB 3101 的规定执行;模型中参与运算的同一类数据的精度应保持一致,用小数点后的有效位数表示;对变量的值域应用标准的数学区间表示法表述;空间坐标系采用总参测绘局 2008 年 6 月发布《中华人民共和国启用 2000 国家大地坐标系》;而时间分为时刻和时间长度。其中,时刻统一按国际标准时间,采用 24 小时制,以年月日时分秒毫秒格式表示;时间长度按照时分秒毫秒格式表示。各模型可根据自己的仿真粒度取舍。

7.3　仿真程序模型的开发规范

本节提出了在构建作战模拟系统的军事模型开发过程中,有关仿真程序模型的开发要求,及其在仿真程序模型开发中的相关术语和定义、建模总要求、建模一般步骤及模型文档描述规范。这些规范适用于军事模型开发过程中,基于军事概念模型和数学逻辑模型的仿真程序模型开发。对直接进行的仿真模型的开发也可参照应用。

7.3.1　基本术语

在仿真程序模型建模过程中,除去与军事概念模型和数学逻辑模型建模中相同的术语概念外,需要统一认知的主要术语有:

1. 仿真程序模型(Simulation program model)

仿真程序模型特指将基于军事概念模型的数学逻辑模型转换为计算机程序语言描述的软件模型。它是由可执行的代码构成。

2. 嵌套(Nesting)

嵌套指的是一个模型包含另一个模型的情况。

3. 模型参量(Model parameters)

模型参量是仿真程序模型中所使用的各种数值的总称。

4. 存储空间使用效率(Memory use efficiency)

存储空间使用效率指的是仿真程序模型运行时在一定时间内对存储空间的占用率。

5. 模型运行速率(Model run velocity)

模型运行速率是对仿真程序模型执行时间效率的度量值,它是在一个仿真周期中完成所有实体运算的时间与步长的比值。

6. 程序模型文档(Program model document)

程序模型文档是按照一定规范对仿真程序模型进行的形式化描述文本。它是模型开发成果的表现形式之一，核心内容是对模型功能、结构、输入数据、输出数据、适用范围等要素的描述。

7. 程序模型接口(Model interface)

程序模型接口是模拟系统中仿真程序模型之间，以及仿真程序模型中模块之间、单元之间的信息交互规则。

7.3.2 建模的一般要求

在仿真程序模型建模过程中，应遵循以下的各项要求。

1. 接口规范性

接口规范性主要是指应明确仿真程序模型之间和模型内部各模块单元之间的各类接口的结构关系、信息关系和控制方式，并逐个确立各个接口的详细功能、技术规格和性能、数据特性以及其他技术要求。

2. 可组装性

仿真程序模型应具有组件化特性和功能封装性，并应是具有一定功能和清晰明确接口的，能够根据需要运用于不同应用系统的软件模块或模块的集合。

3. 可读性

仿真程序模型应语义明确，模块划分清晰，逻辑严密，容易使他人读懂。包括规范的编码(即规范的标识符命名、规范的各子功能模块程序书写格式和规范的变量命名)、注释和技术文档。

4. 高效性

对于仿真程序模型，应采用合适的算法提高存储空间使用效率和模型运行速率。

5. 健壮性

仿真模型程序应具有容错能力和出错恢复能力。

7.3.3 建模的基本步骤

仿真程序模型的建模过程是对数学逻辑模型的整理、程序化过程，分为分析数学逻辑模型、确定与其他模型的关系、设计数据结构和算法、选择编程或仿真工具、编写程序代码、拟制调试大纲、调试修改程序、撰写模型文档、功能测试验收等9个步骤，如图7-7所示。在实际应用中，可根据模型的复杂程度作适当的裁剪。

数学逻辑模型 → 分析数学逻辑模型
军事概念模型 → 分析数学逻辑模型 → 确定与其他模型的关系 → 设计数据结构和算法 → 选择编程或仿真工具 → 编写程序代码 → 拟制调试大纲 → 调试修改程序 → 撰写模型文档 → 功能测试验收 → 模型文档 / 程序代码

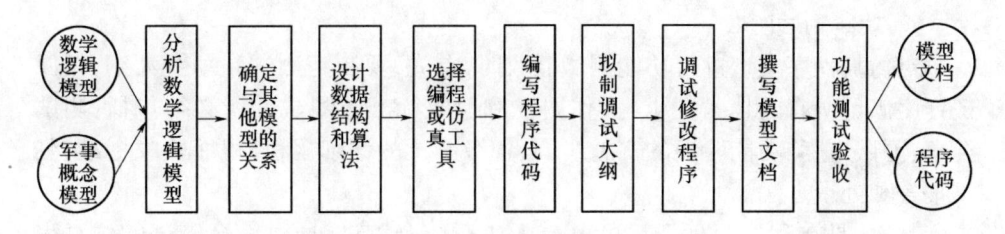

图7-7 仿真程序模型建立的基本步骤

1. 分析数学逻辑模型

在充分理解军事概念模型和数学逻辑关系的基础上，确定实现仿真模型所需要的实体、实体行为、逻辑流程图、算法和运行数据等。

2. 确定与其他模型的关系

分析并确定本模型运行中可能调用(或嵌套)及可能触发运行的其他模型，设计模型接口。

3. 设计数据结构和算法

按照程序设计的需要，确定编程所需的数据结构、数学逻辑模型的程序算法和相应的辅助算法。

4. 选择编程或仿真工具

根据仿真模型的结构特征，选择适当的编程工具和仿真工具。

5. 编写程序代码

运用所选择的工具，按语法规则、命名规则、数值约定，以程序代码形式实现数学逻辑模型所表达的数据结构和算法。编写程序代码时，源程序必须进行详细的注释。

6. 拟制调试大纲

确定模型运行(或被调用)时所需的输入数据以及模型的输出数据(结果数据)，并设计、拟制仿真程序调试大纲。调试大纲内容包括调试要求、调试进度、调试数据、模块功能验证的实施步骤、调试报告和处理方法。

7. 调试修改程序

按照仿真程序调试大纲的要求，对程序进行调试与修改，排除语法及逻辑错误，发现和弥补模型算法的缺陷，直至程序满足运行要求。

8. 撰写模型文档

按照相关要求，撰写仿真模型文档，形成模型成果。模型文档的撰写参照 GJB 438B—2009 执行。

9. 功能测试验收

对仿真程序模型进行功能测试验收时,首先,要制定测试计划及大纲,以保证程序满足所有的技术要求、操作要求和验收标准。测试计划必须包括:测试要求、测试进度、功能验证的实施步骤、各级测试的详细规程、程序验收标准、测试报告和处理方法。

其次,是在程序正确调试的基础上进行综合测试,通过综合测试的仿真程序模型至少满足模型中各模块无错误地连接、满足各项功能性能要求、对错误输入有正确处理能力、满足全部操作要求。

最后,根据程序验收标准,制定仿真程序模型验收计划,对于通过综合测试,并修订了所有程序错误的仿真程序模型,通过程序验收,提出验收报告。

7.3.4 模型文档描述规范

同军事概念模型和数学逻辑模型一样,仿真程序模型文档的描述也应做到表述清楚、内容完整、格式规范、可读性好。对仿真程序模型的内容描述和格式要求分别如下。

1. 内容描述要求

对仿真程序模型的内容描述通常要求包括:对模型的概要描述、对模型相关数据的描述、实体与行动过程描述、约束/算法/规则描述、参量说明等内容。其中各要素的基本内容见表 7-8。

表 7-8 仿真程序模型文档内容描述中的要素及含义

序号	名称	说 明
1	军事概要描述	军事概要描述是指应运用简洁规范的语言,对仿真程序模型描述的功能和内容作简明扼要的说明。为模型服务提供明确的模型功能语义。
2	模型适用范围	模型适用范围描述是指仿真程序模型应界定其所能支持的应用层次和需求的范畴,明确模型运行所需要的支持环境及其与其他模型的依赖关系。
3	模型能力说明	仿真程序模型的能力说明是指应明确模型的响应时间、吞吐时间、时限约束、序列、精度、容量、优先级别、偏差等参数,说明在异常情况下、非许可条件下或越界情况下的处理方法。
4	接口设计	接口设计是指应明确仿真程序模型与系统、模型与模型之间的接口,可用一个或多个接口图描述。每个接口应包括接口标识符、数据类型、格式、计量单位、范围、精度、约束(包括时序、频率、容量、序列等)、接口来源(可以是实体类、模型组件或模拟系统)、接口使用范围(可以是实体类、模型组件或模拟系统)。

(续)

序号	名称	说 明		
5	数据结构与算法设计	数据结构与算法设计是指使用流程图分层次给出仿真程序模型与系统之间、模型之间、模型内部各个实体与行为之间的控制与被控制关系,数据流程图,并针对模型中的各类实体及其行为和事件、报告、态势等交互给出标识符与功能说明等(可用一览表和框图的形式说明),明模型使用的主要算法与数据结构。		
6	程序详细设计	程序详细设计包括了仿真程序模型中所涉及到实体、行动过程、交互、规则及参量等描述方法。		
		实体组成及属性	定量描述仿真程序模型涉及到的实体及其属性,主要包括实体的类型、数量、性能、状态及反映其特征的其他数值。实体分类及其属性说明参见本章下一节的描述。	
		行动过程描述	依据数学逻辑模型所提供的军事行动过程的逻辑流程框图,运用程序框图对其规则和算法进行规范化描述,定量描述实体行动及其动作的标识、返回类型、参数表等。	
		交互描述	描述仿真程序模型之间、模型与系统之间、模型内部各个实体间的各类交互。包括控制信息、事件、报告、态势等交互。	
		规则描述	描述实体及其状态与实体各行动及其动作之间的调用规则,包括状态触发规则、时序规则等。可使用布尔表达式描述,式中数据项包括实体类型、实体状态、系统状态、环境状态等。	
		模型参量说明	以表格的形式给出仿真程序模型中所使用的参量的物理意义、表示方法、量纲、值域、精度。	
7	运行设计	仿真程序模型的运行设计包括了对模型初始化、运行过程控制及运行结束状态的说明		
		模型初始化	主要用于说明本模型的初始化过程。包括实体基础数据(编制、武器装备战术技术参数、部队战斗力指数、修正系数等)、环境数据(地理、天文、气象、电磁、水文、核生化等)、想定数据(编成、编组、部署、作战地域、作战时间等)、计划命令数据等相关数据加载过程和所依赖模型的初始化过程。	
		模型运行控制	说明仿真程序模型施加不同的运行控制时所引起的各种不同的运行模块组合;说明每种运行所历经的内部实体、行为、交互等模块;说明运行、控制的方式方法和操作步骤;说明每一种运行模块组合将占用的各种资源的情况。	
		运行结束	说明模型运行的结束过程。	

(续)

序号	名称	说明
8	出错处理与维护设计	说明出错信息、故障处理技术、故障出现后可能采取的补救措施等；并说明为维护模型所专门安排用于模型检查与维护的检测点和专用调试、诊断模块。
9	尚待解决的问题	需要说明仿真程序模型需求中尚未解决的遗留问题。
10	注释	给出理解本文档所需的术语、定义、背景信息、原理、词汇表、缩略语等描述，用于提高仿真程序模型的可读性和可理解性。
11	附录	可提供为便于文档维护而单独出版的信息（例如图表、分类数据、源代码）。附录应按字母顺序编排，附录可单独装订成册。

2. 格式描述要求

仿真程序模型文档格式约定分为文档的技术描述约定和文档版面约定。其中，文档的技术描述约定，参照 GJB 0.1、GJB 438A 和 GJB 21 执行；文档版面约定，参照 GJB 5001 执行。

仿真程序模型中的符号规定包括了仿真程序模型中所涉及到的数学表达符号、逻辑表达符号、框图、精度及时间与空间的表示规范。要求与数学逻辑模型相同，故不赘述。

此外，模型程序源代码中实体类标识、行动标识、交互、变量等命名规则应参照国际惯例，比如使用匈牙利命名法。

7.4 模型接口交互规范

本节提出了在构建作战模拟系统的军事模型开发过程中，模型进行交互的信息内容及格式，包括系统控制信息、实体属性信息、任务信息、事件信息和报告信息等。主要适用于作战模拟系统中模型之间信息交互内容与格式的设计。

7.4.1 基本术语

为达到模型接口交互的可理解性和一致性，除去与军事概念模型、数学逻辑模型和仿真程序模型建模中相一致的概念术语外，需要统一认知的主要术语有：

1. 模型交互（Model interaction）

模型交互是指在作战模拟系统中模型之间各类信息的交流。指模型及其实体属性的变化,被其他模型及其实体感知或引发其属性变化。模型交互信息内容包括系统控制信息、实体属性信息、任务信息、事件信息和报告信息。

2. 系统控制信息(System control information)

系统控制信息主要用于控制系统按照一定的控制策略对系统或模型运行进行控制的交互信息。如启动停止信号、步长周期控制信号等。

3. 实体属性信息(Entity attribute information)

实体属性信息是描述实体自身特征在某一时刻的具体属性值集。

4. 兵力实体(Force entity)

兵力实体是指以建制单位或任务编组形式存在于军事行动问题空间内的作战部队力量。如陆军装甲师、海上联合机动编队等。

5. 武器装备实体(Weapon and equipment entity)

武器装备实体是指以一定状态存在于军事行动问题空间内,相对独立具有特定功能的单武器装备或多武器装备组成的有机整体。如自行火炮、航空母舰等。

6. 战场目标实体(Battlefield object entity)

战场目标实体是指那些占据作战空间的、各种军用和民用、固定及临时的设施。如机场、港口、阵地、公路、电网等。

7. 任务信息(Mission information)

任务信息是对仿真实体所执行的任务内容的描述,包括任务下达和接受单位、任务执行实体、任务编码、任务的目标信息、任务时间、任务扩展属性、任务的执行状态和任务要求。

8. 事件信息(Event information)

事件信息是对模型运行中各类实体之间交互事件内容的描述,包括事件类型、事件交互方、事件发生时空属性和事件内容。

9. 报告信息(Report information)

报告信息是以规范化的格式对模型产生的军用文书的描述,包括报告的实体和报告的内容。

7.4.2 模型交互内容

模型交互的内容包括系统控制信息、实体属性信息、任务信息、事件信息和报告信息等。

1. 系统控制信息

模型交互的系统控制信息包括其属性内容和格式两个方面。

系统控制信息所包含的属性内容及其含义见表7-9。

表7-9 系统控制信息中的属性内容及含义

序号	名称	说明
1	发送者标识	是发出系统控制信息一方的标识,由模型标识描述。
2	接收者标识	是接受系统控制信息一方的标识,由模型标识描述。
3	发送时刻	是发送系统控制信息时的天文时间。
4	作战时间	是发送系统控制信息时的作战时间。
5	控制类型	是系统控制信息功能的种类。控制类型分为初始化、开始、暂停、继续、结束、断点保存、断点继续、跳时、允许推进、步长控制、运行周期控制、回执。当控制类型取值分别为初始化、断点保存、断点继续、步长控制、运行周期控制和回执时,应对其附加属性进行说明。

在表7-10中,给出了系统控制信息属性格式。而系统控制信息附加属性格式如表7-11中所列。

表7-10 系统控制信息属性

属性名称	类型	有关规定
发送者标识	无符号8字节整型数	用ID号[①]表示的发送者的模型标识。
接受者标识	无符号8字节整型数	用ID号表示的接受者的模型标识。
控制类型	2字节整型数	用1~12之间的整数表示。1.初始化、2.开始、3.暂停、4.继续、5.结束、6.断点保存、7.断点继续、8.跳时、9.允许推进、10.步长控制、11.运行周期控制、12.回执。
发送时刻	8字节浮点数	整数部分表示日期,格式为年4位、月2位、日2位;小数部分表示时间,格式为时2位、分2位、秒2位、毫秒3位。
作战时间	8字节浮点数	整数部分表示日期,格式为年4位、月2位、日2位;小数部分表示时间,格式为时2位、分2位、秒2位、毫秒3位。

①:模型的唯一编码标识

表 7-11 控制类型附加属性

控制类型	属性名称	类型	有关规定
初始化	想定标识①	64字节长的定长字符串	—
断点保存	断点标识②	64字节长的定长字符串	—
断点继续	断点标识	64字节长的定长字符串	—
步长控制	作战时间步长③	无符号4字节整型数	单位为毫秒。
运行周期控制	运行周期④	无符号4字节整型数	单位为毫秒。
回执	运行状态	2字节整数	由0~3之间的整数表示,0:未准备好、1:收到命令、2:执行中、3:完成并等待。

①:由想定的名称和想定编号组成,如"**防空第1阶段301号";
②:由当前想定、想定编号和断点时作战时间组成,如"**防空第1阶段301号20090304080003";
③:用作战时间推进的间隔值表示;
③:用运行一个作战时间步长所需要的天文时间最大值表示。

2. 实体属性信息

实体属性信息主要用于说明模型中所涉及到各类实体的特征。为便于使用,实体按类层次结构进行组织,即实体类是由基类和派生类组成的多层次结构,如图7-8所示。

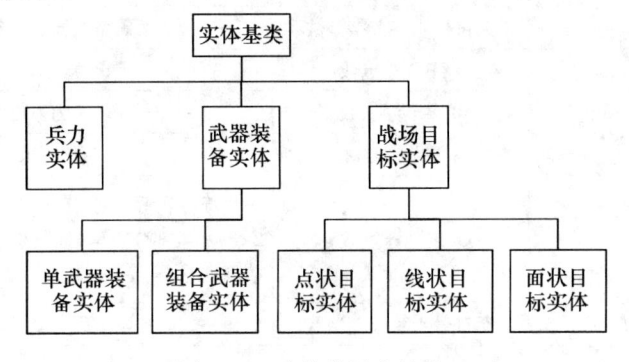

图 7-8 实体类层次结构

在实体类层次结构中,由基类描述所有实体的公用属性,而派生类则依据模型应用需求向下多层次派生子类。如图7-8所示,实体基类派生出兵力实体、武器装备实体和战场目标实体三项派生类,而武器装备实体又派生出单武器装备实体和组合武器装备实体两类,战场目标实体派生出点状目标实体、线状目标实体和面状目标实体三类。下面依次对各种类进行简要说明。

1) 实体基类

实体基类的属性内容包括实体标识、编成编组关系、实体位置、实体军标，其含义见表 7-12。表 7-13 列出了实体基类属性的格式要求。

表 7-12 实体基类的属性及含义

序号	名称	说 明
1	实体标识	是实体区别于其他实体的标识，由编码、名称和代字等属性描述，其中实体编码分为部队实体编码和目标实体编码。
2	编成编组关系	是实体隶属关系的标识，由上级实体编码描述。
3	实体位置	是指实体的几何中心点在某一时刻战场中所处的空间位置，由经纬度、高度和时戳属性描述。
4	实体军标	是实体所对应的军标，由实体军标编码描述。

表 7-13 实体基类属性表

属性名称	类型	相关规定
实体编码或目标编码	无符号 4 字节整型数	
实体名称	64 字节长的字符串	—
实体代字	32 字节长的字符串	—
编成编组关系	无符号 4 字节整型数	编码格式同实体编码。
纬度	8 字节浮点数	单位为弧度。
经度	8 字节浮点数	单位为弧度。
高度①	8 字节浮点数	单位为米。
时戳	8 字节浮点数	整数部分表示日期，格式为年 4 位、月 2 位、日 2 位；小数部分表示时间，格式为时 2 位、分 2 位、秒 2 位、毫秒 3 位。
实体军标编码	无符号 4 字节整型数	编码格式同实体编码。

①：海拔高度。

2) 兵力实体类

兵力实体类属性包含的主要内容有兵力实体的原编制单位、初始位置、实体运动状态、实体自主状态、作战能力、兵力人数、所配属的武器装备信息和执行的任务信息，其含义见表 7-14。表 7-15 列出的是兵力实体类属性格式，表 7-16 是对兵力实体类属性中武器装备信息属性所涉及到的武器数据结构的描述。

表7-14 兵力实体类属性及含义

序号	名称	说明
1	原编制单位	是指兵力实体原所在编制单位实体,由原编制上级实体的编码描述。
2	初始位置	是指在任务开始时刻,兵力实体所处的地理位置,由初始经纬度和高度描述。
3	实体运动状态	是指实体当前运动状态,由方向和速度描述。
4	自主状态	是对实体在作战行动中自主行动状态的描述,分为在上级编成内非独立行动、独立行动和若干下级独立的行动等类型。
5	作战能力	是指兵力实体在当前时刻所具有的作战能力的属性,由损失级、伪装程度、通信能力、初始战斗力综合指数、当前战斗力综合指数、当前打击力指数、当前机动力指数、当前防护力指数、当前信息力指数、当前保障力指数、当前人员心智指数描述。
6	兵力人数	是指兵力的人员数量,由初始兵力人数和当前兵力人数描述。
7	武器装备信息	是指实体配属武器装备信息,由武器装备类型数量和武器装备数据结构描述,其中武器装备数据结构由武器装备类型、初始数量和当前数量组成。
8	任务信息	是实体执行任务情况,由任务编码和任务执行状态描述。

表7-15 兵力实体类属性

属性名称	类型	相关规定
原编制单位	无符号4字节整型数	编码格式同实体编码。
初始纬度	8字节浮点数	单位为弧度。
初始经度	8字节浮点数	单位为弧度。
初始高度	8字节浮点数	单位为米。
速度①	8字节浮点数	单位为米/秒。
方向②	8字节浮点数	单位为弧度,正北方为0,顺时针方向旋转为正。
自主状态	2字节整型数	用0~2之间整数表示,0:在上级编成内非独立行动,1:独立行动,2:分为若干下级行动。
损失级	8字节浮点数	用0~1之间的实数表示,0:损毁,1:完好。
伪装程度	8字节浮点数	用0~1之间的实数表示,0:完全暴露,1:完全隐蔽。
通信能力	8字节浮点数	用0~1之间的实数表示,0:无通信能力,1:完好。
初始战斗力综合指数	无符号4字节整型数	—
当前战斗力综合指数	无符号4字节整型数	—
当前打击力指数	无符号4字节整型数	—

（续）

属性名称	类型	相关规定
当前机动力指数	无符号4字节整型数	—
当前防护力指数	无符号4字节整型数	—
当前信息力指数	无符号4字节整型数	—
当前保障力指数	无符号4字节整型数	—
当前人员心智指数	无符号4字节整型数	—
初始人数	无符号4字节整型数	—
当前人数	无符号4字节整型数	—
装备类型数量	无符号4字节整型数	—
装备数据结构	结构数组	见表7-7。
任务编码	无符号4字节整型数	—
任务执行状态	2字节整型数	用0~2之间整数表示，0：未执行，1：执行中，2：执行完毕。

①：兵力实体运动速度在水平面的投影；
②：兵力实体运动方向在水平面的投影。

表7-16 武器装备数据结构

属性名称	类型	相关规定
武器装备类型	无符号4字节整型数	武器装备实体编码，编码格式同实体编码。
初始数量	无符号4字节整型数	—
当前数量	无符号4字节整型数	—

3) 武器装备实体类

武器装备实体类属性的主要内容包括：武器装备数量、作战能力、开机(车)状态。其含义见表7-17。表7-18给出的是武器装备实体类属性格式。

表7-17 武器装备实体类属性及含义

序号	名称	说明
1	数量	是指可供使用的武器装备数量。
2	作战能力	是指武器装备实体当前的作战能力，由完好程度、防护能力、通信能力、伪装程度、后勤和装备保障能力描述。
3	开机(车)状态	是指武器装备实体的开机(车)情况。用开机(车)状态和关机(车)状态表示。

表7-18 武器装备实体类属性

属性名称	类型	相关规定
装备数量	无符号4字节整型数	—
完好程度	8字节浮点数	用0~1之间的实数表示,0:损毁,1:完好。
防护能力	8字节浮点数	用0~1之间的实数表示,0:无防护能力,1:完全防护。
通信能力	8字节浮点数	用0~1之间的实数表示,0:无通信能力,1:完好。
伪装程度	8字节浮点数	用0~1之间的实数表示,0:完全暴露,1:完全隐蔽。
装备保障能力	8字节浮点数	用0~1之间的实数表示,0:无保障能力,1:完全保障。
后勤保障能力	8字节浮点数	用0~1之间的实数表示,0:无保障能力,1:完全保障。
开机(车)状态	2字节整型数	用0和1表示,0:关,1:开。

4)单武器装备实体类

单武器装备实体类属性的内容主要包括矢量速度和姿态,其含义见表7-19。表7-20给出的是单武器装备实体类属性格式。

表7-19 单武器装备实体类属性及含义

序号	名称	说明
1	矢量速度	是指实体的空间运动速度。由经纬度方向、高度方向和速度3个分量描述。
2	姿态	是指实体的空间姿态。由方向角、俯仰角和滚转角3个分量描述。

表7-20 单武器装备实体类属性

属性名称	类型	相关规定
纬度方向速度	8字节浮点数	单位为米/秒,向北为正,向南为负。
经度方向速度	8字节浮点数	单位为米/秒,向东为正,向西为负。
高度方向速度	8字节浮点数	单位为米/秒,向上为正,向下为负。
方向角	8字节浮点数	单位为弧度,正北为0,顺时针方向旋转为正。
俯仰角	8字节浮点数	单位为弧度,向上为正,向下为负。
滚转角	8字节浮点数	单位为弧度,右倾为正,左倾为负。

5)组合武器装备实体类

组合武器装备实体类属性内容主要包括:组合实体数量和组合实体编码列

表，其含义见表7-21。表7-22给出的是组合武器装备实体类属性格式。

表 7-21 组合武器装备实体类属性及含义

序号	名称	说明
1	组合实体数量	是指组合实体中武器装备的数量。
2	组合实体编码列表	是指组合实体中武器装备的类型集，由武器装备编码列表描述。

表 7-22 组合武器装备实体类属性

属性名称	类型	相关规定
组合实体数量	无符号4字节整型数	—
组合实体编码列表	4字节整型数数组	—

6）战场目标实体类

战场目标实体类属性内容主要包括目标的使用性质、相对高度、功能属性及目标说明，其含义见表7-23。表7-24给出的是战场目标实体类属性格式。

表 7-23 战场目标实体类属性及含义

序号	名称	说明
1	组合实体数量使用性质	是指该目标的使用特征。由未投入使用、军用、民用和军民合用属性描述。
2	相对高度	是指目标实体质心距地表的垂直距离。
3	功能属性	是指目标实体的功能属性。由雷达反射截面积、红外辐射强度、目标与背景的温差、目标反射率、结构材质、抗毁性质、隐蔽程度、抗扰等级、完好程度和用途属性等描述。
4	目标说明	是目标实体的文本描述。

表 7-24 战场目标实体类属性

属性名称	类型	相关规定
使用性质	2字节整型数	用0~3之间的整数表示，0：未投入使用，1：军用，2：民用，3：军民合用。
相对高度	8字节浮点数	单位为米，为负表示在地下。
雷达反射截面积	8字节浮点数	单位为平方米。
红外辐射强度	8字节浮点数	单位为瓦/球面度。
目标与背景的温差	8字节浮点数	单位为摄氏度。
目标反射率[①]	8字节浮点数	—

(续)

属性名称	类型	相关规定
结构材质②	20字节长的字符串	—
抗毁性质③	20字节长的字符串	—
隐蔽程度	8字节浮点数	用0~1之间的实数表示,0:完全暴露,1:完全隐蔽。
抗扰等级	8字节浮点数	用0~1之间的实数表示,0:无抗干扰能力,1:完全抗干扰。
完好程度	8字节浮点数	用0~1之间的实数表示,0:损毁,1:完好。
用途属性④	20字节长的字符串	—
目标说明	变长字符串	—

①:目标对激光的反射率;
②:可表示为全金属、钢筋水泥、混凝土、砖瓦、简易等;
③:可表示为抗燃烧、抗爆破、抗穿甲、抗侵彻、全抗等;
④:目标为点目标时,可表示为塔台、掩体、发射井等;目标为线目标时,可表示为输油管、高压电力线、光缆、铁路、公路等;目标为面目标时,可表示为车站、港口、机场等。

7) 点状目标实体类

点状目标实体类属性内容主要包括目标的几何形状和面积要素,其含义见表7-25。表7-26给出的是点状目标实体类属性格式。

表7-25 点状目标实体类属性及含义

序号	名称	说明
1	几何形状	是指点状目标投影形状,分为椭圆形、矩形。
2	面积要素	是指点状目标面积,由目标的俯视截面积、截面积内长径(边)、短径(边)和等效圆半径描述。

表7-26 点状目标实体类属性

属性名称	类型	相关规定
几何形状	2字节整型数	用0和1表示,0:椭圆形,1:矩形。
俯视截面积	8字节浮点数	单位为平方米。
长径(边)	8字节浮点数	单位为米。
短径(边)	8字节浮点数	单位为米。
等效半径①	8字节浮点数	单位为米。

①:与俯视截面积相等的等效圆的半径。

8）线状目标实体类

线状目标实体类属性内容主要包括线段数目和线段属性数据结构,其含义见表7-27。表7-28给出的是线状目标实体类属性格式,线段属性数据结构格式见表7-29。

表7-27　线状目标实体类属性及含义

序号	名称	说明
1	线段数目	是指组成线状目标的线段数量。
2	线段属性数据结构	是组成线状目标的各线段的属性信息集,用线段属性数据结构描述。其中线段属性数据结构由线段序号、线段起点位值、线段终点位值和线段扩展属性值组成。

表7-28　线状目标实体类属性

属性名称	类型	相关规定
线段数目	2字节整型数	—
线段属性数据结构	结构数组	见表7-29。

表7-29　线段属性数据结构

属性名称	类型	相关规定
线段序号	2字节整型数	—
起点纬度	8字节浮点数	单位为弧度。
起点经度	8字节浮点数	单位为弧度。
起点高度	8字节浮点数	单位为米。
终点纬度	8字节浮点数	单位为弧度。
终点经度	8字节浮点数	单位为弧度。
终点高度	8字节浮点数	单位为米。
扩展属性数量	无符号4字节整型数	—
扩展属性内容①	8字节浮点数数组	—

①:根据应用需求,用户自行定义。

9）面状目标实体类

面状目标实体类属性内容主要包括包络线组成点数、点位置和面积要素,其含义见表7-30。表7-31给出的是面状目标实体类属性格式,点位置数据结构见表7-32。

表7-30　点状目标实体类属性及含义

序号	名称	说明
1	包络线组成点数	是指面状目标包络线的组成点数目。
2	点位置	是面状目标包络线点位置的集合,由点位置数据结构描述,其中点位置数据结构由每个点的序号、经纬度和高度组成。
3	面积要素	是指面状目标面积,由目标的俯视截面积、俯视截面外接矩形的长边、短边和等效圆半径描述。

表7-31　面状目标体类属性表

属性名称	类型	相关规定
包络线点数目	2字节整型数	—
点位置数据结构	结构数组	见表7-16。
俯视截面积	8字节浮点数	单位为平方米。
长边	8字节浮点数	单位为米。
短边	8字节浮点数	单位为米。
等效圆半径	8字节浮点数	单位为米。

表7-32　点位置数据结构

属性名称	类型	相关规定
点序号	2字节整型数	—
点的纬度	8字节浮点数	单位为弧度。
点的经度	8字节浮点数	单位为弧度。
点的高度	8字节浮点数	单位为米。

3. 任务信息

任务信息是模型交互时与模型相关的任务情况信息。模型交互的任务信息包括其属性内容和格式两个方面。

任务信息属性内容主要有任务单位、执行实体、任务编码、任务目标、任务时间、任务扩展属性、任务执行状态和任务要求,其含义见表7-33。表7-34给出的是任务信息属性格式。

表 7-33　任务信息属性及含义

序号	名称	说　明
1	任务单位	是指下达和接受任务的单位,由下达和接受的席位标号描述。
2	执行实体	是指执行任务的实体集,由执行任务的实体编码集描述。
3	任务编码	是指任务的类型,由任务编码描述。
4	任务目标	是任务作用的对象或是任务实施的位置。由任务对象或任务位置表示,任务对象由实体编码描述,任务位置由经纬度和高度描述。
5	任务时间	是指下达任务的时间、开始执行任务的时间和完成任务的时间。
6	任务扩展属性	是那些跟随任务的附加信息。
7	任务执行状态	是任务执行状态的说明,由未执行、执行中、执行完毕等状态属性描述。
8	任务要求	是指对任务完成程度的具体说明。

表 7-34　任务信息属性表

属性名称	类型	相　关　规　定
下达单位	无符号4字节整型数	演习开设的席位号。
接收单位集	无符号4字节整型数组	演习开设的席位号集。
执行实体编码集	无符号4字节整型数组	编码格式同实体编码。
任务编码	无符号4字节整型数	
任务目标	无符号4字节整型数	编码格式同目标编码。
任务位置纬度	8字节浮点数	单位为弧度。
任务位置经度	8字节浮点数	单位为弧度。
任务位置高度	8字节浮点数	单位为米。
任务下达时间	8字节浮点数	整数部分表示日期,格式为年4位、月2位、日2位;小数部分表示时间,格式为时2位、分2位、秒2位、毫秒3位。
开始执行时间	8字节浮点数	整数部分表示日期,格式为年4位、月2位、日2位;小数部分表示时间,格式为时2位、分2位、秒2位、毫秒3位。
任务完成时间	8字节浮点数	整数部分表示日期,格式为年4位、月2位、日2位;小数部分表示时间,格式为时2位、分2位、秒2位、毫秒3位。
扩展属性数量	无符号4字节整型数	—
扩展属性信息①	8字节浮点数数组	—
任务执行状态	2字节整型数	用0、1和2表示,0:未执行,1:执行中,2:执行完毕。
任务要求	长度为256的字符串	—

①:根据应用需求,用户自行定义。

4. 事件信息

事件信息是模型交互时对需要交互的相关事件的情况信息。模型交互的事件信息包括其属性内容和格式两个方面。

事件信息属性的内容见表7-35。表7-36给出的是事件信息属性格式。

表7-35 事件信息属性及含义

序号	名称	说明
1	事件类型	是指事件的分类。由事件交互码描述。
2	事件交互方	是指事件的发送方和接收方。由事件的发方实体编码和收方实体编码描述。
3	事件发生时空属性	是指事件发生的时间和位置。由事件发生时间、事件发生的经纬度和高度描述。
4	事件内容	是关于事件的说明。由事件扩展属性和事件文本说明描述。

表7-36 事件信息属性表

属性名称	类型	相关规定
收方编码	无符号4字节整型数	编码格式同实体编码。
发方编码	无符号4字节整型数	编码格式同实体编码。
事件交互码①	无符号4字节整型数	—
事件发生时间	8字节浮点数	整数部分表示日期，格式为年4位、月2位、日2位；小数部分表示时间，格式为时2位、分2位、秒2位、毫秒3位。
事件发生纬度	8字节浮点数	单位为弧度。
事件发生经度	8字节浮点数	单位为弧度。
事件发生高度	8字节浮点数	单位为米。
扩展属性数量	无符号4字节整型数	—
扩展属性内容②	8字节浮点数数组	—
事件文本说明	变长字符串	该事件的简要文本描述。

①：事件类型编码，标明事件交互类型的代码，如交火、毁伤、突击等；
②：根据应用需求，用户自行定义。

5. 报告信息

报告信息是模型交互时的相关报告情况信息。模型交互的报告信息包括其属性内容和格式两个方面。报告信息属性内容见表7-37。表7-38给出的是报告信息属性格式。

表 7-37 报告信息属性及含义

序号	名称	说明
1	报告实体	是指产生报告的实体,由实体编码和实体名称描述。
2	报告内容	是指报告中所包含的内容。由报告编码和报告内容描述。

表 7-38 报告信息属性

属性名称	类型	相关规定
报告实体编码	无符号 4 字节整型数	编码格式同实体编码。
报告实体名称	固定长度 64 的字符串	—
报告编码	无符号 4 字节整型数	—
报告内容	变长字符串	符合军用文书标准的描述。

第 8 章

军事模型服务中的目录服务

建立了面向服务的体系架构,构建了提供服务的军事模型服务组件,下一步的事件就是要将这些可供重用的军事模型服务组件组织起来,将这些信息发布出去,即需要建立一个目录,便于快速地发现、搜索到相关的服务资源。基于网格技术的军事模型服务亟需解决的一个核心问题:在一个由分布于不同地区的多个单位组成的动态虚拟组织内,如何进行各种军事模型的共享与协同工作。解决这一问题的一个关键步骤就是高效的组织和管理网络上分布的军事模型。本章将在第 4 章所建立的军事模型服务体系基础上,提出基于目录的军事模型组织和管理方案。

8.1 概　　述

在计算机术语中,目录是指一种特殊的平面型的数据库,它被广泛的应用于计算机领域。例如,在大多数操作系统中,文件系统的组织形式就是目录。在网络环境中,一种类似的应用就是域名服务(Domain Name Service,DNS)。

目录以树状的层次结构来组织与存储数据,用户可以根据目录中所记录的标识名(Distinguished Name, DN)来读取单个记录,或回溯到树的顶部。

目录服务的主要特点是充分利用了树型结构的优势,能够优化数据读取性能,并且存取结构灵活。目前,主要的目录服务标准有 X.500,LDAP 等。

随着 TCP/IP 协议在 Internet 上的流行,TCP/IP 在现代网络中的主导地位日趋稳定,于是,产生了基于 TCP/IP 协议的轻量级目录访问协议(Lightweight

Directory Access Protocol，LDAP）。LDAP 是一种完全基于 TCP/IP 的目录访问协议，人们又将基于这种协议的网络目录服务称为 LDAP 目录服务。

作为基于 TCP/IP 的简化的目录访问协议，LDAP 虽然实现起来比较简单，但它却具有占用资源少和运行效率高的优势。事实上，LDAP 与 X.500 协议相比，LDAP 的复杂度只是 X.500 协议的 10%，但它却实现了 X.500 协议 90% 的功能，因此，在大多数应用场合，LDAP 很快取代了传统的目录访问协议（Directory Access Protocol，DAP）。

由于 LDAP 协议获得了业界的广泛支持，已在绝大多数系统平台上被实现。同时，随着各种语言的应用程序编程接口的日趋完善，可用的标准模型的不断增加，以及相关产品的不断涌现，使得 LADP 已经成为当今网络目录服务的事实标准。目前，LDAP 协议的版本是 3.0。相对于 2.0 版，新版的 LDAP 协议在用户身份验证方式等方面作出了重要改进，正在成为 LDAP 应用所遵循的新标准。本书基于网格的军事模型服务中军事模型的管理与组织，即军事模型目录服务，也主要是基于 LDAP 完成的。

LDAP 的简单结构是一个目录信息树（Directory Information Tree，DIT）。从树的根结点开始，它包含一个对其所有数据的层次视图，而且提供一个基于树型的搜索系统。DIT 中的每一个结点是一个数据项，或称为一个目录服务项（Directory Service Entry，DSE），可以简单地把每一项看成是变量的数据结构。DIT 中的根结点包含对这个信息树的布局和内容的描述。

8.2 基于网格的军事模型服务目录体系架构

如果抛开网络的因素，基于网格的军事模型服务目录，就类似于传统的书目。建立军事模型服务目录的根本目的就是为便于需要使用军事模型的各客户端，即军事模型服务的对象——模型服务请求者，能够快速的根据目录在拥有大量资源与数据的网络中进行军事模型的查找、定位与使用。

由于 LDAP 目录服务采用传统的 C/S（客户机/服务器）模式，因此，我们将其设计为以军事模型目录服务器为中介的军事模型网格服务体系结构，如图 8-1 所示。图中，每一个节点计算机既可以是军事模型服务的提供者，也可以是服务的请求者。对所有军事模型进行访问的过程都是首先访问 LDAP 目录服务器，然后再根据 LDAP 提供的目录数据来进行军事模型服务组件的查找和使用等操作。对目录的具体查找过程与一般的 LDAP 结构类似，访问流程如图 8-2 所示，客户端程序通过调用 LDA PAPI 来访问服务器，并请求目录中的数据;当 LDAP 服务器接收到请求后,对请求进行处理,然后将操作代码和数据返回到客户端。

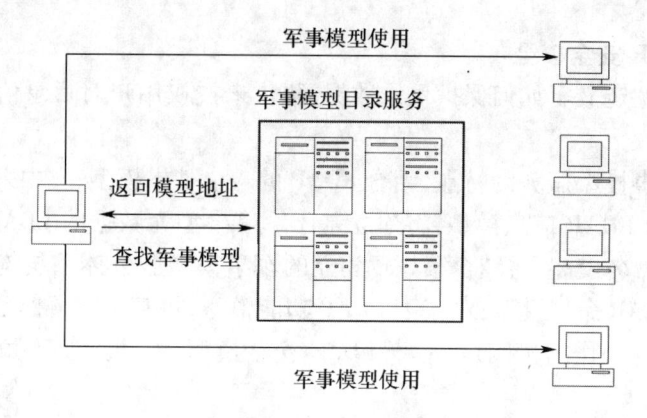

图 8-1 军事模型目录服务体系结构

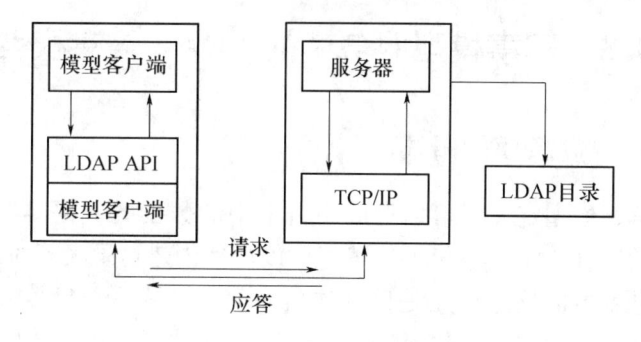

图 8-2 军事模型服务 LDAP 访问过程

在 LDAP 目录的建立与服务过程中,需要解决的主要问题概括起来有以下 4 个方面,即目录中存储什么样的数据;目录具有什么样的基本结构;目录能为军事模型服务提供什么样的服务;目录应该如何保证军事模型服务的安全性。这 4 个方面的问题分别对应了 LDAP 目录中的 4 个基本模型[15]。它们分别是:

1. LDAP 信息模型

定义了目录中的数据类型。即通过这个信息模型可以定义将什么样的数据存储到目录中。

2. LDAP 命名模型

定义了目录的组织方式。即通过这个模型可以决定按什么样的规则组织和利用与军事模型服务相关的数据。

3. LDAP 功能模型

定义了目录的如何访问和更新目录。即这个模型决定了访问和更新目录数据的方式。

4. LDAP 安全模型

这个模型定义了如何保护目录数据,防止未授权用户对目录信息的访问和修改。

针对军事模型服务的特点,结合 LDAP 的 4 个基本模型,文中采用的主要策略是:对应于 LDAP 信息模型,将建立基于军事模型元数据的 LDAP 信息模型;对于 LDAP 命名模型,将结合第 3 章建立的军事模型服务体系结构建立军事模型服务的 LDAP 命名模型;对应于 LDAP 功能模型,将基于军事模型特点相应的查询和使用等操作的机制;对应于 LDAP 安全模型,将建立基于角色策略的安全机制。

以下将分别详细讨论这 4 个模型。

8.3 军事模型服务中的 LDAP 信息模型

8.3.1 LDAP 信息模型概述

LDAP 信息模型定义了可以存放到目录中的数据的数据类型和基本信息单元。换句话说,LDAP 信息模型描述了可以用来创建目录服务的建筑砖块。

目录里最基本的信息单元是目录项(Entry),它是关于现实世界中某类对象的信息集合。如:用户、服务、网络设备等。每个目录项由一个属性集(Attributes)组成,每个属性都由一个类型和一个或多个值组成,描述了对象的某个特性。属性类型由特定的语法所定义,规定了属性的取值范围约束及其在各种 LDAP 操作中的特性等。

属性通常被分为两大类:用户属性和操作属性。用户属性是目录项的"一般"属性,可被(具有适当权利的)目录用户修改。操作属性是特殊的属性,它反映了对目录树的操作的状态。目录里的任何一个目录项都有一个必要的属性集和一个可选的属性集。比如,一个描述人的目录项必须拥有名字和性别属性。对于代表人的目录项来说,还有很多其他属性是可选的,但不是必须的。其他任何属性,如果未明确指出是必须或可选,将禁止出现在该目录项中。这些关于必要和可选属性的所有信息的集合被称为目录模式。利用目录模式,可以控制和维持保存在目录里的信息的类型。

8.3.2 元数据概述

所谓"元数据",就是描述数据属性的数据。元数据(Metadata)又被称为是描述数据及数据结构的数据,或简单地说,就是关于数据的数据。在英文中对元数据的解释有以下不同的描述方法,分别是"structured data about data"、"data which describes attributes of a resource"或"information about data"。从描述中可以看出,元数据的核心是关于数据的结构化数据。

虽然说"元数据是关于数据的数据(data about data)",但从这个描述上看,并不能清楚地说明元数据到底是什么。在不同的专业领域,从不同的侧面出发对于元数据的描述是不同的。例如:从数据库管理领域出发认为元数据是关于数据组织的数据;从数据与信息之间的联系出发认为元数据是数据与信息之间联系的纽带;从数据和数据集的角度出发认为元数据是对数据的整体描述和对数据集中的数据项的解释,目的是为了提高对数据及数据集的利用价值;在数据仓库领域,元数据被认为是描述数据及其环境的数据;在软件构造领域,元数据被认为是在程序中不被加工的对象,通过其值的改变可以改变程序行为的数据;在数字图书馆领域,元数据被认为是用于提供某种资源的有关信息的结构化数据,简单地说是关于其他数据的数据;美国联邦地理数据委员会(GFDC)在地理空间数据的元数据内容标准(CSDGM)中把元数据定义为描述数据的内容、质量、状况和其他特征的数据。

总得来看,普遍认同"元数据是关于数据的数据"这个最为简洁的定义。在这个定义中,包含两个数据,其内涵不同。前面一个数据指的是表示客观事物和现象的,进行各种统计、计算、科学研究、技术设计所依据的数据,或者说是数字化、公式化、代码化、图表化、符号化的信息。后一个数据就是所定义的元数据。元数据描述的对象是数据或数据集,描述的内容是有关数据集的质量、内容、状况、分布、管理、生产等,并可以对数据集进行解释、控制、说明。元数据是一种结构化的数据,其目的是为了方便识别、评价、追踪信息资源以及获取有用的信息资源,便于数据或数据集的生产、管理、更新、维护、检索,使数据或数据集能得到更加有效地利用。元数据的形式是多种多样的,它可以是数字、图形、图像等形式。

在 Web 服务中的元数据是 Web 服务的描述信息,这些描述信息用于构造消息主体(body)和报头(header),消息主体中包括数据类型和数据结构,服务请求者需要根据这些描述来调用服务。服务提供者发布元数据;服务请求者发现元数据,并根据所发现的元数据构造可被服务提供者正确处理的消息。

在进行服务调用时,不仅要发送数据类型和数据结构,还要发送关于说明服务质量的信息,比如安全性、可靠性、事务性等。如果消息中缺少某些这类信息,消息处理可能会失败。

在 Web 服务中与元数据相关的规范包括 XML Schema、WSDL、WS – Addressing、WS – Policyt 和 WS – MetadataExchange。

8.3.3 基于军事模型元数据的目录服务信息模型

军事模型元数据,就是描述军事模型的类别、提供者等的数据信息。比如军事模型所属的军(兵)种、军事模型提供者、军事模型服务地址等。它不仅对于了解军事模型的基本情况十分有用,同时也是建立军事模型目录的基础。

在军事模型服务过程中,要想实现各种军事模型的共享与协同工作,首先要了解各个军事模型的基本情况,然后才能针对不同的军事模型采取不同的访问过程。在查找所需军事模型之前,也需要先通过军事模型元数据来了解模型存放的信息,然后才能准确地定位。

在前面章节中,对于军事模型体系结构进行了分析,这些关于军事模型体系结构的信息其实就是关于军事模型的描述,也就是军事模型元数据,再加上军事模型的网络特性,如网络地址 URL 等,基于军事模型元数据的目录服务信息模型主要包括以下几个方面的内容:

(1) 军事模型抽象程度,用 A 表示。主要包括军事概念模型、数学逻辑模型和仿真程序模型。

(2) 军事模型结构形式,用 S 表示。主要包括解析模型、行动模拟模型、作战对抗模型。

(3) 模型应用层次,用 L 表示。主要包括战略、联合战役、军种战役、合同战术、兵种战术、分队战术、单兵战术、单武器操作(格斗)及其他等类型。

(4) 模型应用的军(兵)种,用 T 表示。主要包括联合军种、陆军(步兵、反坦克兵、工兵、侦察兵……)、海军(含水面舰艇、潜艇、海军航空兵、海军陆战队、海岸炮兵……)、空军(含航空兵、地面防空兵、通信兵、雷达兵、空降兵……)、二炮、电子战、空间战、政工、后勤、装备、炮兵(地面炮兵、防空兵、战术导弹)、通信兵、工程兵、防化兵、装甲兵等类型。

(5) 模型应用的属性,用 P 表示。主要包括指挥作业、兵力兵器作战、导控及系统管理、战场环境和战效训效评估等类型。

(6) 模型的研制单位,用 U 表示。主要包括军委总部、大区和军种、院校、集团军、科研所及其他等类型。

（7）模型文件类型，用 F 表示。主要包括源文件、目标文件、执行文件、文本文件等类型。

（8）模型的内容，用 C 表示。主要包括军事想定、军事规则、概念模型、建模理论与技术、建模工具及相关资源等类型。

（9）模型建立的方法，用 M 表示。主要包括解析、模拟、逻辑（定性）判断等类型。

（10）模型的用途，用 E 表示。主要包括战法研究、部队训练、部队演习、武器装备论证等类型。

（11）模型服务网络信息，用 N 表示。主要包括模型地址，模型 UUID 等。

结合这 11 个方面，在军事模型服务的 LDAP 目录中存储的信息结构实际上就是一个十一元组信息，它的形式化表示为

$$ServiceInfo(A,S,L,T,P,U,F,C,M,E,N)$$

8.4　军事模型服务中的 LDAP 命名模型

8.4.1　LDAP 命名模型概述

LDAP 命名模型定义了应该如何对数据进行组织和引用。换句话说，它描述了服务的结构类型。用户可以利用目录项，按这种结构扩建目录树。LDAP 命名模型规定目录里的目录项按照"倒插"树的结构进行组织。目录树中的目录项既是一个文件又是一个目录。图 8-3 表示了一个典型的目录树。

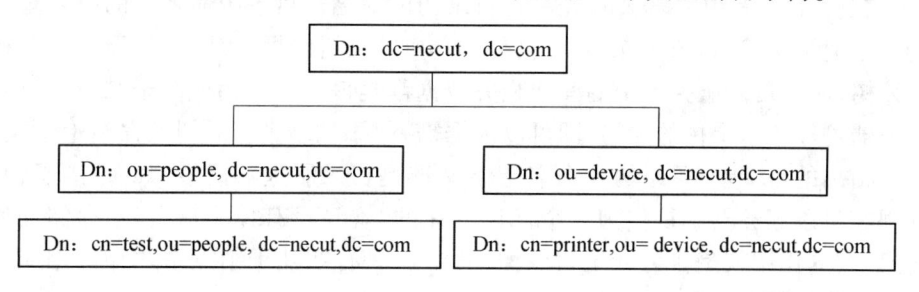

图 8-3　典型的目录树结构

需要注意的是：目录项 Dn：ou = people, dc = necut, dc = com 和目录项 Dn：ou = device, dc = necut, dc = com 既包含了目录数据，又分别是目录项 Dn：cn = test, ou = people, dc = necut, dc = com 和目录项 Dn：cn = printer, ou = device, dc = necut, dc = com 的容器节点。

每个目录项都有自己的唯一标识名,并都有一个唯一的路径连接到根结点。LDAP 目录项的名称就是从根结点一直连接到当前结点路径中所有结点的名字的组合,例如 dn:cn = test,ou = people,de = necut,dc = com,按从左到右的顺序,就可以看到从当前结点到根结点的链路。

8.4.2 基于军事模型结构体系的 LDAP 命名模型

对于以军事模型服务为目的的 LDAP,其命名模型需要解决的关键性问题主要有两个:一个是目录树的结构;另一个是目录树的命名方法。

1. 目录树的结构

根据第 3 章中提出的军事模型分类体系结构,建立军事模型目录服务的目录树结构就有多种依据,既可以按照军事模型军(兵)种进行分类,也可以按照军事模型研制单位进行类型划分。因此,为了提供更加灵活、便捷的军事模型服务,在建立军事模型服务目录树时,也要相应的建立多个而不是一个目录树。它们分别为军事模型抽象层次目录树、军事模型结构形式目录树、军事模型应用层次目录树、军事模型应用军(兵)种目录树、军事模型应用属性目录树、军事模型研制单位目录树、军事模型文件类型目录树、军事模型服务内容目录树、军事模型建立方法目录树、军事模型用途目录树等。图 8 – 4 就是典型的军事模型应用军(兵)种目录树,其他目录树可以按照第 3 章中建立的分类体系结构同样的方法建立。

2. 目录树命名

在设计目录树时,需要首先决定目录树的命名。目录树命名指的是目录树的命名上下文(Naming Context),它是 LDAP 目录树的根,表明该目录服务器持有该树,所有目录服务器中的其他相关数据都是该树的子树或叶子结点。目录服务器可以有多个树的命名,即可以根据需要,添加多个目录树的命名上下文。需要指出的是,所有目录树的命名上下文都是目录服务器虚根(Root)的子树,虚根在目录服务器中是作为一个标记存在的,本身没有什么意义,不存储任何信息,它的作用就是作为派生目录树的结点,只有在叶子结点中才存储相应的军事模型元数据信息。

一般情况下,在目录系统中,有两种命名目录树的方法:一种是直接以域名作为目录树的根,利用这种方法定义根时可以直接定位到我们所关心的树。另一种是通过分级命名方式来命名目录树,利用这种方法可以清楚地根据分级层次来组织相应的目录树。根据上文中的分析,结合我们制定的军事模型服务目录树结构,采用分级层次建立相应的目录树组织。

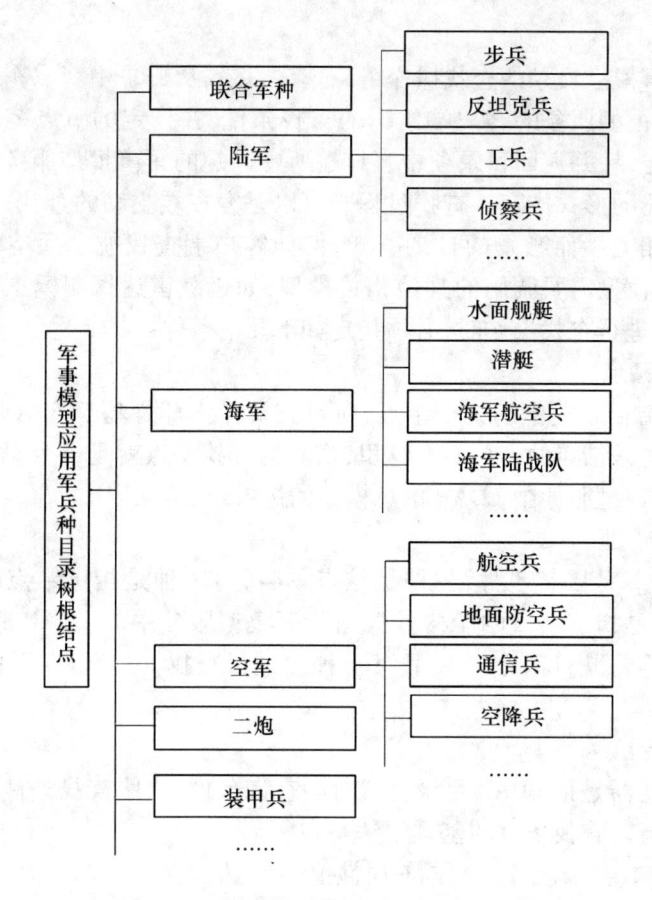

图 8-4 军事模型应用军(兵)种目录树

8.5 军事模型服务中的 LDAP 功能模型

  军事模型服务的 LDAP 功能模型由一个操作集合组成,根据军事模型服务中模型服务请求者的需求,这些操作可以被分为 3 类:一是军事模型查找,利用军事模型查找操作可以查询目录,从目录中获取军事模型元数据,然后根据军事模型元数据获取军事模型服务;二是军事模型目录更新操作,利用军事模型目录更新操作可以进行添加、删除、重命名和修改目录项;三是认证和控制操作,这些操作是允许需要使用军事模型的客户端可以向目录服务器证明自己身份的过程。在这里讨论的操作主要是军事模型服务目录的查询操作,而对于更新,认证和控制操作将在军事模型服务中的 LDAP 安全模型中进行讨论。

通过军事模型目录的查找操作可以查询目录,从目录中获取军事模型元数据;根据军事模型服务的客户端给出的查找条件,在指定的节点范围内搜寻到符合条件的记录,并返回目录项中客户端所感兴趣的军事模型服务。查找条件可以以过滤器的形式指定。查找过程既可以是客户端主动的查找,也可以是军事模型由其相关性而激发的自动查找,例如客户端查找航空兵空空作战模型时,空空作战模型需要调用的其他相关模型,如机载雷达探测模型也将被查找出来。总之,进行查找操作时,必须指定如下几个条件:

1. 查找基点

基点是指目录树中的一个结点,所有查找操作都是基于该结点,而查找范围是最多包含该结点的子树。在这里,实际的查找基点就是每个军事模型的元数据,即军事模型服务中 LDAP 信息模型的记录项。

2. 查找范围

LDAP 查找范围有 3 种,一种是结点本身,另一种是指定结点的直接子结点,还有一种是指定结点的子树。根据军事模型服务中的 LDAP 命名模型,典型的查找范围是既可以在同一军(兵)种内进行查找,也可以在不同军(兵)种内进行查找。

3. 过滤器

所谓过滤器是指 LDAP 目录查找时的查询条件,这些查找条件必须按一定的语法来进行。查找条件的基本语法是:

属性名 操作符 属性值

其中,操作符及其说明如表 8-1 所列。

表 8-1　查找条件中的操作符

操作符	作　用
=	表示目录项的指定属性名的属性值等于给定的属性值。
>=	表示目录项的指定属性名的属性值大于等于给定的属性值。
<=	表示目录项的指定属性名的属性值小于等于给定的属性值。
=*	表示目录项的指定属性名的属性值非空。
~=	表示目录项的指定属性名的属性值约等于给定的属性值。

按照上述语法定义的查找条件还可以用逻辑操作符加以组合,以满足更复杂的查找要求。常用的逻辑操作符如表 8-2 所列。

表 8-2　常用的逻辑操作符

操作符	作　用
&	逻辑与,表示目录项必须满足其连接的所有条件。
|	逻辑或,表示目录项只需要满足其连接的所有条件的其中之一即可。
!	逻辑非,表示目录项不需要满足其连接的条件。

在构造过滤条件时,过滤条件与逻辑操作符的连接遵循前置连接规则,即逻辑符在前,条件在后,而且条件必须用括号封装起来。这样,通过条件的连接可以构造一个很大的过滤条件。例如表达式(&(T=航空兵)(U=空军指挥学院)(L=合同战术)(M=模拟)),该表达式所表示的意思是查找空军指挥学院提供的关于合同战术的航空兵模拟模型。

8.6　军事模型服务中的 LDAP 安全模型

军事模型服务中 LDAP 目录的安全模型是保证军事模型服务的目录数据不被未授权用户访问的一种安全架构,其最核心的内容就是访问控制策略的制定。

8.6.1　访问控制策略的选择

访问控制作为信息系统安全的重要功能构件,其主要目的是对抗涉及计算机或通信系统非授权操作的威胁。这些威胁可以被细分为非授权使用、泄露、修改、破坏和拒绝服务等。通过访问控制策略,可以限制访问主体对访问客体的访问权限,从而使计算机系统的使用被限制在合法范围内。访问控制机制决定用户及代表一定用户利益的程序能做什么,以及做到什么程度。访问控制是信息安全保障机制的核心内容,它是实现数据保密性和完整性机制的主要手段。目前主流的访问控制策略主要有 3 种:自主访问控制、强制访问控制和基于角色的访问控制。

1. 自主访问控制策略

这种策略是一种基于"所有权"概念而进行的访问控制。它的核心思想是:某资源的所有者拥有该资源的所有权限,并可以自主决定是否将该资源的全部或部分权限赋予其他人;同时获得权利的人也可以自主决定是否将获得的权限赋予第三人。自主访问控制策略最常用的实现机制是访问控制列表(ACLs)。

2. 强制访问控制策略

这种策略是由系统根据安全需要给每个客体和主体分配不同的安全级别，而且这些安全属性不能轻易被修改。系统通过比较主体和客体的安全属性决定主体对客体的操作可行性。强制访问控制具有更高的安全性。它重点强调信息的流动方向是朝向高安全级别的。它的读操作安全性原则为：仅当主体的安全级别不低于客体的安全级别且主体的类别集合包含客体的类别集合时，才允许该主体对该客体进行读操作。其写操作安全性原则为：仅当主体的安全级别不高于客体级别且客体的类别集合包含主体的类别集合时，才允许该主体对该客体进行写操作。上述两个原则保证了信息的单向流动，其效果是既不允许低信任级别的用户读高敏感度的信息，也不允许高敏感度的信息写入低敏感度区域。

3. 基于角色的访问控制策略

这种策略也称为 RBAC(Role Based Access Control)。它在用户(User)和访问权限(Permission)之间引入角色(Role)的概念，用户与特定的一个或多个角色相联系，角色同一个或多个访问权限相联系，角色可以根据实际的工作需要被生成或被取消，而且登录到系统中的用户可以根据需要动态激活自己拥有的角色。

对比这 3 种访问控制策略可以发现，RBAC 根据不同的职责需求创建相应的角色，每个角色关联一定的操作权限。不同的用户根据其职责被授予不同的角色，从而获得与其责任相应的操作能力。这种模式通过职责分离简化了权限管理，从组织结构和运作方式的角度对职能数据进行了抽象，适合层次级的安全管理。根据第 4 章中的军事模型服务层次体系结构，采用基于角色的访问控制策略。

8.6.2 基于角色的 LDAP 安全模型

军事模型服务的目的决定了它实际是一种细粒度的访问。所谓细粒度的访问就是指用户或程序对系统中的每个被管理对象或特定的操作功能进行控制。

1. LDAP 安全模型中的基本要素

1) 军事模型服务目录项

这是整个安全策略的客体，军事模型服务目录项中存储的是相应的军事模型元数据，由于它是军事模型服务目录项中的数据通往网络上不同分布军事模型的钥匙，因此是整个安全策略需要保护的资源。

2）军事模型服务对象

这是整个安全策略的主体，或称为服务的发起者，这是一个可以主动访问军事模型的实体（通常指用户或代表用户执行的程序）。

3）权限

对系统中的客体进行特定模式访问的操作许可。

4）授权

对军事模型执行的动作，例如对军事概念模型的下载、调用军事程序模型等。

2. 访问控制策略

访问控制策略最终可被模型化为访问矩阵，如表8-3所列。该表中行对应主体，列对应客体，每个矩阵单元代表了特定主体对于特定客体的权限许可。

表8-3 安全访问策略访问矩阵

权限名称	权限1	权限2	权限3	……	权限n
服务对象1	授权	不授权	不授权	……	授权
……	……	……	……	……	……
服务对象n	不授权	授权	授权	……	授权

访问控制矩阵被存储在授权数据库中，传统的访问控制直接将访问者和被访问对象相联系。采用传统的安全策略，针对每一个模型使用者进行限制，如果要实现细粒度的访问控制，意味着相互之间的关系是（用户，军事模型资源，操作权限）的三元组。

如果以上3个元素的数目分别为U、R、P，则相应的关联组合数目为U×R×P，这势必会极大地增加存储和查询的数据量。同时，客体的粒度越细、数目越多，调用访问控制决策模块进行权限判定的频率也越高，如果采用普通的关系数据库，很难在大数据量下满足高效和高频度的查询。这对于要求有较快的响应时间的军事模型共享服务而言是不可行的。然而，由于整个军事模型资源的组织与管理均采用基于LDAP的目录服务来进行，因此，其查询速度应该比相同规模的数据库效率提高一个数量级。

由决策系统进行查询并决定当前主体是否有对某客体进行特定操作的权限，在军事模型服务中的安全模型将采用基于角色RBAC的策略。RBAC通过分离职责，定义不同的角色来实现上述过程。所谓"角色"，就是一组用户的集合加上一组操作权限的集合。角色模型可以被分为两部分。其中之一是用户和角色的关联，它们之间是多对多的关系；另一部分是角色和权限的关联，它们之间也是多对多的关系。这种通过"角色"作为纽带将用户和操作权限联系起来的方式,能够极大地减少权限管理的负担。如果某个角色的职责发生变化,只需修改该角色对应的权限,而不会影响拥有该角色的所有用户,从而提高了系统的灵活性。

根据权限管理的需要和 RBAC 模型的特点,军事模型目录服务器管理员通过角色授权模块进行权限设置。用户通过身份鉴定后,利用访问判定模块进行军事模型资源访问。所有的用户和权限信息都存储在权限信息库中。

3. 权限管理操作

1) 角色授权

管理员通过授权模块对不同级别的用户进行权限设置,预先分配从属于不同功能模块的被管理资源,进行用户和角色的管理。由于采用(用户,角色)的二元组表示,元素之间的约束关系变得相应简单。

2) 用户—角色管理

用户—角色管理包括用户基本信息的管理和用户角色的分配。系统中的用户分为两种:管理员用户和普通用户(在具体实现时,将普通用户还可进行进一步的细化)。管理员是系统的超级用户,具备全部的权限,并由他为其他用户或角色进行权限设置。普通用户由管理员根据组织内部的实际情况进行创建和维护。前者管理普通用户的基本信息,并根据他们的职责为其分配合理的角色。

3) 角色—权限—军事模型资源管理

(角色,权限,资源)是 3 个相关联的元素,它们共同实现了角色对被管理军事模型资源的细粒度访问控制。首先,角色和权限之间存在映射关系,一个角色拥有多个权限,构成了若干个(角色,权限)组合。然后,每个组合又映射一个客体的列表,它代表该角色可以进行当前操作的被管理资源的集合。角色、权限、资源之间的约束关系会造成对象重复。例如,同一个被管理资源可能在多个(角色,权限)组合的客体列表中出现。同理,同一个操作权限会在多个角色下存在,同一个角色会分配给多个用户。因此,当删除某个资源、权限或角色时,需要同时删除该对象在其他权限关联组合中的副本,以保持数据的一致性。

4) 权限判定

权限判定是访问控制的关键部分,它决定当前主体是否有对客体进行特定操作的权限,并把结果反馈给上层应用,由调用方做出相应处理。权限判定分为单一判定和集合判定两种。单一判定返回一个布尔值,它表示主体对客体是否有执行当前操作的权限;集合判定返回资源列表,它表示用户在执行当前操作时,可以操作的客体集合。

图 8-5 表示了权限管理中用户、角色和权限之间的分配关系。其中,构造了用户角色映射表(User Role Mapping)和权限映射表(Permission Mapping)进行用户与角色、角色与权限之间关系的映射。

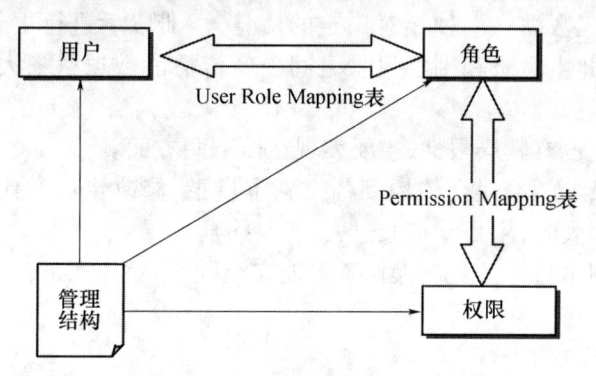

图 8-5 用户、角色和权限之间的关系

8.7 目录服务的技术实现

8.7.1 方案设计

对于基于网格的军事模型服务来说,访问它的用户具有分布性,而且数量多、规模差异大,根据这些特点,考虑两种体系结构方案。

第一种方案是一主多附的 LDAP 服务器部署方案,即所有数据库向一个目录中心注册,然后将整个中心的目录复制到几个地理上分布的分中心,将统一管理目录内容,分布式地为用户提供服务,将这种方案简称为主目录—副目录方案。

第二种方案是利用 LDAP 的目录链接功能,将主目录的不同分支存放在不同的服务器中,所有分支合起来才构成完整的目录树,将这种方案简称为目录链接方案。

下面讨论两种方案的优缺点。

1. 主目录—副目录方案

本方案中需要一种动态复制机制来使主目录和各个副本目录同步更新。可以通过在 LDAP 主目录服务器上设置一个 ReplicationLog(复制记录)文件来实现。这个文件主要用于记录主目录中所有的更新操作信息;另外为了更新副本目录,LDAP 采用了一种称为 slurp 的代理,它负责从主目录的复制记录文件中读取更新操作,并传播给各个副本目录以便更新各自的内容,从而实现主、副本目录的内容一致性。在此方式下,用户可根据自己的位置或目录服务器负载情况选择查询速度最快的服务器,这样可以均衡访问负载,提高访问速度。另外,由于数据库元数据是一种相对稳定的信息,注册以后进行更新的可能性和数据量很小,因此主目录和副本目录之间更新传播的数据量不大,保持数据的一致较容易实现。

但这种方式也有其局限性,主要表现在以下两方面。

(1) 主目录上的错误会传播到各个副本目录,修改错误的代价很大;当更新操作数据量很大时,主目录负载过大,容易瘫痪;

(2) 所有副本目录的更新操作不可能完全同步,这个时间间隔取决于更新传播的速度快慢。

2. 目录链接方案

这种方案的核心是:利用 LDAP 的目录链接将整个目录分割为多个子目录。它具有以下几方面的优点。

(1) 扩展性强,多个节点可容纳更大的数据量;

(2) 可管理性好,每个节点只需管理本地的子目录,效率高;

(3) 可用性高,单个节点的故障不会导致整个目录服务停止,安全性增强;

(4) 负载平衡性好,避免了单个目录服务器的访问拥塞,提供了良好的访问并发性。

为了实现这种机制,LDAP 提供了问询技术,LDAP 问询技术指向目录命名空间的一部分,这一部分目录通常存储在另一台服务器上(或本机)。这种扩展机制使得目录服务的结构非常灵活,理论上可以扩展到任意多个节点。

这种方案也有一些局限性,主要表现为:

(1) 访问速度有可能没有集中单目录方式快,因为可能涉及到多个异地 LDAP 服务器的并发访问,网络时延不定;

(2) 当主目录出故障后,有可能致使整个目录服务瘫痪,因为大部分查询要通过主目录重定向到各个子目录进行;

(3) 目录管理比单目录方式复杂,涉及到 refferals 技术的重定向查询管理。

目前仿真资源数据网格服务体系中,考虑访问速度和稳定性的因素,采用第一种设计方案,设立一个数据中心和两个数据分中心,分中心的目录是中心目录的副本,保持同步更新。

8.7.2 方案实现

目前流行的目录服务软件主要有 Sun 的 Sun Open Directory Server、Microsoft

的 Active Directory 和共享软件 OpenLDAP。OpenLDAP 是由志愿者协作开发的具有商业软件级别的开放源码软件。著名网格中间件项目 Globus 中的监控与目录服务(Monitor and Directory Service,MDS)就是基于 OpenLDAP 实现的。在这里基于军事模型元数据目录服务也计划基于 OpenLDAP 来实现核心部分。

本方案中,需要在主目录和副本目录服务器两端都进行相关的配置工作,使得主目录能及时更新 ReplicationLog,slurp 代理将更新操作传播给各个分站点的副本目录。

假设:主目录 server 的名称为 master.dep3.kjzh.mtn;副本目录 server 的名称为 slave.dep3.kjzh.mtn;则主目录 server 的 LDAP 配置文件 slapd.conf 中除了基本配置选项外,还需加上以下语句:

rep logfile/usr/local/var/openldap/slapd.replog
replica host = slave.dep3.kjzh.mtn: 389
bind dn = "cn = infor1,ou = dep3,dc = kjzh,dc = mtn"
bindmethod = simple credentials = secret

第一行语句指定了 ReplicationLog 文件;第二行指出副本 server 的名称和端口号;第三行 bind dn 语句指定的 DN 必须出现在副本 server 的 LDAP 数据库中,最后一行表示采用简单认证方式,密码为:secret。

采用基本类似的方法可以配置副目录,具体步骤与上述相似,所不同的是最后一句的 URL 表示。当到来更新请求时,slave 将此请求转发到此 URL 地址。通过以上设置,便可基本实现主、从目录 server 的副本复制功能,每当有更新操作,master 将更新语句写入 slapd.replog 文件,slave 通过 slurp 代理获得更新操作信息,再对本地进行更新,从而完成一致性维护,如果访问 slave 的用户提出更新请求,slave 会返回 master 的 referral,用户根据 referral 信息重定向到 master 进行更新操作。

第 9 章

军事模型服务的主动服务机制

无论是在计算技术发展的哪一个阶段,计算模式和软件技术的发展始终追求的目标就是如何更好地满足人们的需求。随着软件技术的不断发展,人们从利用计算机语言思考与解决问题,回归到用日常生活和工作的思维来认识、分析和解决问题,在这一螺旋式上升发展的过程中,信息技术给人们带来的能力越来越强大,但其复杂的技术细节却被包裹得越来越严实,通过信息的隐蔽,使得不同业务层面的用户,在构造他所在层面的应用时,只需关注有哪些功能模块能够为其所用,用什么样的方法构造能够实现他的目标,而不必分散精力关注他所使用的功能模块的实现细节。正如,早期人们要想让计算机完成一项计算任务,必须要明确地知道二进制 0 和 1 的计算规则以及构造由 0 和 1 组成不同命令的方法。枯燥、生涩、难懂的控制指令,让计算机在很长一个时期内被局限在一个特定的业务圈子内。随着 BASIC 语言等高级程序设计语言的出现,软件工程和面向对象方法的产生,逐渐打破了这一僵局,特别是现代信息技术的发展,使得没有人再会因不懂硬件、不懂计算机工作原理、不懂计算编程导致不能使用计算机而苦恼,硬件被机箱封装起来,软件被各种各样的用户界面封装起来。封装让用户不用再和计算机的底层打交道,计算机从人们思维的视线中消失。这就使得人们在对现实问题思考求解方法的时候,不会受到不同抽象层面信息的干扰,能更好地把握解决问题的主题与主线。

人类对复杂事物的控制能力体现在同时管理与处理事物的数量上,按照心理学研究给出的公式,人同时控制与管理事物的数量通常为 7 ± 2。因此,抽象与封装的另一个好处是,从客观机制上排除了不必要的干扰信息,将用户的思维牵引到主体业务目标上。向更贴近终端用户的需要提供计算能力,是信息技术当前发展的主要方向。与之相适应,软件技术正逐步转向"软件即服务",软件资源不再是为特殊领域或特殊目的开发的独享资源,而是作为一种具有各自独特功能的共享资源。当用户为满足自身业务领域的一些应用需求时,只需要向软件运营商或是软件服务的公共平台提出申请,订购或租用相关的软件,而不必从底向上地进行软件代码级的开发。特别是随着新一代信息技术的发展,各种计算服务正逐渐由"以计算机为中心"向"以人为中心"智能化的服务方式转换。计算技术与模式的变化,使得作战模拟系统的建设在应用深度和广度上都有了新的变化,作战模拟系统已经从一个面向特定应用功能单一的、独立的、集中式的系统演化为功能开放的、分布式的、综合集成式的系统。军事模型资源的主动服务机制可以更加有效地实现军事模型资源的重用与共享。

9.1 军事模型服务方式

如前所述,军事模型服务扩展了模型资源共享与重用的层次。通过对模型静态特性的共享与重用,人们可以得到对问题认知水平的提升,即在提高模型专业质量同时,实现知识层面的共享;通过对模型动态特性的共享与重用,人们可以得到模型计算能力的提升,即在降低模型开发成本的同时,可充分利用各类模型计算资源突破自身能力的限制,可有效地实现对模型知识产权的保护,激发模型开发者的工作热情。军事模型服务的执行,既可以由用户提出申请,也可以由模型服务中心将军事模型资源主动推荐给用户,以满足用户的需求。

隐藏起军事模型的应用特征,它便和所有的网上资源一样,用户可以根据自身的需要,请求并得到相应的模型服务。

9.1.1 军事模型服务方式的划分

军事模型服务方式是对服务者提供服务的具体方法、过程或是服务资源在服务过程中被使用的方法等的统称,即提供军事模型服务,实现军事模型资源共享与重用的过程与方法。

服务方式是一个相对抽象的概念,可以从多个角度来考察其特点,或以此对服务进行分类。例如,从服务发生地的角度来考察,可以将服务分为远程服务和本地服务;从服务活动进行时,服务资源的归属角度来考察,可以将服务分为下载服务和在线服务;从服务活动的能动性角度来考察,可以将服务分为被动服务和主动服务;从服务活动发生时,服务资源与服务对象之间的时间持续性角度来考察，可以将服务分为离散服务和连续服务。

1. 远程服务和本地服务

当服务活动发生在服务请求者的本地客户端时，称之为本地服务；反之，当服务活动未发生在服务请求者本地的客户端，而是发生在服务提供者的服务器端时，则将服务称为远程服务。

当采用远程服务方式时，不仅可以共享异地分布的军事模型资源，而且还可以共享到完成模型计算所需的环境资源和数据资源。而对于本地服务方式，在使用模型资源时，用户不必担心网络环境对服务响应造成的影响，如网络的联通状态、网络实时响应的效率、网络传输的安全等。

2. 下载服务和在线服务

当将军事模型资源通过下载的方式存储到服务请求者的本地服务器上，作为本地的模型资源使用时，称此种服务方式为下载服务。这种服务方式通常共享的是军事模型的静态特性，如军事概念模型、数学逻辑模型或仿真程序模型的描述或代码。而模型动态特性是在本地模型计算时展现出来的。

与下载服务相对应，在线服务是指无需将军事模型资源下载到本地，而是直接使用存储在网络上某台服务器上的军事模型，即军事模型被作为网上的一种资源使用。

如果我们将军事模型比作图书馆中的图书，就不难理解这两种服务方式。下载服务就是将书借回家的阅读方式，而在线服务就是在阅览室进行的阅读方式。使用在线服务方式，可以使军事模型资源的知识产权得到有效地保护。

3. 被动服务和主动服务

类比图书馆所提供的图书阅览服务，想一下这个问题：什么时候为读者提供服务呢？通常有两种情况：一种是被动的等待读者来借阅，另一种是主动送书上门。我们可以将前者称为被动服务，将后者称为主动服务。同样地，军事模型服务也可以分为被动服务和主动服务。

所谓被动服务方式是指被提供的军事模型资源等待用户的选择，由用户的拉动(pull)来启动服务活动，即由模型服务请求者利用面向服务系统来完成模型服务的全过程。例如，对网站上一些工具软件的下载。

而主动服务方式是指被提供的军事模型资源按一定的规则，由服务端（模型管理者）主动推送(push)给用户。例如，当下手机微信中的新闻自动推送，360杀毒软件病毒库的自动更新等。

4. 离散服务和连续服务

离散服务就是针对无状态的解析模型计算服务而言的。服务活动根据用户的请求，调用相应的模型，执行该模型的计算过程，并将结果返回给用户，服务结束。

离散服务又被称为一次性服务,即在提出模型服务请求后,用户得到模型的一次性计算结果。例如,请求某型飞机的突防概率计算服务,模型在返回计算结果后即停止运行。

相对地,连续服务是针对有状态的模型计算服务而言的。在这种方式下,模型的运行伴随着模拟系统(服务请求者)运行的一个较长的时间阶段。例如,在空战模拟过程中,飞行器飞行航迹计算模型服务将会从飞行器起飞一直持续到飞行器着陆为止;汽车上的 GPS 导航模型在整个驾驶过程中始终在运行。而且模型计算服务过程中,需要服务请求者进行信息交换,即由服务请求者的当前位置状态计算出下一点的方位。

这种方式也能很好地支持伴随式模拟。2007 年美国国防高级研究计划局制定了"深绿计划",它的主要目的是利用模拟仿真系统辅助决策者快速而有效地制定各种计划和方案,实现复杂战争状态变化下的作战计划制定。这一设想的提出是因为美军研究发现,在现代战争中,作战计划在执行过程中改变了的比例越来越高,如在海湾战争中,20% 的作战计划失效;科威特战争中,63% 的作战计划失效;伊拉克战争中,80% 的作战计划失效;而在阿富汗战争中,更有高达 90% 的作战计划失效。也就是在第一声枪响以后,大多数计划就赶不上变化了,为了适应这种战场的变化,需要使用模拟系统或是仿真代理(Agent)去跟踪正在进行的战事发展,实现所谓的"无作战计划"条件下的决策指挥问题。显然,适应这种需求的作战模拟或仿真系统,既不能通过预先编好的系统来满足各种不同的需求,也不可能针对每一种变化"现场"进行系统的开发,而是要能快速灵活地调用事先部署在服务器上的模型资源、数据资源和系统资源搭建装配成适应当前作战需要的系统,模型服务方式是一种有效地解决这一问题的方法。

军事模型服务的各种方式之间没有截然不同的界限,彼此之间会有重叠与包含,只是根据研究或使用的视角不同而已。随着服务的深化,主动服务成为研究关注的焦点。本书从服务的能动性角度来考察服务方式,利用 Web 服务技术实现的模型服务侧重于等待式的被动服务,即军事模型服务资源通过模型中心发布以后,等待用户的请求,而不会主动寻找或发现用户的需求,需要更进一步地研究能够主动发现用户需求变化并为之服务的主动服务。因此,Web 服务与主动服务是本书讨论的主要问题。

9.1.2 感知需求的主动服务

利用 Web 服务技术将对军事模型资源的静态共享扩展到了动态共享,实现了军事模型资源全方位的共享与重用。但 Web 服务仍具有一定的局限性。一是在实现层次上,利用 Web 服务技术实现的军事模型服务是基于固定的模型而无法进行功能扩展的;二是在使用层次上,利用 Web 服务技术实现的军事模型服务,模型资源是静态部署的,服务主体无法感知到用户的需求变化。即这种服务模式是一种"有什么服务什么"的服务模式,不能达到"需要什么服务什么"的要求。为了达到"需要什么服务什么"的目的,需要一种新的模型服务模式,即主动服务。

1. 主动服务的概念

主动服务应能够根据用户的服务需求,从异地分布式或本地网络中搜索、发现、挖掘出能够满足用户需求的军事模型资源,并能够将所找到的军事模型进行组装、编译和执行,形成具有一定功能的模型资源实体,为用户提供服务,实现用户所要求的功能。此外,主动服务还应能根据用户需要的动态变化,主动适应用户的个性化要求和特点。因此,主动服务也可被称为感知需求的主动服务。服务的主动性是影响服务质量提高的关键,通过主动感知需求,满足需求,才能有效提高服务的质量和效率。

前面提到过,军事模型最终是以仿真程序模型的形态运行在模拟或仿真系统中的,去除军事模型的应用特性,从计算机软件系统的角度看,军事模型服务是依靠计算机系统的计算资源或程序执行来实现的。主动服务也不例外,书中所提到的服务,如无特殊说明,包含了实现服务的计算资源(环境和数据)。

2. 主动服务研究的主要内容

主动服务研究的主要内容有三部分:

1) 研究如何构建主动服务的体系

包括了主动服务的体系结构、协议规范和服务描述等。主动服务与 Web 服务之间最大的区别在于对用户所需服务的自适应性,主动服务能够感知用户需求的变化,而 Web 服务不能感知。从这一点出发,也可以将 Web 服务看作是一种静态的主动服务,即是由模型提供者预先部署好的、能提供特定功能模型的主动服务。因此,主动服务的体系结构和协议规范不是脱离 Web 服务的,而是在 Web 服务的基础上扩展形成的。

2) 研究如何发现实现服务的模型资源

利用 Web 服务实现的军事模型服务,是依靠模型开发者预先提供的能够被共享的模型资源,当用户要求使用这些资源时,通过模型服务管理绑定到相应的模型上,模型被激活,实现用户所要求的服务功能。但对于主动服务而言,用户要求哪些模型服务是无法预知的,模型开发者也不可能预先部署能满足这些服务的模型。因此,如何发现和组织已有的模型,以及确认这些模型是否能够提供主动服务所需要的功能,是主动服务研究的重点所在。

3) 研究如何定制所需的服务

所谓定制所需的服务是指在网络上发现能够满足用户需要的模型,并将这些模型组织起来,在用户的软硬件平台和环境下链接、编译和执行。从软件系统的角度看,以往,传统程序是无法在不同的软硬件平台和环境中被发现和组织起来的,当然也无法进行链接、编译和执行。这是因为,无论是用户,还是软件系统都无法简单地发现和感知到这些模型所提供的功能。而且,不同软硬件平台和环境中的程序之间、程序与运行环境之间缺少能够互相链接的标准接口,也制约着主动服务的实现。但组件化技术为服务定制提供了可能。组件化技术隐藏了组件内部的实现细节,实现了组件在功能级上进行通信和调用的接口与标准。同时,经过长期研制建设,积累了大批可供重用的标准化军事模型组件,这也使得大量定制个性化服务成为可能。

图 9-1 描述了模型共享模式的变化。在模型共享模式的演化过程中,对比传统的模型共享和基于 Web 服务的模型共享,可以看出,模型服务体系本身并不生产和消费模型,它只是起到服务中介的作用,通过模型服务中心实现模型提供者和模型使用者之间的有机结合,来提高模型共享效率。而从基于 Web 服务的模型共享再到基于主动服务的模型共享,增加的是服务的智能性。

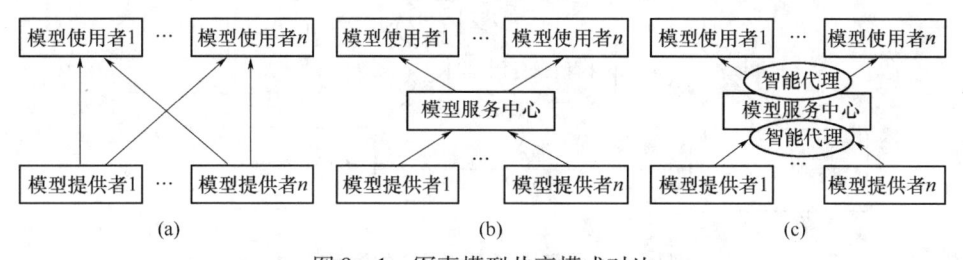

图 9-1 军事模型共享模式对比

(a) 传统的模型共享;(b) 基于 Web 的模型共享;(c) 基于主动服务的模型共享。

模型服务突出的是"服务"的理念,模型服务系统本身并不参与共享模型的开发与消费,目的是为模型开发者和模型共享需求者构建联系的平台。

9.2　军事模型主动服务的体系结构

如前所述,在基于 Web 服务构建的军事模型服务中,由模型提供者提供的模型只能被动地等待着被模型使用者发现、调用,因模型资源不能及时地被发现或调用,从而使得不能以最佳效率发挥模型资源的作用。而模型使用者在寻找所需要的模型时,受自身局限性,在发现所需要的模型资源时,能够找到可用的模型,但不一定能够在大量甚至海量的模型资源中发现最恰当、最适合的模型。为实现军事模型的主动服务需要对原有 Web 服务角色进行扩充,打破由模型提供者向模型管理者提供模型,模型使用者根据自身的需要到模型管理者处寻求可用的模型,再通过绑定进行调用的模式,将军事模型资源主动提供给用户。

9.2.1 主动服务体系中的角色关系

1. 角色关系模型

为实现主动服务的模型资源发现、定制、加载和调用机制,军事模型的主动服务在原有 Web 服务体系结构中,增加了一个新的角色:模型服务代理(Service Broker)。该角色的主要任务是面向模型请求者提出的模型调用请求,搜索与挖掘出能满足用户需求的模型资源,并对相应资源进行组装定制,生成新的服务,再将所生成的新的模型服务资源提交给模型服务提供者进行发布与执行。在主动服务体系结构中,角色之间的逻辑关系[16]如图 9-2 所示。

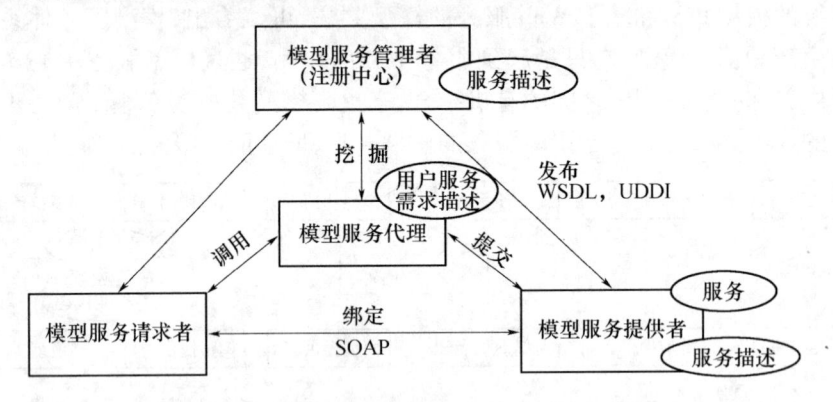

图 9-2 军事模型主动服务的体系结构

从图 9-2 可以清楚地看出,军事模型主动服务体系中的角色由原来 Web 服务的 3 个扩展为 4 个,分别为模型服务请求者(Service Requestor)、模型服务提供者(Service Provider)、模型服务管理者(Service Registry)和模型服务代理(Service Broker)。伴随着角色的增多,相应增加了模型服务代理与模型服务管理者、模型服务请求者和模型服务提供者之间的操作,从而使角色之间的操作由原来的 3 类扩展为 6 类,分别为发布(Publishing)、查找(Finding)、绑定(Binding)、调用(Calling)、挖掘(Mining)和提交(Submitting)。在军事模型主动服务体系中,模型服务请求者、模型服务提供者和模型服务管理者的作用与在 Web 服务体系中所扮演的角色一样,作用完全相同;发布、查找和绑定三项基本操作的作用也是一样的。在第3章有关Web服务体系结构的阐述中,已经对模型服务请求者、模型服务提供者、模型服务管理者以及发布、查找和绑定的概念和含义做了详细介绍。因此,这里只介绍新增加的模型服务代理及与之相关的调用、挖掘和提交操作。

模型服务代理是为满足用户需求生成新模型服务的交互和执行平台。可以从模型服务活动的过程理解模型服务代理在模型主动服务中所起的作用。当启动模型主动服务时,用户(模型服务请求者)通过模型服务代理向系统(模型服务管理者)提出服务要求,系统通过模型服务代理获取和分析用户的需求,在所管理的模型服务资源中搜索和挖掘出能满足用户需求的相关的军事模型,并对找到的军事模型资源进行组装定制,生成新的服务,尔后再将新生成的模型服务提交给模型服务提供者发布和执行。

2. 模型服务代理的基本操作

在接收到用户提出的服务请求时,模型服务代理进行调用、挖掘和提交三项操作。操作的具体含义是:

1)调用

模型服务代理总是首先使用现有的Web服务来满足用户提出的模型服务请求。即,模型服务代理通过主动发现流程寻找能够直接满足用户需求的模型,如果在现有的军事模型服务资源中有这样的模型时,那么,模型服务代理就以一个模型使用者的身份使用现有的Web服务调用机制调用相应的军事模型服务。

2)挖掘

当没能通过主动发现流程找到能够直接满足用户需求的模型服务资源时,模型服务代理将调用模型挖掘模块,对现有的模型服务资源进行分析,挖掘搜索出可能提供给用户使用的模型资源,以便产生新的符合用户需求的模型服务,满足用户的计算要求。

3)提交

当通过挖掘搜索生成新的模型服务资源后,模型服务代理则会把新的模型资源组合关系存储起来,同时,将组合后的新服务提交到模型提供者,通过现有的Web服务发布机制发布出去,作为可被下一次直接调用的模型服务资源。

9.2.2 实现主动服务的协议规范

主动服务不仅扩展了实现模型服务的角色和操作,同时还需要对Web服务的协议与规范进行扩展,即增加以服务的主动发现、定制、加载执行为主的主动服务层以及服务描述扩展层,形成新的协议规范框架[16],如图9-3所示。

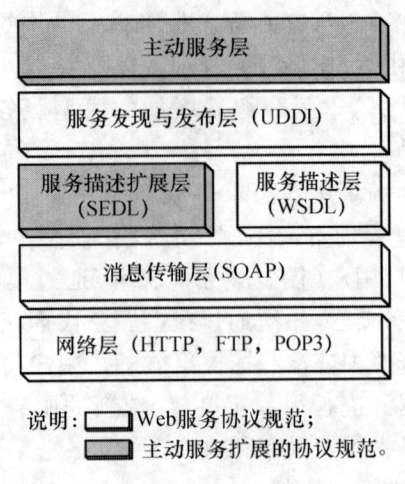

```
┌─────────────────────┐
│      主动服务层      │
├─────────────────────┤
│ 服务发现与发布层（UDDI）│
├──────────┬──────────┤
│服务描述扩展层│ 服务描述层 │
│  (SEDL)  │  (WSDL)  │
├──────────┴──────────┤
│   消息传输层(SOAP)   │
├─────────────────────┤
│网络层（HTTP, FTP, POP3）│
└─────────────────────┘
```

说明：▢ Web服务协议规范；
▨ 主动服务扩展的协议规范。

图9-3 军事模型主动服务的协议规范

图9-3中的网络层协议、消息传送层协议、服务描述层协议、服务发现与发布层协议同Web服务中的协议规范类似，而主动服务层及服务描述扩展层协议是在其基础上为实现主动服务增加的扩展协议。

1. 网络层协议

网络层协议的作用是确保服务绑定双方的互通。根据不同的网络应用环境，主动服务会选用不同的网络协议来加载、调用和执行相关的服务。例如，当模型服务请求者与模型服务提供者是通过互联网连接时，通常会选择在互联网上普遍部署的 HTTP 作为网络层协议；如果在用户的内部网络中提供和使用 Web 服务时，可以综合安全性、可用性、可靠性等指标要求进行选择，如采用 POP3 协议等。网络层协议的选择，对于用户来说是透明的。

2. 消息传输层协议

消息传输层协议的作用是确保服务之间的互连，实现对模型的绑定和调用。主动服务同 Web 服务一样，也是通过消息传输机制来实现服务之间的调用和相互通信。消息传输层普遍使用的协议规范是 SOAP。

3. 服务描述层协议

主动服务的描述也是以 WSDL 为基础的。如前所述，WSDL 由类型（Types）、消息（Message）、端口类型（PortType）、绑定（Binding）、端口（Port）和服务（Service）等6种元素组成。服务调用者可以通过这些信息获取所要调用的模型服务的位置信息、接口定义、数据类型、消息结构、传输协议等内容，从而实现对相关服务的调用。

4. 服务发现与发布层协议

服务发现与发布层协议主要采用 UDDI 协议,用于支持服务的注册与发布。如前所述,在 UDDI 的核心信息结构中,定义了 5 种服务信息类型,分别是模型服务实体信息(Business Entity)、服务信息(Business Service)、绑定信息(Binding Tamplate)、技术规范(tModel)和关联关系声明(Publisher Assertion)。UDDI 通过这 5 种信息类型,完成了对军事模型服务资源的注册、发现与发布。

UDDI 协议规范定义了良好的可扩展机制,所有记录的信息可以通过技术规范进行扩展。主动服务中的服务发现与发布层规范就是以 UDDI 为基础,利用其扩展机制将主动服务描述中所含有的特定信息注册到了 UDDI,从而使得通过 UDDI 可以完整的描述和发布主动服务的全部信息。

5. 服务描述扩展层协议

服务描述扩展层的协议规范是 SEDL(Service Extension Description Language),主要用于弥补 WSDL 缺少对主动服务信息描述的不足。从 WSDL 的结构可得知,WSDL 只是描述了模型服务的接口定义和接口实现信息,以及提供了调用服务的具体方法,但是没有提供对主动服务中所要求的其他信息进行描述的方法,如模型服务性能、服务的功能语义信息等。SEDL 信息结构中主要包含:

1) 性能信息

主要是对模型服务的服务质量(QoS)等非功能的性能指标进行描述。例如,完成该项服务所需要持续的时间、使用的服务费用、服务的级别和安全等信息。

2) 功能语义信息

主要是对该项服务所完成功能的语义进行描述,以便于系统能够理解、利用和处理。为了提供对语义描述的支持,需要领域知识库和功能分类信息。领域知识库中的信息来自于特定的应用领域,主要目的是使用专业统一的语言来表达应用领域的知识,它是不同服务间相互理解与交互的语义基础。功能分类信息不仅描述了与该项服务相关的功能有哪些,而且还对功能进行了描述,它使查找该项服务变得更容易。通常,可以采用领域知识词典和关键词来对功能语义进行描述。

3) 服务上下文信息

是对该项服务在运行或者组装时需要指定的上下文依赖关系的描述,主要是说明该项服务与其他服务的关系。其中包括与该项服务运行相关联的服务有哪些,该项服务正常运行需要哪些服务提供接口,它的运行结果又可以提供给哪些服务使用等。通过对成功组装新服务案例的记录,为服务发现和组装操作提供进一步的支持。

WSDL 服务描述与 SEDL 服务描述一起,共同构成完整的主动服务描述,如图 9-4 所示。其中,由 WSDL 定义服务交互的接口和结构,而由 SEDL 定义服务的应用环境。

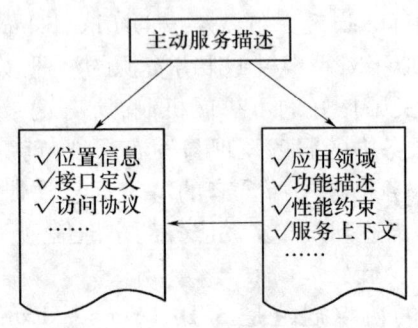

图 9-4 主动服务描述的组成

6. 主动服务层协议

这一层的目标是实现主动服务中模型服务代理的功能,包括了服务发现和服务定制两部分。其中,服务发现基于服务注册协议,根据用户的服务需求,通过使用服务注册协议,在已注册的所有服务中找到最匹配的服务。服务定制用于对用户的需求进行分析,并生成合适的模型服务组装方案,制定每个环节的服务要求并通过服务发现部分提取所需要的服务进行组装,再将组装后的结果以服务的方式提交给用户使用。有关服务发现和服务定制的内容将在后续章节中详细讨论。

9.3 军事模型主动服务的实现流程

9.3.1 主动服务实现流程的阶段划分

军事模型主动服务的实现过程可以被划分为 3 个阶段,如图 9-5 所示。第一个阶段是服务需求定义阶段,第二阶段是服务发现与定制阶段,第三阶段是服务执行和发布阶段。从图中可清楚地看出,服务的主动发现模块的作用贯穿于主动服务实现流程的始终,在 3 个阶段都发挥着重要的作用。

在服务需求定义阶段,当用户(模型服务请求者)输入某个具体的服务请求后,首先通过服务主动发现模块在网络上寻找是否有一个可以直接完成该服务请求的模型服务。如果找到合适的模型,则直接执行该模型来完成相应的任

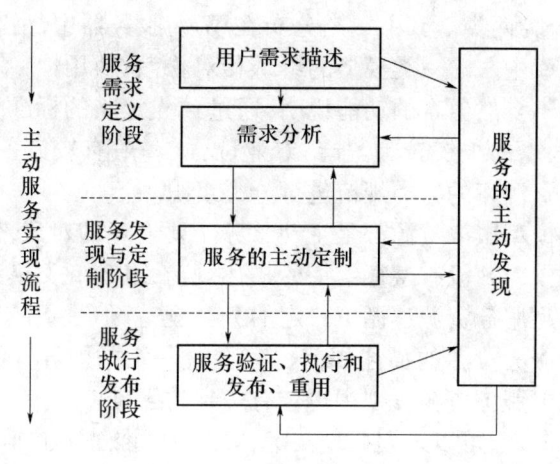

图 9-5　主动服务的实现流程

务;如果没有找到直接可用的模型,则调用需要分析模块,对请求服务的任务进行分解,并最终形成服务的模型组装方案。

在服务发布与定制阶段,同样是利用服务主动发现模块对方案中的模型服务进行发现查找,并对所发现的服务组合关系、服务协商关系进行分析,动态完善服务的组装方案。在该过程中,服务的发现、分析及服务协商是反复进行的,在用户的参与下,动态地对组装方案进行修改和求精,整个过程呈现一个螺旋上升的交互过程,直到形成一个完善的服务组装方案。这个方案实际就是一个描述服务组装定义的文档,其中清楚地说明了每个子服务的执行顺序、执行条件、执行方式。

在服务执行发布阶段,将上一个阶段得到的一个完备的服务组装方案,连同涉及到的子服务提交至主动服务的执行环境,验证其正确性以及是否满足用户需求。如果该方案能够满足用户的需求,则提交给用户执行并将其进行注册发布,以于为同样的服务请求提供服务;如果该方案不能够满足用户的需求,则要求用户进行反馈,依据反馈信息进行修正,并重复前面的过程对方案进行求精。

服务的主动发现和服务的主动定制是实现主动服务的两个重要机制,下面我们将进一步详细讨论。

9.3.2　模型服务的主动发现

1. 发现对象

军事模型服务资源是服务主动发现的对象。根据模型服务资源的应用特征，通常将它们分为两类。其中一类分布在 Web 服务器中，另一类注册在网上各专用模型资源库中。前一类模型的组织相对松散，通用性、基础性较强，通常都是提供一个基于自然语言的功能说明，通过预先定义的标准接口对用户提供服务；而后一类模型的组织较为紧凑，专业性强，一般有较完备的功能说明，并根据所在的模型资源库的分类规范进行分类组织。

尽管这两类模型服务资源都是主动服务所要发现的对象，但由于第一类模型服务资源在发布时并没有遵循统一的描述规范，发现此类模型服务资源较为困难。第二类模型服务资源遵循了一定的分类规范，但是不同领域内的模型资源库之间的模型服务资源的描述规范也存在着一定的差异，因此，在不同模型服务资源库之间的服务资源发现中也会有一定的困难。

为解决这一问题，可以采用代理技术，以一种"推送"与"收拉"相结合的方式来实现主动发现所需要的模型服务资源。所谓"推送"的方式是采取将与用户相关的服务信息预先发布到网上的某个服务器上，并组织成一个模型服务目录库，为搜索技术提供信息源。而"收拉"的方式则是利用各种服务搜索技术对发布在模型服务目录库上的服务进行发现操作。

2. 服务间的功能关系

服务主动发现技术在很大程度上依赖于服务的表示方法，而服务的表示方法既包括服务自身的描述，也包括服务在服务目录库中的组织方式。为了描述服务与服务之间的功能关系，可以利用本体论的方法，即在对服务功能进行描述时，引入语义本体（Ontology），并将其作为服务目录库的一种组织形式，形成服务功能语义描述。服务与服务之间的关系有组合、继承、包含、相等（置换）、调用等，组合关系还可以进一步分解为顺序、分支、合并、递归等关系。无论是服务与服务之间的哪种关系，在相关服务之间都存在着不同的语义关系。

若要实现和完成服务的主要发现，就需要将能够表达服务之间关系的语义组织起来，形成一个具有层次结构的服务关系网络，通过服务功能语义进行描述。同时，为了能搜索发现与用户服务请求相关或相匹配的、已有的模型服务资源，需要对用户输入的服务需求进行功能分解，分解后得到的子功能及其关系也要用服务功能语义进行描述。

服务功能语义描述的主要作用体现在：

（1）当希望用一个模型服务来取代另一个模型服务时，可以使用服务功能语义对服务相等（置换）关系进行定义，以便迅速发现所需要的服务。例如，当某一项服务的网络连接出现错误时，需要用功能上相同的服务进行替换；当某一项模型服务有了性能更好或更优化的产品时，需要更换功能相同的原有服务。

(2) 当利用其他服务检索技术检索到一个需要的服务后,搜索与该项服务相关的组装语义网络,可以获得与该项服务有固定搭配关系的其他服务及应用模式,从而为服务组装提供依据。

(3) 对于每一次成功的服务组装,都会形成相应的组装语义,并被保存起来。随着军事模型服务资源库规模的不断扩大,还可将这些被保存下来的组装语义构成一个服务任务分解的知识库,为用户提供服务分解的实例。

(4) 服务功能语义描述可被作为代理遍历模型服务资源的一个重要依据。因此,还可以通过开发基于服务功能语义描述的服务浏览图形导航系统,为用户提供可视化的服务主动发现工具。

3. 服务描述与服务功能的划分过程

服务主动发现的过程是一个服务功能逐步分解和搜索的过程。即在服务主动发现的过程中,首先搜索与发现是否存在与所请求的服务功能相匹配的服务存在,如果存在,则执行服务的绑定及调用操作,如果不存在,则将服务功能分解成若干个服务子功能,再分别对各个服务子功能进行搜索与发现操作,如此反复,直至搜索与发现目标或分解到一定粒度后结束。在这一过程中,不但要对用户的服务需求进行形式化描述,而且还要对服务的功能语义进行分析,提取出连接各子功能的功能语义,如关键词和子功能连接顺序等信息。

4. 服务主动发现的过程

单纯依靠基于服务功能语义的搜索与发现,并不能完整准确地定位到用户需要的服务,还需要与依赖于服务自身描述的其他检索方法相结合。

在主动服务中,服务的完整描述是由 WSDL 描述和 SEDL 描述构成的,其中 WSDL 描述定义了服务交互的接口和结构,支持模型服务之间的互连和互操作;SEDL 描述定义了主动服务应用环境中所必须的一些信息,如服务性能、功能语义信息等。基于这些描述信息,可以有多种检索方法用于主动发现的检索过程。例如,基于应用领域特征的检索、基于功能描述的检索或是基于模型开发者的检索等。

9.3.3 模型服务的主动定制

模型服务的主动定制就是根据用户所提出的服务请求,由模型服务系统从互联网或局域网中,发现和挖掘出与用户服务需求相近或匹配的军事模型资源,然后对这些模型资源进行组装或处理,并在用户要求的时间内提供给用户的过程。

当用户对模型服务系统发出服务需求后,如果系统中存在能直接满足用户需求功能的模型服务资源,则通过系统的绑定操作,用户可直接使用,这就是传统的 Web 服务的模型服务模式。如果不存在能直接满足用户需求功能的模型服务资源,则进入主动服务定制过程。

主动服务定制过程主要包含以下 3 个步骤：

1. 子功能验证

根据服务主动发现过程时所获得的服务子功能分解顺序和功能语义描述,对所发现的每项服务子功能所对应的模型计算资源进行验证和测试,验证相关计算资源所提供的功能与所要求的服务子功能是否一致。

2. 组装与链接

对于经过验证和测试的各种相关计算资源,按照服务主动发现时抽取的子功能顺序表对服务进行组装和链接,形成新的计算服务资源。

3. 确认与发布

对上一步所得到的计算服务资源进行验证与一致性测试。如果验证与测试结果能够表明组装链接后的计算资源所提供的服务与用户需求是一致的话,则发布该计算资源和服务。此时,服务的调度权又回到了传统的 Web 服务模式,完成服务的绑定与执行操作。

9.4　主动服务中的模型挖掘

主动服务是在 Web 服务的基础上,增加了识别用户需求和处理功能,使用户能够根据特定需要选择合适的功能集,按需创建新的服务和应用,从而使军事模型服务具备面向用户需要进行"按需服务"的能力。因此,除了需要组件技术和 Web 服务技术外,还需要 Agent 技术和数据挖掘技术的支撑。

9.4.1　实现主动服务的相关技术

毫无疑问,组件化技术是将各类军事模型资源从作战仿真系统中分离出来,形成可共享与重用的军事模型服务组件的技术基础,从而为实现军事模型主动服务提供了模型资源。Agent 技术的发展使软件系统具有了自学习和记忆的能力,MAS(Multi - Agent System)及其相应的支持平台还具有 Agent 之间的协调和决策能力,这就为在互联网环境下实现智能化的分布计算提供了可能。主动服务的许多功能都可以通过 Agent 技术实现。

当用户提出服务需求之后,如果 Web 服务不提供相应的支持,主动服务系统则可通过对军事模型组件的重新组装和重用来构造满足用户需求的新的服务。这就需要从互联网或军事模型服务组件库中搜索出能够满足相应功能的组件,数据挖掘理论与方法为挖掘和搜索模型服务资源提供了基础。

基于以上的理论与技术,模型挖掘首先对互联网上存在的模型组件资源进行分类、组织和存储。当用户提出服务请求时,模型挖掘系统根据用户需求,去分析识别用户请求,并搜索已有的模型组件,并判断是否存在有满足用户请求的模型组件。如果不存在这样的模型组件,则对用户请求进行分解,并根据分解后形成的请求,再去搜索和组装模型组件,最终形成可满足用户需求的服务。

在前面的章节中,已经讨论过了组件化技术,这里不再赘述。只简要讨论一个 Agent 技术和数据挖掘技术,更多内容请参见相关著作。

1. Agent 技术

Agent 亦被称为智能体。它是一种新兴的软件技术,其主要思想是赋予软件系统一定的智能,使其能代表用户自主完成一些特定的任务,从而提高用户的工作效率。通常情况下,Agent 被看作是能够执行某些自主操作,代表用户或其他 Agent 完成特定任务的软件实体。Agent 具有下面几种智能化的特征。

1) 自治性(Autonomous)

自治性是指 Agent 不需要人或系统的干预就可以自主运行,并对自己的行为和内部状态有一定程度的控制能力。

2) 协作性(Cooperative)

协作性指的是 Agent 之间能够进行高层次的通信,彼此之间能够共享所持有的知识,可以组成一个有机整体,为用户完成复杂的任务。

3) 反应性(Reactive)

反应性指的是 Agent 可以感知或监视所处环境的变化,并能对这些变化及时做出适当的反应,它反映的是 Agent 的感知能力。

4) 能动性(Proavtive)

能动性是指 Agent 不是简单地响应环境的变化,它能够根据所要达到的目标主动作用。

5) 目的性(Task – oriented)

目的性是指 Agent 能够处理复杂的高层次任务,能够将任务分解为多个子任务,并以适当的次序逐个完成。

随着网络技术的发展,能够在网络节点间自主移动也成为代理的一个重要特征,这样的 Agent 被称为移动智能体(Mobile agent),它能根据任务需要,在网络节点的代理运行环境间自主移动,到达信息或服务所在的主机,根据用户的需要搜集信息、执行操作,在完成预订任务后返回源主机。移动智能体的自主移动特征大大增强了 Agent 的灵活性,在很多应用领域显示出了明显的优势。

多个 Agent 之间可以通过互相通信共享所拥有的知识、分工协作、相互配合，形成一个有机整体，帮助用户完成较为复杂的任务。这种基于多 Agent 的交互的系统称为多智能体系统（Mutil-Agent System, MAS）。一般来说，在一个 MAS 中，既有移动 Agent，又有普通的静态 Agent，它们拥有相同的领域知识，Agent 之间通过智能通信语言进行高层次的交互、传递消息，在任务处理常务委员中的各个环节实现分工协作。目前，人们开发多种 MAS，被广泛应用于工作流控制、计算机支持的协同工作、网络管理、信息攻取、电子商务等多个领域。

互联网的迅速发展使 Agent 技术应用到了 Web 领域，利用 Agent 可以帮助用户完成信息搜索等用户所指定的任务。同样，在模型挖掘中也可以应用 Agent 技术，帮助用户和系统进行需求分析、组件搜索，以及通信和管理等。

2. 数据挖掘与 Web 挖掘技术

随着信息技术特别是数据库技术的迅速发展和各类信息系统的广泛应用，用于从海量数据中帮助用户发现隐含知识的数据挖掘技术（Data Mining）和系统得到了快速的发展，并且应用到了 Web 领域。当前，数据挖掘技术已经成为帮助用户从互联网上搜索、发现和获取信息的基本手段。应用于 Web 领域的数据挖掘技术被统称为 Web 挖掘技术（Web Mining）。

1）挖掘分类

用户对 Web 领域中感兴趣的东西不外乎 3 种，即对象的内容、对象的结构和对象的行为习惯。相应的 Web 挖掘技术也被分为 3 类：

- Web 内容挖掘（Content Mining）
- Web 结构挖掘（Structure Mining）
- Web 行为挖掘（Usage Mining）

其中，Web 内容挖掘的目的是通过归纳学习、机器学习、统计分析等方法，从大量的 Web 站点中发现和提取出用户感兴趣的信息或更高层次上的知识和规律；Web 结构挖掘是基于 WWW 组织和超链接结构的网络挖掘形式，其目的是通过分析文档之间的超链结构、文档的内部结构以及文档 URL 的目录路径结构等信息，进行网络导航或网络信息的归纳导航或网络信息的归纳整理；Web 行为挖掘的目的是通过对 Web 服务器日志文件的分析，发现用户的浏览模式，为站点管理员提供各种有利于 Web 站点改进或者可以带来效益的信息。

2）基本挖掘步骤

尽管 Web 内容挖掘、Web 结构挖掘和 Web 行为挖掘对 Web 领域信息挖掘的兴趣点不同，但其技术实现的过程是相同的。Web 挖掘主要包括以下几个步骤：

（1）数据准备。无论是哪一种类型的 Web 挖掘，其处理对象都是大量的数据,这些数据包括 Web 页面的内容、Web 站点的结构、Web 站点的记录等。为进行 Web 挖掘,首先需要在 Web 挖掘之前进行数据准备,即将网页中的文本、图片及其他文件转换成数据挖掘算法可用的数据形式。数据准备包括了对数据的选择、净化、推测、转换、缩减等操作。其中,数据选择操作完成对相关数据的选择;数据净化操作完成消除噪音和冗余数据的工作;数据推测操作主要是推算出缺失的数据;数据转换操作完成离散数据与连续值数据之间的相互转换、数据值的分组分类、数据项之间的合并计算组合等;而缩减操作是按一定的规则减少数据量。

(2) 模式发现。这一步骤是实现 Web 挖掘的关键。通过常用决策树、分类、聚类、粗糙集、关联规则、神经网络、遗传算法等技术,选取相应算法的参数,对数据进行分析,得到可能形成知识的模式模型。

(3) 评估、解释模式模型。这一步骤包含两层含义:一是进行模式确认,即根据用户的经验对得到的知识模式模型进行评估分析,选出其中有意义的模型或规则,并用数据检验其准确性;二是进行模式说明,即将经评估确认后的模式,以用户易于理解的方式展现出来。

(4) 确认知识。这一步骤的主要工作是对得到的知识模式进行一致性检查。解决与知识模式模型存在相互冲突、相互矛盾的问题。

(5) 运用知识。将所得到的知识模式模型运用于决策优化和预测。在决策优化方面,主要是运用知识本身所描述的关系或结果,对决策提供支持,优化网站的设计,以提高系统的性能等;而在预测方面,主要是根据得到的知识或规律,对将要发生的问题进行预测。

9.4.2 主动服务中的模型挖掘技术

模型挖掘技术是在网络环境下,从发布和存在的军事模型资源中搜索挖掘出满足用户需求的军事模型,并按一定的规范和标准对其进行组织、分类、存储、识别、发现和检索,通过军事模型资源的重用来减少编程工作和实现主动服务的技术。

1. 模型挖掘系统的组成

为了实现对用户服务需求的分析与理解,以及能够将搜索挖掘到的模型资源进行统一组织和管理,一个模型挖掘系统应由人机接口、需要分析、模型组件搜索引擎、组装与验证以及模型资源库等 5 个子系统组成。

1) 人机接口子系统

模型挖掘的人机接口(Interface for Model Mining)子系统的主要功能是完成

用户与模型挖掘系统之间的通信和交互。用于输入用户请求,提供信息帮助和返回模型挖掘及相关服务结果。

2) 需求分析子系统

需求分析(Requirements Analysis Modlular)子系统的主要功能是对用户输入的需求进行分析,完成用户输入到模型系统的映射。

3) 模型组件搜索引擎

模型组件搜索引擎(Component Searching Engine)子系统的主要功能是实现在互联网上搜索挖掘模型资源和在模型资源库中检索提取模型组件。

4) 组装与验证子系统

组装与验证(Component Assembling and Verification Engine)子系统的主要功能是实现对搜索提取出的模型资源的组装与执行、验证操作,创建新的模型组件和服务。

5) 模型资源库

模型资源库(Component Warehouse)子系统的主要功能是集中存储、组织和管理从网络环境中搜索到的模型组件资源。

换言之,模型挖掘的基本思想是利用多个 Agent,分析用户所提出的模型服务请求,从互联网上的大量军事模型服务资源中识别、发现、获取所需的模型组件,并进行自动组装,形成实现用户所需计算功能的程序,并以服务的方式提交给用户,从而支持互联网中的主动服务。模型挖掘的工作模式[16]如图 9-6 所示。

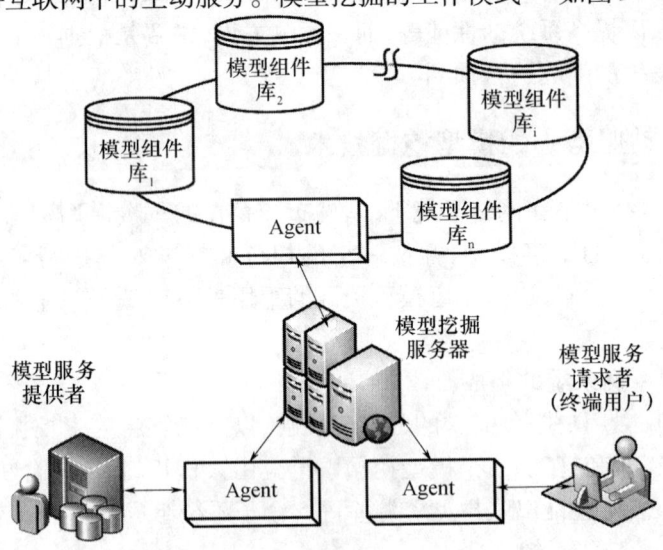

图 9-6 模型挖掘的工作模式示意

在模型挖掘过程中,用户对模型服务的请求经过人机接口和 Agent 模块提交到模型挖掘服务器;模型挖掘服务器对用户的需求进行分析和功能分解,形成检索和提取模型组件的查询条件,并在相关模型组件资源库中寻找满足查询条件的模型组件,然后按照模型组件之间的依赖和调用关系,找出能够实现用户所要求的计算功能的模型组件或模型组件组合;最后,将模型组件组装成可执行的模型程序后执行。

2. 模型挖掘的一般过程

根据模型挖掘的功能,其工作过程也分为两部分。一部分是在互联网上搜索、挖掘和获取模型组件资源,创建和扩展本地模型组件资源库,其工作流程如图 9-7 所示;另一部分是根据用户服务需求,从本地模型组件资源库中检索提取能够满足用户需求的组件资源,并组装执行,其工作流程如图 9-8 所示。

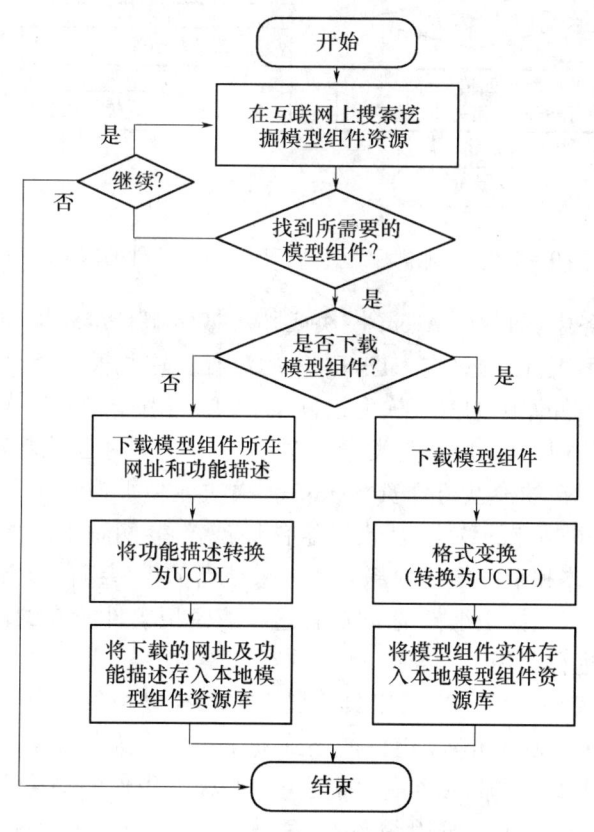

图 9-7　从网络上搜索与挖掘模型组件的基本流程

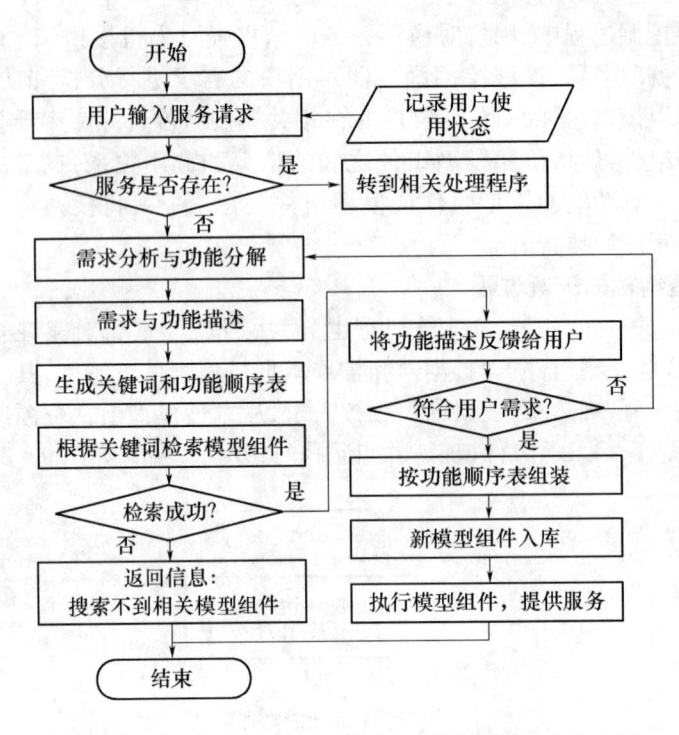

图9-8 从本地模型组件资源库中检索组件的基本流程

在主动服务中,通常由 Agent 模块或相关搜索工具定时地在互联网上搜索和挖掘新的模型组件资源,进入图9-7的流程。这些模型组件资源既可以是某些专业模型组件库中的专业模型组件,也可以是由一般编程人员发布在 Web 上并经过验证的模型组件,或是发布在 Web 上仅供使用但不能下载的在线模型组件。如果发现新的模型组件资源,Agent 模块或相关搜索工具将按照相关模型组件库和 Web 站点的约定,从模型组件库或 Web 网站下载所发现的模型组件,包括组件实体和组件描述两部分。如果该新的模型组件资源是不可下载的在线组件,则下载该模型组件的功能描述和该模型组件所在的网址 URL,以便实现对模型的远程调用。

由于开发模型组件所用的工具不同,因此,模型组件会具有不同的格式和类型,如 JavaBean 和 ActiveX 组件的格式完全不同。为了能实现共享与重用不同格式和不同人开发的模型组件,需要将这些模型组件的描述部分转换成一个公共的接口描述。引入通用组件描述语言(Universal Component Description Language,UCDL),不仅使不同格式和不同人开发的模型组件可被大家共享与重用,同时还为将用户输入的服务请求转换为可识别的搜索查询条件提供了可能。

在完成了模型组件描述信息的格式转换和将不可下载的在线模型组件网址记录之后,可将模型组件实体和模型组件描述信息以及在线模型组件的网址等信息按给定的组织方式存入本地模型组件资源库中。需要说明的是,本地模型组件资源库并非只能是集中存储的模型组件库,为了提高检索速度和系统的安全性,本地模型组件资源库可以采用分布式方式进行组织。这里的"本地"主要强调的是所有涉及到的模型组件都是在统一的管理之下的。

本地模型组件资源库是为用户提供模型主动服务的基础。用户可随时根据自身的需要向系统要求提供服务,进入图9－7的工作流程。

当用户从给定的用户界面输入自己的服务请求时,系统将记录用户申请服务的相关信息,如果该服务请求已经存在,即不需要经过进一步处理就可提供的服务,则系统自动转到相关服务处理。如果用户所请求的服务不存在的话,系统或模型组件搜索引擎将要求用户需求分析与功能分解模块对用户输入的服务请求进行分析和功能分解。在需求分析和功能分解的过程中,系统使用XML等描述语言对服务需求和相关功能进行形式化描述,以便抽取并制定出模型组件检索和组装所需要的关键词表和功能顺序表。根据制取出的关键词表,模型组件搜索引擎可以从本地模型组件资源库中搜索与给定的关键词相匹配的模型组件。如果这样的模型组件不存在,则返回搜索失败等信息,结束这一次的服务。如果搜索到与关键词相匹配的模型组件不止一个,组件搜索引擎则把所搜索到的模型组件的功能描述部分返回给用户,由用户确认哪一个结果最适合或最接近用户的服务请求。如果用户认为所搜索到的模型组件不符合用户的需求,则用户要对所输入的服务请求进行适当的调整,从而使得系统所进行的需求分析和功能分解更加适合模型组件功能分解时产生的功能顺序表所给定的顺序,对搜索到的模型组件进行组装,并形成一个新的模型组件。该新生成的模型组件也将在验证之后被放入本地模型组件资源库,同时,对该模型组件执行即可获得用户所需要的新的服务。

9.4.3 模型挖掘的主要研究内容

模型挖掘是一项非常复杂的系统工程,它涉及到人工智能、软件工程、数据库、网络和建模方法、军事领域知识等众多的学科和领域,因此,这些领域和学科中所涉及的科学技术问题都或多或少的与模型挖掘相关。

然而,若将关注点聚集在如何从互联网挖掘模型组件来实现主动服务上,模型挖掘研究重点则主要集中在研究模型组件资源的组织、分类、管理、存储、识别、发现、搜索及进行模型重用和实现主要服务等方面。

1. 用户需求的描述与分析

对用户需求描述的研究主要集中在对用户输入信息的识别、理解、功能提取与分解以及如何把用户输入转换成形式化的描述等。

用户需求的输入是多样化的,例如音频、视频、文字、图标等都是常用的输入方式。当用户用音频输入时,系统还会面临语音识别和自然语言理解的问题。语音识别和自然语言理解是人工智能领域长期的研究课题,有许多成果可以被直接使用。模型挖掘系统主要解决在模型挖掘过程中,如何应用这些已有的成果。为了能将用户的输入转换为计算机能够识别和处理的符号,语音识别和自然语言理解技术主要是把用户用语言输入的信息进行理解分析后,形成用统一的规范和格式所描述的关键词以及关键词之间的顺序关系。许多形式化描述语言,例如 SDL(Specification and Description Language)、Lotos(Language of Temporal Ordering Specifications)等可用于对关键词进行描述。考虑到处理上的方便性以及和 Web 服务兼容的关系,通常用 XML 语言描述关键词及关键词之间的顺序关系。

2. 异构的模型组件之间的调用

由于模型组件开发所使用的工具不同,如 JaveBean/FJB、COM/DCOM、CORBA 等,不同开发商提供的工具不同,所建立的模型组件在组织结构、组件描述和访问方式及其格式上各不相同,它们之间不能互相调用和共享。如,基于 JavaBean 的模型组件和基于 ActiveX 的模型组件不能一起使用,CORBA 组件也不能和 COM 组件一起使用。因此,进行模型挖掘,需要解决不同模型组件之间的调用问题。

基于 UCDL 可以建立起异构组件通用互连协议,能够有效解决异构组件之间的互相调用问题,包括组件模型、结构、表示方法,以及 CORBA、JavaBean、ActiveX 等之间的互相映射方法等。

利用 UCDL 通过对组件的封装来屏蔽组件描述和调用接口的差异,可实现组件的一致性访问。UCDL 通过定义相应的组件模型来全面描述异构的静态属性、功能分类组件信息。为上层应用对组件资源的搜索和获取奠定基础;用独立于具体编程语言的接口来描述组件的接口行为,并将这些信息用 XML 表示,便于组件行为信息之间的交互与处理,便于实现与其他系统的互操作。

3. 本地组件资源库的组织与管理

模型挖掘面临的另一个研究内容就是如何组织和管理从互联网或广域网上搜索挖掘到的不同格式和不同厂家的模型组件。利用 UCDL 规范构建一个统一格式的本地模型组件资源库 LCRW(Local Component Resource Warehouse),并按照规定的组织和结构统一组织和管理模型组件资源库中的模型组件。

4. 模型组件组装与发布

模型组件组装的任务在对用户需求进行分析的基础上,将检索到的模型组件按照模型组件之间的功能顺序组装成一个新的满足用户需求的模型组件。

在组装过程结束后,模型挖掘系统需要对挖掘到的结果进行验证和发布,系统可以将挖掘到的结果发布到本地模型组件资源库或者互联网平台,也可以根据用户的选择,直接将组装好的程序下载到用户的客户端执行,完成用户所需的服务。

5. Agent 应用

利用 Agent 的智能性、自治性以及移动性,模型挖掘系统可以分析理解用户的计算需求,快速有效地搜索所需要的模型组件,完成模型组件的自动组装和验证。通过多 Agent 的交互协作,可以实现模型挖掘系统各模块之间的协同工作,顺利完成模型挖掘和主动服务的定制。

6. 网上组件搜索和挖掘

网上组件控制和挖掘的研究涉及到对互联网或广域网上专业组件库的定位与访问、Web 站点上的在线和非在线的组件定位与访问、描述功能信息的下载与识别等一系列问题。简单的处理方法是假定互联网或广域网上专业组件库的地址都是已知的,并且借助人工的方法从这些专业组件库中下载组件来构建本地的模型组件资源库。

第 10 章

基于需求的军事模型主动服务分析

模型服务的基本思想是提高模型的共享和可重用性,而基于需求的模型服务实质是以"需求"为核心,围绕"如何满足需求"开展研究,其目的是根据用户需求实现模型服务的自动发现与组合,提供更有效、质量更高的模型共享服务,最终实现模型服务的智能化和自动化,是实现军事模型主动服务的一种模式。

10.1 基于需求的模型服务概述

10.1.1 基于需求的模型服务的提出

被动的军事模型服务,也被称为基于用户的被动式服务模式,这种服务模式主要存在以下两个方面不足:

1. 模型服务的发现效率低

模型服务的发现,是指模型请求者以某种方式在基于网络分布的已发布的模型服务资源中查找到其想要的服务,以便执行模型服务请求。在这种服务模式中,服务的请求操作一般包含两种查找模式:一种是浏览模式(Browse Pattern),即服务请求者可以根据通用的分类标准来浏览或者通过一些关键字来搜索,并逐步缩小查找的范围,直到找到满足需要的范围,查找结果是一系列服务的结合;另一种是直接获取模式(Drill Down Pattern),即通过唯一的模型分类 ID 号得到指定模型服务的描述信息,其查找结果是唯一的。

第一种浏览模式存在的问题是:在基于关键字/词的语法匹配查询过程中,由于存在着大量的具有相同名称语法但功能不同或运行条件不符合用户需求的模型服务,对用户来说大量的其他服务都是"无用"的,其结果是不仅扩大了用户的查找范围,而且这些"无用"服务的存在干扰了用户对所需服务的查找,并且还有可能漏掉满足功能需求但语法描述不同的模型服务,导致查全率不高;而采用根据分类标准层层递进检索的查询方式,当在数量庞大的模型服务数据库中进行查询时,不仅查准率低、查询过程时间长,且其操作的复杂性,提高了对用户的要求,增加了服务发现的成本和难度,降低了模型服务的执行效率。

第二种直接获取模式存在的问题是:直接获取要求用户能提供所需模型的准确唯一的描述信息,模型实体的多样性与层次性使用户对非本专业内所需模型存在一定的认识局限,同时由于用户方与开发方(模型服务提供者)在理解研究对象的准确性方面存在差异,导致用户在通常情况下无法提供给服务系统与现有模型资源中一致的模型描述信息,难以提出准确的模型服务请求,只能根据作战任务目的和功能提出模糊化的概念性需求,而现有的模型服务系统目前广泛使用的 UDDI 标准是基于 WSDL 格式的模型服务接口描述标准,没有明确地表示 Web 服务的语义信息(如 Web 服务的功能),因此,无法通过它解决 Web 服务请求者提出的请求与 Web 服务发布者提供的 Web 服务描述之间的语义匹配问题。

2. 模型服务的组合执行效率低

模型服务组合是动态发现、集成,并按特定的顺序执行已存在的模型服务来创建新的模型服务,以满足用户复合需求的过程。

随着作战模拟过程的复杂性增加,有些需求是已有的单个模型功能无法实现的,需要将多个模型组合在一起,通过多个模型组合的模拟过程可得到需求结果。那么现有的单一模型的请求/响应调用模式是不支持这个组合过程的实现,这就需要合理地把已经存在的多个模型服务按照需求和任务领域的相关性组合起来,使得它们之间能实现协同互操作,通过组合形成功能更强大的组合模型,以满足用户的需求。传统的方法有两种,一种是用户自己定义模型组合过程,通过多次选择多次调用执行模型,得到组合模型结果;另一种是用户根据需求事先选择一些合适的模型服务,然后手动定义这些模型服务之间的交互过程,并对其进行硬编码来完成模型服务组合,例如 WSCI 和 BPEL4WS 都对如何将多个基本服务组合成一个复杂服务做了描述,但这样做得到的模型服务组合是固定的,难以扩展和更改,应用不灵活,难以维护。

随着 Web 服务技术的迅速发展,Web 服务要满足一个开放的网络环境与灵活多变的应用环境的要求，即如何更准确地找到所需的Web服务，如何更有效地进行Web服务组合，如何对Web服务执行过程进行更精确地监控等。这些要求归根结底就是Web服务自动化的问题。现有的Web服务通过XML进行交互，仅对服务的功能提供了语法层的描述，使用XML并没有对数据本身作出解释，缺少计算机可以理解的语义，对服务的描述能力有限，使服务系统无法自动分析Web服务描述的含义，不能进行自动化处理。

实现自动化的Web服务最有效的方法就是在Web服务中加入语义信息。加入语义的方法有多种，文献[1]曾提出了在Web服务的描述中加入以XPath语法形式表示的语义标注，实现对Web服务描述进行扩充，其语义的表示完全基于XML规范，与原描述方法进行了无缝结合，使Web服务的描述能够体现"实际需求"条件限制，服务的执行更符合预期目标。但这些方法没有形成系统全面的使用标准，缺乏发展支撑。

10.1.2　基于需求的模型服务的内涵

基于需求的模型服务是通过模型服务资源的自动发现、自动组合和自动执行等智能化方式，来满足用户模型共享需求的一种模型共享机制。

基于需求的模型服务的核心思想是"主动服务"。它强调以用户模型共享需求为出发点，在一个开放、动态和自适应的框架内，实现自动搜索、自动发现模型服务。即模型服务运行的一切活动都围绕用户的需求而展开，其关注点在"用户"，而不是"模型服务"本身（注：本书所提到的"模型服务"指的都是模型资源组件程序），因此，基于需求的模型服务也可称为面向用户的模型服务。同时，系统也能够根据用户的个性化要求和特点，将已有的资源组合成新的模型服务，从而改变现有模型服务系统无法根据用户需求而动态变化，只能被动提供服务的应用模式，变被动式服务为主动式服务，提高模型服务的智能化水平。

基于需求的模型服务的内涵主要包括以下两个方面：

1. 基于需求的模型服务体现主动服务模式

现有的军事模型服务共享机制采用的是被动服务方式。在这种模式下，模型服务系统的关注点是共享模型服务的可行性，对模型服务共享过程的实现效率关注不够。由于现有模型服务资源采用静态部署方法，导致模型服务资源无

---

[1] E. Stroulia, Y. Wang, WSDL Semantic Signature Matching, Proc. Of 1st International Conference on Service Oriented Computing, Springer Verlag, Trento, Italy, Dec. 2003.

法感知用户的需求,只能被动地等待用户的选取,等待用户完成模型服务共享全过程的操作。用户对需求的认知和操作过程的准确性决定了对模型需求的满足程度,因此,模型服务效率是取决于用户的,这是不符合服务根本理念的。从服务系统应用角度出发,这是以一种"我能提供什么"的观点来实现,而没有考虑"用户到底需要什么",忽视了用户本身的需求与特点,这样的服务模式无论是在功能发挥还是操作便捷等方面都存在很大的局限性。

被动服务向主动服务的转变促进模型服务系统在服务体系中的角色转变,即由信息发布中介者向模型服务过程参与者转变。在现有的模型服务机制中,模型服务系统在模型服务提供者和模型服务请求者之间提供了联系平台,自身并不参与模型服务的消费过程,所扮演的角色仅仅是信息发布中介。而基于需求的模型服务则要求模型服务系统主动参与到模型服务执行过程。对于模型提供者而言,模型服务系统调用执行模型,它是模型服务请求者;对模型请求者而言,模型服务系统返还需求模型,它是模型服务提供者。

在主动服务模式中,模型服务系统具有较大程度的自主性,通过自适应分析来理解用户的模型服务请求,并搜寻服务来匹配需求。围绕用户需求,模型服务系统进行模型资源的组织、管理和调用,主动地向用户推荐其需求的模型信息。与传统的模型服务方式不同的是,用户只需要提出请求,即可获得所需的模型,而无需反复搜索匹配。服务的执行过程由服务系统完成,对需求的满足程度取决于服务系统智能化水平。应用这种模式的模型服务系统重点关注模型服务方式的优化与服务质量的提高,换句话说,也就是提高模型服务系统的智能化水平。

2. 基于需求的模型服务体现模型服务的智能化和自动化

基于需求是指模型服务系统应具有很高的智能度,能够对模型需求的推理求解,按需提供智能服务。模型服务系统使用相关的知识,包括模型本身描述知识、模型服务相关背景知识、需求的上下文环境信息与其他用户兴趣相关的信息资源等,自动进行模型服务的查找、匹配,并自动地将用户感兴趣的、能够满足用户需求的模型服务提交给用户;或是根据需求特定域进行分析,组织一定功能相关联的模型服务集来完成模型服务需求。智能化的核心功能在于对网络中模型服务资源能够实现动态管理组织和调度,根据需求提供准确的服务内容,提高服务性能。

10.1.3 基于需求的模型服务的功能

模型服务是通过分布在全军各地的军事模型服务资源在某种共同认可的

协议下达到共享的目的,当然"服务"也是一种资源,它的内涵十分广泛,从计算服务、查询与检索、信息处理都可以归结为"服务",而基于需求的模型服务就是使得这种共享更加人性化和定制化,更加协调和合理。随着模型服务技术研究的不断深入,模型共享的目标是进入一个可以自动完成模型服务查找和合成的智能服务时代。

1. 功能特征

相比已有的模型服务体系,基于需求的模型服务体系服务方式更加人性化、科学化,使模型服务具有智能化特点,可提高模型服务的质量与效率,其特点主要表现在以下3个方面。

(1)能提高模型服务的查准率与查全率,提升模型服务系统的服务质量。在被动式的模型服务中,模型服务系统采用由用户完成的基于关键字或分类检索的模型查询方式,其模型服务的查准率和查全率较低。在基于需求的模型服务过程中,系统根据需求的语义功能描述信息和上下文语义环境自动检索整个模型服务资源,通过对模型服务描述的语义匹配过程,确保了模型发现的准确率。

(2)能扩展模型服务的服务内容,增加模型服务系统的服务功能。当现有功能单一的小颗粒度模型服务无法满足复杂的需求时,模型服务通过需求分解,采用将相关功能关联的模型服务组合,组成功能强大的组合模型来满足用户的模型共享需求,并能自动执行。模型服务的自动组合丰富了模型服务内容,为模拟模型的共享和重用提供了有效的支持。

(3)能改变模型服务方式,降低模型共享服务操作的复杂性,提高模型服务系统的服务效率。在传统的模型服务体系中,模型查找与模型匹配全部是由用户执行,通过关键字查询或是分类检索等方式,用户对模型知识和系统使用都要具有深入的了解,而且确认模型过程可能要经历查找、匹配、不合适、再查找、再匹配过程的循环执行,操作过程繁琐,其操作过程如图10-1(a)所示。相比之下,在基于需求的模型服务体系中,查找、匹配和调用以及其他模型操作工作都由服务系统来完成,用户只需要根据系统操作规则提出明确需求,并将需求提交给系统,通过服务系统自动完成所有工作,用户就可获得所需结果,其运行操作过程如图10-1(b)所示,这种工作模式可以大大简化系统操作过程与操作步骤,提高了模型服务效率。

2. 功能组成

基于需求的模型服务是建立在现有模型服务技术规范之上的,通过引入模型服务代理,执行模型服务的自动发现、组合、绑定调用和执行,实现按需服务,其功能组成如图10-2所示。

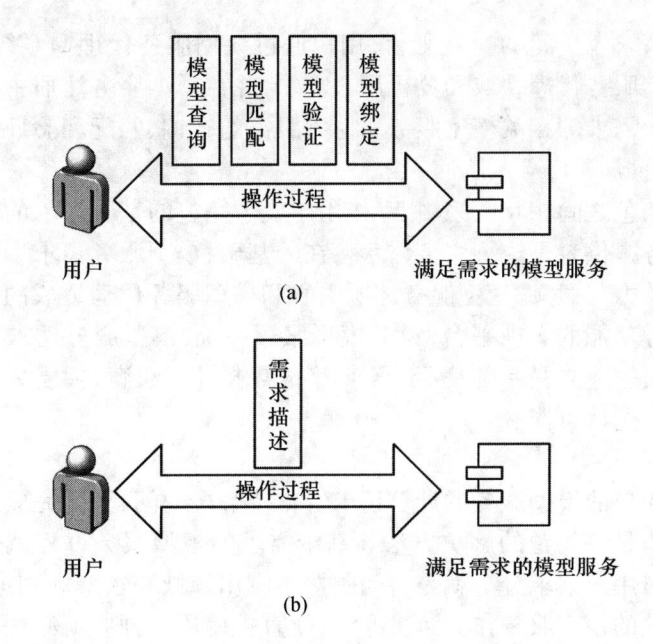

图 10–1　军事模型服务操作过程对比

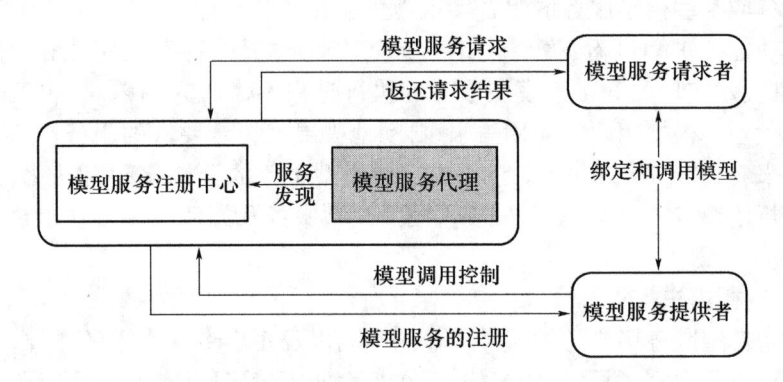

图 10–2　基于需求的模型服务功能组成

基于需求的模型服务体系组成要素包括：模型服务请求者、模型服务提供者、模型服务注册中心和模型服务代理。模型服务代理是实现基于需求的模型服务的关键，通过模型服务代理的智能服务，使模型服务系统能够识别用户需求，自动执行模型服务的查询匹配以及验证等工作。

模型服务请求者、模型服务提供者及模型服务注册中心（管理者）的角色功能同前面章节所述，而模型服务代理是基于需求的模型服务功能实现的核心部分，也是区别于现有模型服务系统的关键所在。模型服务代理是模型服务系统与模型服务请求者之间的交互平台，用户通过模型服务代理向系统要求服务，系统通过模型服务代理获取和分析用户需求，并在模型服务注册中心查询和匹配能满足用户需求的相关模型服务。模型服务的查询、匹配和验证过程均由模型服务代理完成。

这四类角色之间相互联系、相互作用构成了完整的基于需求的模型服务体系。模型服务提供者是模型服务体系存在的基础；模型服务请求者是模型服务体系存在的动力与意义；模型服务注册中心和模型服务代理组成的模型服务系统是模型服务功能的实现平台，没有模型服务系统，模型服务请求者与模型服务提供者将失去建立联系的途径，需求者的需求得不到满足，模型服务开发者的价值也得不到认可。

3. 功能实现

我们把用户的模型服务的计算请求看作待解决的问题，把完成用户所需计算的服务看作是该问题的解决方法。基于需求的模型服务过程就是一个问题求解过程。对用户请求分析就是将问题按照应用领域和求解规则进行解析，如果能找到单独的模型服务作为解决办法，就直接使用；否则，就必须将要解决的问题分解成小的问题，找出他们之间的依赖关系，指导各子问题可以通过某个模型服务或某些模型服务的组合实现为止。

从功能要求角度看，模型服务系统应具有自主性、动态适应性和智能性等特征，其技术实现关键在于模型服务的执行过程不需要人的参与，也就是说模型服务代理能根据用户的应用需求，自动地去寻找符合要求的服务。从技术实现角度来看，基于需求的模型服务要实现模型服务的智能化和自动化，涉及到如何解析用户需求、如何自动发现可用的模型服务及如何实现自动组合等关键技术。

1）解析用户需求

由于模型服务用户的领域和专业的不同以及军事专业水平的差异，模型共享的需求也是内容各异，形式多样，存在很大的不确定因素，而且由于用户只关心自己所需服务的功能，所提出的请求描述往往带有一定的不确定性和模糊型，而对于模型服务系统而言，理解模型服务需求是实现模型按需服务的前提条件。因此，在接受用户服务需求时，作为联系用户和模型服务系统的模型服务代理首先应能够分析、理解用户需求，把这些需求变成模型服务系统能够"读得懂"的信息。

2）模型服务的自动发现

获取了模型服务需求信息，模型服务系统需要从模型注册中心发布的模型服务资源库中发现满足需求的目标模型服务，实现模型服务的自动查询和自动匹配，最终返回满足用户需求的模型服务。在服务发现的过程中存在两个制约因素，一是模型服务代理能识别在注册中心已发布的模型服务资源，二是模型服务代理能够根据需求信息从注册模型服务资源中挑选出目标模型。

3）模型服务的自动组合

当模型服务的自动发现操作无法找到满足模型请求者的需求时，由模型服务代理通过对需求的分析和理解，将若干模型服务进行有机合成，以形成大粒度的具有内部流程逻辑的组合服务，来满足模型服务的需求。

现有系统使用基于 WSDL 的模型描述方法和基于 UDDI 的模型发现机制是无法支持基于需求的模型服务系统的功能的实现的，但随着计算机及 Web 技术的迅速发展，尤其是语义 Web 技术的发展，为模型按需服务提供了技术支持。

10.2 基于语义 Web 服务的实现技术

语义 Web 服务是为满足当前模型服务技术智能化要求而提出的一种新的 Web 服务技术。语义 Web(Semantic Web)的概念由 Tim Berners-Lee 于 1998 年首次提出，被定义为"由一些可以被计算机直接或间接处理的数据组成的 Web"[17]。语义 Web 研究的目标是扩展当前的 Web，以一种明确的、计算机能够理解的语言来描述 Web 服务的功能和内容。通过赋予 Web 中的所有信息形成定义良好的语义，实现在此基础之上的判断和推理，增强 Web 服务操作的性能和鲁棒性，便于人和计算机之间的交互与合作。通过增加语义信息可为 Web 服务的发现、执行、解释、控制、协商、管理和组合的自动化提供有效的支持，从而提供更高质量的 Web 服务。这里所说的"语义"不是我们平常意义上所指的语义，它是指"机器可处理"(machine processable)的信息，而不是自然语言的理解。

语义 Web 服务利用语义本体对 Web 服务进行建模，在语义层面对服务接口、服务消息、服务结构、服务交互等进行描述。也就是说，语义 Web 中的信息不仅包括各种相连的信息，还包括其信息的真正含义，在模型服务资源被人为赋予各种明确的语义信息之后，计算机可以分辨识别这些语义信息，并自动进行解释、交换和处理，从而提高计算机处理信息的智能化水平。

本体技术是支持语义 Web 服务的核心技术，它描述语义 Web 中语义知识的建模手段，用形式化方法定义领域内共同认可的知识。语义 Web 提供了一种崭新的信息描述和知识表达手段。但是，要在语义层次上实现信息的互操作，就需要对信息含义的理解达成一致。本体的目标是捕获相关领域的知识，提供对该领域知识的共同理解,确定该领域内共同认可的词汇,并从不同层次的形式化模式上给出这些词汇(术语)和词汇之间相互关系的明确定义,克服当前 Web 服务中存在的语义模糊、理解歧义等问题。通过建立基于本体的语义服务描述模型,就可以为服务匹配打下基础,支持服务的自动发现与组合。

语义 Web 服务旨在结合语义推理技术支持 Web 服务自动发现、组合、调用和监控等关键过程。目前语义 Web 服务的研究集中在基于语义的服务发现和组合方面。基于描述逻辑的本体描述语言 OWL-S 已经成为人们广泛接受使用的标准,可以为服务发布者和请求者提供统一的语义基础,通过 OWL-S 建立 Web 服务的本体,定义一套基于语义的服务发现、组合的标准,代替传统的 Web 服务协议栈中的 UDDI 和服务组合机制,使 Web 服务能够满足用户提出的基于服务功能描述的寻找与组合需求。

总之,语义 Web 和 Web 服务的结合,可为 Web 服务的自动发现、执行、解释和组合提供技术支持。下面将对语义 Web、本体技术以及基于需求过程中所涉及的 Web 服务自动发现、组合等相关技术进行具体阐述。

10.2.1 语义 Web 服务技术

1. 语义 Web

语义 Web 研究的目标是提供一种具有语义支持的计算平台,通过对现有的 Web 的扩充,使其中的信息语义能够得到形式化表达,使得人机之间、机器之间的语义交互变得畅通,自动处理得以实现。它的研究重点是如何把信息表示为计算机能够理解和处理的形式,即用带有语义的形式来表示 Web 上的资源,使得计算机程序能够对网络资源进行分析和推理。这首先要求计算机系统能"理解"网络资源,因此,需要一系列的统一语言来表示 Web 上的资源。Berners-Lee 在 XML2000 国际会议上提出了语义 Web 的层次结构,如图 10-3 所示。

在语义 Web 的层次结构中,第一层是 Unicode(统一编码)和 URI(统一资源标识符)层,它是整个语义 Web 的基础,Unicode 处理资源的编码,URI 负责标识资源。

第二、三、四层是语义 Web 的关键层,用于表示 Web 的语义信息。可扩展标记语言 XML,让每个人都能创建自己的标签来对网页或页面的部分文字进行注释,XML 允许用户在文档中加入任意的结构。RDF 定义了一种用以描述资源及相互关系的简单模型,也是语义信息描述的有效手段,其基本数据模型包含 3 个对象:资源、属性和陈述,也就是相当于句子中的主语、动词和宾语。Ontology 本体是实现语义 Web 的关键技术,它是一种用来描述语义的概念化的、

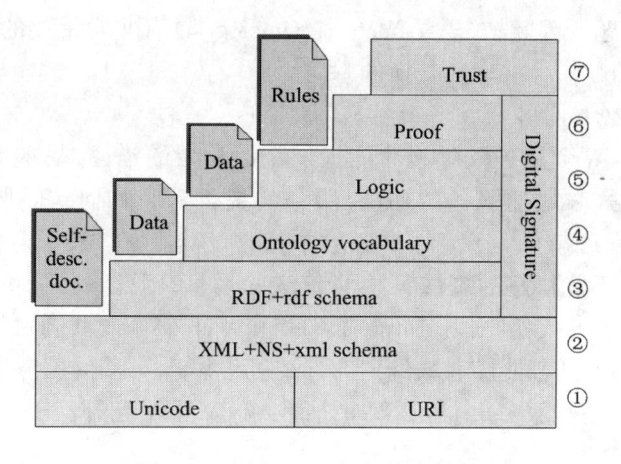

图 10-3　语义 Web 服务层次结构图

明确的规范说明。在哲学上,本体是有关存在的本质以及何种事物存在的理论。人工智能和网络研究人员共同选择了这个词作为术语,是因为在他们看来,本体是一份定义名词之间关系的形式化文档。它通过定义属性并建立一个分类层次结构,将不同概念区别和组织起来,同时也通过属性将概念相互连接起来,从而建立概念的领域空间,亦是对某一个领域内事务的共同理解。这些概念和属性的名字(及标识)构成了 Ontology 的词汇表。本体需要用 Ontology 语言描述和构建,常见的 Ontology 描述语言有 DAML-S、OWL-S。

第五、六、七层用来定义规则,位于语义 Web 体系结构的顶部,也是语义表达的高级要求。其中,第五层是逻辑(Logic)层,在下面四层的基础上进行逻辑推理操作;第六层是验证(Proof)层,根据逻辑陈述进行验证并得出结论;第七层是信任(Trust)层,负责为应用程序提供一种机制以决定是否信任前一层给出的验证结论。

数字签名贯穿于第三、四、五、六层的数据描述,是一种基于互联网的安全认证机制。在信息内容从一个层次传递到另一个层次时,允许使用数字签名说明内容的来源和安全性,保障了交换信息内容的正确性。

语义 Web 的关键是解决机器可理解的问题,从语义 Web 服务体系结构可以看出来,第四层 Ontology Vocabulary 就是用来解决这一问题的。本体区别于无语义信息的 XML 和 RDF,定义了领域内明确的语义信息。第五到七层是在本体所描述的知识上进行逻辑推理操作,从而可以得到机器可理解的语义信息。本体层为语义 Web 提供语义级的共享,Ontology 通过对概念的严格定义和概念之间的关系来确定概念的精确含义,表示共同认可的、可共享的知识,从而

第 10 章　基于需求的军事模型主动服务分析 | 225

解决上面的问题。因此,在语义 Web 中,Ontology 具有非常重要的地位,是解决语义层次上 Web 信息共享和交换的基础。

2. 语义 Web 服务

如前所述,Web 服务仅对其功能提供了语法层的描述,基本上还是采用标准化分类的方式来描述服务的功能、服务的提供者和如何访问服务并与之交互,缺乏机器可理解的语义,对服务的描述能力非常有限,而且缺乏灵活性,Web 服务之间不能很好的理解其相互传递的消息,因此,对 Web 服务的发现、组合和执行还需要人的干预。而语义 Web 和 Web 服务的共同目标都是通过利用 Web 上人和机器都能够存取的内容,来达到智能、自动的服务发现、组合、执行的目标。将 Web 服务和语义 Web 结合,实现功能互补是一种必然的发展趋势。

语义 Web 服务是在现有的 Web 服务标准和语义 Web 的基础之上,采用一种无二义性的计算机能解释的语言描述 Web 服务的性能和内容,并且提高了服务的质量和健壮性。

语义 Web 服务的主要方法利用本体来描述 Web 服务,然后通过这些带有语义信息的描述实现 Web 服务的自动发现、调用和组合。

语义 Web 服务可以做到:

(1) 明确描述和推理事务之间的联系和规则;

(2) 明确描述 Web 服务所执行的任务,实现 Web 服务发现的自动化;

(3) 在 Web 服务所执行的过程中进行监控,并随时自动进行调整,实现执行自动化;

(4) 将简单 Web 服务组合成为复杂 Web 服务,并实现自动化组合。

增进资源共享是语义 Web 的目标,在语义网中,计算机会根据关键名称定义的超链接和逻辑推理规则发现语义数据的含义,其最终结果就是能够刺激自动化的网络服务的开发。毫无疑问语义 Web 将会推动 Web 服务的深化。Web 服务是互联网中最重要的资源,Web 服务与语义 Web 的融合是可能而且必然的。

10.2.2 本体技术与 OWL-S 描述语言

1. 本体的定义

在计算机界,明确本体定义经历了一个过程。本体论(Ontology)最早是一个哲学的范畴,后来随着人工智能的发展,被人工智能界给予了新的定义。1993 年,Gruber 给出了一个本体最为流行的定义,即"本体是概念模型的明确的规范说明"。Borst 于1997年给出了一个增强定义,本体是共享概念化的形式化显示规范,明确地指出了本体的四大要素:概念化、共享、形式化和显示。

Stuge 在1998年提出本体的经典定义:"本体是共享概念模型的明确的、形式化的规范描述"。其中,"共享"是指本体所表达的认识是在一定范围内得到公共认可的概念集;"概念模型"是指通过对反映客观世界现象的一组概念抽象而形成的模型;"明确"是指所使用的概念以及使用时的约束都有显式的定义,而不是隐式地存在于人脑或嵌入在软件中;"形式化"是指这些概念和约束都是计算机可读的。从根本上说,本体的目标是为了构建领域模型或概念模型,捕获相关领域的知识,提供对该领域知识的共同理解。一个本体规定了一个领域界线,确定了该领域内共同认可的词汇,并从不同层次的形式化模式上给出这些词汇(术语)和词汇之间相互关系的明确定义。人类、数据库和应用软件使用本体来共享领域知识(一个领域是指一个特定的学科范围或者知识范围,例如武器装备、实力编制、防控作战、情报侦查以及后勤保障等)。本体是实现知识共享和互操作的基础,可以作为一个领域内部的交换格式,它提供了一种明确的定义语义的方式,使机器能够进行互操作,从而达到语义 Web 的数据是机器可理解的要求。

2. 本体的结构

依据对本体的依赖程度,本体可以分为4种,具体如表10-1所列。

表10-1 本体的类型

序号	名称	说明
1	顶级本体	描述的是最普通的概念及概念之间的关系,如空间、时间、事件、行为等,与具体的应用无关,其他种类的本体都是该类本体的特例。
2	领域本体	描述的是特定领域中的概念及概念之间的关系。
3	任务本体	描述的是特定任务或行为中的概念及概念之间的关系。
4	应用本体	描述的是依赖于特定领域和任务的概念及概念之间的关系。

一般情况下,本体是面向特定领域、用于描述特定领域的概念模型。本体为语义 Web 提供了相关领域的共同理解基础,确定了该领域内共同认可的概念的明确定义,通过概念和概念之间关系的描述,使得人们之间以及与机器之间能够准确交互,这种交互是基于语义的而不是仅仅基于语法的。由于本体刻画了事物之间的语义联系,为目前以搜索引擎为代表的基于关键字的信息检索提供了更好的替代方案。

本体有5个基本的建模元语(Modeling Primitives)[18],或者称为本体的5个基本元素,如表10-2所列。

表10-2 本体中的基本元素

序号	名称	说明
1	类/概念 classes/concepts	是对任何事物的抽象,从语义上讲,它表示的是对象的集合,其定义一般采用框架结构。
2	关系 relations	在领域中,概念之间的交互作用和含义通过概念之间的关系来体现,形式上定义为 n 维笛卡儿积的子集:$R:C_1 \times C_2 \times K \times C_n$。
3	函数 functions	一类特殊的关系。该关系的前 $n-1$ 个元素可以唯一决定第 n 个元素。可被形式化地定义为映射 $F:C_1 \times C_2 \times K \times C_n \rightarrow C_n$,如:函数 mother-of$(x,y)$ 表示 y 是 x 的母亲。
4	公理 axioms	代表永真断言,如:概念乙属于概念甲的范围。
5	实例 instances	代表元素,从语义上讲实例表示的就是类的对象。

另外,从语义上讲,基本的关系共有4种,如表10-3所列。

表10-3 本体中概念之间的关系

序号	名称	说明
1	Part-of	表达概念之间部分与整体的关系
2	Kind-of	表达概念之间的继承关系,类似于面向对象中父类与子类之间的关系
3	Instance-of	表达概念的实例与概念之间的关系,类似于面向对象中的对象和类之间的关系
4	Attribute-of	表达某个概念是另一个概念的属性

在实际建模过程中,概念之间的关系不限于上面列出的4种基本关系,可以根据领域的具体情况定义相应的关系。

语义Web有两重的作用,首先它提供一个本体,其作用就好像Web上的共享知识库一样;其次,它提供一种逻辑,可以推断出这样的术语怎样结合起来,构成复杂的概念,也可以推断出这些术语怎样与软件代理所积累的知识相结合。从Web服务的观点上看,本体起着通用目录的作用,因此所有的Web服务对他们交换的消息中所包含的术语具有同样的解释。此外,本体提供了描述Web服务功能的基础,而这种描述无论采用简单的XML,还是任何Web服务标准都无法实现。

在 Web 服务查找过程中,由于服务请求者对在线的 Web 服务一无所知,因此用来编写服务请求的唯一信息是问题本身。另外服务发布者与服务请求者不可能是同一个人,Web 服务发布者和请求者对 Web 服务持有不同的观点,并且利用不同的服务本体表达这一观点。领域本体提供了一种推理框架,可以提取出服务发布和服务请求之间的表面上的不同,可以解决不同服务之间所使用的知识上的差异和失配,识别出两者之间语义的一致性或相似性。这样,就可以利用领域本体将服务发布和请求之间的概念联系起来,实现对 Web 服务在语义层次上的查找。另外,领域本体在 Web 服务组合过程中起着核心的作用,因为领域本体起着一个共享词典的作用,可以使 Web 服务能够理解彼此之间的信息如输入、输出信息等。

由于本体对于知识的获取、验证和重用的作用,以及本体在主体通信和系统互操作中的作用,本体在军事指挥训练系统开发和集成、军事建模仿真、军事态势数据融合、态势生成和辅助决策等众多方面都具有重要的研究和应用价值。例如,美军已经开发了军事计划本体 PLANET[①]、动作序列本体 COA[②] 和军事通用联合任务本体 UJTL[③] 等,美军还把本体技术应用到知识管理中,辅助美军的日常教育和训练。

为了便于 Web 上应用程序使用方便,需要有一个通用的标准语言来表示 Ontology,就像 XML 作为标准的数据交换语言一样。

3. OWL–S 描述语言

OWL–S(Web Ontology Language–Services)语言是由 W3C 提出的一种语义 Web 服务的本体描述语言。它利用一种精确的、可被计算机无二义地解释和理解的标记语言结构来描述 Web 服务的属性和功能,从而可以实现 Web 服务的自动发现、执行、组合、互操作以及执行监控。OWL–S 服务本体的主要结构,如图 10–4 所示。

Service 类提供了声明 Web 服务的基础,每个服务都对应 Service 类的一个实例。Service 类有 3 个属性:Presents,DescribedBy 和 Supports。这 3 个属性分别指向 3 个不同的类:ServiceProfile,ServiceModel 和 ServiceGrounding。Service 的每一个实例都提供了一个 ServiceProfile 的子类,它被 ServicesModel 子类描

---

① Gil Y, Blythe J. PLANET: A Sharable and Reusable Ontology for Representing Plans[A]. AAAI 2000 Workshop[C]. 2000.

② Bowman M, Lopez A, Tecuci, G.. Ontology Development for Military Applications[A]. Proc of the 39th Annual ACM Southeast Conf[C]. 2001. 112–117.

③ Bowman M, Lopez A, Tecuci, G.. Ontology Development for Military Applications[A]. Proc of the 39th Annual ACM Southeast Conf[C]. 2001. 112–117.

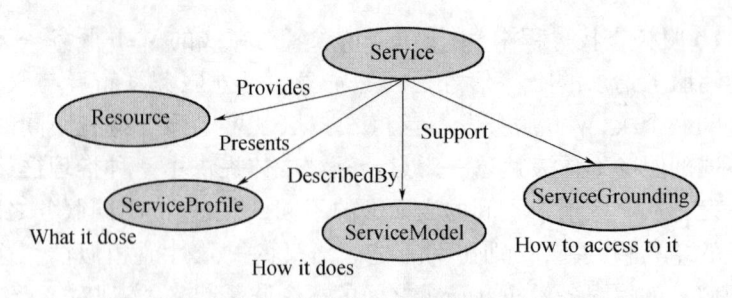

图 10-4 OWL-S 的主要结构

述,并支持 ServiceGrouding 子类。这 3 个类分别描述 Web 服务的不同方面。

ServiceProfile:对应于应用层面,描述服务为用户提供了什么。它主要给出一组用来判断给定服务是否满足需求的信息,这个类对服务提供者和服务请求者来说都是可以利用的。服务提供者可以使用它来描述服务的功能,服务请求者可以使用它来描述要请求的服务需求。

ServiceModel:描述服务的操作,怎么使用服务,即服务执行时发生了什么。它可以用来更深层次地分析该服务是否满足要求,监控一个服务的执行等。

ServiceGrounding:对应技术层面,描述如何通过消息来和服务交互,它指定访问服务所需要的具体信息如协议、消息格式、地址和端口等。

ServiceProfile 描述服务是做什么的,为代理发现服务提供了信息,ServiceModel 描述服务是怎么做的,ServiceGrounding 描述怎么访问服务。一个 Service 最多被一个 ServiceModel 描述,一个 ServiceGrounding 必须和一个 Services 相关联。

10.2.3 基于语义的服务发现与组合

1. 基于语义的服务发现

针对现有的 WSDL 描述方法不含语义的问题,主要的解决方案分为两类:一是对现有的 WSDL 进行语义的扩展和升级,使 WSDL 在原有的基础上,增加对语义本体以及 QoS 等约束条件的支持,例如文献[19]通过增加成本、时间以及可靠性等属性标记,对 WSDL 进行了扩充;另一种则是开发一种富语义的新型服务描述语言,例如,基于本体的 DAMLS。随着 OWL 成为 W3C 推荐的 Web 本体语言标准,DAML-S 也演化为 OWL-S。将 OWL-S 的语义引入 UDDI,进行对 OWL-S 的 Profile 和 UDDI 的映射,实现 UDDI 中的 tModel 和 OWL-S 的 Profile 中每一个属性——一对应。当 UDDI 在查询或发布 Web 服务时,便可以到对应的 OWL-S 文档所定义的本体之中去查询元素所表达的意义。

当已经建立了服务描述模型，用户也明确定义了其要求时，则需要考虑如何根据用户要求为其找到合适的服务，即服务的匹配方法。目前基于语义的服务匹配方法都是基于本体或者分类体系进行计算的，主要包括基于推理的服务匹配和基于数量计算的服务匹配两种方法，其主要思路都是将服务中的概念映射到本体中后再进行匹配计算。

基于推理的服务匹配是通过将概念映射到本体中，基于逻辑推理规则，通过推理机，推理出概念之间的关系，其结果主要有 4 种关系[20]：完全匹配、嵌入匹配、包含匹配、无关匹配，其中匹配的理想程度定义为：完全匹配＞包含匹配＞嵌入匹配＞无关匹配。这种方法的优点是查准率高，缺点是本体构建难以一致，推理规章复杂，实现困难。基于数量计算的方法主要有几何距离计算法，主要做法是在将概念映射到本体中后，通过考虑层次关系上的结点距离或两个本体间的并集或交集之比作为语义相关度来衡量两个概念的语义距离，其结果数值表示匹配相关度，其优点是匹配灵活，查准率和查全率都较高，不仅能返回匹配结果还能得到匹配程度，不足是这种匹配计算不能全面考虑本体结构对概念间的语义相关度的影响，计算方法较复杂，处理速度低。

如何将语义 Web、本体论和推理应用到 Web 服务的查找和匹配中以使服务发现变得更方便灵活、更自动化、更符合用户的服务需求是有待进一步研究的课题。

2. 基于语义的服务组合

随着 Web 服务技术的日益成熟，越来越多的稳定、易用的 Web 服务共享在网络上，由于单个的 Web 服务能够提供的功能有限，为了更加充分地利用共享的 Web 服务，有必要将多个功能有限的简单服务按照服务描述、约束、可用资源等进行服务组合，以提供更为强大的服务功能，加快系统开发的速度，快速满足用户的需求。

Web 服务的组合是利用互联网上分布的现有 Web 服务，在服务组合支撑平台的支持下，将不同功能的服务组合在一起，形成一个新附加值服务的过程。在这一过程中，要求按照特定的流程结构组成满足总需求的服务流程。

Web 服务组合作为 Web 服务一项重要的增值功能，为 Web 服务的重用与集成提供了应用基础。综合各种对 Web 服务组合的论述发现，着眼不同的角度，Web 服务组合强调的内容不同。从结构和技术角度强调，服务组合是将相对简单的服务合成为一个更为复杂的服务的技术；从动态过程的角度强调，服务组合是通过动态发现、集成，并按特定的顺序执行已存在的服务来创建新的模型服务，以满足用户需求的一个过程；从工作流的角度强调，服务合成是根据一个明确的过程模型，将不同的模型服务互相连接起来实现功能协作的活动；

从服务合成计划的角度强调,服务合成是指对于给定的一些服务以及需要达到的目标或任务,如何发现一个组合的服务来实现这一目标。总之,Web服务组合是通过重用并组装已有的Web服务来生成一个粒度更大的服务,使得组合服务能够满足应用的需求。

采用智能规划实现Web服务组合的前提是参与合成服务的每个原子服务可以在计划中规范地表示出它的前提条件以及执行效果,这通常需要语义的支持,将服务的前提条件以及执行效果形式化地表达出来,形成基于服务的形式化描述。合成者指定了合成服务的前提条件和最后结果,然后通过不同的智能规划产生一个合成流程。智能规划通常用于合成流程未知,但合成前提以及合成结果已经给出的情况下。

基于语义信息进行Web服务的组合能够有效地利用知识表示及推理来指导和监督服务的组合。基于智能规划的方法都为Web服务加入了语义信息。通常,一个规划问题可以用一个五元组(S, S_0, G, A, Γ)描述,其中:S是所有可能的世界状态的集合,$S_0 \subset S$表示世界的初始状态,$G \subset S$表示规划系统企图达到的世界的目标状态,A是动作集合,其中的每个动作可以将世界的状态,基于AI规划的自动化从一个状态转换为另一状态,而转扩关系$\Gamma \subseteq S_0 \times A \times S$则定义了执行每个动作的前置条件和结果。对应于Web服务领域,S_0和G分别为服务请求者给出的服务需求中所定义的初始状态和目标状态,A是已有服务的集合,Γ则进一步表示了每个已有服务的状态转换功能。

基于智能规划的Web服务组合技术可以分为以下几类:情境演算(Situation Calculus)、PDDL(Planning Domain Definition Language)和基于规则规划。虽然各种技术使用的逻辑方法和推理思路不同,但是大多数技术都使用类似于DAML-S或者OWL-S等本体语言来描述Web服务,然后在此基础上对Web服务组合进行推理。

Mcllraith等人使用并扩展Golog语言来实现自动化Web服务构造[22]。Golog语言是一种以情境演算为基础的逻辑编程语言。该方法的大体思路就是软件代理能够对Web服务进行推理以执行自动化的Web服务发现、执行、组合和互操作。情境演算的一阶逻辑语言可以描述一般过程(generic procedure)和用户约束。Web服务被认为是一个动作——基本动作或者复杂动作。基本动作不仅可以改变世界状态,还可以收集信息以改变代理的知识状态;复杂动作则由多个基本动作通过过程编程语言中的各种构造算子(例如if-then-else、white和repeat等)构造而成。无论是基本动作还是复杂动作都可以使用一般过程和用户约束来描述,从而只要对一般过程和用户约束进行推理就可以完成对Web服务的推理。

OWL-S本身受PDDL语言的影响很大,因此在这两种语言之间,从一种表示方法映射为另一种表示方法是比较简单的。当需要对服务组合进行规划时,OWL-S描述就可以转换为PDDL的形式。那么不同的规划者就可以被用来做进一步的服务合成。为了基于PDDL来提出Web服务组合方法,McDermott引入了一种新的概念,称为动作值(Value of an action)[23],它区别于真实的文字符号,主要用于描述Web服务报告后产生的信息转换和状态改变。从Web服务组织结构的角度来看,这种特性使得我们能够区分变换信息和由于执行服务产生的状态改变。

Medjahed推出了一种从高层次说明性描述来产生组合服务的技术[24]。这种技术使用组合性规则来判断两个服务是否可以组合。组合方法分为4个阶段:规格说明阶段、匹配阶段、挑选阶段和生成阶段。其中组合性规则是由Web服务的语法和语义属性组成。SWORD是另一种基于规划生成的用来构造组合Web服务的开发工具[25]。与一般的服务描述标准不同(例如WSDL和OWL-S),SWORD使用ER(Entity-Relation)模型来描述Web服务。在SWORD中,一个Web服务被表示为Horn规则的形式,其含义是如果其前置条件为真则其后置条件就可以达到。要创建组合服务,服务请求者只需规定组合服务的初始状态和最终状态,然后使用基于规则的专家系统就可以完成规划生成。

尽管基于智能规划的方法为Web服务组合提供了一定程度的自动化,但是由于Web服务及其使用环境的高度复杂性,现有的基于智能规划的技术仍然不能满足人们对自动化Web服务组合的要求。

虽然当前的合成方法很多,出现了很多标准规范,但仍然存在着一些不足,影响了实际的应用,因此如何重用已有的Web服务,并通过自动化、可管理的方式进行合成来动态生成新的增值服务以满足企业的动态需求,来减少开发、集成以及维护web服务的开销、时间和费用,已成为当前科研与应用共同关注的问题,且已成为推动Web服务技术不断向前发展的技术动力和研究热点。

10.3 基于需求的模型服务体系架构

基于需求的模型服务体系架构是对现有Web模型服务技术体系的扩展,是在一个开放、动态和自适应的框架内,以用户需求为出发点,引入模型服务的自动发现、定制、调用和执行机制,支持模型按需组合,改变当前用户只能被动的使用现有服务的应用模式,提高模型服务体系的主动化服务水平,向用户提供个性化服务。在本章接下来的各节中,将以空军战役训练仿真系统为例,阐述基于需求的模型服务的有关内容。

10.3.1 面向空军战役训练仿真系统的模型服务需求

空军战役训练仿真系统主要用于为本地或异地分布实时条件下的实验室联合演习、战役模拟训练、合同战术模拟训练和战法训法论证提供系统支持。通常由作战模型分系统、指挥作业分系统、导调控制分系统、数据库分系统和运行支撑分系统组成。其中,作战模型分系统主要用来解析指挥系统产生的各种命令,描述战役进程中与作战有关的各种作战实体、作战活动以及作战决策分析过程,形成战役作战的态势与结果;指挥作业分系统主要提供仿真系统的全部人机交互界面,参训人员可以通过人机交互界面完成训练所需的操作;导控分系统主要提供导演调理所需的全部功能;数据库分系统主要为仿真系统提供数据支持;运行支撑分系统是仿真系统的"底层平台",主要用于解决仿真系统中各子系统内部和相互之间的实时通信和交互问题。

随着战争中对抗双方由单一平台对抗向体系对抗方向的发展,空军战役训练仿真系统的研究对象所涉及的领域越来越广泛,从而导致模型中的实体类型和数量大大增加,实体之间的关系更为错综复杂,军事模型和数学模型复杂度大幅度提高,进而对模型服务的内容和方法提出了更高的要求,通过对现有模型服务系统的分析发现,现有模型服务系统在模型服务实现过程中存在以下特点:

(1) 模型服务需求目标模糊化。联合作战条件下,用户的军事作战任务需求进一步扩展,战争实体的多样性与层次性导致空军战役模型服务系统所涉及的专业和领域大大增加,使其具有知识复杂度高、专业性强等特点。由于模型开发人员与模型共享用户之间在军事模型功能的理解和表述方面存在差异,而且用户对非本领域和非本专业的共享模型的认识与描述存在一定的局限,导致用户无法提出准确完整的模型需求描述,只能根据作战任务提出不明确的需求。用户只能根据自身对作战任务需求的理解提出不很确切的请求,这种"需求目标模糊化"的现象,会使得用户的模型服务请求与模型资源描述不一致。

(2) 模型服务需求内容合成化。空军战役作战行动是由相关作战活动组合而成的,如空中进攻战役包括夺取制空权的空中进攻战役,削弱敌战争潜力的空中进攻战役,孤立战场的空中进攻战役,消灭敌重兵集团的空中进攻战役和达成特殊目的空中战役五种作战样式,每种作战样式又包括多种作战行动,而每种作战行动又是由一系列的作战活动组合执行实现的,组成战役行动的作战活动往往具有相关性和连续性。根据作战任务对战役作战行动进行个性化设计,用户需要将战役作战行动合理细分成若干相关和连续的作战活动。因此在战役行动仿真过程中,当用户提出模型服务请求时,其需求描述内容必将是由完成该战役行动任务组成的一系列作战活动描述的组合。而现阶段的模型服务系统主要是以作战活动模型组件的形式提供给用户共享的,单一的作战活动模型是无法独立满足需求的,需要将作战活动模型进行集成组合才能满足任务的需求。

为了解决上述的问题,需要基于需求的模型服务为用户快速、恰当、准确地匹配到所需要的模型资源和组合得到所需要的模型支持。

10.3.2　基于需求的模型服务系统的结构

基于需求的空军战役训练仿真系统的模型服务体系的层次结构如图 10 - 5 所示。该结构主要分为 3 个层次,分别是服务应用层、服务管理层和服务资源层。

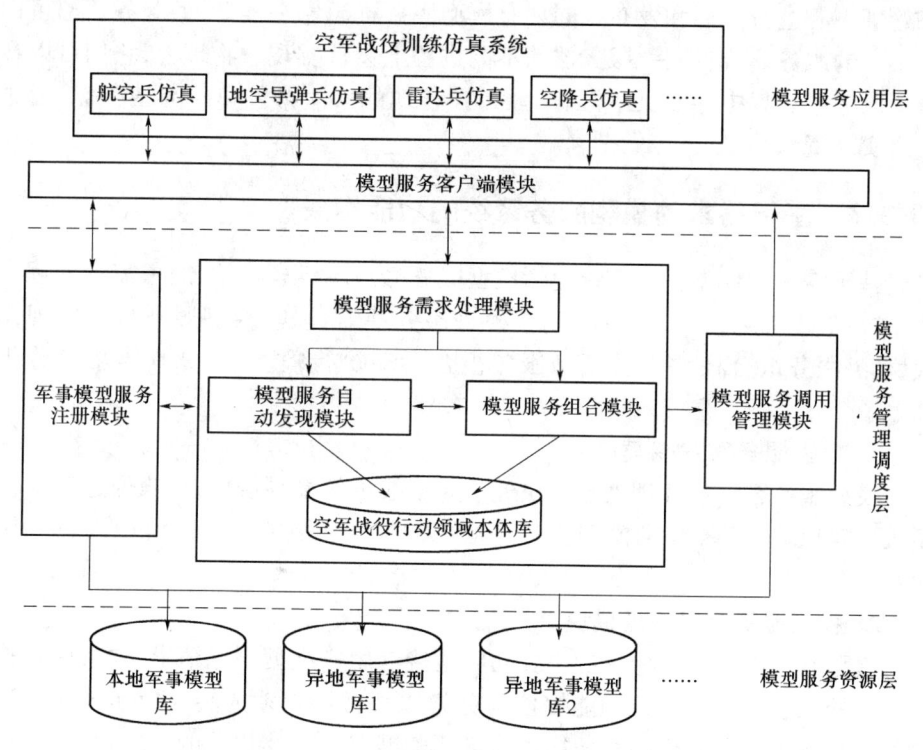

图 10 - 5　基于需求的模型服务系统的层次结构

1. 模型服务应用层

模型服务应用层由空军战役训练仿真系统模型服务用户组成，根据其在空军战役训练模拟仿真过程中所模拟的角色不同，根据作战任务需求，用户向模型服务注册与管理中心提出相关作战领域的模型共享服务请求，并接受模型服务执行结果。

2. 模型服务管理调度层

模型服务管理调度层即模型服务中心，由军事模型服务注册模块和军事模型服务代理组成。该层是系统的核心，军事模型服务注册模块负责军事模型服务的发布与存储，军事模型服务代理负责模型服务的调度管理。模型服务中心是连接模型服务用户和模型服务资源层的平台，为模型共享用户提供智能化与自动化的模型服务。

3. 模型服务资源层

军事模型库由本地军事模型库和分散布置在异地的众多军事模型库组成，由军事模型服务开发人员将模型程序组件封装为 Web 服务并在模型服务注册和管理中心进行注册和发布。同现有模型服务资源库一样，模型服务资源可以在不同的服务器或者同一服务器的不同进程上设计实现。物理上，它们可以在模型服务中心集中存储，也可以是散布在各地的模型开发单位异地存储，通过网络实现资源共享。

10.3.3　基于需求的模型服务系统的功能组成

基于需求的模型服务系统包括模型服务客户端代理模块、服务需求处理模块、空军战役训练领域本体库、军事模型服务注册模块、模型服务自动发现模块、模型服务组合模块以及模型服务组合自动执行模块等，其具体功能分析如下。

1. 模型服务客户端模块

模型服务客户端代理处理模块处于空军战役仿真系统内，用户通过启动模型服务客户端代理，登录模型服务中心，向模型服务中心发送模型服务调用信息。

2. 模型服务需求处理模块

模型服务需求处理模块的主要功能是接受用户模型服务请求，并对用户输入信息的识别、裂解，进行功能提取与分解以及将用户输入转换成形式化描述的过程。通过将需求模型服务描述与资源模型服务描述规范的一致化，为后续的模型发现和模型组合提供参考依据。需求是系统查找发现服务资源的唯一依据,获取并识别模型服务需求是模型服务过程的第一步,系统必须能够理解需求的描述,准确获取需求的内容信息。

由于用户所处的作战模拟用户席位的不同,其在战役训练模拟中所面临的任务需求也各不相同,如兵力需求分析计算、兵力编组优化分析和毁伤结果评估等,需求的内容和形式的多样性给系统识别带来了不便。本书采用基于语义本体构建方法,需求处理模块利用领域本体库中相关的领域知识分析不同层次、不同领域、不同形式的作战问题模型需求,从服务需求描述中解析出与模型服务功能关系密切的属性参数等语义信息,如服务名称、文本描述、输入输出、前提效果以及相应的服务质量等。通过模型需求描述模板的形式,将需求描述信息转化成基于本体描述的需求服务描述模型,使得系统能够理解其语义内容。

3. 模型服务自动发现模块

模型服务自动发现模块的主要功能是从模型服务注册中心的模型服务资源库查找与匹配符合用户需求的目标模型。根据从需求服务的描述中解析出的相关语义信息,根据本体库中的领域本体知识和给定的匹配算法,对需求模型与模型服务资源库中的模型服务的功能、使用上下文环境匹配以及输入输出参量等方面的语义信息进行逐项比较,根据匹配度确定满足服务请求的目标模型,同时把匹配结果返回给用户。

实现模型服务的自动发现,主要从两个方面考虑:一是模型服务的描述,通过对模型服务的功能性描述和非功能性描述,使服务能识别和理解发布的模型服务资源;二是模型匹配方法,如果已经实现了模型服务的描述,用户也确定了其要求,则需要考虑如何根据用户要求为其找到合适的服务,即服务的匹配方法。其中模型服务的描述是模型发现的基础,模型服务描述的形式与内容决定了模型发现的效率与质量,模型服务的匹配是服务自动发现实现的关键。模型服务自动发现方法详见第 11 章。

4. 模型服务组合模块

模型服务组合模块根据所需要的服务,利用模型服务注册库中的有关模型服务的语义信息和空军作战领域知识本体库中的军事规则与逻辑关系知识,对模型服务需求功能进行分解与推导,产生满足用户需求的模型服务组合工作流。根据服务组合工作流调用匹配的模型服务形成可执行的模型服务组合工作流实例。模型服务组合方法详见第 11 章。

5. 模型服务调用管理模块

模型服务调用管理模块包括用户的模型调用权限管理、模型调用时间管理、模型服务容量管理和模型调用优先级管理等。

模型服务调用权限管理是指用户对所调用模型的使用权限控制,权限是对用户的身份认证，根据模型的开放程度和开放范围来判定是否允许用户访问。

模型服务调用事件管理是指对模型调用的起止事件和执行时间长度进行控制。

模型服务容量管理是对模型服务容量进行控制，当一个服务器容量满负荷时，进行服务器重新选择，保持负载平衡。

模型服务调用优先级管理是指根据用户的身份与权限进行优先级排序，控制模型服务的调用顺序，当服务容量满负荷时，强行中断优先级低的调用，而为优先级高的用户提供服务。

6. 军事模型服务注册模块

军事模型服务注册模块用于管理已注册的模型服务的描述信息，并接受军事模型服务的注册和查询。为了使系统能够智能识别存储的模型服务资源，在UDDI所注册的模型服务信息中，设计增添了基于语义信息的模型描述。即将基于OWL-S本体描述语言应用于Web服务，需要将OWL-S的语义描述信息嵌入到模型服务描述WSDL和模型发布描述UDDI中。采用OWL-S本体来指导服务的注册、管理和预发现过程，可使服务的描述更加准确，以实现自动化的军事模型服务发现、调用、组合。

7. 空军战役训练领域本体库

通过前面对本体的介绍，可以了解到本体具有非常重要的地位，它是解决语义层次上的模型信息共享和交换的基础。要实现基于服务功能的语义匹配，首先必须对已有的模型服务进行语义描述，并指定参数所要引用的本体概念。

领域本体提供该领域的概念定义和概念间的关系，提供该领域中发生的活动及该领域的主要规则和基本原理等，并为服务本体提供统一的抽象术语表，同时为语义推理机实现本体概念间关系的判定提供必要的信息。通过建立特定的领域本体，能使本领域内的用户形成共同的语义理解。目的是使模型服务使用者和开发者之间达到知识共享。所谓的"领域"是指所涉及的知识是特定于某个具体领域的。空军战役训练本体库，就是涵盖空军战役训练的相关知识和基本概念。领域知识包括领域概念知识和通用概念知识等。通用概念知识是一种公理化的大家认同的知识，即无需做特别说明也不会有二义性的理解，可以用通用本体(General Ontology)来描述；领域概念知识，对它的理解在领域内应该是明确的、无二义性的，是一组描述领域内实体及其属性和行为以及实体关系的词汇、定义、公理、定理的集合，即领域本体(Domain Ontology)。领域知识本体在本体库中扮演语义词典的角色。领域本体库中提供的管理类操作包括存储、提取和更新领域知识本体等，查询类操作包括查询类的定义、查询类的相关层次结构(子类、父类、相等类)、查询类的属性等。

空军战役训练领域本体库是模型服务系统中的一个重要组成部分，领域本体构建基于战场环境，包括与战场信息密切相关并对战场知识管理构成影响的概念及概念之间的关系。在本体构建过程中，从战场决策支持、环境侦查、作战过程、战况统计等应用方面抽象出需要用到的概念。通过对战场中各种对象和行为的分析，首先把战场本体分为过程本体和对象本体两类：过程本体，是战场中共享过程的形式化描述，是与输入属性、输出属性、参与属性、前提属性以及效果属性紧密联系的一系列流程的抽象，其各种参数属性取值范围则属于对象本体范畴。对象本体是战场中共享实体对象的形式化描述，是对战场中客观存在的各种实体和属性的抽象，可以定义为类、子类、属性。

在模型服务查找与匹配过程中，如果战役训练仿真系统用户对模型注册中心的目标服务不能提出其准确的功能描述信息，那么用来描述服务请求的唯一信息是问题本身。另外在模型共享用户和模型服务开发者属于不同领域或专业的情况下，他们对模型的描述有可能持有不同的观点，并且利用不同的服务本体表达这一观点。例如两个服务，一个服务是空战评估模型，输入参数是参加空战的双方机型数量，其输出结果是双方的毁伤结果，毁伤结果由 DamagedNub 表示；另一个服务是战果统计模型，其输入是击毁敌机数量，由 DestoryNub 表示。可以发现前一个服务的输出与后一个服务的输入语义上是一致的，但两者的语法表示却不同。若通过域本体定义 DamagedNub 与 DestoryNub 是"Same AS"关系，则可以推断出这两个服务是可以组合的。可见，领域本体提供了一种推理框架，可以提取出服务发布和服务请求之间语法表面上的不同，可以解决不同服务之间所使用的知识上的差异和失配，识别出两者之间语义的一致性或相似性。这样，就可以利用域本体将服务发布和请求之间的语义联系起来，实现语义层次上的模型服务匹配。

空军战役领域本体的构造涉及到具体的领域知识，模型服务开发技术人员可能并不能全面了解具体的领域知识，因此，领域本体的开发应邀请特定领域的专家来进行交流。在充分掌握空军战役训练军事知识后，才能将领域内的信息进行归类，提取出概念，并使用特定的语言进行编码和形式化描述。另外，一个本体设计很难确保一次成功，因此，依然存在一个评价、再修改和设计的多次循环和重复的过程。本体建模可用 OWL－S 语言来描述，其良好的语义描述功能可为实现模型服务系统对领域知识的读取和推理提供实现基础。由于空军战役训练领域涉及面大，实体及交互多，对领域本体的具体构建，本书不做研究。领域本体建立完成后，可以将空军战役训练领域本体存入到关系数据库中，用来支持本体推理机的推理。领域本体库中提供的管理类操作包括存储、提取和更新领域知识本体等，查询类操作包括查询类的定义、查询类的相关层次结构(子类、父类、相等类等)、查询类的属性等。

10.3.4　基于需求的模型服务系统的协议规范

　　基于需求的空军战役训练仿真系统模型服务的协议规范在现有 Web 服务的协议规范基础上进行语义信息的扩充,形成以语义 Web 描述为主的新 Web 服务协议规范框架,如图 10-6 所示。

服务组合层　(BPEL4WS)

服务发现层　(UDDI/OWL-S)

服务描述层　(WSDL/OWL-S)

消息传输层　(SOAP)

网络层　(HTTP, FTP, POP3)

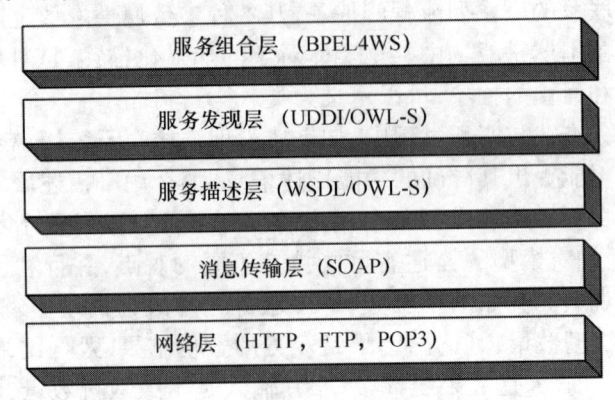

图 10-6　基于需求的模型服务协议规范

1. 网络层

　　网络层协议是确保模型服务绑定双方的相互通信。基于需求的模型服务根据不同的应用环境选用不同的网络协议来加载、调用和执行相关的服务,并且这种选择对服务使用者来说是透明的。网络层协议主要有 HTTP、FTP 和 POP3 等。

2. 消息传输层

　　消息传输层协议主要实现服务之间的绑定、调用。与现有的 Web 服务一样,基于需求的服务建立在网络层之上,也是通过消息传输机制来实现服务之间的调用和相互通信。SOAP 是消息传输层普遍使用的协议规范。

3. 模型服务描述层

　　传统的服务描述层是以 WSDL 为基础的,由类型、消息、端口类型、绑定、端口和服务等 6 个元素组成,服务调用者可通过这些信息了解所调用服务的位置、接口描述、数据类型、消息结构、传输协议等接口定义及接口实现信息,从而调用相关服务,但对于基于需求的模型服务中所要求的其他信息,如服务的功能语义,WSDL 规范并未提供描述方法,我们还需另外的描述手段。在 WSDL 的基础上结合本体建模语言 OWL-S 来描述服务信息,它主要完成服务的功能语义信息以及模型服务执行信息。功能语义信息主要是模型的本体应用领域信息,包括模型的功能描述及其在领域中的分类、关系等属性信息;模型服务执行信息主要是模型服务执行的上下文信息,说明服务在运行或组合时需要指定的上下文依赖关系,即该模型运行的前提条件和模型运行的执行后果等。通过对模型服务描述层的语义扩充便于计算机理解、利用和自动处理。

4. 模型服务发现发布层

服务发布层协议支持服务的注册、发布。UDDI 是该层的主要协议,在现有协议的基础上,结合模型服务的描述内容,对现有模型服务的注册信息进行技术规范的扩展,利用它的扩展机制增加了 UDDI 所记录的信息内容,使其能够注册基于需求的模型服务描述中的特有信息,这样就可以完整的描述和发布模型服务的全部信息,为模型服务的按需发现提供实现基础。

5. 模型服务组合层

在中间层之上,是一些支持复杂工作流和业务逻辑的模型服务组合协议,研究中采用的是 OASIS 推出的 Web 服务业务流程执行语言(Business Process Execution Langauge for Web Services,BPEL4WS)。BPEL4WS 以一种类似编程语言的形式在更高一个层次上对商业流程进行描述。在流程当中,指定了每一个参与流程的 Web 服务被调用的时机、消息的赋值方式以及错误处理方式。最终服务组合流程以 Web 服务的形式向客户提供服务。BPEL 所支持的唯一接口是 SOAP 和 XML 消息,允许用户定义一个可理解的、可直接被用来执行这个流程的业务流程。

10.3.5　基于需求的模型服务运行流程设计

新的空军战役训练模型服务系统保留了原有的模型服务发现机制,增加了基于需求的模型自动化服务方式,来满足用户的多种模型服务需求。通常,模型服务用户登录模型服务中心来请求模型服务资源,一般来说会出现以下 3 种情况:一是用户已知满足需求的模型服务所发布的准确信息;二是在模型服务资源库中存在用户的目标模型,但由于用户缺乏对需求模型的准确描述信息,在需求描述模糊时,用户难以直接定位到目标模型;三是模型服务资源库中没有直接满足用户需求的目标模型,但通过已有模型资源的组合可以完成模型服务需求。对于第一种情况,模型服务系统不需要做任何工作,用户可以直接调用模型服务注册查询模块,获取模型服务的 WSDL 文档,绑定并调用目标模型;第二种和第三种情况下,用户不能立即得到所需要的服务,通过模型服务代理主动服务、自动搜索来完成模型发现过程,尤其是第三种情况下,模型服务代理还需要通过模型服务的功能与逻辑组合,来寻找满足需求的途径。本书主要讨论基于需求的模型服务的运行机制,其运行机制设计如图10-7所示,主要步骤如下:

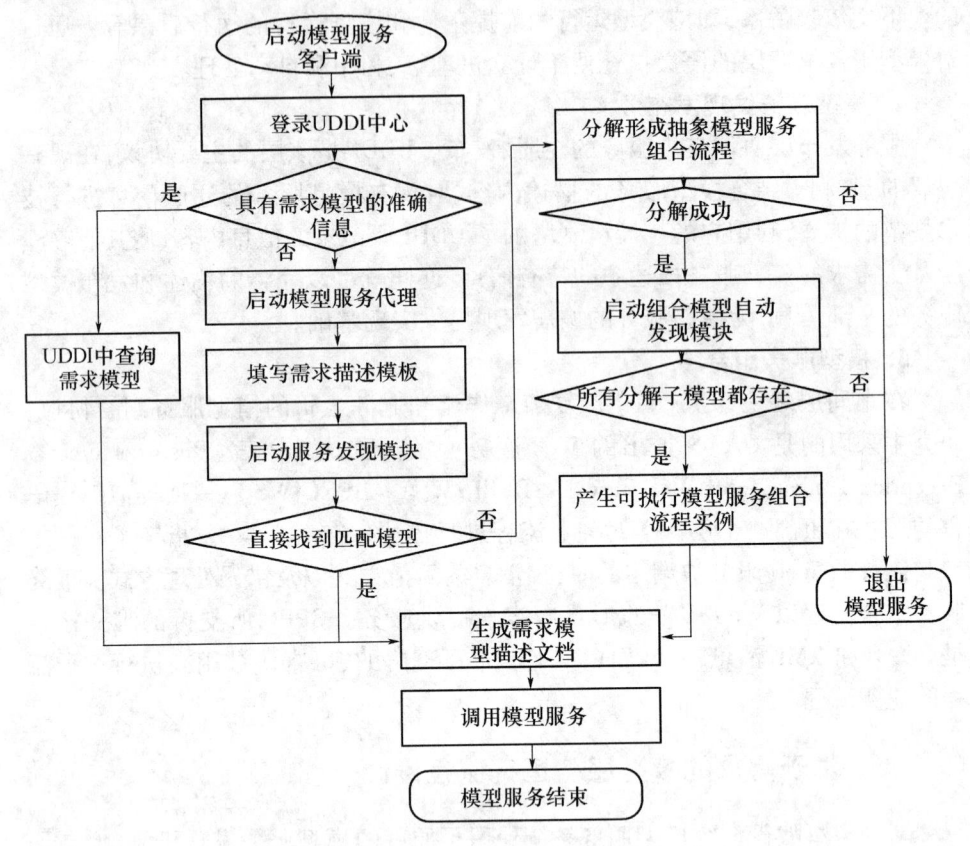

图 10-7 基于需求的模型服务执行过程

第一步,提出模型服务请求。

服务请求者通过模型服务客户端代理启动模型服务代理,登录模型服务中心,当用户已知所需模型服务的准确地址或名称分类信息时,可以通过手动的方式在模型服务注册库中查找相关模型信息;当用户存在需求模糊情况时,调用模型服务代理。

第二步,分析处理需求。

用户访问模型服务代理的模型服务需求处理模块,按照需求模型描述模板的要求内容与格式填写所需模型服务描述信息,并向模型服务中心提出模型服务请求。

第三步,查找匹配模型服务。

当模型服务代理收到服务请求,根据需求模型描述信息,调用模型服务自动发现模块,在已有的模型服务资源中查询是否存在能满足该服务请求的目标模型,如果发现成功,则将找到的模型服务描述文档输出给用户;如果发现不成功,调用模型组合模块,进入服务组合进程。

第四步,分解需求组合模型服务。

模型服务组合模块根据模型服务领域知识库,调用推理机及相关领域知识,对模型服务需求进行分解,试图通过对现有的模型服务资源的组合,以产生新的符合服务请求的模型服务组合,满足模型服务需求。如果分解成功,产生满足需求功能的抽象模型服务组合流程;如果无法分解,则返还调用失败信息,退出模型服务。

第五步,自动发现绑定抽象模型服务组合流程中的子模型服务。

根据抽象模型服务组合流程,通过模型服务自动发现模块,查找相应的子模型服务。如果子模型服务都存在,则产生可执行的模型服务组合流程实例;如果有子模型服务不存在,则返回模型调用失败信息,退出模型服务系统。

第六步,调用执行模型服务。

根据模型服务查询信息,用户绑定相应模型进行调用。结束模型服务的过程。

第 11 章

基于需求的军事模型主动服务设计

基于空军战役训练仿真系统需求的军事模型主动服务设计包括了模型描述与注册、自动发现及服务组合方法。

11.1 空军战役训练模型服务的描述、注册与发布

11.1.1 基于 OWL-S 扩展的模型服务描述

模型服务是一种部署在 Web 上的程序组件对象，我们需要以某种结构化的方式(如 XML 格式)对该对象的调用/通信进行描述,这也是 Web 服务调用和通信的基本保证。WSDL 正是解决这一问题的一种描述语言,它定义了一套基于 XML 的语法,将 Web 服务描述为能够进行消息交换的服务访问点的集合。但由于 WSDL 并不支持在输入和输出参数之间进行逻辑约束的定义,不能满足模型基于语义功能的匹配,实现自动服务发现,因此,需要在模型的描述中增加语义信息以使系统能够理解。

作为一种有效表示概念层次结构和语义的模型,本体非常适合作为满足语义 Web 要求的知识表示形式。本体通过明确地定义概念以及概念之间的关系来确定概念的精确含义,表示共同认可的、可共享的知识。OWL-S 就是语义 Web 中一种用来描述 Web 服务的属性和功能的本体规范,其目标就是使 Web 服务的有关属性和功能的语义信息能被计算机所理解,实现 Web 服务的自动发现、自动调用、自动组装和自动互操作。

在 OWL-S 描述规范的基础上,可以建立如图 11-1 所示的空军战役训练模型服务描述。

```
                    ┌─ 功能语义信息 ──→ ServicesProfile
模型服务描述信息 ─────┼─ 操作语义信息 ──→ ServicesProcess
                    └─ 调用映射信息 ──→ ServicesGrounding
```

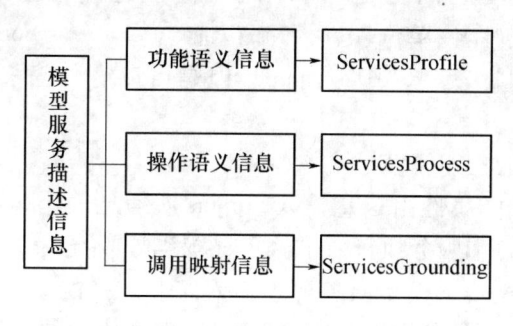

图 11-1　模型服务描述结构

其中,功能语义(ServicesProfile)信息描述模型 Web 服务的功能信息,操作语义(ServicesProcess)信息为 Web 服务发现提供了必需信息,说明"服务如何运作",而调用映射(ServicesGrounding)信息描述的是 Web 服务的数据语义和过程语义,说明"如何访问服务"。三者共同为 Web 服务组合、执行和交互提供足够的信息。

1. 功能语义信息

功能语义信息描述了 Web 服务的性能相关信息,类似于 UDDI 中的 WSDL,说明"服务做什么"。通过 ServicesProfile 描述本体,一是可以提供服务的功能说明,描述 Web 服务的能力,包括非功能性属性、服务质量、功能说明和分类等,模型服务系统可以通过服务提供的 ServicesProfile 信息判断模型服务是否适合用户的要求;二是允许用户通过一组给定的能力要求来请求 Web 服务,即对模型服务请求的描述。ServicesProfile 信息所包含的内容如下:

1) 模型服务的标识属性

模型服务的标识属性由服务名称(ServiceName)、服务文本描述(textDescription)和联系信息(contactInformation)组成。其中,服务名称指出了所提供服务的名称,它可以作为服务的一个标识符,根据空军战役训练仿真系统模型的命名特点,模型服务的命名通常由模型服务中的实体和行为的简短汉语描述词组成,如:歼击机空中突击、空中指挥机指挥、突击兵力计算。

模型服务文本描述以文本的形式给出了服务的一个简要描述,它总结了服务将提供什么样的功能,除了对服务功能的描述外,它还列出了其他服务提供者希望与服务请求者共享的信息。例如,可将空战模型简短的描述为:该服务主要提供对航空兵空中交战毁伤结果的计算服务,服务要求输入交战双方的机型、数量,而模型服务输出的是交战双方的毁伤数量。

联系信息给出了负责该服务的人或者团体的联系方式，它的内容在 OWL - S 内部不作规定，但是可以使用其他的 Ontology 来进行描述，通常描述内容为模型开发者的联系人姓名、单位、电话和邮箱地址等。一个 ServicesProfile 最多只能有一个 ServiceName 和 textDescription，但是可以有任意多个 contactInformation。

2) 模型服务的功能属性

模型服务的功能属性由信息输入(Inputs)、信息输出(Outputs)、服务执行前提(Preconditions)和服务执行效果(Effects)组成，简记为 IOPE。例如，为了完成对地攻击，轰炸机攻击模型服务要求输入航空炸弹的型号与数量，前提条件是执行任务飞机必须是轰炸机而且携带炸弹，模型执行的结果是输出毁伤结果信息以及产生炸弹数目的变化。

需要说明的是 IOPE 这 4 个属性并不是直接在 ServiceProfile 里定义，而是在 ServiceProcess 里面定义的，Profile 通过定义的 hasInput、hasOutput、hasPrecondition 和 hasResult 4 个对象属性来对它们进行引用。

3) 模型服务所属领域的分类属性

模型服务的分类属性(serviceCategory)可由分类法名称(categoryName)、分类法模式的引用(taxonomy)、服务在该分类法中所对应的值(value)及相应的代码值(code)组成。为便于实现对模型服务的检索操作，可以只采用其中一个属性用于空军战役训练军事模型服务描述，即用模型服务在分类法中所对应的 Value 值记录模型服务的分类 ID 号，其定义规则如图 11 - 2 所示。模型服务

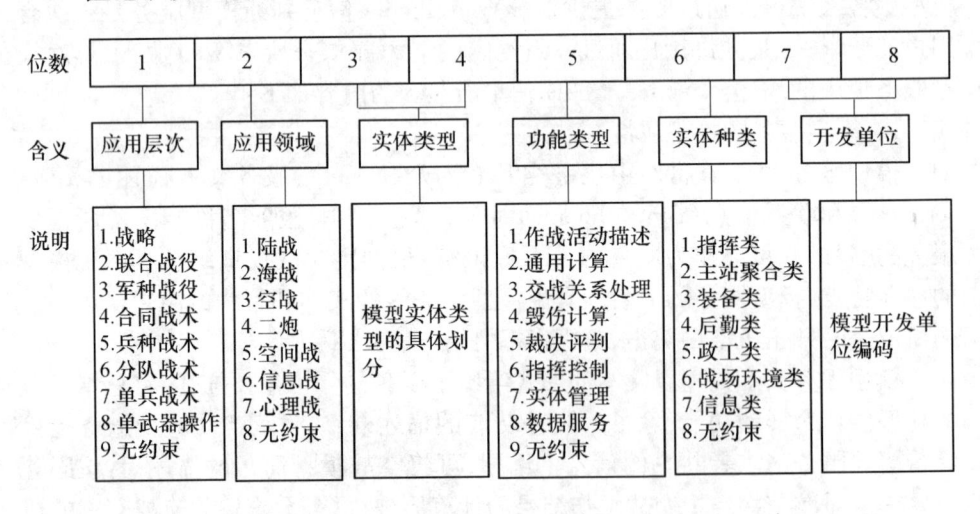

位数	1	2	3	4	5	6	7	8
含义	应用层次	应用领域	实体类型		功能类型	实体种类		开发单位
说明	1.战略 2.联合战役 3.军种战役 4.合同战术 5.兵种战术 6.分队战术 7.单兵战术 8.单武器操作 9.无约束	1.陆战 2.海战 3.空战 4.二炮 5.空间战 6.信息战 7.心理战 8.无约束	模型实体类型的具体划分		1.作战活动描述 2.通用计算 3.交战关系处理 4.毁伤计算 5.裁决评判 6.指挥控制 7.实体管理 8.数据服务 9.无约束	1.指挥类 2.主站聚合类 3.装备类 4.后勤类 5.政工类 6.战场环境类 7.信息类 8.无约束		模型开发单位编码

图 11 - 2 模型服务分类中的 Value 值定义

Value 值由一个 8 位整数表示,其中第一位标识模型的应用层次,第二位标识模型的应用领域,第三、四位标识模型实体的所属类型,第五位标识模型的功能类型,第六位标识模型中实体的种类,第七、八位标识模型的开发单位的代号。

4) 模型服务的质量属性

服务质量(QoS)是模型服务描述的一个重要方面,描述的是服务满足用户需求的能力,这里指的是服务的非功能性属性。在服务匹配时,面对功能相同的模型服务,如何选择更好的服务,这就要求不仅要考虑服务功能的匹配,还要考虑服务质量等非功能属性的匹配比较。

在基本的 OWL-S 的 ServicesProfile 中具有质量保证、质量评估、质量等级等与质量相关的参数,但是没有提供质量度量的类和属性的详细定义。因此,需要对 OWL-S 进行扩展,以实现对度量指标的详细描述。作为作战模拟系统更为关注模型的响应时间、模型可靠性和模型可用性,因此,可选择服务响应时间(time)、服务可靠性(reliability)和服务可用性(availability)来表示模型服务的质量属性。

表示模型服务质量属性的三元组为:QoSModel = (time,reliability,availability)。其中的 time 指的是该模型被调用执行一次所花费的时间,是一个一般性的度量值。实际上,模型服务的响应时间应该包括两个部分:延迟时间和处理时间。延迟时间是为了让一个调用流程实例被一个模型服务器处理所需要的时间,处理时间才是一个任务真正花费在处理模型调用实例上的时间。对于模型服务调用过程来说,它的处理时间就是 Web 服务从接受请求消息开始到返回应答消息的时间,延迟时间则包括请求信息的创建、传输、应答消息的处理等活动的时间。Reliability 是指用户请求服务时能否获得服务的可能性,表示能够维护服务和服务质量的程度。每月或每年的服务失效次数是衡量 Web 服务可靠性的尺度。换一个角度看,可靠性是指服务请求者和服务提供者发送和接收的消息能有保证和有序的传送。Availability 是指 Web 服务是否存在或是否已就绪可供立即使用,表示服务可用的可能性。服务可用性用 0~1 之间数值表示,较大的值表示服务一直可供使用,而较小的值表示无法预知在某个特定时刻服务是否可用。

2. 操作语义信息

操作语义信息主要用于服务提供者描述服务的内部流程。一个服务通常被称之为一个过程(Process)。过程分为 3 类:原子过程(Atomic Process)、简单过程(Simple Process)和组合过程(Composite Process)。一个原子过程实现一个简单过程,一个组合过程可以分解为多个简单过程。

1）原子过程

原子过程是不可再分的过程，可以被直接调用。原子过程包含输入（Inputs）、输出（Outputs）参数以及执行前提条件（Precondition）和执行效果（Effects）等信息。每一个原子过程都必须提供一个服务基础（Grounding）信息，用来描述如何去访问这个过程。

2）简单过程

简单过程是一个抽象概念，它不能被直接调用，也不能与服务基础（grounding）绑定。但是它们和原子过程一样，被认为只有一个执行步骤。简单过程一般作为元素的抽象，要么提供一些原子过程的视图，要么是对组合过程的简化表达。当我们需要关心一个服务的内部细节时，可以将这个服务定义为简单过程。

3）组合过程

组合过程是由若干个原子过程或复合过程组成的过程。每个过程由一个控制结构（ControlConstruct）定义。控制结构定义了组合过程中每个子过程的执行顺序。OWL-S中定义的控制结构有 Sequence、Split、Split + Join、Unordered、Choice、If-Then-Else、Repeate、Repeat-Until 等类型。

3. 调用映射信息

调用映射信息描述如何调用 Web 服务。在 OWL-S 中，ServicesProfile 和 ServicesProcess 都是服务的抽象表达，只有 ServicesGrounding 是具体的、实现层次的规范，描述了如何访问服务的细节，包括访问服务所需要的协议、消息格式、序列化的方式、传输方式和服务地址等。因此，可以将 ServicesGrounding 看作是服务交互所需元素的描述从抽象到具体的映射。

由于 OWL-S 规范中并没有定义语法成分来描述具体的消息，而在 WSDL 的描述方法中，通过 binging、port 和 services 对具体描述服务的消息格式和调用方式进行了规范。因此，可以利用 OWL-S 和 WSDL 这两种语言规范互补的优势来描述服务。两者之间的关联有利于开发者利用两种规范的优势，一方面开发者能够利用 OWL-S 的过程模型，另一方面开发者能重用 WSDL 已有的工作和基于 WSDL 的消息传递机制。OWL-S 和 WSDL 是互补的，因为两者实际上覆盖了不同的概念空间。WSDL 表达不了 OWL-S 的语义信息，OWL-S 也不能表达 WSDL 的绑定信息。因此，采用 OWL-S 表达 WSDL 中抽象类型声明，而使用 WSDL 的绑定结构表达消息的格式。将 OWL-S 的具体实现转化为 WSDL 中具体的消息描述，需要在 OWL-S 和 WSDL 之间需要进行概念的映射，即将 ServicesGrounding 的描述信息映射到 WSDL 中，具体的映射过程如图 11-3 所示。

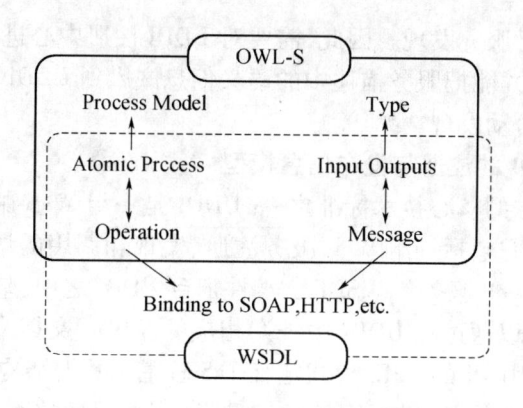

图 11-3 WSDL 和 OWL-S 描述的映射关系

从图中可以看到,OWL-S Grounding 比 WSDL 更抽象一些,两者之间有良好的对应关系。OWL-S 和 WSDL 之间需要进行 3 方面的映射:

(1) 从 OWL-S 的 Atomic Process 映射到 WSDL 中的 operation。一个具有 Inputs 和 Outputs 的原子过程对应 WSDL 中的一个请求/应答操作,一个具有 Inputs 但没有 Outputs 的原子过程对应于 WSDL 中的一个单向操作,一个具有 Outputs 但没有 Inputs 的原子过程对应于 WSDL 中的一个通知操作。OWL-S 原子操作过程和 WSDL 操作之间并没有一一对应关系,允许一个 OWL-S 原子过程对应多个 WSDL 过程。

(2) 将 OWL-S 中 Atomic Process 的每个 Inputs 和 Outputs 都对应到 WSDL 中的 message,即一个 Inputs 对应一个输入消息,一个 Outputs 对应一个输出消息。

(3) 将 OWL-S 中 Inputs 和 Outputs 的类型(OWL 类定义)映射到 WSDL 中的抽象类型(即 WSDL 中的 message part)。

11.1.2 基于 OWL-S/UDDI 的模型服务注册与发布

确立了模型服务的描述,对于模型服务用户来说,模型服务已经具备可用性,但如何在网络上查找与发现异地分布的模型服务资源这个问题并没有得到解决。模型服务系统使用 UDDI 来注册发布与查找模型服务。UDDI 使用包含模型服务描述信息的注册中心为用户提供查找发现服务的功能,可以说 UDDI 相当于存储可用的模型服务信息的中心仓库,所有定义的模型服务被发布到 UDDI 注册中心,应用程序和开发人员通过访问 UDDI 注册中心来查询并选择所需模型服务。然而,现有的 UDDI 模型注册中心结构并不能支持和利用这种服务的语义描述进行服务发现。因此,需要对 UDDI 注册中心进行扩展,使其支持服务的语义描述,并能把服务描述中的语义信息嵌入到 UDDI 数据结构中去,以支持模型服务的自动发现。

1. 基于 UDDI 的注册与发布信息模型

作为模型服务的核心技术标准之一,UDDI 是一组 Web 服务信息注册中心的实现标准规范,它包括一组 Web 服务注册、发现和调用的访问协议。服务提供者通过将描述 Web 服务的 WSDL 文档注册到 UDDI 之中,来发布这个 Web 服务,服务请求者可以通过在 UDDI 中查询相应的 WSDL 文档来发现满足自身需求的 Web 服务。UDDI 的 XML 模式定义了 5 种基本数据结构,即模型服务实体信息、模型服务描述信息、模型服务绑定信息、模型服务技术规范信息、关系声明,其结构如图 11-4 所示。

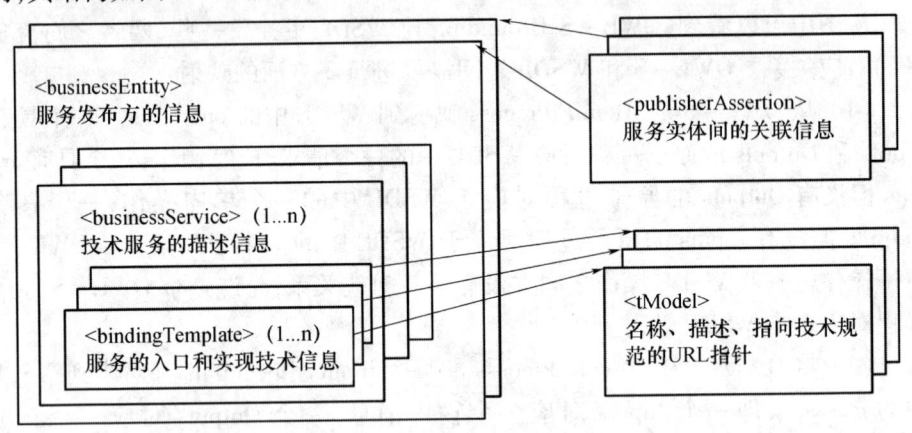

图 11-4 UDDI 的信息结构模型

在 UDDI 信息结构模型中,模型服务实体信息(businessEntity)描述的是发布军事模型服务的开发机构或者相关负责单位的详细信息,比如联系方式、单位类型、标识以及该单位的分类信息等。模型服务描述信息(businessServices)是 businessEntity 信息的子结构,它将一系列相关的 Web 服务描述组合到一起,比如属于同一分类范畴的 Web 服务,或是同一分类目录下的 Web 服务。模型服务绑定信息(bindingTemplate)是关于提供调用一个 Web 服务所需要的技术描述,包括应用程序连接远程 Web 服务并与之通信所必需的信息,如服务 URL 地址、服务调用的端口信息。每个 businessServices 包括一组 bindingTemplate 来描述服务如何使用各种技术协议。模型服务技术规范信息(tModel)相当于服务接口的元数据,包括服务名称以及指向调用规范的 URI,起到了服务指针的作用。而关系声明(PublisherAssertion)描述了相关联的模型服务实体之间的关联关系。

由于 UDDI 仅对语法级的服务描述语言(如 WSDL)提供了支持,而不支持服务功能性的语义描述信息。因此,需要将 OWL–S 同 UDDI 结合,既可以利用现有的 UDDI 扩大 Web 服务发现范围,又有利于查询和发布基于语义描述的 Web 服务,使得基于需求的 Web 服务自动发现和组合成为可能。

2. UDDI 与 OWL–S 的映射

为在原有的 UDDI 数据结构基础上对 UDDI 进行扩展以支持 OWL–S 规范,即使 UDDI 注册中心能支持 OWL–S 规范,并存储服务的相关语义信息,需要建立 OWL–S 到 UDDI 的映射,即在 UDDI 注册库中嵌入 OWL–S Profile 信息,采用 OWL–S 本体来指导服务的注册、管理和预发现过程,使对服务的描述更加准确。可以参照 WSDL 服务描述映射到 UDDI 注册中心的方法[26]和文献[27]提出的 DAML–SProfile 到 UDDI 的映射机制,通过扩展 tModel 类型的方法来实现。该方法的核心思想是:对于在 UDDI 中没有相应元素的 OWL–S Profile 元素,在 UDDI 注册中创建新的 tModel 类型,使 OWL–S Profile 元素与该 tModel 产生映射关系。基于上述 tModel 的特点,我们用扩展 tModel 的方法对 UDDI 进行语义方面的扩充,不会与现行 UDDI 注册中心产生冲突,并且能将包含语义的 Web 服务注册信息保存在 UDDI 注册中心。具体映射关系如图 11–5 所示。

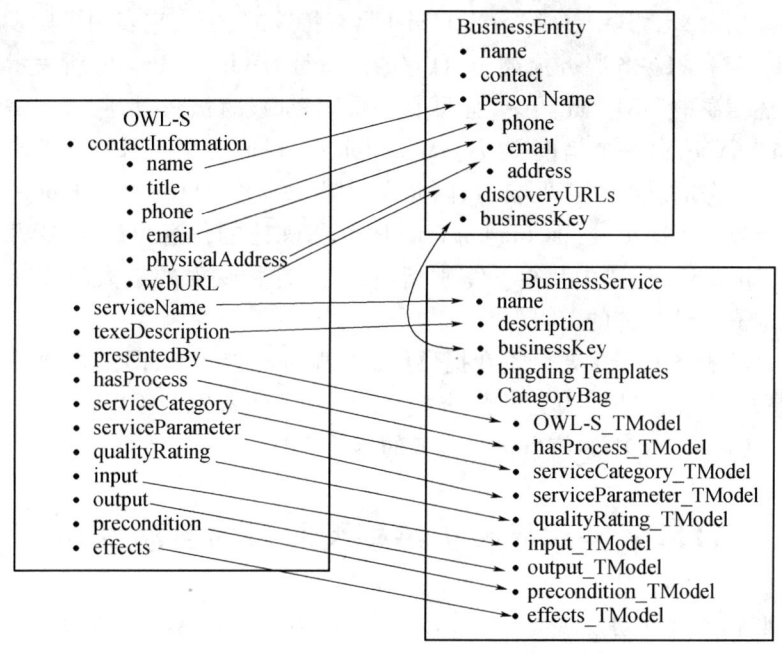

图 11–5 UDDI 与 OWL–S 的映射关系

对于 OWL-S 描述中的非功能信息,因在 UDDI 中有对应的描述,故可以直接映射到 UDDI 中,如 ServiceProfile 中的 ServiceName 和 textDescription 可被直接映射到 UDDI BusinessServices 数据结构中的 Name 和 Description 元素;OWL-S Profile 中的 ContactInformation 可直接映射到 UDDI BusinessEntity 中的 Contacts 元素;可将 WebURL 映射到 UDDI BusinessEntity 中的 DiscoveryURL 元素。对 UDDI 中的可选元素,如 OWL-S Profile 中没有相对应的内容,如 ContactInformation 中的 title 和 fax,可以不做描述。

而对于 OWL-S 中的 ServiceProfile 所表示的功能信息,因为在 UDDI 中都没有与之相对应的描述元素,要映射到 UDDI 中必须采用 tModel 结构。比如 OWL-S 中的 Input,Output,Services Parameter 等元素,它们映射到 UDDI 中分别为 Input tModel, Output tModel, ServicesParameter tModel。服务质量本体的几个属性 time, reliability 和 availability 也是分别使用 tModel 数据结构封装嵌入到 UDDI 中。因此,在 UDDI 中一共对 9 个 BusinessServices_tModel 进行了映射。它们分别是 OWL-S_tModel, hasProcess_tModel, serviceCategory_tModel, serviceParameter_tModel, qualityRating_tModel, input_tModel, output_tModel, precondition_tModel 和 effects_tModel。用这些 tModel 来索引服务在 OWL-S Profile 中想要表达的确切含义。其中,OWL-S tModel 具有特殊的含义,它表明了所发布的服务具有一个 OWL-S 服务描述,并且它的值就是 OWL-S Profile 所表示服务的语义描述信息的 URI。此图中,有两个 UDDI 特征没有被映射到:一个是模型服务实体的 name,另一个是模型服务的 bindingTemplates。由于 UDDI 要求模型服务在发布服务时就必须声明自身,因此模型服务的名称早在发布 Profile 的时候就已经提供给 UDDI 了;而 bindingTemplates 所陈述的信息可以从 OWL-S 的 Services Grouding 模块中获得。特别指出的是,这种映射的最大特点在于它已能完全地嵌入到当前的 UDDI 中。

上述的服务发布主要侧重在提供什么样服务的层次上,即主要利用 OWL-S Profile 中的信息进行相关匹配查找,没有过多地考虑与 OWL-S tModel 和 OWL-S Grounding 中的信息进行服务的相关匹配。

11.2 空军战役训练模型服务的自动发现

模型服务的自动发现是基于需求的空军战役训练模型服务的主要功能。通过分析模型服务请求描述信息和模型服务资源描述信息之间的语义相关程度,利用匹配算法,实现模型服务的准确选择。

11.2.1 模型服务自动发现的设计思路

模型服务自动发现是模型服务系统从模型服务中心所注册的模型服务资源中自动地选择出能满足用户的特定需求和相关约束的服务,并根据用户的服务需求和所选择服务的匹配情况确定适合度。

1. 模型服务自动发现的需求目标

传统的服务发现技术一方面需要人的参与,增加了模型服务发现的成本和难度;另一方面,它是通过精确匹配实现的(例如 UDDI 的发现机制),不能较好地支持基于概率和语义约束的模糊匹配。模型服务的自动发现可以弥补以上两个方面的不足。模型服务自动发现是基于需求的空军战役训练模型服务的重要功能实现,它应该满足以下要求:

(1) 模型服务的发现机制应该具有很好的灵活性,并且服务请求者应该可以控制匹配的灵活度。

(2) 在灵活性的前提下,模型服务应该具有较好的查全率和查准率。查全率是指不漏掉相关的模型服务;查准率是指查找到的模型服务应该和服务请求具有很好的相关性,能够满足请求,但这两个指标是互相矛盾的,提高查全率可能会降低查准率,提供查准率可能又会降低查全率,需要做一个好的折中。

(3) 模型服务发现的效率应该尽可能的高。如果服务匹配具有很好的灵活性,也具有很好的查全率和查准率,但是效率很低,那么也没有多大意义,好的服务发现机制应该由系统自动执行查找发现过程,而且能够尽可能快的响应请求。

2. 选取目标匹配依据和匹配策略

模型服务发现的实质是需求模型服务与发布模型服务之间的匹配问题,模型服务匹配的核心任务就是将需求服务的服务描述和目标服务的服务描述进行比较匹配,当二者的相似度达到了一定的值时,就可以说找到了服务请求者想要的模型服务。

模型服务匹配技术涉及到计算机科学中的多个研究领域,如信息检索、分布式计算和软件工程等,这些领域的研究成果为模型服务匹配技术提供了基础和参考。当前模型服务匹配技术主要分为 3 类:基于关键字的匹配、基于框架的匹配和基于语义的匹配。基于关键字的服务匹配与传统的基于关键字的信息检索很相似,而基于框架的服务匹配技术是对基于关键字匹配技术的改进,在关键字匹配的基础上结合了模型服务的类型匹配检索方法,如现有的模型服务系统采用的就是基于框架的 WSDL/UDDI 发现机制。这两种方法的主要不足是缺乏对服务功能语义信息匹配的支持,当服务需求者和服务提供者对具有同一功能的模型服务的语法描述不一致时,语法匹配的发现机制无法识别两者之间的关系,会判断为匹配不成功,降低模型查找的查全率和查准率。因此,从服务发现的效能和质量来讲,基于语义的匹配是模型服务发现技术的发展方向,它不仅实现了语法层面上的相比较,更重要的是实现了功能上的比较。因此,选择基于语义 Web 技术中的语义匹配技术来实现模型服务的自动发现。

实现基于服务功能的语义匹配的关键是确定匹配条件和匹配策略,设计一种有效的服务匹配机制。目前存在许多用来进行语义 Web 服务匹配的方法,这些方法的不同之处在于支持多样的结果集、语义的扩展、匹配等级以及分类结果的表示等方面。这些策略利用了服务发布和请求服务间存在的语义关联,存在的主要局限是缺少对服务匹配相似度的定量计算,大多数是从本体概念之间是否具有继承关系来定义需求模型服务和发布模型服务的匹配层次,用粗粒度的匹配等级来表示匹配结果。这种匹配结果比较泛化,可用度不高。本书主要针对这些算法的局限性,从定量角度使用语义相似度来计算请求服务与发布服务间的匹配程度,将相似度大小限制在 [0,1] 之间,只要两者之间服务综合相似度满足用户指定的相似度阈值,就可以作为结果返回给用户。这样的定量计算提供了更准确的结果,也能得到相关服务匹配程度的更好分类,同时也能得到细粒度的匹配结果,从而提高服务发现的查准率和查全率。

基于语义的模型服务匹配,需要利用本体来描述用户的需求、模型 Web 服务的功能和特性以及领域知识,使得计算机可以理解它们的语义内容。即采用的 OWL－S 语义描述框架,通过 ServicesProfile 提供一种描述服务提供者所提供的服务和服务需求者所需服务的途径。首先,服务提供者运用 OWL－S 框架来描述其提供的服务,并将其发布到注册中心,其模型服务描述信息 ServicesProfile 称为服务发现的目标服务描述 OS(Object ServicesProfile);其次,服务请求者提交需求模型服务的基本信息 ServicesProfile:服务的基本描述、服务的类别编码、服务的功能描述及服务的其他特征等,并根据这些信息创建请求服务模板 RSM(Request Services Template),我们称之为需求服务描述 RS(Request ServicesProfile)。目标服务的 Profile 实例由服务提供者发布在注册中心,而请求服务的 Profile 实例在请求者一端,这样我们就有了请求服务 RS 和目标服务 OS 的 Profile 实例,模型服务发现的任务就是通过模型服务发现功能自动将 RS 和 OS 这两者进行匹配,找到匹配 RS 的 OS。

11.2.2　模型服务自动发现匹配算法——分级匹配过滤模型

根据以上的要求,可采用 OWL－S 的 ServicesProfile 规范对服务请求和模型服务进行描述,选择分类属性(ServiceCategory)、服务名称(ServiceName)和服务文本描述(textDescription)、模型服务功能(IOPE)和服务质量(QoS)属性来作为匹配的条件。针对多项参数属性匹配的特点,可通过分级匹配,层层过滤的模式,逐项进行匹配以实现模型服务的准确发现。分级匹配过滤模型分为5级,具体分级匹配过程如下:

第一级为分类属性(ServiceCategory)的匹配比较,ServicesCategory参数引用某领域本体或服务分类法中的项来指定服务所属的分类,通过分类信息可以缩小查找范围,在排除分类不匹配的那些模型服务后,再对其他模型服务进行其他项的匹配会大大减少后面语义的计算量,有利于提高发现效率。

第二级为服务名称(ServiceName)和服务文本描述(textDescription)的匹配,这一层是通过语法和语义相结合的匹配,排除名称和服务文本描述相差较大且不属于一个本体范畴的模型服务。

第三级和第四级为模型服务功能(IOPE)的匹配,通过IOPE分别匹配服务的输入输出、前提和效果信息,服务功能信息能反映Web服务的能力,它是整个匹配过程中最重要的也是匹配算法中最核心的部分,本书将对IOPE的匹配度进行语义相似度计算。

第五级为服务质量(QoS)匹配,主要是在非功能属性方面对查找到的服务进行最后的性能筛选,当前面的匹配达到要求的时候人们往往对服务的服务质量和级别有相应的要求,这样引入服务质量参数作为补充性限制条件以期望达到更加完善的匹配结果。

这是一个逐级递进的策略,当服务描述在某一层上不能满足规定的匹配度时,就把该服务从结果集中删除,不再进行下一级的匹配。其中第一级和第二级匹配是从结构方面,即服务的基本信息方面确定服务是否能够满足需要,第三级和第四级是从服务的功能方面,判断服务基本功能是否满足需要以及与完成服务所需的条件是否匹配;第五级匹配是从服务质量等非功能属性方面对查找到的服务进行最后的性能筛选。以上的匹配可以被分为3类,即服务基本信息的匹配、服务功能的匹配和服务质量的匹配。

11.2.3 模型服务自动发现匹配算法——各级匹配算法

1. 模型服务分类属性的匹配算法

对模型服务分类属性的匹配是对模型服务的分类ID即ServiceCategory实例中的value属性值进行匹配。

匹配算法:

$$Sim_{Category}(OS,RS) = \begin{cases} 1, & RS.ServiceCategory.Value \subseteq OS.ServiceCategory.value \\ 0, & 其他 \end{cases}$$

(11.1)

只有当 $Sim_{Category}(OS,RS)$ 等于 1 的时候才表明 OS 在服务类别上与 RS 相匹配，可以进入下一级的匹配。匹配按分类码定义逐段位进行比较，当服务分类 ID 值相应段位全部为 8 时，表示对此内容无限制，服务分类匹配处理时，按通配符处理，当全部段位都匹配时认为 RS.ServiceCategory.Value = OS.ServiceCategory.value。具体匹配算法如下。

```
for(i=0,.i<=7,i++)
{
    ObjectID = GetServiceCatagoryID(i);     //取目标服务相应段位数值
    RsID = GetServiceCategoryID(i);         //取需求服务相应段位数值
    if(Match(ObjectID,RsID))                //对相应的段位数值进行匹配
        IsMatch = 1;
    Else
    {
        IsMatch = 0;
        Break;                              //匹配失败退出
    }
}
if(IsMatch = =1)  return 1;                 //匹配成功
```

2. 模型服务名称和文本描述的匹配算法

服务名称匹配过程进行的是字符串匹配，可采用 Levenshtein 算法即编辑距离算法。该算法是一种确定两个字符串差距的方法，差距是指将一个字符串转变成另一个字符串所需插入、删除和替换字母的最小数目。假定进行匹配的两个字符串分别为 S_1, S_2, $edit$ 表示编辑距离，$|S_1|$, $|S_2|$ 分别表示字符串 S_1, S_2 的长度，则 S_1, S_2 的字符串相似度为

$$sim_{str}(S_1,S_2) = \frac{\min(|S_1|,|S_2|) - edit(S_1,S_2)}{\min(|S_1|,|S_2|)} \quad (11.2)$$

则服务名称相似度表示为

$$sim_{sn}(S_1,S_2) = sim_{str}(S_1,S_2) = \frac{\min(|S_1|,|S_2|) - edit(S_1,S_2)}{\min(|S_1|,|S_2|)}$$

式中　$sim_{sn}(S_1,S_2)$——服务名称相似度；

S_1, S_2——请求服务和发布服务的服务名称。

文本描述的匹配是指进行文本相似度的匹配。文本相似度(text similarity)匹配是针对服务文本描述的语义匹配。目前大多数文本相似度匹配都采用基于关键字的匹配方法,在词汇相似度的基础上实现文本的语义匹配,也就是先按照 WordNet 本体将文本抽取成相应的单词,过滤掉其中的一些诸如语气词、助词等虚词,将抽取出的单词按照词性分成名词、动词、形容词和副词 4 类,在不同的词性集合中计算单词的相似度,最后综合得到所有单词的相似度即为文本相似度。

WordNet 中支持 4 种词性:名词,动词,形容词和副词。每个词性都有一组词义(Sense)与之对应。每一个词义都对应唯一一个 Synset,即同义词组。在这个同义词组中会包含其他具有相同词义的词,这些词之间的关系都是同义关系。在计算同一词性中两个单词的相似度时,主要是通过依次计算两个词语在词义集合中与所有词义间的相似度,寻找其中最大的相似度,并作为两单词间的相似度度量值。

设两个单词 w_1、w_2,w_1 有 m 个词义 $s_{11},s_{12},\cdots,s_{1m}$,$w_2$ 有 n 个词义 s_{21},$s_{22},\cdots,s_{2m}$,则两单词的相似度为对应词义相似度的最大值,即

$$sim_{word}(w_1,w_2) = \max_{i\in[1,m],j\in[1,n]}(sims(s_{1i},s_{2j})) \tag{11.3}$$

式中 $sim_{word}(w_1,w_2)$——单词相似度;

$sims(s_{1i},s_{2j})$——词义相似度。

在文本相似度计算时,针对不同的词性分别计算相应的相似度,以下将以名词集合为例说明具体的操作。

设 N_1,N_2 分别为两文本分词后的名称集合:

$$N_1 = \{w_{11},w_{12},w_{13},\cdots,w_{1m}\}, N_2 = \{w_{21},w_{22},w_{23},\cdots,w_{2n}\}$$

设 N_{12} 是 N_1 和 N_2 文本相似度的特征矩阵:

$$N_{12} = N_1^T \times N_2 = \begin{bmatrix} w_{11}w_{21} & \cdots & w_{1m}w_{21} \\ \cdots & \vdots & \vdots \\ w_{11}w_{2n} & \cdots & w_{1m}w_{2n} \end{bmatrix}$$

其中,$w_{1i}w_{2j}$ 为单词相似度,可由公示(11.3)计算得到。

在计算时,首先遍历相似度特征矩阵,取出相似度最大的词语组合 $simmax_i$,再将其所属行和列从相似度特征矩阵中删除,继续选取余下矩阵中相似度最大的组合,直到矩阵中元素为零,得到词语相似度最大组合序列,计算其算术平均值,即

$$sim_{text_1}(T_1,T_2) = \frac{1}{k}\sum_{i=1}^{k}simmax_i \tag{11.4}$$

同时考虑到矩阵的不对称性，还要进一步计算 N_1, N_2 的语义相似度。利用上面同样的方法，可得到 $sim_{text_1}(T_2, T_1)$，所以两文本中名词集合相似度为

$$sim_{text_1} = \frac{sim_{text_1}(T_1, T_2) + sim_{text_1}(T_2, T_1)}{2} \tag{11.5}$$

类似的可以得到动词、形容词、副词集合的相似度，而两文本的相似度可由 4 种词性集合相似度加权平均得到

$$sim_{text}(T_1, T_2) = \sum_{i=1}^{4} \beta_i sim_{text_1}$$

其中，β_i 分别对应名词、动词、形容词、副词的加权系数。

所以服务的文本描述的相似度大小表示为：$sim_{td}(T_1, T_2) = sim_{text}(T_1, T_2)$，其中 $sim_{td}(T_1, T_2)$ 表示两文本描述的相似度，T_1, T_2 分别表示需求模型服务和发布模型服务的文本描述。

综合上面两方面的考虑得到基本信息的相似度：

$$sim_{bas} = w_1 sim_{sn}(S_1, S_2) + w_2 sim_{td}(T_1, T_2) \tag{11.6}$$

其中 $\sum_{i=1}^{2} w_i = 1$，w_i 为权重。

3. 模型服务功能的匹配算法

服务匹配过程的核心是服务的功能匹配。服务的功能匹配包括输入、输出和前提、效果两类参数。输入、输出参数是通过引用特定领域本体的概念来描述的，因而对服务的输入输出参数集匹配的实质是对输入输出参数所关联的本体概念间的语义匹配；在考虑输入输出匹配的同时，不能忽视对服务前提和效果的匹配，因为在输入输出相同的情况下，服务前提和服务效果不同，也会导致模型无法满足需求，因此，在此将模型服务执行前提和结果也作为匹配的参考因素。在具体匹配过程中，将输入输出和前提效果的匹配分开处理，对于前者采用的是语义相似度的计算方法，从定量计算的角度得到两者之间的语义匹配结果，对于后者采用的是逻辑匹配。

1) 输入输出的匹配

输入输出的匹配采用语义相似度匹配，语义相似度匹配是针对 OS 和 RS 的输入输出匹配，语义相似度是指 OS 的输入输出和 RS 的输入输出在语义上的符合程度。对语义相似度的计算，一般是先将其转化为语义距离的计算，语义距离是指在同一个本体内的两个不同类间存在的关系链中最短的关系链长度的一种度量，而语义距离实际上就是两者本体概念间的距离。

相似度的取值范围在 0 到 1 之间，当相比较的两个概念相同时，它们的语

义相似度应为 1;当两个概念的语义丝毫没有关联时,它们的相似度应为 0;其他情况下相似度的值在 0 到 1 之间。在对语义相似度进行衡量时需要注意:只有在同一个本体中的类之间才有语义距离,不同本体类间的语义距离为无穷大;只有最短的关系链才能作为语义距离的衡量标准,因为类间的关系链可能存在多条,最长的关系链长度可以为无穷大;关系链长度本身并不是语义距离,它可能需要通过加权或其他方法处理,这取决于不同的语义距离计算方法。因此,只能说语义距离是关系链长度的一种度量。

计算语义距离,归根结底还是为了计算相似度,从而应用到服务匹配的相似度计算中。相似度和距离之间满足下面的函数转换关系:对于概念 W_1,W_2,其相似度为 $Sim(W_1,W_2)$,语义距离 $Dis(W_1,W_2)$,则两者间的转换关系为

$$Sim(W_1,W_2) = \frac{\alpha}{Dis(W_1,W_2) + \alpha} \tag{11.7}$$

该关系式称为相似度函数。其中 α 是一个可调节的参数,其值大小为相似度等于 0.5 时的语义距离值。相似度函数的含义就是指通过调用此函数,将语义距离转化成相似度。相似度函数需要满足下面 3 个特性:

(1) 当语义距离为 0 时,相似度为 1。即当两个概念相同时,相似度为 1。

(2) 此函数随语义距离的增加而减小。即语义距离大的概念间的相似度小;语义距离小的概念间的相似度大。

(3) 此函数的输出必须保证在[0,1]区间内。既不能出现大于 1 的值,也不能出现小于 0 的值。

有时直接计算语义相似度比较困难,一般采用先度量概念间的语义距离,然后通过相似度函数转化为语义相似度的办法。下面重点介绍语义距离的计算方法。

根据领域本体的概念层次树结构,可以用树中的最短路径距离来表示概念之间的语义距离。我们定义,概念 C_1,C_2 间的语义距离 $Dis(C_1,C_2)$ 为连接它们最短路径上的 n 条边的权值的总和,即

$$Dis(C_1,C_2) = \sum_{i=1}^{n} weight_i \tag{11.8}$$

式中,$weight_i$ 是连接 C_1,C_2 最短路径上第 i 条边上的权值,这里的最短路径可以通过广度优先搜索得到。

在最简单的情况下,每条边对语义距离计算的贡献都是相同的,树中两节点的最短路径距离就是连接它们最短路径上边的条数。我们最初定义树中所有边的权值都为 1,即 $weight_i = 1$。当两个概念在分类树上的深度越深,它们

之间的关系就会越紧密,从而它们的距离就会越小。即处于层次树中离根较远的概念间的相似度要比离根近的概念间的相似度大些。这是因为在层次树中,自顶向下,概念的分类是由大到小,大类间的相似度肯定要小于小类间的,所以概念在树中所处的深度是另一个要考虑的因素。这里我们给不同深度的边赋予不同的权值,当概念由抽象逐渐变为具体时,连接它们的边对语义距离计算的影响应该逐渐减小。

为方便起见,采用 Depth 代表节点深度,并规定分类树根节点的深度为 0,每扩展一层,节点深度加 1。因此,概念在树中的深度 Depth 就是该概念到根节点最短路径上所包括的边数。

通过分析我们总结得到以下几个观点和认识:

(1)概念在层次树中所处的深度越深,语义距离越小。随着概念在层次树中所处的深度的增加,以它为源点引出的所有边的权值将逐渐减小,这样就保证了具有较大深度的概念间的语义距离相对较小,即相似度相对较大;

(2)概念的分类越细致,语义距离越小。一对概念的兄弟节点个数相对较大,即它们的父节点分类细致程度较高,所以一个概念的分类细致程度也应该是计算语义距离时应该考虑的因素;

(3)具有子父关系的两个概念比具有父子关系的语义距离小,即一个概念与它的祖先相比的相似度高于其祖父与它相比的相似程度。树中处于较大深度的概念跟一个深度较浅的概念相比的相似程度要大于反过来相比的相似程度。

2)前提和效果的匹配

前提和效果的匹配采用逻辑匹配的方式,逻辑匹配是针对服务前提条件和服务执行效果的匹配方法。所谓前提就是指调用一个模型服务前所需要满足的前提条件。它与服务输入的含义不同,服务输入指的是调用模型服务所需要输入的信息。如果服务前提不能被满足,那么请求者可以完全不知道服务输入,因为这个服务本身已经不能被调用。所谓效果就是指调用一个模型服务后所产生的影响。

在调用服务前一定要满足服务的前提条件,也就是说前提条件为真。这里的前提和效果通常可用描述逻辑进行表达,逻辑匹配是针对服务前提/效果的匹配方法。

假设服务请求中的前提和效果分别用 $Pre(Q)$ 和 $Eff(Q)$ 表示,发布服务中前提和效果分别用 $Pre(A)$ 和 $Eff(A)$ 表示,两者间匹配满足以下逻辑表达式:

$$Match(Pre(Q), Pre(A)) \Leftarrow (\forall j, \exists i: (i \in Pre(Q)) \wedge (j \in Pre(A)) \wedge subs(j,i)) \vee Pre(Q) = \phi$$

$$Match(Eff(Q), Eff(A)) \Leftarrow (\forall i, \exists j: (i \in Eff(Q)) \land (j \in Eff(A)) \land subs(i,j)$$

其中,$subs(j,i)$ 为当 j 包含 i 时,$subs(j,i)$ 为真。这里我们约定前提/效果相似度为

$$sim_{PE} = \begin{cases} 1 & 当 Match(Pre(Q), Pre(A)) \&\& Match(Pre(Q), Pre(A)) 时 \\ 0 & 其他情况 \end{cases}$$

因此服务功能匹配的相似度为

$$sim_{func} = v_1 * sim_{IO} + v_2 * sim_{PE} \tag{11.9}$$

式中,$\sum_{i=1}^{2} v_i = 1$,v_i 为权重。

一般来说用户对输入/输出的要求高于前提/效果,即一般 $v_1 > v_2$。

4. 服务质量的评价和选择算法

服务质量匹配是在大量功能相似的 Web 服务的情况下,为了发现最佳服务而提出的,是对功能语义相似匹配的补充。服务质量匹配不是找出与请求服务质量指标相似的服务,而是找到满足或优于用户请求的质量指标的服务,具体地就是响应时间较短、可靠性较高以及可用性较强的服务优先返回给用户,这里的服务质量相似度实际上就是请求服务质量指标和候选发布服务质量指标的差值。

函数 QoSMatch(RS,OS)用来计算需求模型服务请求 WSR 和发布模型服务 WSA 之间服务质量的相似程度。该函数是在 MAE(Mean Absolute Error)算法[28]的基础上提出的。MAE 是一种度量两个对象之间差异程度(误差)的计算方法,其计算简单且易于理解,被广泛应用于各种统计准确度大小的领域。其计算原理为:对于 m 次的实际测量值 p_i 和标准测量值 q_i,$i = 1,2,\cdots,m$,先计算两者之差的绝对值,求总和之后再取均值。计算公式如下:

$$MAE = \frac{\sum_{i=1}^{m} |p_i - q_i|}{m} \tag{11.10}$$

MAE 反映了实际值与目标值之间差距的大小。MAE 越小,实际值越接近目标值,偏差也就越小;反之,实际值越偏离目标值,偏差越大。

为了计算偏差相对于目标 q_i 的偏差程度,当在 Web 服务中测量次数 $m = 1$ 时,相似度计算公式为

$$QoS(p,q) = 1 - \frac{|p - q|}{q} \tag{11.11}$$

QoSMatch(RS,OS)返回一个 0 到 1 之间的实数,返回值越接近 1,表示 p 和

q 的相似度越高。

模型服务的质量描述信息由响应时间(time)、可用性(availability)和可靠性(reliability)决定,故

$$QoSMatch(R,O) = \sqrt[3]{QoS_t(R,O) \times QoS_a(R,O) \times QoS_r(R,O)}$$
(11.12)

式中,$QoS_t(R,O) = QoS_{time}(RS,OS) = 1 - \frac{|OS.time - RS.time|}{RS.time}$;

$QoS_a(R,O) = QoS_{availability}(RS,OS) = 1 - \frac{|OS.availability - RS.availability|}{RS.availability}$;

$QoS_r(R,O) = QoS_{reliability}(RS,OS) = 1 - \frac{|OS.reliability - RS.reliability|}{RS.reliability}$。

5. 匹配算法的性能评价

目前模型服务领域还没有衡量服务发现方法性能的统一标准。为了评估模型服务的性能指标,可以用查准率和查全率来衡量该服务发现方法的性能。查准率定义为查询结果中与查询相关的模型服务数目和查询结果返回的总的模型服务数目的比例;查全率定义为查询结果中与查询相关的模型服务数目和与查询相关的总的模型服务数目的比例。查准率和查全率结合起来,描述了系统的匹配成功率,对于一个匹配算法,查准率、查全率越高,匹配算法越好。

实现空军战役训练模型服务主动发现的分组匹配算法,首先是提高查准率。它不同于以前大多数基于语义的服务匹配,将查找到的服务按照是否具有继承关系分成几个不同的匹配等级,而本书的匹配方法中对每个服务的匹配结果用一个介于[0,1]之间的数值表示,只要达到用户指定的阈值就可以作为结果输出给用户。其次,该算法模型不单从服务名称、文本描述等方面进行服务过滤,除了考虑服务的输入输出参数的匹配,还简单考虑了前提条件和效果的逻辑匹配,更精确地表示了用户的需求和发布服务的匹配;另外通过计算 QoS 匹配度,使得查找到的服务性能也满足用户的请求,从而更加接近用户的需求。综合上面3方面,整体提高了服务发现的查准率。

其次是查全率的提高,前述讨论的算法相对于传统的关键字匹配的技术而言,优点是显而易见的。在引入语义本体后,充分利用本体具有的语义功能标注信息,不仅考虑到本体概念简单的继承关系而且还考虑到本体之间的二元关系,通过引用语义本体中的语义距离来计算概念间的语义相似度,然后通过匹配等级的相似度和语义距离计算的相似度综合得到本体概念间的匹配相似度,提高了不同语法相同本体语义概念的模型之间的匹配可能性;另外可以设定不同的匹配阈

值,以用户的选择来缩放服务选择范围。综合上面两方面,使得不同相似度的服务得以匹配,增加了可能匹配服务的范围,使得服务的查全率有所提高。

11.2.4 模型服务自动发现功能的实现设计

1. 模型服务自动发现的功能结构

模型服务自动发现的功能实现框架如图 11-6 所示。

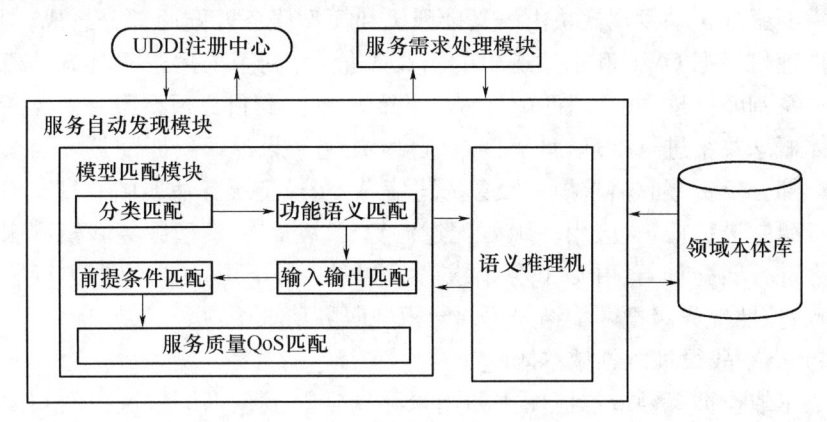

图 11-6 模型服务自动发现功能实现框架

从图中可以看出,模型服务自动发现功能实现由 UDDI 注册中心、服务需求处理模块、模型服务自动发现模块和空军战役训练领域本体库等模块组成,各功能模块在模型服务自动发现过程中实现的主要功能如下。

2. 各模块的主要功能

1) UDDI 注册中心

模型服务注册中心也是模型服务本体库,是模型服务资源本体描述文件的服务器,提供资源模型服务的语义描述信息。服务提供者通过 OWL-S/UDDI 映射将语义 Web 服务描述转换为满足 UDDI 格式的 Web 服务后,将服务的 OWL-S 描述信息注册到 UDDI 注册库中。一个完整的语义 Web 服务本体应包含:调用方式信息、属性语义信息、操作方式信息、调用映射信息 4 个组成部分,这 4 个方面信息分别通过 WSDL 文档、OWL-S 的 ServicesProfile、ServicesProcess 和 ServicesGrounding 文件来实现。

2) 服务需求处理模块

服务需求处理模块的功能是接受服务请求者的查询请求,根据领域本体对这些查询信息进行标准化和过滤,保留应用于查找的条件和约束信息,需要规定的是该需求描述在抽象概念层次上必须被预先定义的领域本体(即推理模块)的知识库中的概念所包含。模型需求处理模块提取出需求中的服务分类编码、服务名称、文本描述、输入输出、前提效果以及相应的服务质量参数信息,同时给出每个参数的匹配相似度的阈值,通过转换生成符合 OWL-S/Profile 规范的语义请求描述,这样,模型服务需求描述与发布模型服务描述采用相同的表示形式,为后续的匹配过程提供匹配依据,有利于简化服务的匹配处理过程。

3) 模型服务自动发现模块

模型服务自动发现模块由语义推理机和模型服务匹配两部分组成。其中,语义推理机根据 OWL 和描述逻辑的语义等价性,利用描述逻辑具有的概念间包含关系判断推理功能,对匹配过程中的需求本体和目标模型服务本体所涉及的本体概念关系进行推理,计算匹配程度,并把结果返回给匹配器。而模型服务匹配部分负责接收需求模型服务描述信息,在模型服务注册中心发布的模型服务资源中进行搜索,应用多级匹配过滤算法,对需求模型服务和模型服务资源双方进行匹配计算,并以服务请求者设置的最小匹配度为依据进行服务筛选,最后按照优先级把匹配结果返回给模型服务请求用户。

4) 空军战役训练领域本体库

空军战役训练领域本体库主要用来存储空军战役训练领域内的知识和知识关系。领域本体提供该领域的概念定义和概念间的关系,以及发生的活动及该领域的主要规则和基本原理等,为模型服务所涉及到的本体提供统一的抽象术语表,同时为语义推理机实现本体概念间关系的判定提供必要的信息。

11.2.5 模型服务自动发现的实现过程

在接受用户模型服务请求后,模型服务系统根据模型服务需求处理模块接收到的模型服务请求信息,调用模型服务自动发现模块,以需求服务描述信息为依据,在模型服务注册中心搜索,并进行相似度匹配计算,如果找到满足相似度阈值的模型服务,则将查询结果返回用户,如果匹配过程失败,即无法在现有模型服务资源中找到满足需求的模型服务,则退出模型服务自动发现过程。其具体实现步骤如下:

第一步,首先是获取需求模型服务信息。服务提供者提交服务请求的各层次信息以及各层次的相似度阈值,并将请求信息转化为对应于 OWL-S/Profile 规范的语义请求描述,提交到模型服务自动发现模块。

第二步,进行模型服务查找匹配计算。模型服务发现模块在接收规范化的服务请求描述后,以需求模型服务描述中的语义信息为条件向 UDDI 注册中心发送查询请求,从 UDDI 注册中心提取出与这些参数对应的 tModel 的 Web 服务本体 URL，通过 URL 在 Web 服务本体库中获取 Web 服务本体实例，然后根据分级匹配过滤算法对查询请求和发布模型服务描述进行匹配，在匹配过程中通过调用语义推理机来计算概念之间的匹配程度。

采用分级匹配层层过滤的方法，根据所需要进行匹配的属性，共需要进行 6 次匹配计算，包括模型服务分类属性、模型服务名称、模型文本描述、输入输出、前提效果和服务质量等相关信息，若每次匹配的相似度大于用户指定的阈值，就可得到候选服务集合，否则，过滤掉已发现的服务。其匹配过程如图 11-7 所示。

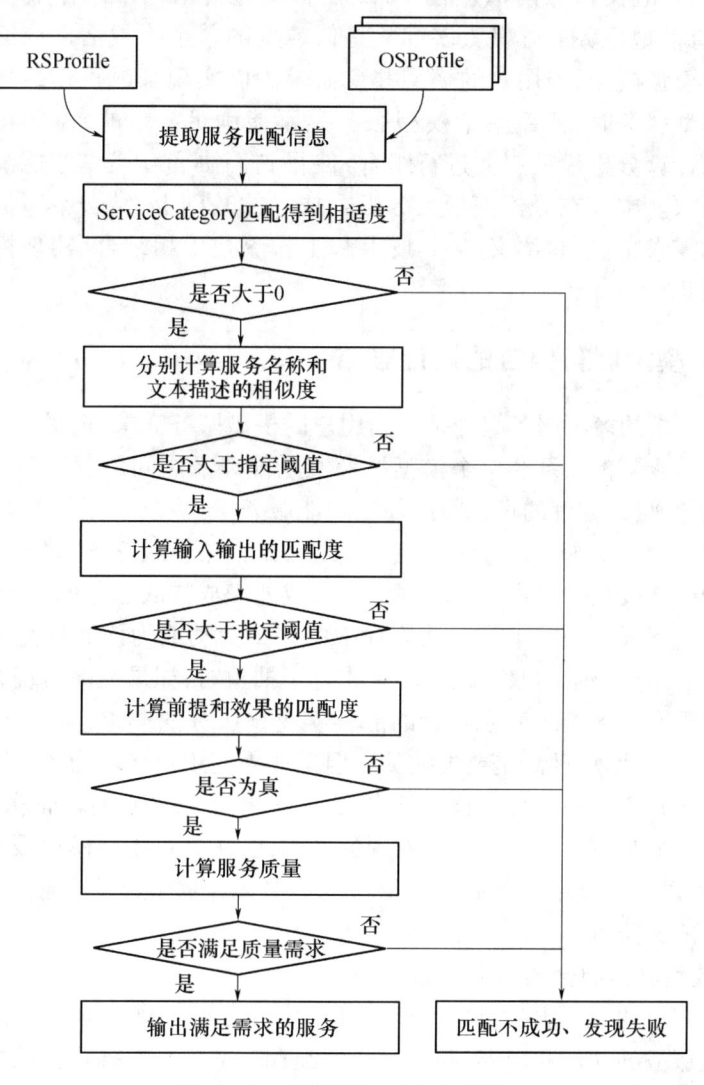

图 11-7 模型服务匹配流程图

第三步，排序并输出匹配结果。

对满足需求的模型服务匹配集按匹配程度高低排列，输出给用户。

11.3 空军战役训练模型服务的组合

模型服务的组合是基于需求的空军战役训练模型服务功能实现的重要组成部分，在战役训练模拟过程中，战役行动通常由一系列作战活动组合而成，而现有模型服务的开发大多都只是低粒度的单个作战活动或简单分析计算功能的模拟模型，当用户的模型共享需求为能实现某战役作战任务或复杂功能的模型服务时，依靠单个模型服务是不能满足需求的，需要将相关的多个行动或计算分析模型服务进行组合，使得它们协同互操作才能满足请求者的服务需求。本节在分析模型服务组合技术的基础上，结合空军战役训练模型服务的需求特点，将语义 Web 技术和工作流技术相结合，实现模型服务组合的自动化。

11.3.1 模型服务组合的设计思路

基于需求的模型服务组合是根据用户的模型服务需求，选择一系列不同的具有一定功能逻辑关系的单个模型按照其功能以及之间的逻辑关系组装成为一个增值的、更大粒度的可执行的新的功能服务。

基于需求的空军战役训练模型服务组合是根据作战任务的需要，将一系列军事活动模型按照空军作战行动规则组合成能完成作战任务的活动流程，被组合的每个模型服务完成作战行动流程中的一个活动或为该流程完成某一项处理工作。当用户要求的服务粒度较大或过于抽象时，如果在网络现有的模型服务资源中没有与之相匹配或相近的能够实现该服务的资源，显然，试图直接搜索发现这样的计算资源，是要失败的。但是如果把用户要求的较大颗粒的模型服务分解成几个较小颗粒的模型服务，或是对模型服务进行功能分解，分解后的子模型服务是有可能被搜索或发现的。因此，从满足用户模型服务需求的角度出发，可以利用基于需求的模型服务组合技术来扩充现有的模型服务资源，提高模型服务能力。

1. 模型服务组合的需求目标

基于需求的模型服务组合目标是以一种明确的、计算机能够理解的语言来描述模型服务的功能和内容，同时增强已经存在的模型服务操作的性能和鲁棒性，并实现模型组合过程与操作的自动化，其实现功能需求有：

1）生成的模型服务组合要能满足需求功能

根据用户的需求,系统应该能够在现有的模型服务资源中选择出合适的模型服务组件,按照一定的逻辑关系生成模型服务组合,模型服务组合功能要与需求一致。因此,组合方案生成是模型服务组合的关键。

2）要能描述组合服务流程

模型服务组合是由多个基本模型服务组成的,它们之间有相互的执行和制约关系以及各个服务之间的数据流动关系,所以应该有一种形式化语言,能够描述基本服务之间的控制流和数据流的方式,并且能够清晰地形式化描述服务组合语义,包括功能语义、过程语义和服务质量语义。

3）要能实现模型服务的自动绑定

组成模型服务组合的基本模型发布在本地或异地的模型服务器上,模型服务组合能够根据组合流自动地从异地分布的 Web 服务库中选取出符合功能要求的服务,实现组合模型的自动发现与绑定。

4）要具有动态与自适应性

服务合成系统能够及时响应组合服务中的子模型的变更,如果该子模型不再可用则选取其他适当的模型将其替代,或者当其中的子模型所要求的调用参数、输入输出等发生变化时,则要调整该子模型的上下文使其与新的要求相配合。

2. 模型服务组合的方式选择

按照模型服务组合的实现方式,可分为静态组合和动态组合两种类型。静态组合需要在服务组合实现之前,列出复合服务要实现的所有功能,然后根据功能列表,选择和定位合适的服务组件来提供相应的功能。静态服务组合执行简单、效率高和好维护,但是不灵活。完成一次服务组合任务,可能需要投入用户相当多的精力来访问大量站点,确定适当的服务提供者,反复输入他的需求,综合或整理不同的结果,作为用户来讲,则更希望只输入一次信息,尽可能没有人为干预就可以从最适当的服务那里获得预期的结果,同时用户总是希望寻找到更好的满足需求功能的可供组合的模型,当服务组合中的子服务无法在模型资源库中找到匹配的模型时,静态的组合需要用户手动来修改流程编码重新组合,这样做增加了模型服务组合操作的复杂性。

动态组合是一种自动组合的实现,是在系统运行过程中自动选择和调用所需的服务组件并将之组合为一个复合服务的过程。它不仅需要动态发现、动态选择和绑定模型服务,而且更重要的是要自动地创建过程模型。与静态组合相比,动态模型服务组合更能够充分利用网络资源,实时地为服务请求者搜索满足其需求的模型服务,同时能够适应动态变化的运行环境和动态变化的应用需求,减少了不必要的人工干预,易于实现动态模型服务组合过程的自动化。因此,动态模型服务组合是模型服务组合的关键所在。

3. 模型服务组合流程建模语言选择

模型服务流程建模语言作为其组合模型的一种表现形式,是对组装模型和组装方法的规范化描述,是为服务组合和执行提供高端操作所需的结构化信息。服务的组合与执行可描述为按照给定的规则来执行一系列基本服务的过程。因此模型服务流程建模语言应该足以表达服务的一些细节,如以独立于实现的方式来表达组件的接口、绑定机制和过程模型。同时,为了使高端操作者能够知道服务集成的过程控制结构,服务流程应该支持可利用基本编程控制结构来开发可重用的组件框架,并支持基于状态的过程模型控制结构(包括顺序、并行、循环结构等)。在这种过程模型描述中,模型服务流程建模语言应该能用抽象的方式,而不必绑定实际的执行细节来描述过程,也能对封装了服务的内部行为的可执行的过程建立模型,而且,模型服务流程建模语言必须具有定义良好的语义以及健壮的结构模型,以方便服务之间的自动集成。

由于不同的组装模型和组装方法在服务组件和服务流程表示上存在差别,目前存在多种服务组装语言,如,BPEL4WS(Web 服务业务流程执行语言)、WS-CI(Web Services Choreography Interface)、ebXML、XPDL(XML Process Definition Language)、WSMF(Web Servicess Modeling Framework)等。作为目前流行的 Web 服务组合语言 BPEL4WS,它已经成为了事实上的基于 Web 服务开发可执行业务过程的业界标准,因此,研究中选用了 BPEL4WS 作为基于需求的模型服务组合描述语言。

BPEL4WS 本质上是一种过程建模语言,具有将一组现有的服务整合成为一个新的服务的功能。其合成过程就是调用一组 Web 服务以达到特定目的的过程,服务整合流程类似于表达算法的流程图。流程中的每一步被称为一个活动,主要的基本活动及含义如表 11 – 1 所列。

表 11 – 1 BPEL4WS 流程中的基本活动及含义

序号	名称	说明
1	invoke	调用某个 Web 服务的操作
2	receive	等待一条消息来响应从外部进行调用的服务接口的操作
3	reply	生成输入/输出操作的响应
4	wait	等待一段时间
5	assign	把数据从一个地方复制到另一个地方的操作
6	throw	指明某个地方出现错误
7	terminate	终止整个服务实例
8	empty	表示什么也不做

这些结构化活动提供的能力有:定义一组步骤的有序序列(sequence),使用现在常见的"case-statement"办法来产生分支(switch),定义一个循环(while),执行几条可选路径中的一条(pick),以及指明一组步骤应该并行地执行(flow)。在并行地执行一组活动时,可以通过使用链接(link)来指明执行顺序方面的约束。作为一种用来将一组服务组合在一起以形成一个新的服务的语言,BPEL4WS 流程由向其他服务提出调用和/或接收来自客户伙伴(client partner)的调用组成。前者通过使用 <invoke> 活动实现,后者则通过使用 <receive> 和 <reply> 活动实现。BPEL4WS 把与流程交互的其他服务称为伙伴(partner)。这样,伙伴或者是流程将其作为算法的一个主要部分进行调用服务(invoke partner),或者是那些调用流程的客户伙伴(client partner)。

虽然 BPEL4WS 流程模型提供了业务流程完整的执行描述,但因其不涉及业务活动的需求描述和业务流程的功能描述,故不能支持服务发现和流程推荐等操作,而且由于 BPEL4WS 仅能提供服务接口的 WSDL 描述,不能提供服务的语义描述,也缺乏自动推理机制,只有人工地构造符合服务伙伴的操作语义过程模型,调用服务组合,限制了服务组合的效率和灵活性。

4. 模型服务组合的实现过程

根据对模型服务组合和模型组合描述语言的分析,可采用语义 Web 服务技术和 BPEL4WS 相结合实现基于需求的模型服务组合。BPEL4WS 是当前模型服务组合规范的首选,鉴于 BPEL4WS 不能完全适用于动态模型服务组合的需要,因此,在充分考虑 BPEL4WS 规范特点的情况下,可通过建立一个语义 Web 和 BPEL4WS 相结合的动态语义模型组合方法,来满足动态模型服务组合的需要。

模型服务系统根据用户的服务需求,利用已经发布的模型服务的语义信息进行语义化推理,产生抽象的 BPEL4WS 流程。这里的抽象是指只考虑模型的功能与逻辑关系而忽略进行交互的模型服务之间的底层匹配的细节问题。根据此抽象流程的语义信息和模型服务中心注册的资源,通过模型服务自动发现模块,进行语义匹配,查找可执行的有效的模型服务,把抽象的工作流转化为可执行的 BPEL4WS 流程实例,从而得到所需的模型服务组合。

11.3.2 模型服务组合的功能结构

基于需求的模型服务组合是空军战役训练模型服务系统的子模块,是在现有的单个模型服务无法满足用户需求的情况下，进行的模型服务组合操作。当用户提交需求，启动模型服务组合功能后，模型服务组合流程将被创建、管理和运行，用户无需关心流程的内部细节，比如流程的变量如何维护，与伙伴如何交互，通信是否可靠等，所有这些都将由此模型服务组合功能模块来负责。

模型服务组合功能实现是由服务需求处理模块、需求分解规划模块、模型组合流程实例生成模块、模型服务发现模块、模型服务注册中心以及空军战役训练领域本体库、空军战役作战任务库和作战规则库组合而成。其具体组成结构如图11-8所示。

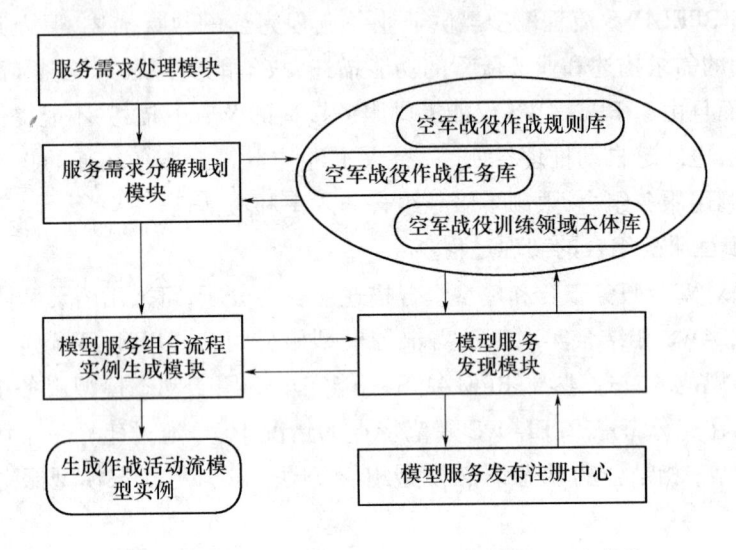

图11-8 基于动态空军战役训练模型自动组合结构

1. 模型服务需求处理模块

服务需求处理模块也就是整个模型服务系统的需求处理模块，负责接受用户模型服务请求，实现模型服务组合的需求目标。

2. 空军战役训练领域本体库

空军战役训练领域本体库主要用来存储空军战役训练领域内的知识和知识关系。主要功能是为推理机实现本体概念间关系的判定提供必要信息。

3. 空军战役作战任务库

空军战役任务库是以空军战役训练大纲为基础,沿用 Dan Wu 等人采用的 HTN Planning 的方式[31]来定义作战任务模版,其方式是采用层次化任务网络[32]的定义,对高层的、抽象的任务按照用户的需求进行分层分解,最终得到一系列原子任务,形成一个具有纵向层次与横向联系的作战任务库,它是服务需求分解规划的基础。

4. 空军战役作战规则库

空军战役作战规则库是空军各种战役作战行动的规则集合。包括了按照作战程序制定出的一系列规则,用于对空军战役作战活动进行逻辑排序,使之符合规定的作战流程,其功能是为模型服务组合提供理论和法规支持。

5. 模型服务需求分解规划模块

服务需求分解规划模块是整个模型服务组合功能实现的基础。服务需求分解规划模块的主要功能是对用户提出的总体需求目标在功能方面进行的解析和解构,通过推理机,利用空军战役训练领域本体库、空军战役作战任务本体库和空军战役作战规则库寻找出相关军事活动模型和模型逻辑关系,并按照逻辑关系将军事活动模型进行组合规划,并形成抽象的军事活动组合 BPEL4WS 流程模型。抽象的定义是因为此时的 BPEL4WS 流程模型中 parter 没有绑定具体的可执行服务伙伴,即各个组成军事活动并不是实际可执行调用的模型服务,只是根据领域本体知识找到的军事活动抽象模型。

6. 模型服务组合流程实例生成模块

模型服务组合流程实例生成模块实现动态的发现和绑定相应的模型服务,即根据抽象的 BPEL4WS 流程模型,利用相应的功能语义描述,从模型服务注册中心准确地发现、选择相应的模型服务,并将正确的模型服务绑定到 BPEL4WS 流程,最终得到可执行的模型服务组合流程实例。这是将抽象的作战活动流程具体化的过程。模型服务的动态发现是动态模型服务组合与静态模型服务组合的主要区别所在。

根据作战活动流程规划流程模型 BPEL4WS 文档,形成具体的 Web 服务的模型组合流程实例。具体绑定过程如图 11-9 所示。

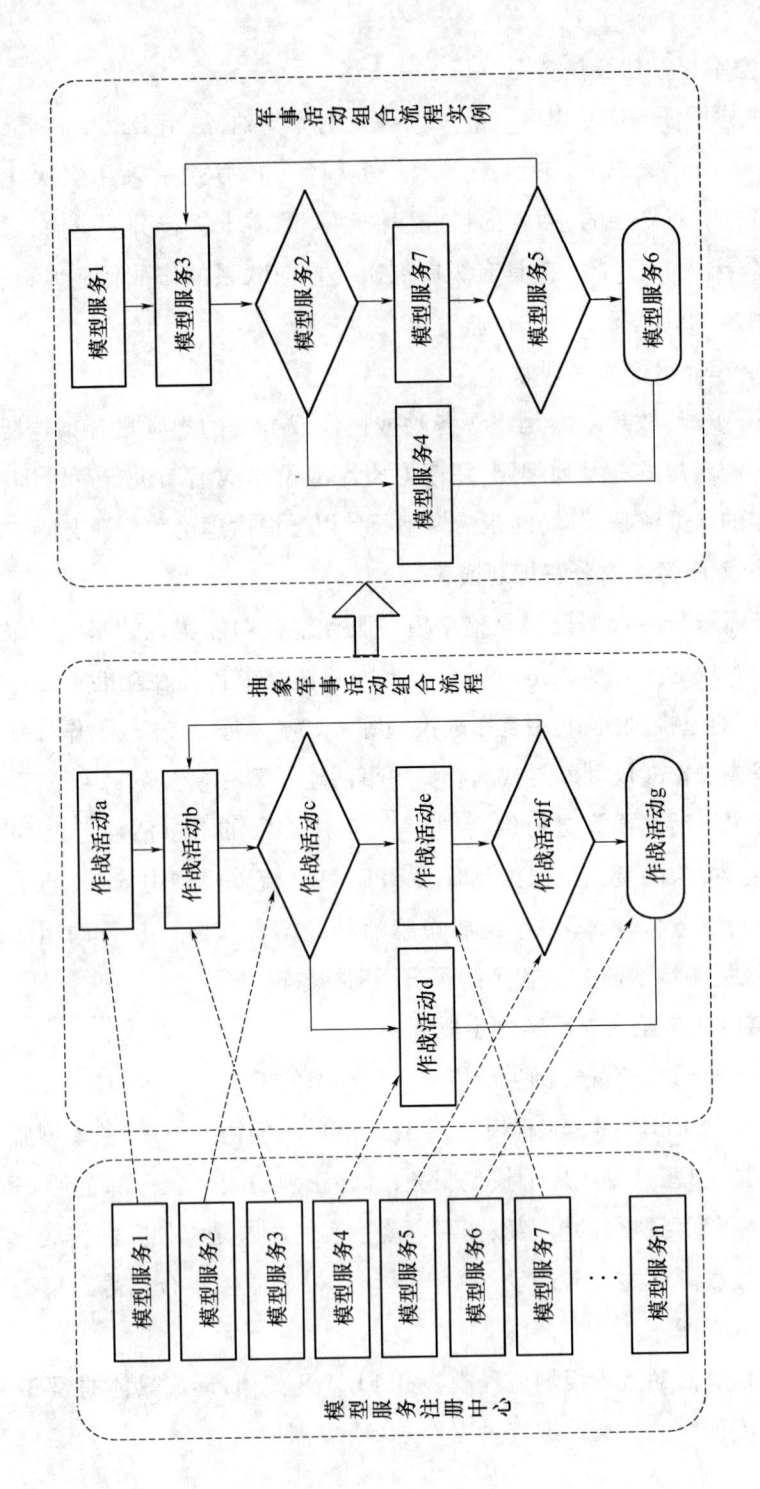

图 11-9 基于模型服务组合流程实例生成过程示意

11.3.3 模型服务组合的实现设计

根据上文的模型服务自动组合的功能需求分析及功能结构设计,模型服务自动组合的实现过程如图 11-10 所示。

```
需求描述模板              推理机                自动发现模块
     ↓                    ↓                      ↓
┌──────────┐      ┌──────────────────┐      ┌──────────────┐
│需求描述模型│ ──→ │抽象作战活动组合流程模型│ ──→ │可执行的作战活动│
│          │      │                  │      │组合流程实例  │
└──────────┘      └──────────────────┘      └──────────────┘
```

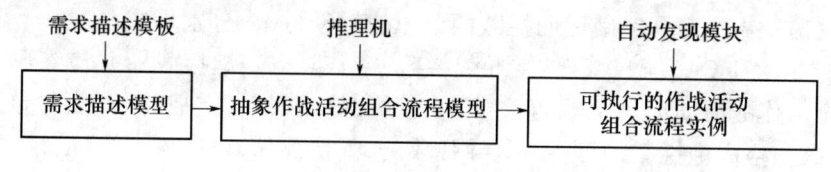

图 11-10　模型服务组合实现过程

其中,第一阶段是用户提出需求,根据需求描述模板进行需求描述,形成需求描述模型;第二阶段是由系统调用模型服务组合模块,通过推理机调用相关规则库和知识库进行基于需求的任务分解与规划组合,形成抽象作战活动组合流程模型;第三阶段是系统利用模型服务自动发现模块调用相关模型服务,生成可执行的作战活动组合流程实例。这 3 个阶段的具体过程如下。

1. 需求获取

这是模型服务组合实现的第一步。首先由服务需求处理模块获取用户模型服务的需求,然后,通过需求描述模板将用户模型服务需求转换为需求描述模型,即形成符合 Service Profile 要素要求的需求描述文档。

2. 分解模型服务需求,生成抽象军事活动组合流程

在这一过程中,首先依据需求描述模型,由服务需求分解规划模块在空军战役作战任务库中找出与需求相关的军事活动,形成军事活动集;其次是依据战役作战规则库中的相关作战活动规则将这些军事活动按作战的逻辑顺序进行排序,形成一个最接近实战需要的、有序的作战活动流程;最后是用 BPEL4WS 语言描述作战活动流程生成抽象军事活动流程。我们以航空兵突击模型为例来说明该模块的功能实现流程。详细操作如下:

1) 对需求进行分解,找出相关的军事活动集

以空军战役作战为例,当用户提出突击模型服务需求时,由于突击属于较高层次的作战任务事件,没有与之直接相对应的军事模型,因此,模型服务系统采用自顶向下逐层分解的方法,首先对突击需求进行本体语义分析,根据分析结果自动从空军战役作战任务库的任务层中找出突击任务,并对突击模型进行分解,提取与突击任务相关的所有作战活动,形成第一层作战活动集:$CA_1 = \{$起飞,飞临目标,突防,对地攻击,返航$\}$;接着再对找到的作战活动集中的作战活动进行逐个分解,当发现第一层作战活动集中突防、对地攻击两个作战活动同样没有与之相对应的军事模型时,将这两项作战活动作为需求再次进行分解,

对其下一层作战活动进行查询，找出与突防和对地攻击相关的作战活动，其中突防分解为：CA_{21} = {突破空中拦截，突破地面火力拦截}，对地攻击分解为：CA_{22} = {搜索目标，导弹攻击，毁伤评估，再次攻击}等子活动集；以此类推，进一步将突破空中拦截和突破地面拦截两个作战活动分解，分别形成 CA_{31} = {战术机动，空战}和 CA_{32} = {突破地空导弹拦截，突破防空高炮拦截}；并最终形成突击的全部作战活动集：CA = {起飞，飞临目标，战术机动，空战，突破地空导弹拦截，突破防空高炮拦截，搜索目标、导弹攻击、毁伤评估、再次攻击，返航}。突击需求模型分解过程如图 11-11 所示。

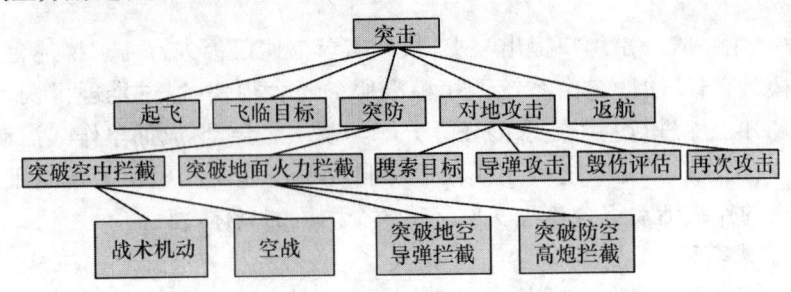

图 11-11 突击需求模型分解过程示意

2) 将相关的作战活动集形成作战活动规划流程

在上一步分解需求的过程中，只是将相关作战活动罗列出来，这些活动是无序的，如上文中对突击任务进行需求分解后得到起飞、飞临目标、战术机动、空战、突破地空导弹拦截、突破防空高炮拦截、搜索目标、导弹攻击、毁伤评估、再次攻击、返航等一系列相对独立的作战活动集合，但是仅仅获得作战活动集合并不能满足用户需求。在分解流程结束后，需要进入到活动规划过程，即调用作战规则库，对查询到的作战活动集，依据相关规则进行组合排序，形成与实际作战相一致的作战活动集。如突击任务所涉及的相关作战活动之间可以形成如图 11-12 所示的逻辑关系流程，这种将作战活动通过一定逻辑关系形成有序作战活动流，这就是我们所需要的抽象军事活动组合流程。

基于规则库将作战活动进行规划编排是一个比较复杂的军事问题，因为对于一个作战目标，可有多种兵力实体采用多种作战样式，多种作战行动组合实现方案，而且不同的背景下，同样的作战任务也会带来执行活动的极大差异性，要实现基于任务需求的自动编排，让计算机能够基于知识库专家系统实现自动推理，实现难度是非常大的，因此，这个过程通常采用人工与机器自动推理相结合的方法，将推理结果与用户进行交互修订，直到满足用户需求符合作战规则实际的过程规划流程。

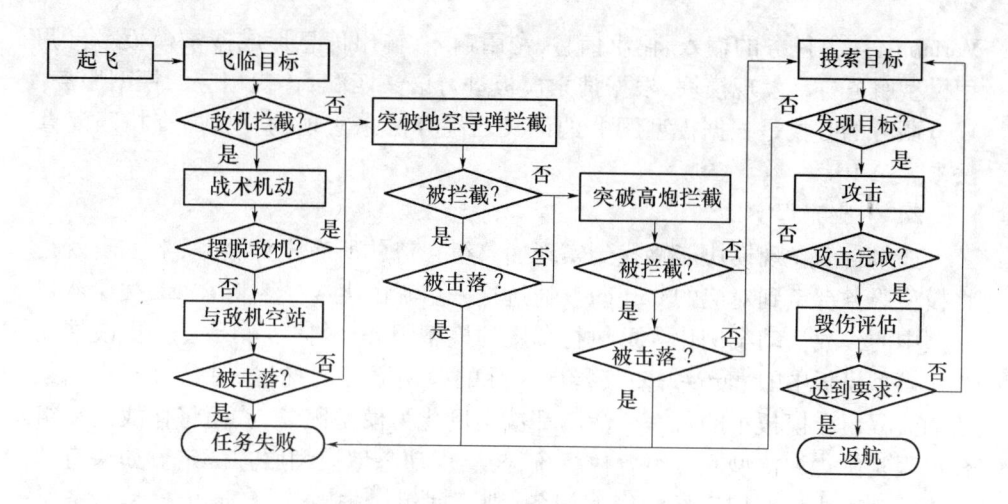

图 11 – 12　军事活动规划组合过程示意

3）形成基于抽象作战活动组合 BPEL4WS 流程模型

根据作战活动之间的依赖关系以及活动之间的数据流，利用 BPEL4WS 语言建立抽象作战活动组合流程模型，将各个作战活动节点定义成任务，由控制链定义任务之间的依赖关系，数据流位于控制流之上，实现对作战活动怎样在活动之间流动的描述。在定义作战规划流程模型时，通过 Partner 指定服务请求所包含的各个活动，通过 sequence 等逻辑控制标识确定各个活动之间的执行逻辑；由 Variables 指定各个活动所需要的输入、输出信息。为实现模型服务组合的动态自动发现，构建抽象作战活动组合流程模型中的每个作战活动，采用 OWL – S 描述，形成基于 OWL – S 描绘的抽象作战活动组合 BPEL4WS 流程，作战活动组合流程的 BPEL 文档中要尽可能描述出每个作战活动模型用于匹配的完整信息，包括用于功能匹配的输入输出信息、前置和后置条件、服务执行所产生的效果、服务的种类以及特殊要求等（如服务响应时间、服务成本等服务质量信息）。

3. 动态发现选择相应模型服务

动态发现选择相应模型服务分为两个步骤。

1）解析抽象 BPEL4WS 流程

为了使流程能够执行，需要将抽象 BPEL4WS 流程的 partner 解析成实际的 Web 服务。这一步骤的工作是查找与实现每一个 partner 所对应的作战活动的 Web 服务，将每一个 partner 所规定的任务转化为一次服务请求。服务组合流程实例生成模块根据 Partner 节点识别出实现抽象流的每个作战活动，然后通过

Variables 获得任务的输入、输出信息,利用输入、输出信息形成搜索模板。再调用模型服务自动发现模块,根据搜索模板进行语义匹配,查找相应的模型服务。Web 服务的查找是根据模型服务的语义匹配算法来实现的。具体查找匹配算法参见第 10 章。

2) 生成流程实例

如果自动发现模块能够找到实现抽象组合流的所有模型服务,下一步就是将模型服务绑定到对应的 partner。通过这一步骤由生成模块将 BPEL 抽象流程模型中的作战活动实例化为可执行调用的模型服务,具体步骤是逐个更改抽象流程模型模板中的 partner,使其指向实际的模型服务的描述文档,直至将抽象活动流程组合模板中的每一个活动都被实例化为模型服务,从而将作战活动组合流程实例化为模型服务组合执行流程,实现动态地模型服务绑定。如果有的作战活动无法找到相匹配的模型服务,则返回组合失败信息,退出模型服务组合过程。

上述工作的最终结果是输出作战活动组合流程实例的 BPEL4WS 文档信息。

第 12 章

基于云计算的军事模型服务平台

云计算技术推动了基础设施即服务、平台即服务和软件即服务面向更加广泛范围的应用,同样也为推动军事模型服务的建设与发展提供了新的技术与方法。

12.1 云计算技术概述

近年来,有关云计算的讨论和研究在信息技术(IT)领域开展得轰轰烈烈,它开启了在更广泛的空间共享资源的一种全新的模式。迄今为止,对云计算的表述与理解方式多种多样。云计算就如同一个多面体,每一种表述都说明了云计算某一侧面或某几个侧面的特性。本书不是专门研究云计算技术的,故不会对云计算进行深入的论述。但由于云计算可以使人们通过网络以按需、易扩展的方式获得所需的资源,这一点与军事模型服务的发展相契合,因此,为了更好的认识与理解云计算作为模型服务实现的技术基础,有必要对其核心思想进行介绍。

12.1.1 云计算的概念

云计算是继 20 世纪 80 年代,计算模式从大型计算机到客户端—服务器的大转变之后的又一次巨变。云计算的出现并非偶然,早在 20 世纪 60 年代,麦卡锡就提出了计算能力作为一种像水和电一样的公用事业提供给用户的理念,这可以被认为是云计算思想的起源。随着网格计算、公用计算、虚拟化技术、

SOA 和 SaaS 的相继出现与发展,云计算应运而生。2006 年 8 月,Google 的首席执行官埃里克·施密特在搜索引擎大会上首次提出了"云计算"的概念,Google 的云端计算源于"Google 101"计划。随着云计算技术的发展,人们正逐渐加深对它的认识和全面理解,并被作为一种新兴的资源使用和交付模式逐渐被学术界和产业界所认可。许多计算机领域的专家和学者试图从不同的角度,用不同的方式给云计算(Cloud Computing)下定义,其中也包含着人们对云计算的期望。

IBM 在其官网打出的标题是"IBM 云计算 – 智慧的云计算正在改变着传统商业模式",并将云计算定义为是一种通过互联网按需交付计算资源和按使用付费的基础架构,其中计算资源包括了从应用到数据中心的所有资源。其应用特征表现为:一是富有弹性的资源,即借助于云计算能快速轻松地扩大或缩小规模,以满足用户的需求;二是按使用付费,即对服务的使用情况进行计量,只需为所用的服务付费;三是自助服务,即用户可以使用自助服务访问所需要的所有 IT 资源。

美国国家标准与技术研究院(NIST)关于云计算的定义是:云计算是一种按使用量付费的模式,这种模式提供可用的、便捷的、按需的网络访问,进入可配置的计算资源共享池(资源包括网络、服务器、存储、应用软件、服务),这些资源能够被快速提供,只需投入很少的管理工作,或与服务供应商进行很少的交互。

维基百科对云计算的定义是:云计算是一种通过互联网以服务的方式提供动态可伸缩的虚拟化的资源的计算模式。

解放军理工大学刘鹏教授在《云计算——将计算变成水和电》中给出的定义是:云计算是一种商业计算模型。它将计算任务分布到由大量计算机构成的资源池上,从而使用户能够根据需要获取计算力、存储空间和信息服务。

无论是哪一种对云计算的定义和观点,都共同确认了云计算是一种基于互联网的计算新方式,通过互联网上异构、自治的服务为个人和企业用户提供按需索取的计算,即用户通过网络以按需、易扩展的方式获得所需的资源。

云计算是一种象形化的表达方式,它表达了这种新的计算模式具有能量汇聚的特性。对比生活中云的概念,网络上每一节点上的资源可被看做是水滴,单独一粒水滴的能量是有限的,甚至在大气中被忽略不计,同样的,对于资源及其计算能力需求庞大的网络系统而言,靠一个节点上的资源满足强大的计算需求的力量显然是微不足道的,然而,当水滴汇聚在一起,形成云,小水滴在云中相互碰撞,形成大水滴,最终形成雨,滋润和灌溉大地,同样地,用户可以通过云计算模式,将网络上各节点的资源聚合在一起,形成类似于"雨"的计算能量。也就是说,云计算可以把网络上分散的力量联合起来,形成强大的功能,给其中的每一个成员使用,实现资源的共享和面向用户的透明服务。同样地,不同军(兵)种、不同应用层次、不同粒度、不同形式、隶属于不同系统和不同单位的各种军事模型,就如同是一粒粒的小水滴,单独使用不能支撑一体化联合作战模拟训练仿真系统的构建,但将它们汇聚在一起,其合力足以支撑各类仿真系统的开发需要。云计算,恰好为军事模型的汇聚提供了一种新的、有效的方法。

12.1.2 云计算的特征及服务形式

纵观云计算的发展,贯穿始终的一个重要理念是:服务。它将计算能力作为一种商品进行流通,就如同煤气和水电一样,取用方便,按需消费,价格低廉。为更好地理解云计算的服务形式,首先要搞清楚云计算的主要特征。

1. 云计算的主要特征

1) 资源配置动态化

根据消费者的需求动态划分或释放不同的物理和虚拟资源,当增加一个需求时,可通过增加可用的资源进行匹配,实现资源的快速弹性提供;当用户不再使用这些资源时,可释放这些资源。云计算为用户提供的这种能力是无限的,这种能力实现了IT资源利用的可扩展性。

2) 需求服务自助化

云计算为用户提供自助化的资源服务,用户无需同提供商交互,就可自动得到自助的计算资源能力。同时,云系统为用户提供一定的应用服务目录,用户可采用自助方式选择满足自身需求的服务项目和内容。

3) 以网络为中心

云计算的组件和整体构架由网络连接在一起并存在于网络中,同时通过网络向用户提供服务。而用户可借助不同的终端设备,通过标准的应用实现对网络进行访问,从而使得云计算的服务无处不在。

4) 服务可计量化

在提供云服务的过程中,针对用户不同的服务类型,通过计量的方法来自动控制和优化资源配置。即资源的使用可被监测和控制,是一种即付费即使用的服务模式。

5) 资源的池化和透明化

对云服务的提供者而言,各种底层资源的异构性被屏蔽,边界被打破,这些底层资源包括计算资源、存储资源、网络资源和应用领域知识资源等,所有资源可以被统一管理和调度,形成所谓的"资源池",从而能够为用户提供按需服务。对用户而言,这些资源是无限大的,用户无须了解资源的内部结构,只关心自己的需求是否得到满足即可。

2. 云计算的服务形式

对应于系统的分层体系架构,云计算的服务形式主要包括:基础设施即服务(IaaS)、平台即服务(PaaS)和软件即服务(SaaS),分别在基础设施层、软件开放运行平台层和应用软件层实现,如图12-1所示。

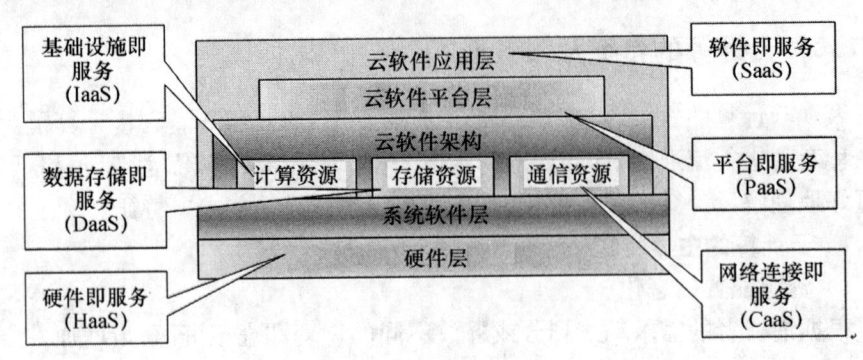

图12-1 云计算的服务层次

1) IaaS

IaaS(Infrastructure-as-a-Service),基础设施即服务。用户通过互联网可以从完善的计算机基础设施获得服务。IaaS通过网络向用户提供计算机(既可以是物理机,也可以是虚拟机)、存储空间、网络连接、负载均衡和防火墙等基本计算资源,用户可在此基础上部署和运行各种软件,包括操作系统和应用程序。

2) PaaS

PaaS(Platform-as-a-Service),平台即服务。PaaS实际上是指将软件开发的平台作为一种服务,以SaaS的模式提交给用户。平台通常包括操作系统、编程语言运行环境、数据库和Web服务器,用户在此基础上部署和运行自己的应用。用户不能控制与管理底层的基础设施,只能控制自己的部署。PaaS也是SaaS模式的一种应用。但PaaS的出现加快了SaaS的发展。

3) SaaS

SaaS(Software-as-a-Service),软件即服务。SaaS是一种通过互联网提供软件的模式,用户无需购买软件,而是向云供应商租用基于Web的软件来管理企业经营活动。云供应商在云端安装和运行应用软件,云用户通过云客户端使用软件。云用户不能管理应用软件运行的基础设施和平台,只能做有限的应用程序设置。即,云计算通过浏览器或专用的客户端软件把软件功能提供给成千上万的用户。在用户看来,会省去在服务器和软件授权上的开支。从供应商角度看,只需要维护一个程序就够了,这样能够减少成本。

12.1.3 云计算军事应用前景

2009年2月,在美国"联邦云计算技术论坛"上,美国国防信息系统局计算服务中心主任显克维奇作了题为"云计算工作展望"的报告,引起世界对美国发展军用云计算技术的关注。事实上,美国国防信息系统局首席信息官加林已经多次表达了发展云计算的观点,他甚至提出:云计算是国防部的驱动力,必须要在云计算上有所作为。目前,云计算在军事应用上的序幕已经拉开。

云计算的模式思想与未来信息化战争所要求的诸军(兵)种联合作战、快速灵活的反应能力、高效的信息与情报共享和处理能力、一体化的指挥控制系统是相一致的。它的军事应用价值至少可在以下方面大放异彩:有利于减少信息系统建设和维护费用,大量节约军费开支;提高部队应对信息化战争对系统的灵活性和可扩展性要求;有利于信息、情报共享,提高信息与情报的利用率;有利于数据的共享,为决策指挥提供更有利的数据支持;有利于加速部队信息化建设。

12.2 军事模型服务云平台设计

将云计算技术引入军事模型服务,建立一种新的基于云计算的军事模型服务平台,可以在具体的方式方法和手段上推进军事模型服务系统的建设。它融合了SOA、Web服务技术,是对当前基于目录的模型共享方式的进一步发展,更加有利于实现军事模型资源的共享与重用。

12.2.1 设计目标

基于云计算的军事模型服务平台是一种新型的网络化建模、模型管理和服务的平台。为简化起见,我们将其简称为军事模型服务云平台(Model Service Cloud Platform,MSCP)。

正如云计算的目标是将网络上分散的力量联合起来,形成强大的功能,并服务于网络中的每一个成员一样,军事模型服务云平台的主要目标就是要联合全军的模拟系统资源,包括计算资源、存储资源、网络资源、信息资源、数据资源和最重要的军事训练模型资源,通过各项资源的优化组合,实现资源的共享和面向用户的透明服务,提高作战模拟训练系统的灵活性和可扩展性,缩短开发周期,节约模拟训练系统的开发费用。

军事模型服务云平台以应用领域的需求为背景,基于云计算理念,综合应用各种技术,包括 SOA 与 Web 服务技术、高性能计算技术、先进分布仿真技术、现代网络技术、普适计算技术、产品全生命周期管理(PLM)技术及其应用领域有关的专业技术等,实现系统中各类资源(包括模型资源、计算资源、存储资源、网络资源、数据资源、知识资源、与应用相关的真实装备及仿真器等)安全地按需共享与重用,实现网上资源多用户按需协同互操作,实现系统动态优化调度运行,进而支持作战训练领域内已有或设想的复杂模拟训练系统/项目进行论证、研究、分析、设计、加工生产、试验、运行、评估、维护和报废等(全生命周期)活动。军事模型服务云平台以"服务"概念为统一视点来组织计算机资源,具有松散耦合和间接寻址两个显著特点。

在具体探讨军事模型服务云平台之前,还需要对军事模型服务云平台的资源与资源服务进行说明。按计算机领域对资源的传统定义,资源主要指的是硬件资源。而对于作战仿真系统而言,其主要的资源是用于支持作战模拟训练仿真系统构建的各种军事模型、数据资源和系统资源。在云计算中,资源已经不限定在诸如处理器、网络带宽等物理范畴,而是扩展到了软件平台、软件组件、Web 服务和应用程序的软件范畴。传统模式下自给自足的软件运用模式,在云计算中已经变成专业分工、协同配合的运用模式。因此,军事模型服务云平台中的资源主要包括军事模型、军事规则、军事想定、基础数据、信息资源、计算资源、存储资源和网络资源等。MSCP 建设的目的就是要通过网络以服务的方式实现上述资源的有效共享。

军事模型服务云平台中的资源可以根据需要进行动态扩展和配置,这些资源在物理上以分布式的共享方式存在,但在逻辑上最终将以单一整体的形式呈现。作为作战模拟训练的用户,不需要关心哪一个模型运行在哪一个服务器上。作战模拟训练仿真系统用户(可以是系统开发人员,也可以是调用模型或数据实现特定功能的系统)按需使用军事模型服务云平台中的资源,而不需要去管理他们。

从逻辑上讲,军事模型服务云平台将各种资源建设和资源使用之间的关系变成了松散耦合的关系。以往是"谁开发谁用",开发者与使用者之间关系密切,甚至是合为一体的。而现在变为"开发不管使用,使用不问开发",即开发者在建立资源时,不需要知道谁将要使用这些资源,而使用者在调用资源时,也不必关心是谁建立的资源。军事模型服务云平台的研究目标是为作战模拟训练提供平台支撑,为模型服务提供模型的开发、资源的管理、模型的检索和复合、模型的运行服务等功能,用于解决模型共享和在线运行服务的问题。基于云计算的设计理念,还可以改变应用领域的训练模式,建立起了连接建模和组训两者之间的沟通渠道,使分工更加专业,开发效率更加优化。在军事模型服务云平台中,各种资源共享与作战模拟训练应用之间的关系如图 12-2 所示。

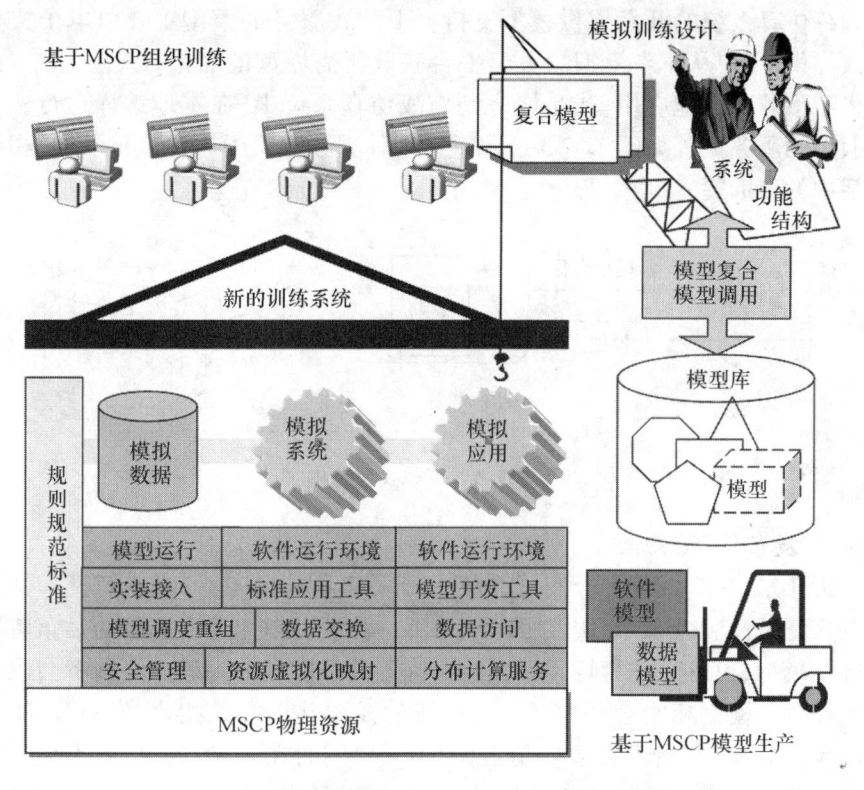

图 12-2 军事模型服务云平台的应用效果示意

在图 12-2 中,生产新模型和组织训练是作战模拟训练过程中的两个重要内容,传统的模拟训练仿真系统开发,两者的工作都由同一个团队来完成,是紧耦合关联。在作战训练模型服务体系中,基于军事模型服务云平台的组织训练和生产新模型将由不同的团队按照共同的标准来完成,专业的人做专业的事,二者是松耦合关联,从而提高了模型开发的效益,降低了系统开发的费用,缩短了系统开发的周期,增强了模拟训练系统的灵活性和可扩展性。

12.2.2 服务模式

为适应模型的重用与共享,最大限度地提高模型的使用效率,军事模型服务云平台提供的模型服务模式包括下载式服务、发布/订阅式服务、请求应答式服务和剧情式服务 4 种。

1. 下载式服务

下载式模型服务以模型及模拟训练仿真系统的研发单位为主要服务对象，为训练仿真系统的开发提供模型支持。下载式服务的模型主要以电子文档的形式提供，用户从军事模型服务云平台获取所需模型的名录，以下载的方式将该模型下载到本地应用，或是嵌入到作战仿真系统中，在本地编译运行。下载式服务的服务流程如图 12-3 所示。在这种服务方式中用户是被动的，相当于生活中的自助餐。

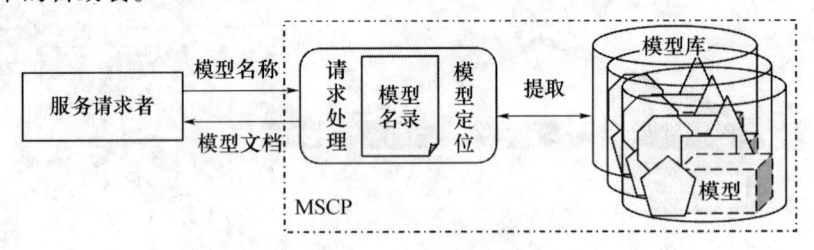

图 12-3　下载式服务模式

2. 发布/订阅式服务

近年来，在广域范围分布式系统中分发信息的发布/订阅通信模式受到人们的广泛关注。发布/订阅式服务中的用户既可以作为模型资源的发布者向系统提交模型，也可以作为订阅者表达对特定类型模型的兴趣。订阅者会收到与他们需要的模型相吻合的信息。与传统的模型共享方式相比，发布/订阅式机制的优点是：参与者不需要知道彼此，不需要同时在线，发送/接收不会阻塞参与者。基于发布/订阅机制能够构建一个多到多的通信环境，参与者可以摆脱时间和空间上的束缚，这符合广域分布应用松散耦合的需求。因此，发布/订阅机制被认为是基于信息分发与共享的一种有效方式。这种方式的缺点是共享的资源有限，未能实现在线服务。发布/订阅式服务的流程如图 12-4 所示。

这种服务方式用户拥有了一定的自主性，不再是简单的模型资源消费者，类似于生活中的百家宴。

3. 请求应答式服务

在请求应答式服务中，服务请求、模型发现、模型调用、模型复合、模型运行、结果返回和通信是一个完整的服务调用流程。服务请求者利用服务描述语言提交服务请求。模型的发现、调用由军事模型服务云平台中的模型检索模块完成。单个模型有时并不能满足应用需求，需要把多个模型组合起来，形成更高级的复合模型，模型复合功能则由军事模型服务云平台中的复合服务模块来

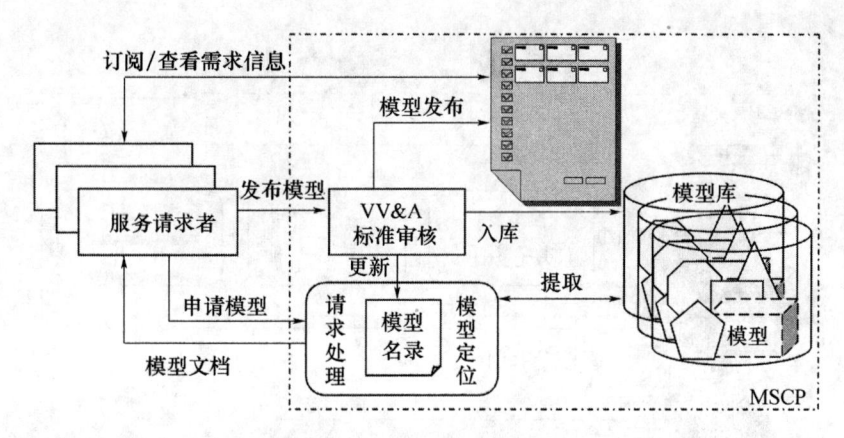

图 12-4 发布/订阅式服务模式

完成。高级复合模型在军事模型服务云平台中的服务器上运行后,将计算结果返回给用户。服务通信实现服务消费者与提供者之间的可靠通信。请求应答式服务的流程如图 12-5 所示。

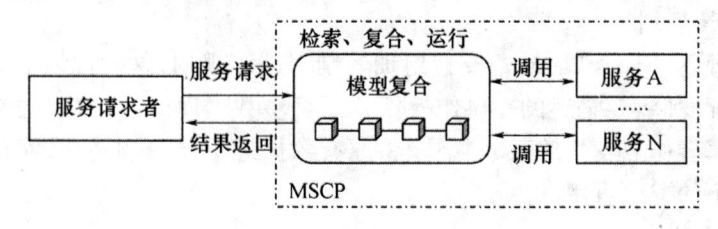

图 12-5 请求应答式服务

请求应答式服务实现了训练功能的部分远端运行调用,提高了作战模拟训练软件的开发效率,由于程序的远端运行,减少了训练的硬件建设成本。由于服务的模型功能相对单一,服务能力有限,模型复合的粒度较低,并且对服务通信的可靠性要求较高。

4. 剧情干预式在线服务

剧情干预是指在戏剧的演出过程中,观众可以根据剧情的发展人为干预剧情的走向。一次战役训练就如一场拉开的大戏,需要有导演、演员、剧本和舞台。导演就是组训者,演员就是指挥员及指挥机关的参谋人员,剧本就是训练想定,而舞台就是包括 MSCP 在内的各种战役训练器材和设施。剧情干预式在线服务是基于 MSCP 的战役训练研究的重点,也是难点。剧情干预式在线服务至少包括剧情规划、模型组合、实装接入、模拟生成、模拟运行、仿真控制、分析回放等功能,其服务流程如图 12-6 所示。

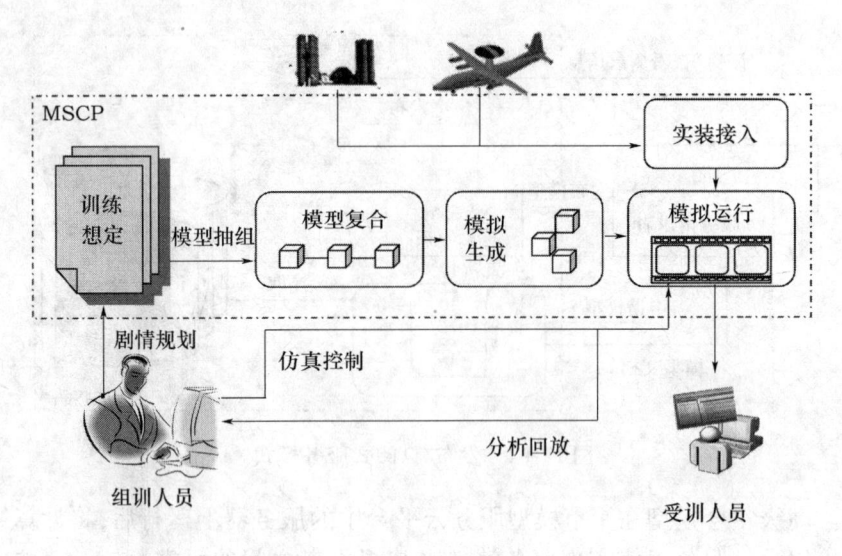

图 12-6 剧情干预式在线服务

1）剧情规划

剧情规划（Event Planner）支持组训者制定训练规划，这些规划活动包括军事想定的开发（将要描述的军事作战任务）、环境数据库的开发（描述想定中所要进行的军事作战发生的区域）以及将原有数据进行导入和转化，实现在当前想定环境下的资源重用。

2）模型组合

模型组合（Model Composer）用于实现从基础模型中创建组合模型，例如组合单元、组合实体、组合行为或者组合环境元素。每一个基础模型组件包括了提供模型组合器使用的元数据，以确保只有有效的组合可以被创建。

基础模型组件包括多种类型，如物理代理、行为代理、原子行为以及环境原子。所有这些原子元素在仿真内核中被统一规范，通过模型组合进行引用和组合。物理代理提供物理建模功能，例如移动、传感、通信等；行为代理提供实体与单元行为的规划与执行功能；原子行为对基本行为任务进行编码；环境原子则提供了关于地形、大气、海洋或者空间的表达。

同样的，组合模型也存在多种类型，每一种模型均是由前面描述的基础模型构成。实体模型对应于战场上的参与者，例如坦克、装甲车、士兵等。单元模型代表有组织的结构，例如排、连、营等。行为模型描述原子行为序列，用于对单元与实体的行为协调。环境模型则收集环境原子，表达地理区域。

3）实装接入

实装接入（Equipment Access）提供了军事模型服务云平台与真实世界武器装备进行交互的接口。支持指挥信息系统消息传输、转换、连接和控制，对连接提供了创建、删除、修改和观看等通用操作，访问内核数据和模拟运行服务等。

4）模拟生成

模拟生成（Simulation Generator）提供一种在军事模型服务云平台内执行特定想定所需要的内容进行选择的过程，这些内容包括正确的地形信息、环境信息、兵力、交战关系、非作战组织、数据收集信息以及其他必备的元素等。这个选择过程通过对每类元素的元数据描述进行检查来完成。模拟生成器可以独立适用，或者使用由事件规划器提供的军事想定声明作为扩展。它支持合成实体与基于地图的控制度量以及临时命令执行序列的关联。

5）模拟运行

模拟运行（Simulation Runner）提供了单元、实体和环境的运行模拟过程。它集成了军事模型服务云平台中的内核模型提供给开发人员，以实现对运行组件和模型的执行状况进行诊断和监视。内核模型包括单元模型、实体模型、行为模型、物理模型和环境模型。

6）仿真控制

仿真控制（Simulation Controller）在军事模型服务云平台运行期间提供对设备、仪器、显示进行控制的功能，实现交互。显示包括基于地图的地形数据库表示，包括仿真执行单位信息、平台信息、部署信息以及兵力支援信息等。

仿真控制还提供对战场实体之间发生的交互以及直接行为进行控制。另外，仿真控制器产品在仿真执行过程中监视仿真性能，在需要的情况下，动态地对可执行程序进行关闭和重启。

7）分析与回放

分析与回放（Analysis and Review）产品提供对模拟运行过程中的数据进行收集、回放、修改与分析的机制。分析与回放主要完成系统运行数据的收集功能，支持训练与分析；根据观察人员/控制人员的观察对训练过程进行标注；执行事后回放功能，对训练提供支撑；执行认证与校验相关模型的分析处理。

12.3　军事模型服务云平台的层次结构

从网络硬件到最终的服务，是一个复杂的软件实现过程。军事模型服务云平台依据作战模拟训练仿真系统建设需求和IT技术的发展趋势，为实现资源服务,引入云计算基本层次结构模型,形成了军事模型服务云平台的层次结构。

12.3.1 云架构的基本层次结构分析

云架构的虚拟化、标准化和自动化的方式有机地整合了云中的硬件和软件资源,并通过网络将云中的服务交给用户。针对云架构提供的 IaaS、PaaS 和 SaaS 服务功能,典型的云架构分为 3 个基本层次[33]:基础设施层、平台层和应用层,如图 12-7 所示。

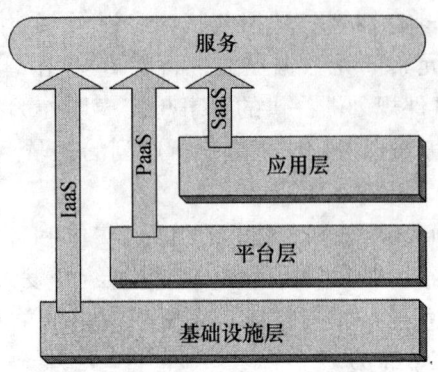

图 12-7 典型的云架构基本层次

1. 基础设施层(Infrastructure)

基础设施层是经过虚拟化后的硬件资源和相关管理功能的集合。其硬件资源包括单个或多个计算资源、存储资源、网络资源和各种基础数据、军事模型、模拟训练规则等服务器资源。基础设施层通过虚拟化技术对这些物理资源进行抽象,并且实现了内部流程自动化和资源管理优化,从而向外部提供动态、灵活的基础设施层服务。基础设施即服务(IaaS)向用户提供了虚拟化的计算资源、存储资源和网络资源,这些资源能够根据用户的需要进行动态分配,相对于软件即服务和平台即服务,基础设施即服务所提供的服务都比较偏低层,但使用更为灵活。

2. 平台层(Platform)

平台层介于基础设施层和应用层之间,它是具有通用性和可复用性的软件资源的集合,为云应用提供了开发、运行、管理和监控的环境。平台即服务(PaaS)交给用户的是丰富的"云中间件"资源。这些资源包括模型调用、应用容器、数据库和消息处理等。平台即服务面向的不是普通的终端用户,而是软件开发人员,他们可以充分利用这些开放的资源来开发定制化的应用。

基于 PaaS 的软件开发模式同传统的方法相比有着很大的优势,主要体现在：

（1）由于 PaaS 提供的高级编程接口简单易用，因此软件开发人员可以在较短时间内完成开发工作，从而缩短应用开发的时间。

（2）由于应用的开发和运行都是基于同样的平台，因此兼容性问题较少。

（3）开发者无需考虑应用的可伸缩性、服务容量等问题，因为平台即服务本身已帮助解决。

3. 应用层(Application)

应用层是云上应用软件和对外服务可视化接口的集合，这些应用组件在基础设施层提供的资源和平台层提供的环境之上，通过网络交付给用户。软件即服务(SaaS)交付给用户的是定制化的软件。提供方根据用户的需求，将软件或应用通过租用的形式提供给用户使用。软件即服务带来的优势表现在：

（1）用户不需要在本地安装该软件的副本，也不需要维护相应的硬件资源，该软件部署并运行在云服务平台中。

（2）软件以服务的方式通过网络交付给用户，用户只需要打开浏览器或者某种客户端工具就可以使用服务。

（3）虽然软件即服务面向多个用户，但是每个用户都感觉是独自占有该服务。

这种软件服务的模式比较适合基于某个领域的特殊应用。将软件即服务的思想带入作战仿真训练领域，无论是在技术上，还是在训练方式和方法上都是一个巨大的变革，未来的组训者不再需要关心作战训练仿真系统的安装和升级，开发者可以方便地进行软件的部署和升级，因此软件产品生命周期中的阶段划分不再明显，开发者甚至可以每天对软件进行多次升级，而对于用户来说这些操作都是透明的，他们感觉到的只是质量越来越完善的软件服务。另外，软件即服务更有利于知识产权的保护。因为软件的副本本身不会提供给用户，从而减少了反编译等恶意行为发生的可能。

位于云架构上层的云服务在为用户提供该层的服务时，同时还要实现该架构下层所必须具备的功能。

12.3.2　军事模型服务云平台的层次结构

军事模型服务云平台将是一个面向作战训练仿真模型，采用云架构使建模人员、组训人员和管理人员共用同一个环境，通过装载成熟的军事模型服务组件进行作战模拟训练或为作战模拟训练系统服务的软件平台。其结构如图12－8所示。

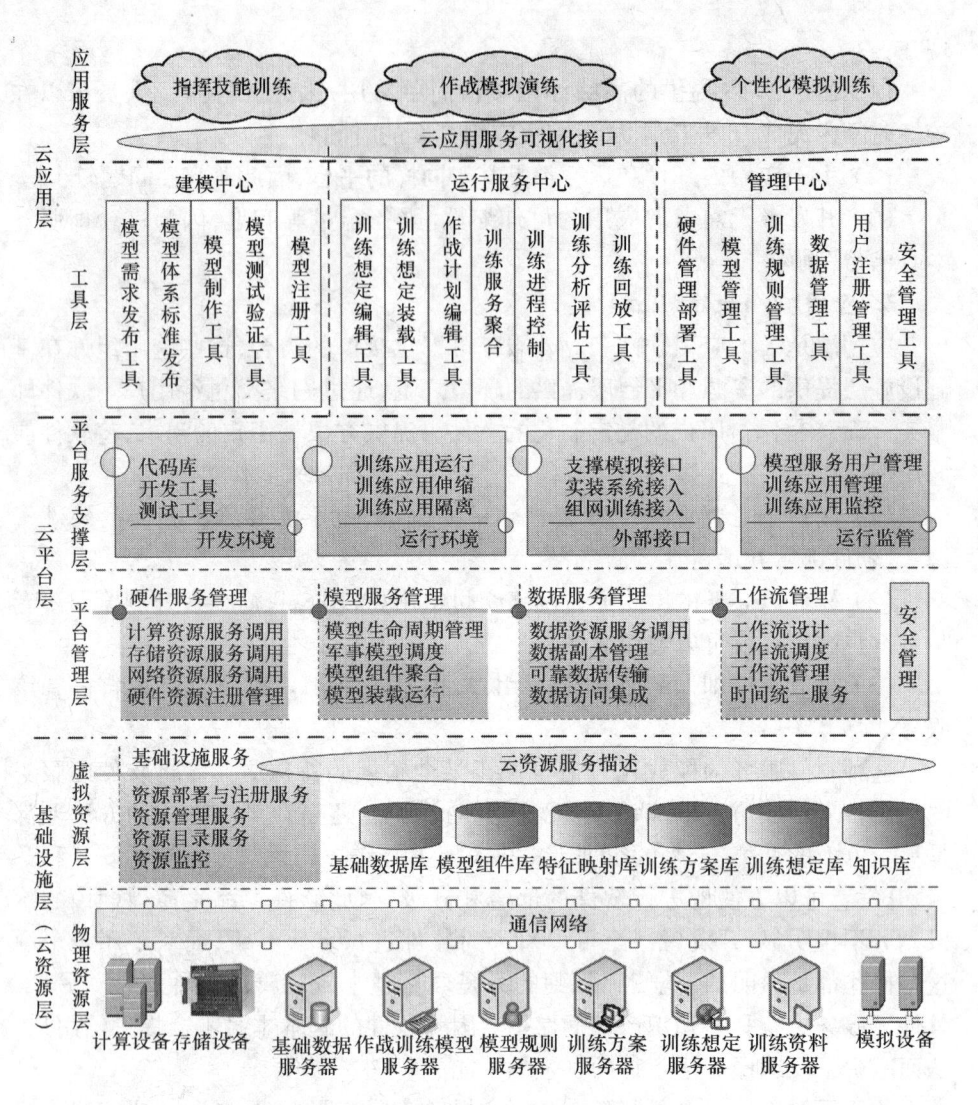

图 12-8 军事模型服务云平台的层次结构

军事模型服务云平台的一个目标是允许模型开发者去创建正确的作战训练模型组件，作战训练的组训者按需去组合调用这些模型组件。采用云计算方式，以服务的形式为有状态的资源提供了标准化的接口，并且允许通过在松散耦合的服务之间创建松散耦合的工作流来聚合服务的功能，完成资源的共享、服务的互操作，在安全管理、信息代理等方面保留云计算原有的管理机制，作为模型云核心服务提供给其他服务调用。

290　军事模型服务原理与技术

12.3.3 基础设施层设计

军事模型服务云平台的基础设施层又可称为资源层,是作战模拟训练模型服务平台管理和使用的所有资源的聚合,并且将资源封装后以有状态的虚拟资源的形式为上层提供服务,该层又可分成物理资源层和虚拟资源层。

1. 物理资源层

物理资源层是实际存在于各个模型服务中心的大型计算服务器、存储设备、模型服务器、作战训练规则服务器、作战训练方案服务器、作战训练想定服务器、基础数据服务器和分散在各地的模拟训练设备等。网络也属于物理资源层,并且起着关键的作用,将各种物理资源在物理上构成一个互联、互通的分布式的计算环境。

2. 虚拟资源层

虚拟资源层是构建于物理资源层之上,是物理资源层中针对于应用服务具体需求的逻辑视图,以资源封装后的服务形式存在,按照基础设施即服务的方式通过网络为上层提供服务和资源调用。虚拟化是基础设施层的技术核心。在军事训练模型服务体系中,该层包括虚拟的硬件资源和针对模型服务的模型资源、作战训练规则库、作战训练方案库和作战训练想定库等。还包括散落在各个部队的模拟训练器材。虚拟资源服务层中对资源特性的描述应该符合作战模拟训练仿真系统的分布式资源描述所定义的标准,并且能够通过模型的数据转换格式在各个应用中进行转换。

针对不同应用,虚拟化的资源向上采用一致的资源描述方式来描述资源以屏蔽资源层的异构性,使得云平台服务层访问资源时能够消除平台和资源异构性。按照数据一致性的要求,数据可以分布式的存放在不同的模型服务中心,允许存在数据副本使网络环境中的数据能得到实时的响应。物理资源经过虚拟化后形成支撑服务的基础资源,包括计算资源、存储资源、模型服务资源和网络资源。作为提供底层基础资源的服务,该层一般都具有资源抽象、资源监控、资源部署、负载管理、数据管理和安全管理等基本功能。

1) 资源抽象

军事训练模型服务体系由多个模型服务中心、众多的服务器资源、网络资源、模型资源和各种数据资源等组成。为了实现高层次的资源管理,必须对资源进行抽象,也就是对硬件资源进行虚拟化。服务器虚拟化是一种可以在一台物理服务器上运行多个逻辑服务器的技术,每个逻辑服务器被称为一个虚拟机。不同的虚拟机之间相互隔离,可以运行不同的操作系统,这使得硬件资源的复用成为可能。服务器虚拟化同存储虚拟化、网络虚拟化等一同奠定了基础设施层进行资源抽象的基础。

虚拟化的过程一方面需要屏蔽掉硬件产品上的差异,另一方面需要对每一种硬件资源提供统一的管理逻辑接口。值得注意的是,根据基础设施层实现的逻辑不同,同一类型资源的不同虚拟化方法可能存在着非常大的差异。目前,存储虚拟化方面主流的技术有 IBM SAM Volume Controller、IBM Tivoli Storage Manager(TSM)、Google File System、HadoopDistributed File System 和 VMware Virtual Machine File System 等。另外,根据业务逻辑和基础设施层服务接口的需要,基础设施层资源的抽象往往是具有多个层次的。例如,目前业界提出的资源模型中就出现了虚拟机(Virtual Machine)、集群(Cluster)、虚拟数据中心(Virtual Data Center)和云(Cloud)等若干层次分明的资源抽象。资源抽象为上层资源管理逻辑定义了操作的对象和粒度,是构建基础设施层的基础,如何对不同品牌和型号的物理资源进行抽象,以一个全局统一的资源池的方式进行管理并呈现给客户,是基础设施层必须解决的一个核心问题。有关资源抽象的具体技术问题可参考文献[34]、[35]、[36]中对虚拟技术的具体论述。

2) 资源监控

资源监控是保证基础设施层高效率工作的一个关键任务。资源监控是负载管理的前提,如果不能有效地对资源进行监控也就无法进行负载管理。基础设施层对不同类型的资源监控方法是不同的。对于 CPU,通常监控的是 CPU 的使用率。对于存储设备,除了监控使用率,还会根据需要监控读写操作。对于网络,则需要对网络实时的输入、输出及路由状态进行监控。

基础设施层首先需要根据资源的抽象需求建立一个资源监控模型,用来描述资源监控的内容及其属性。同时,资源监控还具有不同的粒度和抽象层次,一个典型的场景是对某个具体的解决方案整体进行资源监控。一个解决方案往往由多个虚拟资源组成,整体监控结果是对解决方案各个部分监控结果的整合。通过对结果进行分析,用户可以更加直观地监控到资源的使用情况及其对性能的影响,从而采取必要的操作对解决方案进行调整。

3) 资源部署

资源部署指的是通过自动化部署流程将资源交付给上层应用的过程,即使基础设施层服务变成可用的过程。在应用程序环境构建初期,当所有虚拟化的硬件资源环境都已经准备就绪时,就需要进行初始化过程的资源部署。另外,在应用运行过程中,往往会进行二次甚至更多资源部署,从而满足上层服务对于基础设施层中资源的需求,也就是运行过程中的动态部署。

动态部署有多种应用场景,一个典型的场景就是实现基础设施层的动态可伸缩性,也就是说云的应用可以在极短的时间内根据用户需求和服务状况的变化而调整。当用户服务的工作负载高时,用户可以非常容易地将自己的服务从数个扩展到数千个,并自动获得所需的资源。通常这种伸缩操作不但要在极短的时间内完成,还要保证操作复杂度不会随着规模的增加而增大。另外,一个典型场景是故障恢复和硬件维护。在云计算这样由众多服务器组成的大规模分布式系统中,硬件出现故障在所难免,在硬件维护时也需要将应用暂时移走,基础设施层需要能够复制该服务器的数据和运行环境,并通过动态资源部署在另外一个节点上建立起相同的环境,从而保证服务从故障中快速恢复。

资源部署的方法也会随构建基础设施层所采用技术的不同而有着巨大的差异。使用服务器虚拟化技术构建的基础设施层和未使用这些技术的传统物理环境有很大的差别,前者的资源部署更多的是虚拟机的部署和配置过程,而后者的资源部署则涉及了从操作系统到上层应用整个软件堆栈的自动化部署和配置。相比之下,采用虚拟化技术的基础设施层资源部署更容易实现。

4) 负载管理

在基础设施层,由多个模型服务中心构成的大规模的资源集群中,任何时刻所有节点的负载都不是均衡的。合理分配硬件资源是负载管理的主要功能,如果节点的资源利用率合理,将会大大减少硬件资源的建设投资,降低战役模拟训练的成本。当集群中的节点资源利用率过低或者节点之间负载差异过大时,就会造成一系列突出的问题。一方面,如果太多节点负载较低,会造成资源上的浪费,需要基础设施层提供自动化的负载平衡机制将负载进行合并,提高资源使用率并且关闭负载整合后闲置的资源;另一方面,如果资源利用率差异过大,则会造成有些节点的负载过高,上层服务的性能受到影响,而另外一些节点的负载太低,资源不能充分利用,这就需要基础设施层的自动化负载平衡机制将负载进行转移,即从负载过高节点转移到负载过低节点,从而使得所有的资源在整体负载和整体利用率上趋于平衡。

5) 数据管理

在云计算环境中,数据的完整性、可靠性和可管理性是对基础设施层数据管理的基本要求。现实中软件系统处理的数据分为很多不同的种类,如结构化的 XML 数据、非结构化的二进制数及关系型的数据库数据等。不同的基础设施层所提供的功能也不同,使得数据管理由集群组成,甚至由若干不同数据中心的服务器集群组成。因此,数据的完整性、可靠性和可管理性都是极富挑战的。

完整性要求关系数据库的状态在任何时间都是确定的,并且可以通过操作使得数据在正常的情况下能够恢复到一致的状态。因此，完整性要求在任何时候，数据都能够被正确地读取并且在写操作上进行适当的同步。

可靠性要求数据的损坏和丢失的几率降到最低，这通常需要对数据进行冗余备份。

可管理性要求数据能够被管理员及上层服务提供者以一种粗粒度和逻辑简单的方式管理。这通常要求基础设施层内部在数据管理上有充分、可靠的自动化管理流程。对于具体云的基础设施层，还有其他一些数据管理方面的要求。比如在数据读取性能上的要求或者数据处理规模方面的要求，以及如何存储云计算环境中海量的数据等。

6）安全管理

安全管理贯穿于整个运行阶段，不同层次的安全管理对于整个基础设施层的安全都非常重要。首先需要保护的就是虚拟化平台的管理域。一般保护管理域的措施包括在管理域中只运行必要的服务、用防火墙控制对管理域的访问和禁止用户访问管理域等。对于本小节介绍的简化的基础设施层示例来说，虚拟化集成管理器和代理的安全管理至关重要。对它们的访问需要通过安全认证，并且服务的消息中需要包含安全认证信息，从而对所有的访问进行有效的跟踪和记录。在虚拟机内部，不同软件的安全管理对于解决方案的整体安全同样重要，比如数据库的安全配置会影响到业务数据的安全性。虚拟化集成管理器和代理的安全管理可以与虚拟机内部软件的安全管理相结合，从不同层次对服务和数据的访问进行控制，从而保证云基础设施层的安全。

12.3.4 平台层设计

军事模型服务云平台结构中的平台层与传统的应用平台在所提供的服务方面有很多相似之处。传统的应用平台，如本地.Net 环境或 Java 环境都定义了平台的各项服务标准、应用模型标准、元数据标准等规范，并为遵循这些规范的应用软件提供了部署、运行和卸载等一系列流程的生命周期管理。传统应用平台一般是运行在一台 PC 机或性能较好的服务器上，而军事模型服务云平台则是运行在基于高速网络的云基础设施层上，是对传统应用平台在理论与实践上的一次升级。云基础设施层上丰富而又强大的软硬件资源，为军事模型服务云平台功能的提升提供了无限可能。平台层又可分为平台管理层和平台服务支撑层，其中平台服务支撑层包括开发环境、运行环境、外部接口和运行监管 4 项服务。

1. 云平台管理层

云平台管理层又被称为网络中间件层，它能屏蔽云计算资源的异构性，支持云资源的统一管理、分布调度和安全控制。因此，云平台管理技术在平台层中一直扮演着重要的角色。随着分布式模拟训练仿真系统软件、硬件资源的持续增长和分布式应用的不断发展，分布式计算环境的动态性、异构性、分布性、自治性更加明显，高质量模型服务的应用需求也日渐增多。传统的中间件技术在解决这些问题时碰到了这样或那样的困难，于是网络中间件技术应运而生。作为基础的网络功能，支持在广域、大范围、分布异构环境下的资源共享和协同问题的解决。

平台管理层的核心服务包括硬件服务管理、模型服务管理、数据服务管理、作业管理和安全管理等。硬件服务管理是平台层中的关键技术之一，用于实现大范围、异构、分布等网络环境下的硬件资源调度和共享；模型服务管理是平台层中的一个重要功能，通过实现模型的注册、发现和动态绑定，提高模型服务的可重用性和保证服务调用的质量，直接通过资源管理层使用模型服务器中的模型资源，实现作战训练模型服务的功能；数据管理主要功能有数据副本管理、可靠的数据（文件）传输以及数据访问与集成等，这些服务是以模型资源为核心的作战模拟训练模型服务的关键，数据副本管理，有助于资源的调度、系统资源间的负载均衡、获得最优的数据资源和提高数据的访问效率；工作流是指一系列预定义的战役训练规则、文档和数据在参与方之间传播的自动过程，最终达到一个总目标，工作流管理包括工作流应用构建和运行两部分，前者主要关注工作流任务及其依赖关系的定义和建模，后者负责管理工作流的执行以及与网格资源的交互；安全管理主要负责颁发证书的认证中心和获得模型服务平台单点授权的入库授权服务，安全管理贯彻在整个系统之中，任何对于模型服务资源的访问都需要获得安全服务的授权。

2. 开发环境

对于任何一个支持上层应用运行的平台系统来说，它都必须提供清晰的上层应用的开发工具。开发工具实现中面临的重要问题是：如何描述其将要提供给外界的服务，该服务将要以何种方式来提供。无论采用何种方式，云应用中都必须包含对该服务接口的定义，以及描述该服务运行时配置信息的元数据，从而使得平台层能够在云应用部署的时候将该服务变成可用状态。云应用比较常见的服务提供方式有REST(Representational State Transfer)和SOAP(Simple Object Access Protocol)方式。REST是面向资源的一种软件架构风格，通常对资源的操作有获取、创建、修改和删除。SOAP是通过HTTP方式以XML格式交换信息的一种协议，有着完备而又复杂的封装机制和编码规则。

平台层所提供的代码库和其API对于应用的开发至关重要。定义清晰、功能丰富的代码库能够有效地减少重复工作，缩短开发周期。传统的应用平台通常提供自有的代码库,使用了这些代码库的应用只能在此唯一的平台上运行。在云计算中,某一个云提供商的平台层代码库可以包含由其他云提供商开发的第三方服务,这样的组合模式对用户的应用开发过程是透明的。

平台层需要为用户提供应用的开发和测试环境。通常,这样的环境有两种实现方式,一种方式是通过网络向软件开发者提供一个在线的应用开发测试环境,也就是说一切的开发测试任务都在服务器端完成。这样做的好处是开发人员不需要安装和配置开发软件,但需要平台层提供良好的开发体验环境,而且要求开发人员所在的网络稳定且有足够的带宽。另外一种方式是提供离线的集成开发坏境,支持开发人员在本地进行开发调试。这种离线的模式更符合当前大多数开发人员的经验,也更容易获得良好的开发体验,在开发测试结束以后,开发人员需要将应用上传到云中,让它运行在平台上。

3. 运行环境

完成开发测试工作以后,开发人员需要做的就是对应用进行部署和运行。首先要将打包好的应用上传到模拟训练云平台上。之后,云平台通过解析元数据信息对应用进行配置,使应用能够正常访问其所依赖的平台服务。平台层的不同用户之间是完全独立的,不同的开发人员在创建应用的时候不可能对彼此应用的配置和他们将如何使用平台层进行提前约定,配置冲突可能导致应用不能正确运行。因此,在配置过程中需要加入必要的验证步骤,以避免冲突的发生。配置完成之后,将应用激活即可使应用进入运行状态。为此,平台层与传统的应用运行环境相比,必须具备3个重要的特征:隔离性、可伸缩性和资源的可复用性。

隔离性具有两个方面的含义即应用间隔离和用户间隔离。应用间隔离指的是不同应用之间在运行时不会相互干扰,包括对业务和数据的处理等各个方面。应用间隔离保证应用都运行在一个隔离的工作区内,平台层需要提供安全的管理机制对隔离的工作区进行访问控制。用户间隔离是指同一解决方案不同用户之间的相互隔离。

可伸缩性是指平台层分配给应用的处理、存储和带宽能够根据工作负载或业务规模的变化而变化,即工作负载或业务规模增大时,平台层分配给应用的处理能力就会增强,当工作负载或业务规模下降时,平台层分配给应用的处理能力可以相应减弱。比如,当应用需要处理和保存的数据量不断增大时,平台层应能够按需增强数据库的存储能力,从而满足应用对数据存储的需求。可伸缩性对于保障应用性能、避免资源浪费都是十分重要的。

当应用的业务量提高,需要更多的资源时,它可以向平台层提出请求,让平台层为它分配更多的资源。当然,这并不是说平台层所拥有的资源是无限的,而是通过统计复用的办法使得资源足够充裕。能够保证应用在不同负载下可靠运行,使其感觉平台层的资源是无限的,它可以随时按需索取。这一方面需要平台层所能使用的资源数量本身是充足的,另一方面需要平台层能够高效利用各种资源,对不同应用所占有的资源根据其工作负载的变化来进行实时的动态的调整和整合。

4. 外部接口

军事模型服务云平台的特点之一就是它的开放性,战役战术连同实装的一体化的模拟训练需要不同系统的共同参与。平台层的外部接口功能提供了三种外接方式,包括支撑模拟接口、实装系统接入和组网训练接入。

支撑模拟接口是作战训练模型服务的主要接口功能,组训者利用作战训练模型服务平台提供的模拟训练开发环境进行作战训练组织,模型服务平台将根据组训者的训练想定,为作战训练提供系统支持,模型服务平台不提供作战训练的席位,因此支撑模拟接口是服务平台与外部模拟训练席位链接的重要通道。

实装系统接入是在模拟训练的过程中,需要真实装备的接入,实现模拟训练系统带实装的训练形式,实装系统接入是真实装备接入军事模型服务云平台的重要通道。

组网训练接入是实现分布式、多系统的联合训练的重要接口,通过组网训练接入功能,实现了多系统的联合训练。

5. 运行监管

在应用运行过程中,平台层需要对应用进行监控。一方面,用户通常需要实时了解应用的运行状态,比如当前应用的工作负载是否发生了错误或出现异常状态等。另一方面,平台层需要监控解决方案在某段时间内所消耗的系统资源。不同目的的监控所依赖的技术是不同的。对于应用运行状态的监控,平台层可以直接检测到诸如响应时间、吞吐量和工作负载等实时信息,从而判断应用的运行状态。比如,可以通过网络监控来跟踪不同时间段内应用所处理的请求量,并由此来绘制工作负载变化曲线,并根据相应的请求响应时间来评估应用的性能。

对于资源的监控,可以通过调用基础设施层服务来查询应用的资源消耗,这是因为平台层为应用分配的资源都是通过基础设施层获得的。比如,通过使用基础设施层服务为某应用进行初次存储分配。在运行时,该应用同样通过调用基础设施层服务来存储数据。这样,基础设施层记录了所有与该应用存储相关的细节,供平台层查询。

12.3.5 应用层设计

应用层是军事模型服务云平台的最顶层,是运行在云平台层上的应用集合。每一个应用都对应一个业务需求,实现一组特定的业务逻辑,并且通过与用户的交互提供服务。应用层直接面向各个独立的作战训练系统用户,类似于云计算门户层。应用层的基本功能分为建模服务、管理服务和运行服务3个方面。

建模服务主要解决的是"建"的问题。建模服务功能包括模型需求信息发布、模型体系标准发布、模型制作辅助工具、模型测试与验证工具和模型注册工具等。实现了模型的从需求立项到模型最终验证入库的全过程服务,其服务的对象是专业的建模人员。

管理服务主要解决的是各种资源的部署与管理和用户注册及身份认证等问题。主要功能包括硬件的管理与部署、模型管理、作战训练规则管理、数据管理、用户注册管理和安全管理等。

运行服务是军事模型服务云平台的建设目标,是军事训练模型服务的直接体现。组训人员提交训练想定,平台层的模型服务应用进行服务流程上的组合,得到各种云计算模拟训练应用程序,供各类模拟训练仿真系统的用户使用。

不同于基础设施层和平台层,应用层上运行的模拟训练软件千变万化,新应用层出不穷,想要完全定义应用层的基本功能十分困难。或者说,应用层的基本功能就是要为作战模拟训练提供尽可能丰富的创新功能,为部队组训机构提供更加灵活、方便、快捷的模型服务。

1. 应用层的特性

应用层的基本作用是以 SaaS 的方式为用户提供各种应用服务,因此,在应用层上的应用服务具有以下 4 个基本特征。

(1) 应用层提供的应用能够通过浏览器访问,或者具有开放的 API,允许用户或者瘦客户端程序的调用。对于军事模型服务云平台来说,其应用的理想模式是不论用户身处何处,不管使用何种终端,只要有网络连接和标准的浏览器,便可以不经任何配置地访问属于自己的应用。

(2) 用户在基于军事模型服务云平台进行作战模拟训练时,将会减少对硬件建设的依赖,只需按照规定的程序向模型服务中心提出使用申请即可,因为从处理到数据存储都在军事模型服务云平台上执行,用户端不需要高的处理能力。

(3) 用户在使用军事模型服务云平台进行作战模拟训练时,模拟训练仿真系统的软件可以基于模型服务中心强大的模型资源来构建,可提高战役模拟训练仿真系统建设的灵活性和可扩展性。

(4)军事模型服务云平台应用要求高度的整合,而且应用之间的整合能力对于系统应用的成功至关重要。因为作战模拟训练的需求往往是综合性的,用户所需要的多个功能通常是由若干个彼此之间相互独立的应用程序来实现的,由于应用程序运行在军事模型服务云平台中,而且彼此相对独立,因此,基于军事模型服务云平台的应用较传统应用整合相对容易实现。

2. 应用层的服务类别

基于军事模型服务云平台进行模拟训练时,用户不需要关心应用是在哪里被托管的,是采用何种技术开发的,也不需要在本地安装庞大的模拟训练仿真系统软件,只需要关心如何去访问这些应用。应用层为作战模拟训练提供的服务按照组织方式的不同又可分为标准的指挥技能训练、作战模拟演练和个性化的模拟训练3种。

(1)标准的指挥技能训练采用多用户技术为数量众多的指挥员及其机关参谋人员提供相互隔离的操作空间。所提供的训练服务软件是标准的、一致的。除了流程上和界面上的个性化设定外,不具有更深入的自定义功能。可以说,标准的指挥技能训练应用就如同日常使用的Office软件一样,只不过它是一个基于军事模型服务云平台的网络化版本。

(2)作战模拟演练基于事先开发好的标准的功能模型组件,允许组训人员进行不限于界面的深度定制。与面向单一人员的标准的指挥技能训练应用不同,作战模拟演练应用一般针对的是多人的、联合的作战模拟训练,需要组训人员进行相对更加复杂的自定义和二次开发工作。

(3)个性化的模拟训练应用一般由独立软件开发商或者是开发团队在军事模型服务云平台上搭建,是满足用户某一类特定需求的创新型应用。不同于标准的指挥技能训练应用所提供的能够满足大多数人员的服务,个性化的模拟训练应用满足于特定用户的专业化需求。

第 13 章

基于云计算的军事模型服务的资源管理

在军事模型服务体系中,"管"是模型服务的基础。面向服务的军事模型服务云平台的主要目标是以服务的形式实现广域、跨组织和异构环境下的资源共享。军事模型服务云平台中的资源是所有可以被请求使用的实体总称,包括计算资源、存储资源、模型资源、数据资源和通信资源等。科学合理的资源管理方法是实现资源共享的基本保证,统一规划、基于网络分布建设、实现资源合理利用,必将成为模型服务日益关注和重点研究的关键问题之一。

13.1 基于云计算的模型服务群管理

13.1.1 基于云计算的资源池设计

根据云计算的虚拟化技术把服务器、存储设备等网络资源全部整合进行分割,实现资源按需分配和自动增长。从控制端来看,云计算将所有的模型服务资源看成是一个资源池(Resources Pool),并且根据资源的物理属性将资源归于不同的资源池中,利用云计算的虚拟化技术,将资源虚拟化成 n 个槽(Slot),根据资源的某个共同的特性(比如:资源的属地、操作系统、CPU 型号、内存大小等)将资源归类,形成资源池,云计算的多级资源池结构如图 13-1 所示。

其中的一个资源池充当服务器(Cloud Server)跟云外面交互,维护其他资源池负载平衡,负责分配任务等。

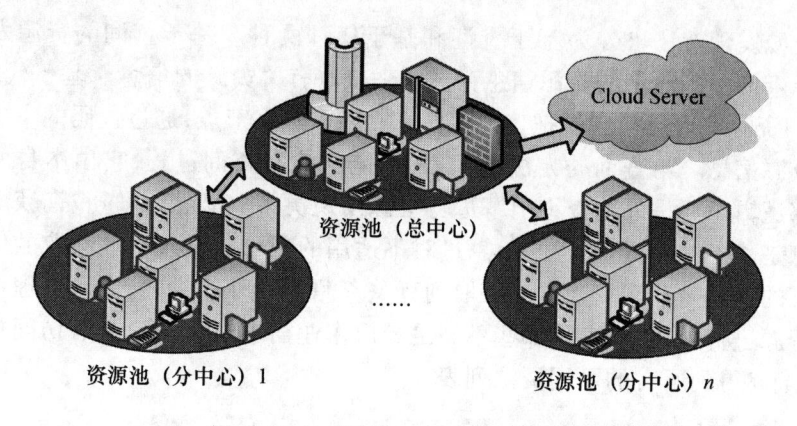

图 13 – 1　云计算的多级资源池结构

在多级负载平衡算法中,充分利用多级资源池结构的优势。对于通信量较小的任务,尽量将其分配在临近的同一个资源池网络域中,降低进程间通信的开销。这样可以极大地提高系统的性能。网络或其他原因可能会导致服务器死机或产生其他故障,为此可采用双机热备份技术对文件备份或是配置若干个候选服务器。

13.1.2　云中的资源发现方法

作战训练模型服务资源发现主要涉及资源信息存储方法、资源发布方法和资源发现方法3个方面。

资源信息存储分为集中式和分布式两种模式。集中存储方式可以使用网络目录接口 X.500/LDAP[37]来访问底层的关系数据库或分布式数据库。如果把资源信息存储在关系数据库中,还可以使用 SQL 语言或 SQL 语言的限定子集查询资源信息。在 Web 服务环境中 UDDI 也属于集中注册的信息存储模式。在分布式存储模式中,资源信息可以存储在对象模型(例如 CORBA)或编程语言(如 Java 语言)提供的持久性对象中。

资源信息发布到信息存储库中的方法主要包括定期批处理和适时在线发布两种。定期批处理模式是指在每个资源池网络节点备份其拥有的资源信息,然后定期向信息存储库发送。定期批处理又可分为推送和抽取两种模式。推送模式是指资源信息提供者主动把信息送往信息存储库,抽取则是指由信息存储或查询一方发送请求并获取资源信息。适时在线发布模式是指当资源信息发生改变时,资源提供者主动把信息发布到资源池的信息存储库。

资源发现方法可分为基于查询和基于代理两种。基于查询的资源发现是指用户查询资源池中的资源信息存储库来获取有关资源的信息。基于代理(Agent)的资源发现是指主体把代码片段发往各个网络节点,通过代码的本地执行获得资源信息。与查询的方法相比,代理能够控制查询过程,它由本身所拥有的内部逻辑而不是外部查询引擎进行资源发现决策。显然,通过查询获取的资源信息是静态的,有可能存在信息过时不适用的现象。通过代理获取的信息则是动态的。通过资源发现方法获取到有关资源的各种信息后,资源管理系统还要对资源进行过滤,即去除那些不满足最低作业需求或者用户没有访问权限的资源,最终得到所有的可用资源列表。

13.1.3 云中的资源调度策略

在作战训练模型服务体系中包含有多个模型服务资源池,如陆军模型服务资源池、海军模型服务资源池、空军模型服务资源池等。考虑到资源利用方法和经济效益等各方面的原因,将资源池划分成共享池(Share Pool)和私有池(Owned Pool)。共享池和私有池是一个相对的概念,如,在进行空军战役模拟训练时,空军的模型服务资源池就是其私有池,而陆军模型服务资源池和海军模型服务资源池就是共享池。而当进行海军战役模拟训练时,海军的模型服务资源池就是其私有池,而陆军模型服务资源池和空军模型服务资源池就是共享池。结合不同资源池的性质,作战训练模型服务云中提供4种资源调度策略实现对资源的调度,分别为私有策略(Ownershi Policy)、借还策略(Lend and Borrow Policy)、共享策略(Share Policy)和回收策略(Reclaim Policy)。

私有策略:根据实际部署情况,在 Products.xml 中利用 own 节点来存储软件配置环境需要的槽数。保证在独立情况下就可以完成软件部署以及完成基本任务。

借还策略:根据租借机制实现应用程序对私有槽进行租借。权衡收益和资源利用效果,并考虑到运行阶段应用程序私有槽有可能空闲,因此,可以利用空闲的槽去协助完成其他的任务。利用 lend 和 borrow 节点记录程序之间的借还关系。

共享策略:为提高收益,利用分享率(Share rate)节点记录应用软件对共享池资源的占有率(收益率和分享率映射),约束共享资源是不能租借的,否则,与现实违背。

回收策略:是实现权力的维护和负载平衡。解决空闲的槽数不能满足任务需要问题,凭借回收策略完成资源回收,最终完成任务。由于考虑到使用的槽数是根据用户请求而波动变化的,所以配置时间段的回收策略,可以通过手动调整满足特定时间业务的需要。

13.1.4 资源调度策略的实现

在任务分配时,考虑到负载平衡和效益等影响因素,服务器利用策略调节资源,同时利用基于进程迁移机制的 pbs_mon 进程,根据资源的负载状况和资源池的空闲槽的变化,动态地调节系统的负载平衡。

如图 13-2 所示,服务器启动 ps_lim 进程后,先读取 backup 配置服务器的环境,启动子进程 ps_vemkd 和 ps_pem,并启动 ps_vemkd 进程开始数据备份。ps_vemkd 启动后会对全部资源的列表进行管理和维护,全局模块(whole_resource_pool)配置为自动加载模块,同时启动子进程 ps_esc 和将监听到的信息备份。而其他资源池启动 ps_lim 读取资源的信息和启动 ps_pem 子进程,实时地给服务器发送应答信号。

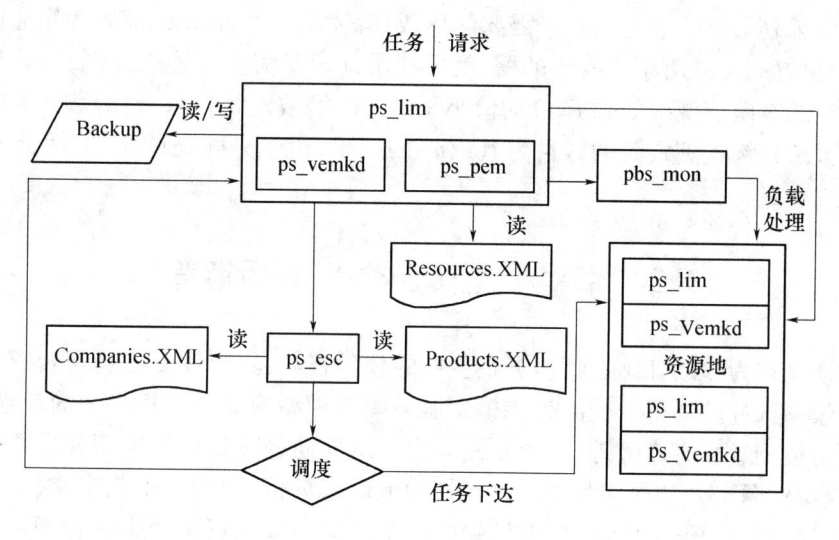

图 13-2 多级资源池任务执行流程

ps_esc 利用函数 $f(x,i)$ 算出应用程序(x)空闲的私有槽数:

$$f(x,i) = a - \sum_{i=0}^{\infty} xy_i - \omega(x), i \in N$$

式中 y_i——向 x 已借资源的应用程序;

xy_i——x 已经借给 y_i 的槽数;

a——配置的私有槽数值;

$\omega(x)$——由于资源死机等其他因素损失的槽数。

$$f(x) = f(x,i) + c + \sum_{i=0}^{\infty} y_i x - \omega(x), i \in N$$

式中　c——在共享池空闲的槽数；
　　　$y_i x$——x 借 y_i 的槽数。

$$f(x,r) = \begin{cases} (s-\omega(x)) - (s-\omega(x))(1-r), x \in leftnode \\ (s-\omega(x))r, x \in rightnode \end{cases}$$

式中　s——共享池的总共槽数；
　　　r——分享率。

$$f(x,c) = \sum_{i=0}^{\infty} x y_i + f(x,r), i \in N$$
$$f(x,u) = f(x) + f(x,c) - g(m)$$

式中　$g(m)$——使用时被收回的槽数。

如果 $f(x,i)$ 的值大于等于需要的槽数，就读取 x 的 license，部署程序完成任务；如果 $f(x,i)$ 的值小于需要的槽，就要利用 $f(x)$ 扩大资源搜索范围，计算是否有更多的空闲资源。如果 $f(x)$ 的值小于需要的槽数，利用 $f(x,c)$ 函数计算收回的槽数。最终得到资源的数目为 $f(x,u)$ 的结果，由于分配是动态的，因此 $f(x,u)$ 是变化的。

13.2　军事模型资源全生命周期管理

模型作为作战训练模型服务最主要的软件资源，其管理的成功与否直接决定着模型服务的质量。作战训练模型服务中的模型建设不是模型的简单堆积，必须对模型进行有序管理，避免重复开发。从面向领域特征的模型开发要求出发，模型资源全生命周期管理过程包括领域需求分析、模型需求制定、模型设计实现、模型评审校验和模型资源注销共 5 个步骤。模型资源全生命管理周期如图 13 – 3 所示。

13.2.1　领域需求分析

以需求为导向，是系统建设的基本原则。支撑作战训练的模型服务体系的核心需求是作战训练。有的文章认为模型管理的第一步是模型立项，本书认为模型全生命周期管理的第一步应是根据战役模拟训练的需求，确定需要建哪些模型的问题。这一步骤的工作主要由领域专家来完成，领域专家包括对该领域

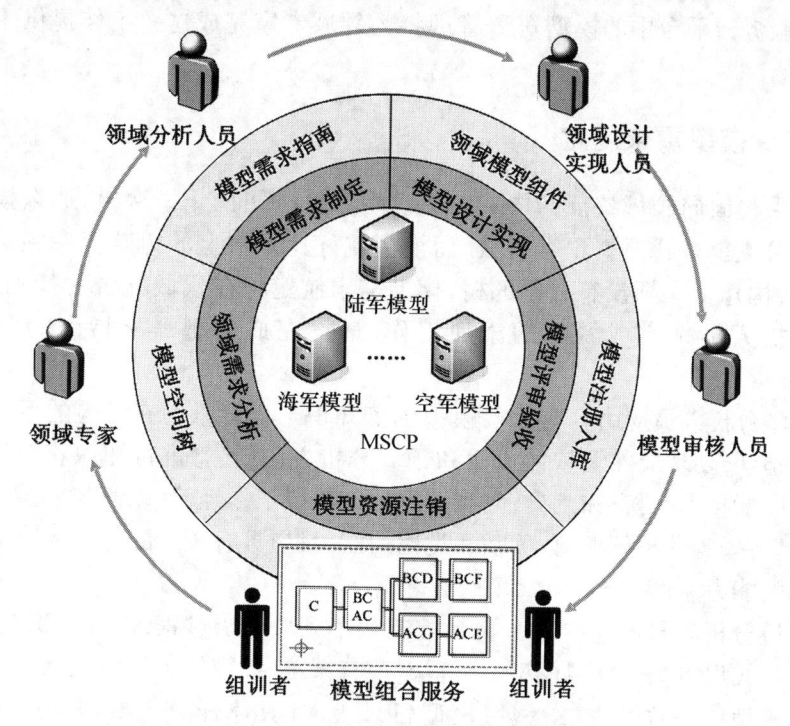

图 13 – 3　模型资源全生命管理周期

有经验的用户和从事该领域中系统的需求分析、设计、实施和项目管理有经验的软件工程师等。

领域专家的任务主要包括以下4个方面：

（1）规范行业术语,制定相关标准规范。提供关于领域中系统的需求规约和实现的知识,帮助组织规范、一致的领域术语字典,帮助选择或制定本系统作为领域工程依据的标准和规范。

（2）制定/修订作战训练模型组件空间树。作战训练模型组件空间树是模拟系统建设的基础和系统建设的重要依据。面向领域特征的作战训练模型组件空间树在本书第四章进行了专门的论述。它是模型建设的重要依据,也是军事模型服务云平台提供模型服务时,模型组件聚合的重要依据。在制定过程中应接收来自各方的意见、建议,甚至是批评。

（3）接收作战训练组训者的反馈意见。领域需求分析是模型管理的起点,但其必须要接收作战训练需求的牵引,领域设计专家将直接与组训者进行沟通,了解作战训练的现实需求,解决作战训练存在的问题。

（4）预测未来的作战训练需求和发展趋势,引领作战训练的发展方向。军事模型服务云平台中的模型资源管理将为领域专家完成这一工作提供手段上的帮助。

13.2.2 模型需求制定

如果将面向领域特征的作战训练模型组件空间比作一棵树,那么模型组件结构分支就好比是树干和树枝,而模型就好比是树上的树叶。在领域需求分析中,构建了一棵没有叶子的树,模型需求制定将在领域分析的基础上,由领域分析人员来完成树叶的添加工作,最终完成模型需求指南的制定和修订。

领域分析人员应由具有战役模拟训练知识工程背景的有经验的系统分析人员来担任,要求应熟悉软件重用和领域分析方法;熟悉进行知识获取和知识表示所需的技术、语言和工具;应有一定的该领域工作经验,以便与领域专家交流;应具有较高的进行抽象、关联和类比的能力;应具有较高的与他人交流沟通和合作的能力。

领域分析人员的主要任务包括控制整个领域分析过程,进行知识获取,并将获取的知识组织到领域模型中。根据现有系统、标准规范等验证领域模型需求的准确性和一致性,维护领域模型目录表,其具体任务主要包括以下 3 个方面。

(1) 了解和掌握领域专家所制定的模型组件空间树。作战训练模型空间树是领域分析人员展开工作的基础和重要依据,模型资源管理将为领域分析人员提供方便直观的查询作战训练模型空间树的每一个节点,为领域分析人员提供理解模型空间树的辅助分析工具。

(2) 制定或修订模型需求指南。领域分析人员按照领域专家制定的模型空间树,对模拟训练的功能空间进行合理的粒度划分,增加或修改模型需求指南。对新增或修改的模型项目,需要定义其功能、找出其领域特征、给出其设计视图、制定其接口规范,并对接口标准进行模型复合匹配初始验证。模型资源管理功能将辅助领域分析人员完成上述工作。在新增模型时,模型资源管理帮助领域分析人员进行查重判断,对模型功能的定义提供标准化模板;辅助完成模型领域特征的定义和制定模型的接口规范;自动完成模型复合匹配的初始验证,统一量纲。

(3) 对没有使用价值的模型给出注销建议。随着武器装备的发展和模拟训练仿真系统需求的变化,对模型目录表中长期处于闲置且没有使用价值的模型给出注销建议。

13.2.3 模型设计实现

模型设计实现是对模型目录表中的模型进行编程实现(主要指仿真程序模型)。此项工作应主要由领域设计实现人员来完成。领域设计实现人员应由有经验的软件设计人员来担任。他们应熟悉软件设计方法;应熟悉软件重用和领域设计方法;应有一定的该领域经验,以便与领域分析人员进行交流。

领域设计实现人员的任务包括以下3个方面:

(1)控制整个模型的设计过程。模型的开发是一个相对独立的软件功能模块的实现,其开发过程需要严格按照软件工程的开发要求或遵循军事软件开发标准,进行严格的模型设计流程控制,以便保障模型组件开发的质量。

(2)根据模型目录表中对模型功能的定义,采用合适的解决算法对模型进行功能实现。服务系统将提供统一的模型组件开发语言和开发平台,并协助领域设计实现人员完成模型调用视图的填写。

(3)对模型的准确性和一致性进行验证。模型的准确性是模型实现的根本要求,一个模型设计完成后,除需要领域设计实现人员自测试外,模型资源管理还将提供基础的模型接口调用及运行测试功能。

13.2.4 模型评审校验

模型评审校验是模型管理中的最后一个流程,负责对模型实体的基本管理功能。这部分的工作主要由模型审核人员或称为专门的模型管理人员来完成,他们应具有充足的领域知识和熟悉整个模型的空间结构。

模型审核人员的工作任务包括以下4个方面:

(1)模型评审。模型评审分为专家评审和模型动态评审两个方面,专家评审就是组织领域专家,集中对新开发的模型进行评审,评审的重点包括模型是否符合军事训练模型体系结构建设的要求、模型是否已经存在、模型的建设单位是否专业对口、模型的实施视图是否正确、模型是否具有先进性和可靠性、模型的粒度是否符合模型服务的建设要求等。模型的动态评价是指军事模型服务云平台通过对军事模型的调用时间及调用频率的统计,对模型服务中心所管理的模型资源进行动态评价。

(2)模型版本的管理。随着时间的推移,使用军事模型制作工具开发的模型数量将越来越多。在模型开发的初期,由于数量不多,版本也不复杂,因此模型开发的客户端不会感觉到模型管理方面的问题,但是随着模型数量和版本数量的增加，模型制作客户端必将会希望模型制作工具能够帮助完成模型的管理工作。军事模型管理实现的就是为模型开发用户提供一个基本的模型管理功能，包括模型的新增、修改、删除、查询和版本登记等操作。其中模型的版本管理相对复杂，军事训练模型的版本号包括大版本号和小版本号两部分，大版本号由模型服务中心统一规定，小版本号由模型开发者来定义。大小版本号之间用点分隔，小版本号固定为两位。如1.00，代表大版本号为1，小版本号为00。00代表原始版本，以后依次增加，如01，02等。

（3）模型注册提交。军事模型开发完成后，用户需要将模型通过网络提交到模型服务中心，这个工作也是通过用户端软件来完成的，模型注册的内容包括模型名称、模型编号、版本号、关键字、密级、所属军（兵）种专业、红蓝方、应用层次、适用范围和内容、所支持模拟应用类型、模型属性、建模语言抽象程度、模型描述形式、实体聚合水平、行动要素抽象程度、项目简介（模型功能）、简化假设、研制单位、负责人、研制者、审定人、上级主管单位、批准时间、模型登记时间、模型文件列表等。军事训练模型的注册采取一次注册允许多次修改的方式。系统对用户的每次修改进行权限审核，并且对每次修改的内容进行登记。

（4）模型入库及信息发布管理。模型经过验证和专家评审打分后，利用模型注册工具完成模型入库处理。模型入库后，MSCP模型资源管理将此模型以通报的形式发送到各个模型服务平台，模型服务平台的模型资源列表将进行更新，以方便模型的调用。同时，作战训练模型服务中心通过网站向用户进行公开发布，以方便用户使用。

13.2.5 模型资源注销

任何模型都有其自身的生命周期，随着时间的推移，部分军事模型将退出模型服务的行列。对模型是否注销，采用"应用价值"评价法进行确定，应用价值包括可用性、使用率和价值率3个方面。

1. 关于可用性、使用率和价值率

可用性用于表示军事模型正确地反映描述对象本质的程度和易于使用的程度。主要用于对首次注册模型的评定。

使用率用于表示军事模型在单位时间内的使用次数。

价值率用于表示军事模型单次使用所产生的政治、军事和经济效益。

可用性、使用率和价值率的等级划分及其划分依据如表13-1所列。

表13－1 可用性、使用率和价值率的等级划分

等级	可用性	使用率	价值率
1	完全适用	广泛使用	极大效益
2	较好适用	较多使用	较高效益
3	适用	一般使用	一般效益
4	部分适用	极少使用	较小效益
5	不适用	未被使用	无效益

使用率和价值率主要用于军事模型的转级评定。

2. 量化计算方法

模型的应用价值也分为5个等级,用1~5表示,其中1为最高等级。可由模型的可用性、使用率和价值率综合计算得出。计算公式如下:

$$\begin{cases} V = aX_1 + bX_2 + cX_3 \\ a + b + c = 1 \end{cases}$$

式中　X_1——可用性等级值,取值1~5;

X_2——使用率等级值,取值1~5;

X_3——价值率等级值,取值1~5;

a——可用性权重,值域为0~1之间的实数;

b——使用率权重,值域为0~1之间的实数;

c——价值率权重,值域为0~1之间的实数。

在具体的应用中,X_1、X_2、X_3等级值根据模型的实际情况选定;a、b、c权重值的选定根据评价的价值观确定。

3. 报废条件

当某一军事模型具备下列之一的条件时,该模型应报废。

(1) 应用价值等级降到4级以下;

(2) 随应用需求消失而退出现役;

(3) 因特殊情况必须放弃。

13.3　军事模型服务中的基础数据资源管理

按照"数据与模型分离、模型与系统分离"的模拟训练仿真系统建设思想,基础数据的管理是军事模型服务资源管理中的一项重要任务之一。在支撑作战训练的模型服务体系中,对于基础数据采用模型与数据分离的方式进行管

理,而对专用模型的数据管理仍然采用模型与数据相结合的方式。作战训练模型服务基础数据资源管理主要实现基于云计算的数据虚拟化、数据传输、数据副本管理以及资源调度等问题。

13.3.1 数据虚拟化映射

军事模型服务中的基础数据大多来自现有的数据库,这必然存在数据结构的异构性、数据标准的不一致性等数据不匹配的情况,为了便于数据的调用,此时需要对这些数据进行数据虚拟化映射工作。主要包括:建立目的与源的数据映射关系、建立目的与源的数据运算关系和建立标准数据与非标准数据对照表。

1. 元数据定义

元数据是描述数据的数据。元数据库为应用系统提供共享数据资源的可视化服务。即:整个环境当中存在哪些数据?数据的存储形式是什么?数据之间的关系是什么等。元数据库的内容包括共享数据模型、源数据模型、语义映射关系和数据元素映射关系。

2. 数据抽取与转换

定义完数据的映射关系以后,就可以按照映射关系将数据源的数据经过抽取与转换加载到共享数据库当中来,并提供基于数据映射规则获取数据和调用特定运算程序的功能。

3. 共享数据库的命名原则

为达到一致的可理解性,共享数据库的命名应尽量遵循以下原则:

(1) 选择有意义的、易于记忆的、描述能力强的名称;

(2) 通过使用前缀、下划线和特性修饰符使数据模型名称在特定的相关环境中唯一,并且具有清晰的层次关系;

(3) 采用抽取汉语拼音首字母的组合模式对数据库对象进行命名;

(4) 组织机构编码采用与部队编成相匹配的编码规则;

(5) 序列码为2位表示一层;

(6) 干部人员编码采用相关的人员编码规则,标识码为人员身份证号,格式为18位字符;

(7) 装备编码采用相关装备实际中的现行编码,其标识码为24位字符,序列码为40位字符;

(8) 物资编码采用实际应用中的现行编码,其标识码为13位字符,前2位表示大类,第3、4位表示中类,第5、6位表示小类,后7位是细类由流水号表示,序列码与标识码规则相同,但可以调整顺序。

4. 共享数据库的扩充原则

实现对共享数据库扩充应尽量遵循以下的原则:

(1) 以表的方式进行扩充;

(2) 扩充的数据对象符合共享数据库的命名规范;

(3) 扩充数据的段名和表名不能与原有共享库中的相同;

(4) 扩充的数据模型通过共用数据库生成工具打包成共用数据模型;

(5) 通过基础数据配置工具进行数据的安装。

关于基础数据虚拟化管理方面,以共享数据库为核心,综合运用数据引擎技术、语义映射技术、数据装载与同步技术,抽取模型的数据属性特征。其数据集成方法如图 13-4 所示。

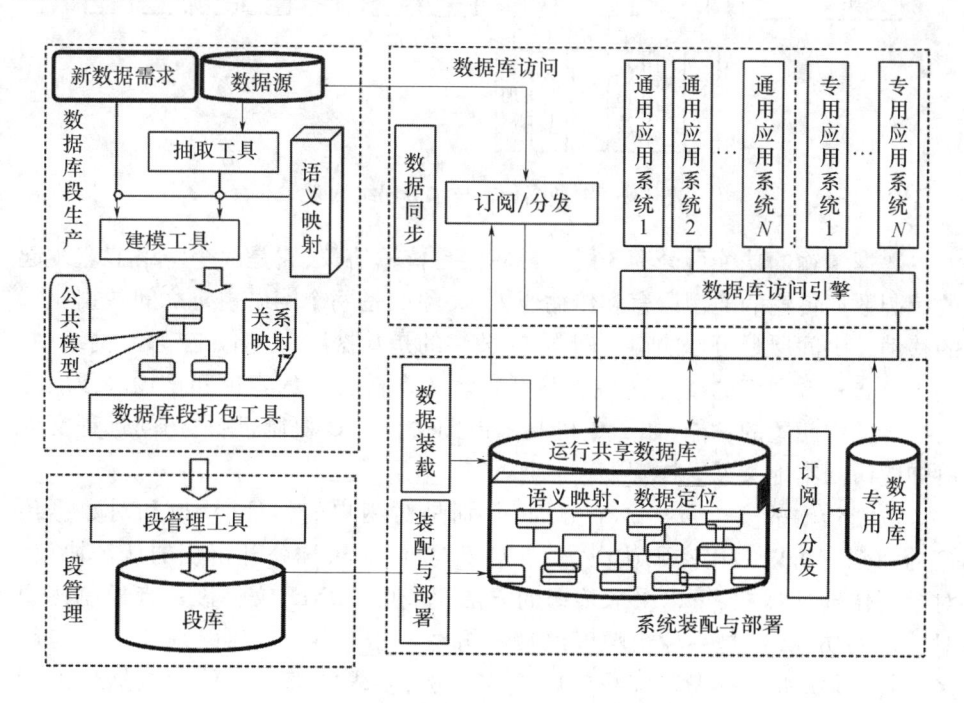

图 13-4 共享数据库数据集成结构示意

13.3.2 数据传输

数据传输是基于多平台的基础数据管理的重要功能之一,其功能具有普遍性的需求。

1. 数据传输分类

数据传输不仅仅是指数据比特的移动,还包括与之相关的安全、访问控制和数据传输管理等诸多方面因素的共同转移。一种数据传输技术分类结构如图 13-5 所示。

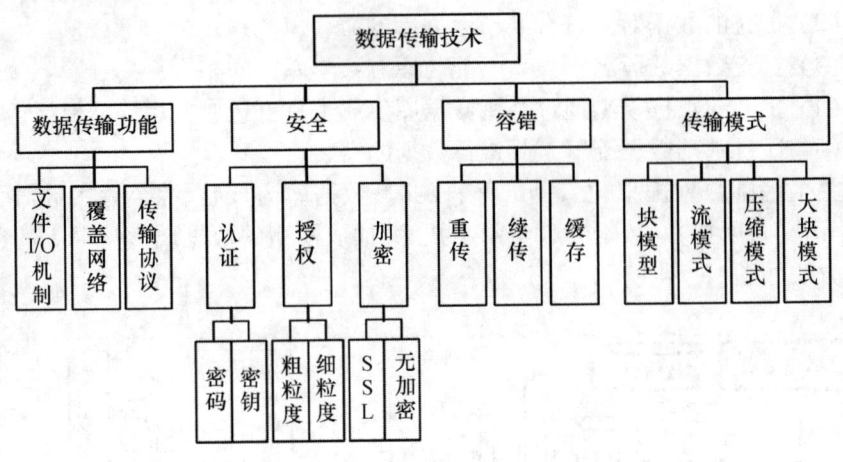

图 13-5 数据传输技术分层结构[48]

数据传输的功能可分为 3 层。最底层是传输协议,它是两个网络节点发起的控制数据传输的通用语言和传输通道,关注的是两个网络主机之间数据比特的移动。中间层是可选的覆盖网络,它关注的是数据路由,例如在 P2P 网络中,基于分布式散列表的覆盖网络能够更有效地支持文件的定位和传输。顶层是与特定应用相关的功能,如 I/O 机制。借助文件 I/O 机制,用户访问远程文件就如同访问本地文件一样。

数据传输的安全包括 3 个方面,分别是对用户的认证、授权和对数据传输的加密。可以采用密码认证,或者基于对称/非对称公开密钥的认证协议。对数据传输的授权,可以采取传统的方法,如利用 UNIX 文件许可来控制用户对文件的访问,这是一种粗粒度的授权方法。由于 MSCP 网络应用往往跨越多个管理域,所以更需要细粒度的授权方法,要求能够就文件和数据集的读写权限进行协商,即使用户有访问权限,系统也可以限制并发访问的数量。细粒度访问控制方法包括时间和用法受限控制、访问控制列表、基于角色的访问控制和基于任务的访问控制等。在数据传输过程中,既可以对数据加密也可以不加密。最常用的一种加密方法是通过 SSL(Security Socket Layer)传输数据。

容错能力是成功完成数据传输的重要保证,尤其当传输的数据文件很大时。当数据传输出错时,完全重新开始传输,意味着前功尽弃。传统的数据传输协议(如 FTP)支持数据块、数据流和压缩 3 种传输模式。在数据流模式中,以连续的字节串流形式传输数据。在块模式中,数据被分成多个数据记录进行传输。数据记录由数据头和有效数据组成,数据头含有数据长度等信息。在压缩模式中,首先用游程长度(run length)编码技术对数据进行压缩,然后采用类似于块模式的方式传输数据。

2. 数据传输技术

1) 传输协议

FTP 协议(File Transfer Protocol)是互联网环境下支持数据传输的基础性协议之一,它把数据传输过程分为两个通道。控制通道用于在客户和服务器之间传输命令和相应消息,数据通道进行实时的数据传输。FTP 发送方通过在数据流中定期加入标记来检测数据传输是否出错。如果出现错误,将重新开始进行传输。FTP 协议有关安全的内容不多,且仅限于控制通道,用户名和密码以明文形式传送,不对数据进行加密。文件也以明文形式传送,也不对数据进行加密。

SFTP(SSH File Transfer Protocol)是对 FTP 协议的一种扩展,它把 SSL 协议应用于用户认证和数据通道加密。SFTP 协议并不支持各种高性能数据传输协议,例如并行和条形化数据传输、断点续传和 TCP 窗口调整等。

2) 覆盖网络

IBP 协议(Internet Backplane Protocol)提供网络环境下存储资源共享机制。IBP 在物理存储资源及其本地访问层的基础上建立了资源虚拟层,从而屏蔽了资源的异构性。IBP 的作用与 IP 协议在互联网协议栈中的地位相似,以固定大小的字节数组(类似于 IP 数据报)作为传输单位,采用存储——转发机制,提供统一的全局服务名机制。IBP 还提供一系列的客户端 API 和库,IBP 客户可以使用这些接口函数向 IBP 服务器请求分配存储空间,服务器接受请求并返回一个通行证。通行证是加密的字符串,表示了用户对数据存储的读、写和管理权限。在后续操作中,IBP 客户可凭借通行证读取、写入和管理字节数组。

在 IBP 协议的基础上,L - Bone(Logistical Bone)提供了基于 LDAP 的 IPB 服务器信息服务,借助 L - Bone 可以发现符合查询请求的 IBP 服务器。exNode 的功能是把字节数组聚合成一个文件,其作用类似于 UNIX 操作系统的 inode。实际上,exNode 记录了文件被分为几个部分,每一部分又存储在哪个 IBP 服务器上等信息。LoRS(Logistical Running Systgem)则进一步提供了更加方便的工具和服务,包括文件上载、下载、删除和更新等功能。

基于 IBP 协议的文件上载流程是 IBP 客户决定把文件分为几部分,分别存储在哪些节点上。通过 L-Bone 找到可用的 IBP 服务器并申请分配存储空间,IBP 服务器返回相应通行证,客户完成数据上载工作,IBP 服务器将返回相应的 exNode 记录。客户可以把 exNode 记录存储在某个中央存储库中。如果下载该文件,首先要找到对应的 exNode 记录,然后通过 L-Bone 找到存储数据的各个 IBP 服务器,最后客户与 IBP 服务器进行通信,以便获得需要的数据,数据如何存储,特别是存储在哪些 IBP 节点,是由客户应用决定和操控的。

3) 文件 I/O

GASS(Global Access Secondary Storage)[49]协议提供了统一的远程资源读写接口,文件缓存是 GASS 协议的关键所在。在读取和写入远程文件时,都要先把远程文件取回到本地的文件缓存。这样,对应用而言,可以像操作本地文件那样读写远程文件。GASS 是一种轻型协议,适合于数据量不是很大的应用环境。

存储资源代理(Storage Resource Broker)能够为异构存储资源(包括磁盘、磁带盒数据库等)提供统一且透明的访问接口。SRB 支持并行数据传输和数据流模式传输。SRB 提供传输多个文件的功能,它的安全机制是细颗粒度的,支持基于密码或公钥/私钥的认证和基于时间或用法受限控制的授权。

13.3.3 数据副本管理

数据复制是确保系统可扩展性、可靠性以及减少网络带宽需求的重要手段。在数据复制和副本管理系统中,复制管理器的职能是根据用户需求和当前资源的可利用情况,创建和管理数据副本。目录服务提供查找和发现某个数据集的副本数量和位置的手段。

在集中式数据复制管理系统中,存在一个主要的数据副本,一旦它得到更新,其他所有的数据副本也会相应的被更新。如果数据复制管理系统是分布式的,就要求数据副本之间相互进行同步。如果数据复制管理系统采用开放的数据传输协议,那么可以实现副本数据的公开访问。

对于数据副本更新的传播,即可以采取同步方式也可以采取异步方式。数据副本目录的组织形式包括树型、散列表和关系数据库 3 种。

复制策略决定了创建数据副本的时机和地点,复制策略的分类体系如表 13-2 所列。

表 13-2　复制策略分类指标体系

指标	二级指标	含　义
方法	静态	动态复制策略是指根据需求、网络带宽和资源可利用情况的变化决定创建数据副本的时间和地点。如果资源状态比较稳定，则适合采用静态复制策略。
	动态	
分割粒度	容器	分割粒度是指在进行数据复制时的最小数据单元。容器可以包含多个数据集，每一个数据集由多个文件组成，文件又可以进一步细化为对象或文件片断。具体在哪一层次上进行数据复制，由管理系统决定。
	数据集	
	文件	
	文件片段	
目标函数	地点	根据数据访问和更新的需要，把最经常被请求访问的数据（即流行度最高的数据）复制到各个位置，最终达到最小化数据更新的代价的目的。
	流行度	
	更新代价	
	冗余保存	数据复制的目的是实现数据的冗余保存，在出现存储节点失效或部分网络不可访问的情况时，仍然可以存取其他数据副本，获得目标数据。
	有效发布	如何把新文件发送给感兴趣的用户。

1. Giggle 服务

Giggle 是一种副本定位服务（Replica Location Service, RLS）框架[38]，它提供有关数据副本的物理位置信息。RLS 服务通常由本地副本目录（Local Replica Catalog, LRC）和副本位置索引（Replica Location Index, RLI）组成。

Giggle 服务使用逻辑文件名以及表示文件大小、创建日期等属性的元数据来标识数据，数据的物理位置则由唯一的物理文件名标识。LRC 的作用是把数据和数据副本的逻辑文件名映射为物理文件名。在 MSCP 环境中数据文件有可能跨越多个管理域，从而导致多个数据副本目录的存在。RLI 服务实现了对数据副本目录的索引。

RLS 只提供对复制数据的索引，并不涉及数据文件的传输和复制本身。

2. GDMP 服务

GDMP 能够为大型数据文件和对象数据库的复制提供安全和高速的数据传输和复制服务[39]。GDMP 的工作模式是"发布—订阅"：服务方发布一系列的新文件，有关文件的信息保存到副本目录中，客户方通过建立与服务方的安全连接来请求相应的数据副本。GDMP 使用 FTP 完成数据传输。复制过程中发生的故障由客户方处理。

GDMP 还能够处理由高能物理实验产生的对象数据库。由于一个文件可能包含亿万个对象，因此 GDMP 选择对象作为数据复制的单元。当客户方请求某个对象时，服务方创建一个仅包含该对象的新文件，然后把新文件复制到客户方，最后服务方把创建的临时文件删除。这是一种静态的复制策略，并没有考虑当时的网络条件。

13.4　军事模型服务资源的调度方法

依据领域特征将军事模型分解为可组合的最小任务。任务(Task)是最小的调度单元，任务调度组件负责把任务分配给某个资源。任务的属性由反映任务需求的多个参数组成。作业(Job)由一系列的原子任务组成，作业的执行有赖于某个资源集合。资源是指支撑作业执行的所有实体，例如处理器、数据存储设备以及网络链接等。节点(node 或 site)是由一个或多个资源组成的自治实体。任务调度(Task Scheduling)是指通过优选，建立从任务集合到资源集合的映射，也被称为资源调度、资源选择或分配。任务调度算法通常由目标函数和选择/搜索过程组成，目标函数是任务调度的优化目标，选择/搜索过程是指在各种可选的任务——资源映射方案中进行选择和搜索，最终得到在目标函数度量下最优的解决方案。

13.4.1　目标函数

军事模型服务应用的主要双方是模型服务的请求者(用户)和提供者。从资源使用者的角度看，任务调度的目标函数主要包括：

(1) 总时间跨度(MakeSpan)。从任务集合中第一个任务开始执行算起，到最后一个任务执行完毕所耗费的总时间。

(2) 经济代价。基于经济模型定义使用资源所需付出的经济代价，任务调度的目标是使用户付出的经济代价最小。

(3) 服务质量指标要求。例如满足截至期限和对优先级以及安全性的特殊需求等。

从资源提供者的角度看，目标函数主要包括：

(1) 资源利用情况。例如吞吐量定义了在某个时间段内资源处理的任务数量；资源利用率被定义为资源处于繁忙状态的时间百分比。负载均衡资源管理系统尽可能把工作负载分布到多个网络节点。

(2) 经济效益。基于经济模型定义资源提供者能够获得的经济效益，任务调度的目标是使资源提供者的经济效益最大。

总时间跨度和经济效用(包括代价和收益)是最经常用到的两种目标函数。

13.4.2 调度算法分类

任务调度算法可分为静态和动态两类。静态调度是指将构成任务集合的所有任务一次性地映射到资源集合上,然后任务按照调度结果分别被执行。静态调度在应用被执行之前进行,且在应用执行过程中保持不变。在作出静态调度决策之前,所有有关资源和任务的信息都已经具备。动态调度是指在应用执行过程中进行任务和资源分配。根据动态调度的不同时机,又可以分为在线和批处理两种模式。在线动态调度模式是指一个任务送达后,调度组件立即把它映射到某个资源上。批处理动态调度模式是指任务到来后,不是马上进行任务调度,而是等待映射事件发生后,把新任务与其他尚未开始执行的任务一起进行调度。所谓映射事件,可以是到达预定的时间间隔或者由某个任务执行完毕而触发的。显然,在线模式每次只调度一个任务,而批处理模式则同时调度多个任务。

构成任务集合的各个任务之间有时存在依赖性,即任务之间存在先后顺序,只有当一个任务所依赖的所有任务都成功执行后,才能够执行该任务。很明显,有依赖关系任务和无依赖关系任务的调度算法之间具有很大的不同。

13.4.3 无依赖关系任务的遗传调度算法

在讨论无依赖关系任务调度问题的求解算法之前,作如下约定:

(1) 任务集合 T,共包含 n 个无依赖关系任务,每个任务记作 t_i,其中 $1 \leqslant i \leqslant n$。

(2) 资源集合 R,共包含 m 个资源,每个资源记作 r_j,其中 $1 \leqslant j \leqslant m$。

(3) 用 TE_iX_j 表示任务 t_i 在资源 r_j 上的预期执行时间,用 TC_iX_j 表示任务 t_i 在资源 r_j 上的预期完成时间,二者之间的关系是 $TC_iX_j = TE_iX_j + TR_j$,其中 TR_j 表示资源 r_j 准备就绪(例如完成正在执行的其他任务)所需要耗费的时间。

无依赖关系任务调度是一个 NP 完全问题。通常使用各种基于启发式函数的算法求解。

遗传算法(Genetic Algorithm, GA)是一种搜索大型问题空间的演化计算方法,包括 4 个主要方面:

(1) 初始种群生成。初始种群由一系列的染色体组成,每个染色体代表一种求解方案。在网络任务调度中,染色体代表的是从任务到资源的映射。一般可用其他启发式算法(如 Min - min 算法)生成初始种群。

（2）评估染色体的适合度。对于每一个染色体,都可以计算它的适合度。在任务调度问题中,染色体的适合度可以定义为在该染色体对应的任务—资源映射关系下,任务集合的总跨度时间。

（3）选择、交叉和变异算子。选择算子通常可采用轮盘赌的方法。交叉算子以概率 P_1 随机选取两条染色体,然后在第一条染色体的基因编码中随机选取一个位置,把从该位置开始到基因编码结束位置的基因片段与第二条染色体对应位置的基因片段相互交换。变异算子以概率 P_2 随机选择一条染色体,然后随机修改某个位置的基因编码。对 MSCP 任务调度问题而言,交叉算子意味着交换两种调度方案中某些任务资源映射关系。变异算子意味着把选中解决方案中的某个任务重新分配给另外一个资源。

（4）迭代终止条件。迭代次数达到预定义阈值或者所有的染色体收敛于相同的映射。遗传算法的一般流程是首先生成初始种群,接下来进行染色体评估,然后循环执行下列步骤:选择、交叉、变异、染色体评估,直到满足迭代终止条件。

下面介绍一种基于 GA 技术求解 MSCP 任务调度问题的方法。在该算法中,种群大小是 200,每条染色体代表一种任务—资源映射方案,初始种群的生成方法有两种,即

（1）满足均匀分布的随机生成。

（2）一条染色体使用 Min－min 策略生成,其他 199 条染色体随机生成。

生成初始种群后,接下来要评估染色体的适合度,这里采取的适合度评估函数是总跨度时间。然后,算法流程进入循环阶段。算法还要保证最优染色体的存活。对选中的染色体执行变异和交叉操作后,重新评估染色体的适合度。算法的迭代截止需要满足下列 3 个条件之一:

（1）迭代次数超过 1000 次。

（2）最好染色体在经过 150 次迭代后仍然没有改变。

（3）所有染色体收敛于相同的基因编码。

由于其简单性,GA 已经成为求解优化问题的常用算法之一。更多采用 GA 技术求解网络任务调度问题的方法,可参考文献[40]和文献[41]。

13.4.4 有依赖关系的调度算法

当任务之间存在依赖关系时,可用有向无环图(Directed Acyclie Grah,DAG)进行建模。DAG 端点表示任务,有向边代表任务之间的依赖关系。有时,DAG 的节点和有向边还可以有权值,分别表示计算代价和通信代价。

对有依赖关系的任务进行调度,既要充分提高并行性,又要尽量减少通信代价。高并行性是指尽可能把任务同时分配到不同的资源上执行,这无疑会增加通信代价。相反,如果把任务限制在少数资源上执行,虽然会降低通信代价,但同时也降低了资源的利用率。因此,有依赖任务的调度,本质上是一个 Max-min 问题。它的求解算法主要有列表类调度、基于任务复制的调度和聚类调度 3 种,有关这 3 种算法的相关论述可查阅参考文献[42]和文献[43]。

13.5 基于信任的模型服务选择

随着信息技术的飞速发展,计算处理出现了新的模式。如何让人们在任何时间任何地点以任何方式透明地访问到任何感兴趣的高信任度的计算服务,即普适计算,已成为热点研究之一。普适服务的宗旨是在获得精确的被测对象的状态、一致性估计和完整的实时评价的前提下,得到高信任度的主动伺候式服务。基于信任的模型服务选择是指从多种角度动态地对服务的信任程度进行全面合理的评估,最终在多个可选择的目标服务中,筛选出最符合用户要求的服务。

13.5.1 信任的定义

信任是一个含义很广泛的概念,在社会科学中,信任被认为是一种依赖关系。环境是人们理解信任的背景知识,在不同的环境下对信任的理解也是不同的。正是由于信任的多面性,所以很难给出一个统一的定义。在 QoS 研究领域,信任是由信任值表征的客观实体的身份和行为的可信度评估。信任值取决于实体可靠性和安全性。信任是在不断的交互过程中,某一实体逐渐动态形成的对另外实体的能力的评价,这个评价可以用来指导这个实体的进一步动作。

信任具有如下特性:

(1) 上下文相关性。信任是和上下文相关的,即和所处的环境相关。

(2) 多角度性。即使是在同样的上下文里面,从对结点提供服务的不同角度看,信任度也可能是不一样的。上下文相关性强调的是对同一个结点在不同的情况下信任值是不同的,而信任的多角度性强调的是信任本身具有多个方面,每个方面都在影响着这个结点是否是可以信赖的。

(3) 动态性。信任是变化的,不是一旦形成就永久不变的。

(4) 时间滞后性。信任是经过不断的学习和经验积累形成的,更新了的信任度只能用在下一次的服务选择中。

根据模型服务过程中服务请求者对服务提供者信任值的要求,两者间的信任关系可以分为强信任关系、弱信任关系与无信任关系。

13.5.2 基于信任的服务选择算法

1. 服务选择

把信任值作为一个附加分量添加到服务的定义中,给出服务的新定义。它是一个四元组:服务(ID,属性,属性值,信任值)。构成服务的属性记为 P,P 是一个集合;每个属性都具有不同的属性值,记为 V;如果信任用 $T(Trust)$ 来表示,那么系统中的服务可以表示为

$$S(ID, P, V, T) \tag{13.1}$$

每个结点都保存有一个结点信任表和一个服务属性信任表。结点信任表相对于系统中其他的结点,这是一个对其他结点进行总的衡量的标准,在总体上给出目标结点的信任情况。而服务属性信任表则是在多个方面给出了目标结点在不同侧面的信任情况。MSCP 中将结点分为 3 类:

(1) 请求服务的发起者,称为源结点 V_a;

(2) 源结点提供服务的目标结点 V_t;

(3) 源结点提供参考意见的参考结点,称为第三方结点 V_{act}。它们的集合分别记为 V_A、V_T、V_{ACT}。

信任值的处理由以下 2 个部分组成:

(1) 直接信任和间接信任的合成模块:将直接信任 D_{Trust} 和间接信任 C_{Trust} 以某种算法融合在一起,给出一个最终的总体信任。

(2) 信任度的调节模块:在信任的产生和使用过程中,反映外界因素对信任值的影响。这是对信任的细节调节,以使信任度的变化能将时间滞后性减小到最低程度。

对于服务选择系统,它的目标就是要在多个可选择的服务中选出一个最符合使用者要求的服务。本书主要根据信任值的高低进行选择,因此可以将选择服务看作是一个信任值的最优求解过程,工作的目的是为了找到 v_T。在这一工作过程中,参与者由 3 部分组成,服务发起者 V_a,间接信任结点集合 V_{ACT} 和目标结点集合 V_T,在 V_a 和 V_T 之间具有直接信任关系,在 V_{ACT} 和 V_T 之间是间接信任关系,这两种信任关系构成了最终的总的信任值,这一过程可以描述如下:

$$Selecting(V_T, V_a, V_{ACT}, S_{Req}) = \{v_T \mid \exists v_T \in V_T, \cdot \forall V \in V_T(V_t \neq v_T \land \\ TrustCalc(V_t, V_A, V_{ACT}, S_{Req}) \leqslant TrustCalc(V_T, V_A, V_{ACT}, S_{Req}))\} \tag{13.2}$$

其中 S_{Req} 是由 V_a 发起的服务请求,它是一个二元组 (P,V) 的集合。比较计算出目标结点集合 V_T 中每一个结点的信任值,并选择出其中具有最大信任值的目标结点。

要完成服务选择,需要确定 $TrustCalc(V_t, V_A, V_{ACT}, S_{Req})$,它是由服务选择发起结点 V_a 根据协作结点集合 V_{ACT} 提供的间接信任,针对服务请求 S_{Req},将直接信任与间接信任合成,计算目标结点集 V_T 中结点 V_t 的信任度的函数。而这一过程涉及到两类信任度的计算,即直接信任度 $TrustCalc(V_t, V_a, S_{Req})$ 和间接信任度 $TrustCalc(V_t, V_{act}, S_{Req})$。计算间接信任值,首先要确定间接信任结点集合中由哪些结点组成,只有相似度大于阈值 $Thres_{Quali}$ 的结点之间才可以建立信任关系。

根据用户的不同侧重点分别给出直接信任和间接信任的权值,记为 W_{Dtrust} 与 W_{Ctrust},并且 $W_{Dtrust} + W_{Ctrust} = 1$,因此最终信任值可以计算如下:

$$Trust = W_{Dtrust} \times DTrust + W_{Ctrust} \times CTrust \tag{13.3}$$

设最终选择服务的信任值的阈值为 T_{satis},如果最终信任值大于系统设定的阈值,那么服务是满足信任值要求的,可以进行服务;如果小于阈值,则说明服务不能满足用户的要求。

$$\begin{cases} Success, Trust \geq T_{Satis} \\ Fail, Trust < T_{Satis} \end{cases} \tag{13.4}$$

2. 间接信任算法

对于 V_a 来说,由于它自己对于目标结点的信任判断具有局限性和片面性,如有时候搜索得到的服务提供者对服务需求者来说可能是一个陌生的结点,或者只进行过少数几次协作,无法对目标进行可靠的判断。在一些安全领域中,可能某个 V_t 还具有欺骗性,或者恶意地修改自己的可信任参数,导致基于 V_a 选择了具有破坏性的实体。协作结点则能以第三方的角度,为 V_a 提供另外一个角度的对 V_t 的评测,这就是协作实体提供的间接信任的作用。

V_a 对协作实体集合 V_{ACT} 提供的间接信任可以分为两种:

(1) 可信度。对于集合 V_{ACT} 中的每一个协作实体提供给 V_a 的对应于集合 V_T 中的实体的信任值的可信度。这个值用于对 V_{ACT} 中的实体对 V_T 中实体信任的加权。

(2) 资格参数。它是由 V_a 给出的对系统中其他任一实体 V_x 的评价值,用来确定 V_x 是否有资格成为集合 V_{ACT} 中的成员。

这样就把中间结点提供的间接信任传递给了源结点 V_a,如图 13-6 所示,充分考虑中间结点给出的信任值,可以使判断信任过程更加全面,更好地增强

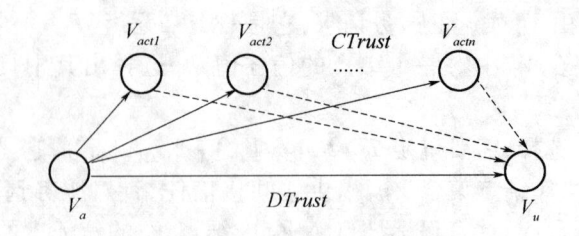

图 13-6　间接信任结构图

系统信任关系的健壮性。

3. 相似距离算法

如果第三方结点与源结点对目标服务的评价是基于不同偏好的,那么这样的第三方结点仍然是不可信的。为了解决这个问题,本节给出源结点与第三方结点的相似性度量。

衡量两个实体之间相似度的方法有许多,在具体的应用中可以根据实际情况采用不同的手段,因此没有一个固定的方法,但是原则是一致的,即实体之间的距离小,表明结点的相似性高,距离大则说明相似性低。在本书中,使用 Clard Distance 计算方法,用它来说明结点之间的相似性。

针对目标服务 S 的各个属性,源结点和第三方结点分别形成结构相同的简单贝叶斯模型,其模型结构为

$$D(P_1, P_2, \cdots, P_n, T) \tag{13.5}$$

式中　D——数据实例的集合;

P——服务的属性;

T——信任值。

这是一个树型结构,只有一层,叶子结点为属性,根结点为信任。在相似度的计算中,根结点与其他叶子结点是有区别的。在计算两个根结点的相似度时,条件概率表中的列数 N 的值为 1,而叶子结点的 N 值为 2,分别为条件 $T=1$ 和 $T=0$ 时的条件概率。由于不同属性的值域是不一样的,因此在简单贝叶斯模型中的条件概率表中的行数也不一样,即服务属性中属性值的个数 M 是根据具体的属性决定的。计算两个服务结点的相似度公式为

$$Com = \sqrt{\frac{(Value1_{11} - Value2_{11})^2}{(Value1_{11} + Value2_{11})^2} + \frac{(Value1_{12} - Value2_{12})^2}{(Value1_{12} + Value2_{12})^2}} \tag{13.6}$$

$$Com_i = \sum_{j=1}^{N} \frac{\sqrt{\sum_{k=1}^{M} \frac{(Value1_{ijk} - Value2_{ijk})^2}{(Value1_{ijk} + Value2_{ijk})^2}}}{2} \quad (i = 1, 2, \cdots n) \tag{13.7}$$

$$\delta = 1 - 2\sum_{i-1}^{\text{mode}}(W_i \times Com_i) \tag{13.8}$$

式中 Com——根结点之间的距离参数；

Com_i——第 i 个结点之间的距离参数；

W_i——第 i 个结点的距离权值；

$Valuel_{ijk}$——服务 1 中第 i 个属性的条件概率表中的第 j 列的第 k 个属性值的数值；

δ——服务 1 与服务 2 之间的距离，δ 值大，表示服务之间的相似度低，δ 值小，表示服务之间的相似度高。

这样得到的 δ 即为结点 1 与结点 2 之间的相似度。在这一计算过程中，不但考虑到了条件概率表中值的近似度，还使用权值来表现结点之间对不同属性的重视程度，即两个结点评判问题的角度或偏好。这样，在对第三方结点的信任值进行更新时，信任值将更加准确。

13.5.3 信任更新方法

从图 13-6 可以看出，在服务选择中，对目标集合 V_T 中的结点信任来自于两方面，一部分为直接信任 $DTrust$，另一部分则是来自于协作结点集合 V_{ACT} 的间接信任 $CTrust$。在每次服务选择之后，需要对这两部分值进行更新，以保证对目标结点信任值的有效性。更新的依据是服务提供的满意度。本书使用了概率方式来更新直接信任值。当服务成功时，模型计算出对结点 V 的属性 P 的信任值将增加；当服务不成功时，只增加服务的总次数，从而降低其历史记录中的信任值，达到使其信任度下降的结果。

间接信任值的更新又分为两部分，分别为可信度更新 $TUpdate$ 和资格更新 $QUpdate$。$QUpdate(V_a, V_{act})$ 可形式化描述如下：

$$QUpdate(V_a, V_{act}) = \{v_Y | \forall v_y \in V_{ACT} | Sim(v_y, v_x) < T_{Quali}\} \tag{13.9}$$

$Sim(v_y, v_x)$ 为系统中任意两结点 V_x 与 V_y 之间的相似距离，当相似度大于资格阈值 T_{Quali} 时，V_y 才会成为 V_y 的协作结点集合中的结点。

$$\begin{cases} Success, Satis \geq T_{Satis} \\ Fail, Satis \geq T_{Satis} \end{cases} \tag{13.10}$$

$Satis$ 与 T_{Satis} 为更新判断条件，服务成功与否，间接信任值的两部分内容都要更新。

间接信任的另外一部分就是由协作结点集合提供给服务发起结点的信任

值,这部分信任值的更新也与服务的成功与否相关,使用 $TUpdate(V_x, V_y, P, V, S_{atis}, T_{satis})$ 函数根据服务满意度情况对 V_{act} 提供给 V_a 的对 V_t 的信任值更新,可以使用如下公式:

$$CTrust_{new} = R \times CTrust_{old} + (1 - R)\mu \tag{13.11}$$

式中 $CTrust_{new}$——更新后的信任值;

$CTrust_{old}$——更新前的旧值;

R 和 μ——调节参数,并且它们是 0 到 1 之间的值。如果在固定 R 的前提下,只需调节 u 值即可,通过使 R 的值大于或者小于旧信任值来调节。它们之间的绝对值表明了信任更新的粒度。这样可以得到新的信任值来表示协作结点给出的信任值的重要性。在更新时,要确保 $CTrust$ 的值不超过信任值的上限。

第 14 章

军事模型共享服务的实例

本章将结合军事模型用例,设计航空兵截击模型共享服务原型系统,并给出服务组件构建与调用的实现示例,示范性地给出实现军事模型服务组件的过程与步骤。

14.1 原型系统设计

在具体实现中,面向服务的航空兵截击模型主要包括两方面的工作,一方面是原有 VC++ 航空兵截击模型的组件改造,一方面是基于 Web 服务的模型服务器搭建。

14.1.1 原有 VC++ 航空兵截击模型组件改造设计方案

虽然在原来的空军模拟训练仿真系统中已经建立了大量、可用的航空兵空中作战模型,但是在程序建模过程中进行了过多的限制,军事规则主要以"If – Then – Else"的形式进行硬编码,结果导致模型运行时具有线性、确定(条件)的执行路由,对约束的判断和任务的分派都按照建模时确定的方式、条件进行。当遇到军事规则改变时,可取的应变方法只能是对相关代码进行修改。这样做不仅费时费力,而且程序的可重用性和可扩展性等都得不到保证。

此外,联合作战的发展对作战模拟的需求已经从过去的系统间的互通、互联发展到需要进行实体间的互通、互联,甚至是不同军(兵)种实体在合理军事规则下的协同作战模拟。此时,军事规则的作用已经不仅仅是帮助程序设计人员理解军事人员意图的桥梁,更重要的作用是在系统的运行过程中,军事人员能够灵活设计各种协同作战军事规则,以进行符合实际的联合作战模拟。要实现这一点,对系统的开放性、扩展性都是一个巨大的挑战。

因此,原有 VC++ 航空兵截击模型组件的改造并不是简单的将其变为组件,而是采用基于军事规则的模型柔性设计方案对其进行重新改造,具体如图 14-1 所示。

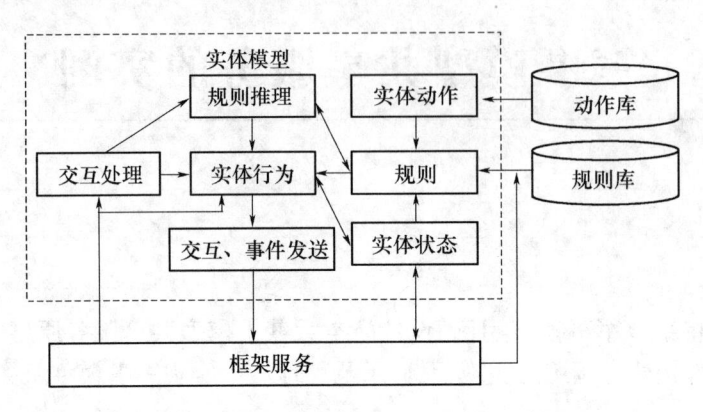

图 14-1 实体模型结构

实体模型中对象的成员属性对应实体的状态,对象的成员方法中,根据实体模型的需要,分为实体动作、交互处理、规则推理、交互(事件)发送和实体行为 5 类。实体动作是描述实体作战过程中的基本动作。交互处理是实体对象接收到交互后的处理过程。交互(事件)发送是实体对象影响其他实体对象的交互与事件发送处理。规则推理是根据规则实现实体状态转移图的推理机制。实体行为是维护实体状态的方法集合,包括模型直接代码实现;在描述中声明的方法和依据规则库中条件动作组成的方法。

实体动作是实体对象的成员方法,按元动作、子动作和动作 3 层实现。

元动作是不可分割的动作,包括实体类内实现动作的方法和接口中的函数体,这些方法和函数体通过编码直接实现,在元动作库中登记描述,主要用于实现基本固化的元动作;此外,还包括使用表达式实现的基本动作,主要用于实现经常调整的元动作。

实体子动作由实体对象的统一的一个抽象成员方法(doSubAction)实现(或是固定接口实现),不同的子动作之间是通过子动作标识区分的,子动作的输入数据是动作规则库、实体状态、环境数据、作战时间、其他实体的状态、系统配置状态,输出为实体部分状态。实体子动作结构如图 14-2 所示。

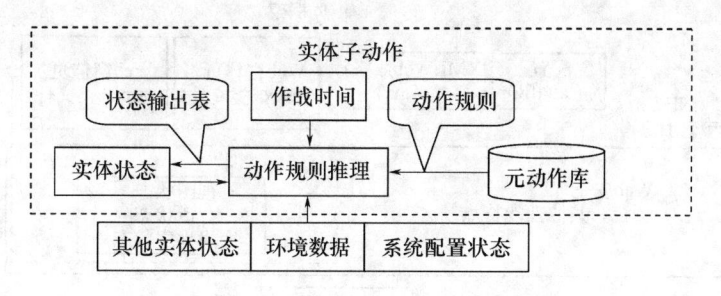

图 14 - 2 实体子动作结构

实体动作是由实体对象的统一的抽象成员方法(doAction)实现(或是固定接口实现),由动作标识、动作状态输出表、规则条件下子动作(元动作)序列组成,如图 14 - 3 所示。

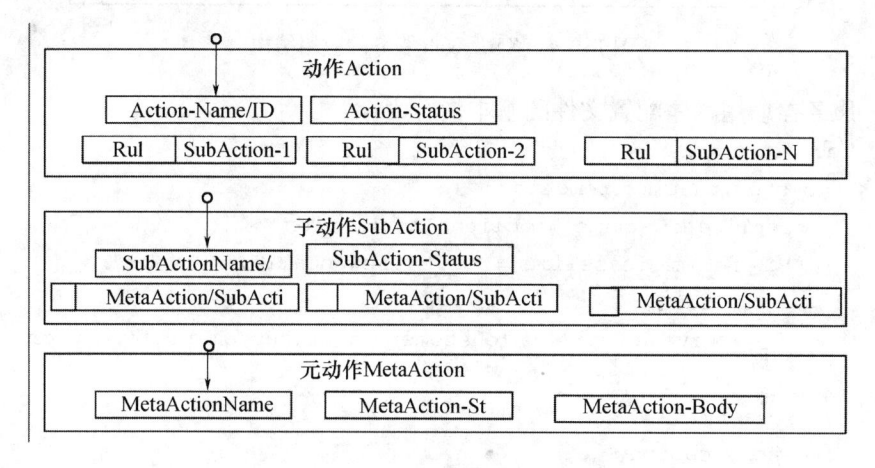

图 14 - 3 动作、子动作、元动作的结构

实体动作的调度由实体对象的统一接口(doVerb)开始调度,大部分的元动作应在组件中实现,在动作库中登记,命名与标记要与组件中一致。在动作执行过程中由实体基类的统一接口匹配、调度、执行。从时间关系看,动作的执行过程取决于动作的状态、规则。动作的执行关系分为并行动作和串行动作,任何两个并行动作的影响域不能重叠。

14.1.2 基于 Web 服务的模型服务器搭建

基于 Web 服务的模型服务器选择 Visual Studio. NET。

原型系统在. NET Framework 框架下的应用结构如图 14 - 4 所示。

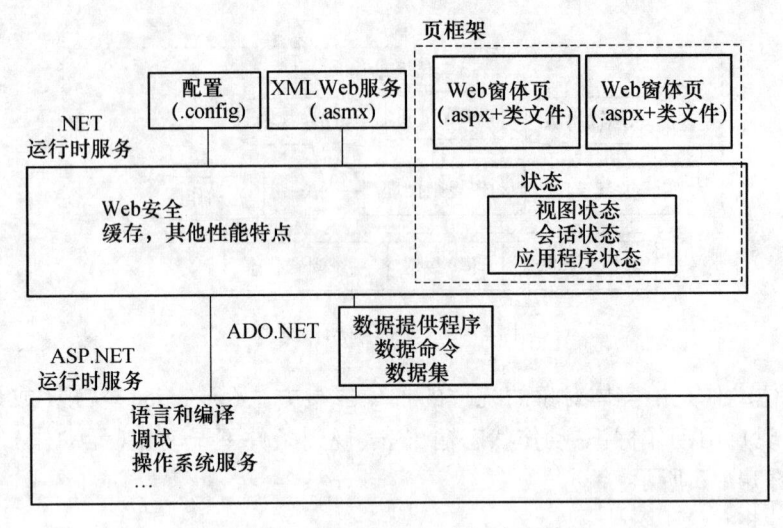

```
                                           页框架
                        ┌─────────┬─────────┬──────────┬──────────┐
                        │  配置   │XMLWeb服务│ Web窗体页 │ Web窗体页 │
                        │(.config)│ (.asmx) │(.aspx+类文件)│(.aspx+类文件)│
         .NET           ├─────────┴─────────┼──────────┴──────────┤
       运行时服务        │                   │        状态         │
                        │    Web安全         │      视图状态        │
                        │  缓存,其他性能特点  │      会话状态        │
                        │                   │     应用程序状态      │
                        ├─────────┬─────────┴─────────────────────┤
                        │ ADO.NET │     数据提供程序              │
        ASP.NET         │         │     数据命令                  │
       运行时服务        │         │     数据集                    │
                        ├─────────┴───────────────────────────────┤
                        │  语言和编译                              │
                        │  调试                                   │
                        │  操作系统服务                            │
                        │  …                                      │
                        └─────────────────────────────────────────┘

              图 14-4   XML Web 服务的应用结构
```

服务器应用程序配置文件的基本内容为：

```
<configuration>
  <system.runtime.remoting>
    <application name = "clientInformation">
      <lifetime leaseTime = "8M" renewOnCallTime = "2M"/>
      <service>
        <activated type = "customerObject,customerInformation"/>
      </activated>
    </service>
  </application>
</system.runtime.remoting>
</configuration>
```

14.2 军事模型服务组件的绑定、装载与运行

14.2.1 模型服务组件的注册与发布

UDDI 是一种与语言无关的协议,本节基于 UDDI 实现航空兵截击模型服务组件的注册与发布。

1. UDDI 逻辑模型

UDDI 的核心是 UDDI 注册表,它使用一个 XML 文档来描述模型服务提供

者及其提供的模型服务信息。UDDI 注册表所提供的信息包含 3 个部分：白页、黄页和绿页。白页主要描述模型开发单位的名称、联络信息和标识等；黄页描述模型服务的索引、代码等；绿页描述服务描述、调用方法和数据绑定等。它们的形式是指向文件或 URL 的指针，这些文件或 URL 是为服务发现机制服务的，这些信息存储在 UDDI 注册中心。

  模型服务组件是通过 UDDI 注册中心注册与发布的。UDDI 注册中心是所有提供 UDDI 注册服务站点的通称，它是一个逻辑上的统一体，在物理上则以分布式系统架构实施。不同站点之间采用对等网络 P2P(Peer to Peer)架构实施，因此访问其中任意一个站点，就等于访问了 UDDI 注册中心。

  当航空兵模型服务组件提供者所提供的一个模型服务组件在 UDDI 服务注册中心实施注册后，其注册信息会自动复制到其他 UDDI 站点，于是就能被需要这些 Web 服务的人所发现。UDDI 注册中心集群为 Web 服务提供了"一次注册,到处发布"的功能。使用 UDDI 规范和调用模式能在网络上建立起注册服务，这些服务提供了一致的编程接口，使得用户能通过组件接口将信息加入到 UDDI 的注册中心，以便被别的用户来发现。

2. 注册与发布方法

  模型服务组件的服务接口描述都存储在 UDDI 注册中心，在 UDDI 注册表中，这些相关信息通过 5 种基本数据结构来描述。如前所述，BusinessEntity 元素包含服务模型研发单位及其提供的服务的描述性信息；BusinessService 元素包含 BusinessEntity 提供的服务；BindingTemplate 元素包含实际调用服务所需要的信息；tModel 元素包含技术规范，它提供了一个基于抽象的引用系统；PublisherAssertion 元素包含 UDDI 注册表中 2 个 BusinessEntity 之间的关联信息。下面以编队集合服务组件为例进行注册。

```
<businessEntity
authorizedName = "Combat Simulation Center"
businessKey = "3427591B - FFC6 - 48513 - 8DAB - 5132B724F9CB"
operator = "MCTON"
<discoveryURLs>
<discoveryURL useType = "BusinessEntity">
http://test.uddi.mcton.com/discovery?
businessKey =3427591B - FFC6 - 48513 - 8DAB - 5132B724F9CB
    </discoveryURL>
    ……
</discoveryURLs>
<name>AFCC</name>
```

```
<description xml:lang="en">航空兵截击模型服务组件
</description>
<contacts>
  <contact useType="model">
    description xml:lang="en">
      model service
    </description>
    <personName>
      xxxxxx
    </personName>
    <address>
    .....
    </address>
    <contact>
    .....
  </contacts>
  <businessservices>
    <businessservice
    businessKey="3427591B-FFC6-48513-8DAB-5132B724F9CB"
    serviceKey="9AA16720-7651-69B3-671A-2525B931B7BA"
    .....
    </businessservice>
    .....
  </businessservices>
  <categoryBag>
    <keyedReference
        tModelKey="UUID:CD231437-908A-4235-B839-6BDCBDCC6634"
        keyName="team gathering service model"
        keyValue="84.14.16.01.00"/>
    </categoryBag>
</businessEntity>
```

如前所述，UDDI 本身就是一个 Web 服务，它通过 UDDI API 进行访问。UDDI API 是基于 SOAP 标准定义的，它主要分为两类：查询(inquiry)和发布(publishing)。其中，发布 API 主要用来更新 UDDI 注册表中的信息。

UDDI 发布 API 包含下列方法：

Delete_binding:删除指定 bindingKey 的 bindingTemplate 元素。

Delete_business:删除指定 businessKey 的 businessEntity 元素以及所有属于它的 businessService 和 bindingTemplate 等元素。

Delete_service:删除指定 serviceKey 的 businessService 元素。

Delete_tModel:删除指定 tModelKey 的 tModel 元素。

Save_ binding:把指定的 bindingTemplate 元素保存到 UDDI 注册表中,如果注册表中存在该元素,则对其进行更新。

Save_ business:把指定的 businessEntity 元素保存到 UDDI 注册表中,如果注册表中存在该元素,则对其进行更新。

Save_service:把指定的 businessService 元素保存到 UDDI 注册表中,如果注册表中存在该元素,则对其进行更新。

14.2.2 模型服务组件的查找与发现

模型服务组件的查找与发现是面向服务的航空兵截击模型应用系统中非常关键的一部分,它是进行后续的服务调用和绑定的基础。查找与发现是一个检索服务描述文档并且对服务提供者提供的服务进行定位的过程,并且这一过程是通过服务代理者在注册中心查找满足服务请求者的服务提供者来完成的。用户可以采用基于 Web 的用户界面查询或编程实现对服务的访问。

编程实现的步骤是:首先设置 Inquire 类中的静态属性;然后创建要使用的查询类的对象实例,并通过它的属性来设置查询条件;最后调用对象的 Send 方法向 UDDI 接入节点发出查询请求,并在方法返回后接受查询结果。如下所示:

//设置 Inquire 类的静态成员

Inquire.AuthenticationMode = AuthenticationMode.WindowsAuthentication;

Inquire.Url ="Http://uddi.microsoft.com"

//创建用来获取服务的详细信息的 GetServiceDetail 类的对象实例

GetServiceDetail gsd = new GetServiceDetail();

//设置查询条件

gsd.ServiceKeys.Add(searchResults.SelectedNode.Tag.ToString());

//发送查询请求

ServiceDetail sd = gsd.Send();

//最后接受查询结果

//……

图 14-5 所示的是查询流程图。

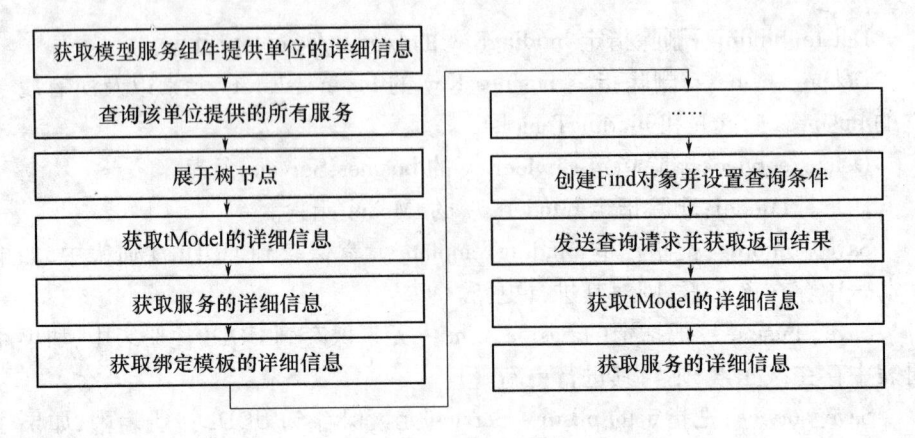

```
获取模型服务组件提供单位的详细信息
            ↓
     查询该单位提供的所有服务          ……
            ↓                        ↓
         展开树节点            创建Find对象并设置查询条件
            ↓                        ↓
       获取tModel的详细信息      发送查询请求并获取返回结果
            ↓                        ↓
       获取服务的详细信息         获取tModel的详细信息
            ↓                        ↓
      获取绑定模板的详细信息       获取服务的详细信息
```

图 14-5　查询流程

14.2.3　模型服务组件的绑定与执行

　　航空兵截击行动模拟仿真系统的功能最终要靠一系列服务实例的调用实现，系统的完整执行，需要将模型服务组件的每个服务都映射到一个服务上，并且在系统运行前绑定。所谓绑定是将模型服务组件的调用参数、地址等加以确定。

　　在实际的运行环境中，服务的绑定还需要与服务提供者进行确认，以确保执行时不会出现服务不可用或不能访问的异常情况。这种绑定可以称为服务的早绑定，可靠性较高，也易于实现，但缺乏灵活性。

　　有时候某些特殊需求需要在运行时动态绑定服务实例，一方面，从服务调用的时效性考虑，网络中的服务状态随时变化，需要根据执行时刻的服务实例情况为组合服务中的活动选择并绑定最为适合的服务实例；另一方面，在组合服务执行过程中，由于某些原因使一些已经绑定的服务在服务执行时不能调用，这时应该有灵活的措施加以处理，其中一种方法是从该活动的服务实例集合中选择替换的服务实例。这种绑定可以称为服务的晚绑定，实现起来比较复杂，但灵活性较高。

　　在 WSDL1.1 中定义了 3 种接口绑定方式，分别为：SOA Pbinding；HTTP1.1 POST/GET binding；MIME binding。

　　由于 SOAP 具有以下优点：SOAP 消息与平台无关、与编程语言无关；SOAP 易于扩展，使用方便；SOAP 支持而不限于通过 HTTP 进行消息传输；WS-I 规范指定 SOAP 绑定作为 Web 服务的实现方式。所以，航空兵截击模型服务组件的绑定选用 SOA Pbinding 方式。

航空兵截击模型服务组件中,获取绑定模板的代码如下:

```
private void Get_BindingDetail()
{
    GetBindingDetail gb = new GetBindingDetail();
    gb.BindingKeys.Add(tvResult.SelectedNode.Tag.ToString());
    BindingDetail bindDetail;
    try
    {
        bindingDetail = gb.Send();
    }
    catch(Exception ex)
    {
        MessageBox.Show(this,
            "获取绑定模板的详细信息时出现错误:" + ex.Message,
            "查询错误",
            MessageBoxButtons.OK,
            MessageBoxIcon.Error);
        return;
    }
}
```

14.3 部分实现

14.3.1 主要逻辑类实现

按照上文的设计方案,具体实现过程中设计了相应的实体类、规则判断类和动作类。它们基于 UML 的类图分别如下。

图 14-6 为实体定义类图。

其中 <<struct>> AIR_LINE_PT 为航线点定义;<< >> CEntityManage 是对应的实体管理类;<<enum>> eENTITY_STATUS 为实体的状态属性;<<enum>> eFLYENTITY_TYPE 定义实体属性;<<enum>> eMISSILE_TYPE 定义导弹类型;<<struct>> FLY_CARRY_MISSILE 是飞机携带导弹定义。

图 14-7 为规则判定类图。

其中 << >> CEntityStatusRuleJudge 为实体状态规则判断类。

图 14-8 为动作类图。

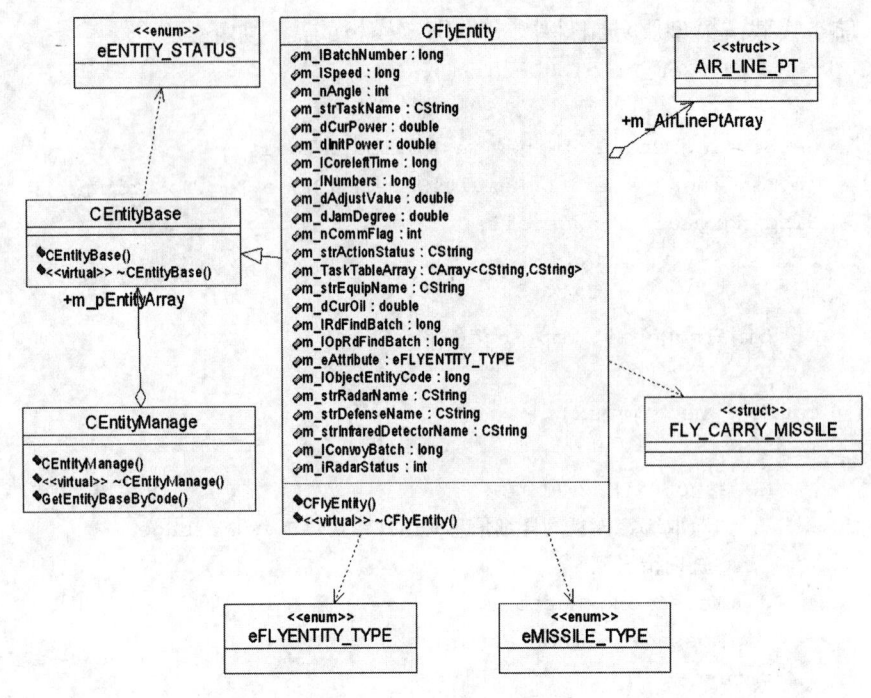

图 14-6　实体定义类图

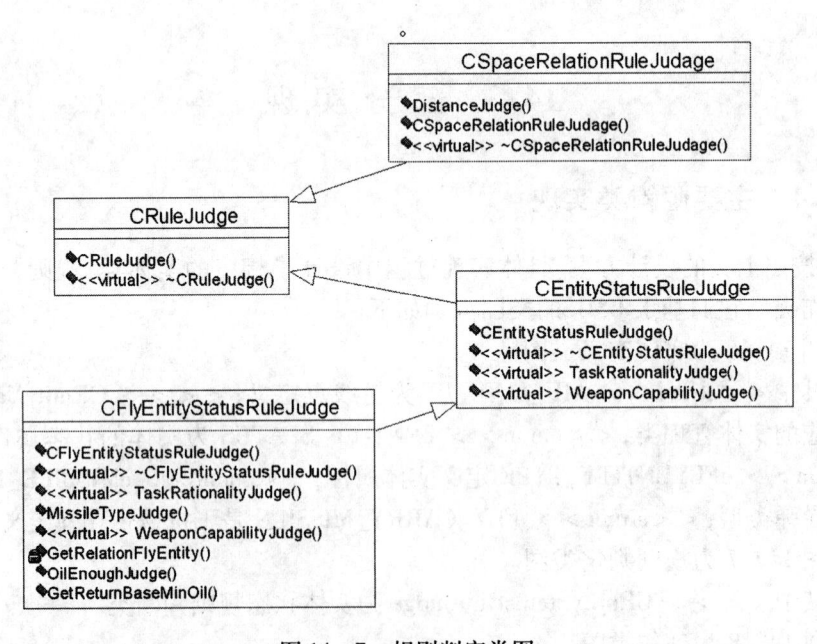

图 14-7　规则判定类图

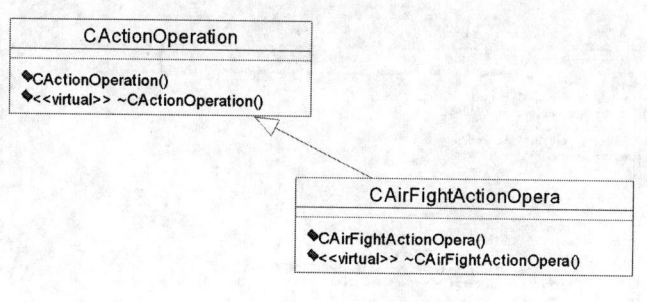

```
          CActionOperation
 ◆CActionOperation()
 ◆<<virtual>> ~CActionOperation()
```

```
          CAirFightActionOpera
 ◆CAirFightActionOpera()
 ◆<<virtual>> ~CAirFightActionOpera()
```

图 14-8　动作类图

14.3.2　服务方式实现

服务实现时，充分利用了 Visual Studio.NET 提供的 ASP.NET Web 服务项目模板。下面的内容均以计算最低返航油量数学模型的服务组件为例。

1. 创建 Web 服务

1）创建服务项目

在配置好的 Visual Studio.NET 环境中，创建 ASP.NET Web 服务项目。在这一步中重要的是要说明 Web 服务器地址。Web 服务器地址格式为：

http://MyServer/MinReturnOil

在开发服务器上开发 XML Web 服务时，默认情况下，开发服务器是本地计算机。通常，在开发服务器上开发并生成项目，然后将它部署到使用开发项目承载 XML Web 服务的另一个服务器（部署服务器）上。但是，如果直接在将承载 XML Web 服务的服务器上进行开发，则开发服务器与部署服务器相同。

2）实现 Web 服务

模型服务组件基于 XML Web 服务构建，形成.asmx 文件。最低返航油量数学模型的服务组件代码的主体结构如图 14-9 所示。

将 WebMethod 特性附加到 Public 方法中，将使该方法作为 XML Web 服务的一部分公开。该特性的说明属性包含在服务帮助页和服务方法帮助页中。

3）调试 XML Web 服务

Visual Studio 提供多种从 IDE 中生成并运行 XML Web 服务的方法，如：开始执行（带调试）、开始执行（不调试）和在浏览器中查看等。图 14-10 和图 14-11 分别显示的是不带调试执行的结果。

从执行结果中可以看到对这个军事模型服务组件的 SOAP 消息描述和提供服务的服务器地址。

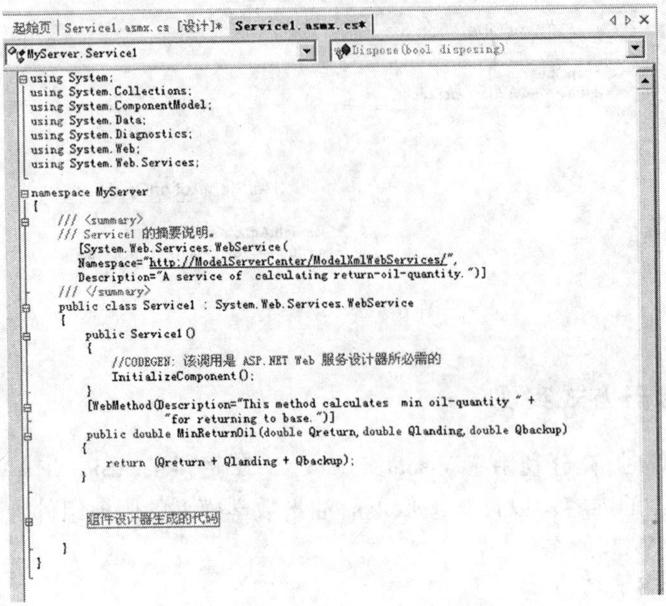

图 14-9　最低返航油量服务模型的代码结构

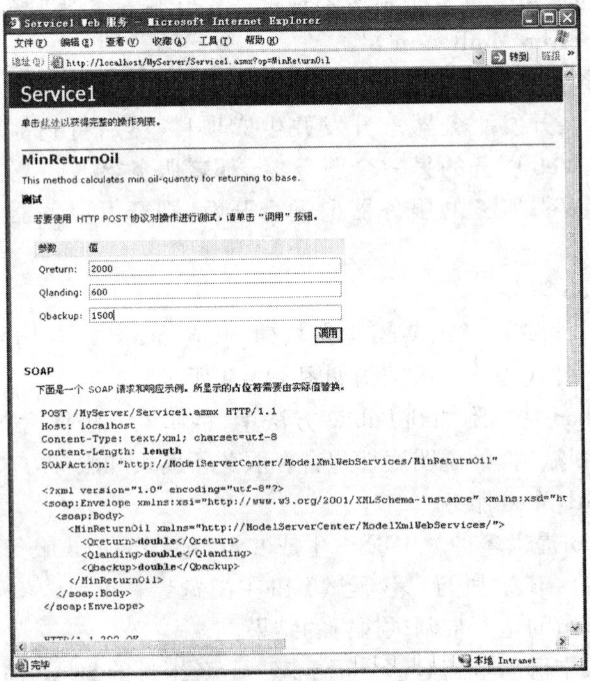

图 14-10　最低返航油量服务模型的调试运行

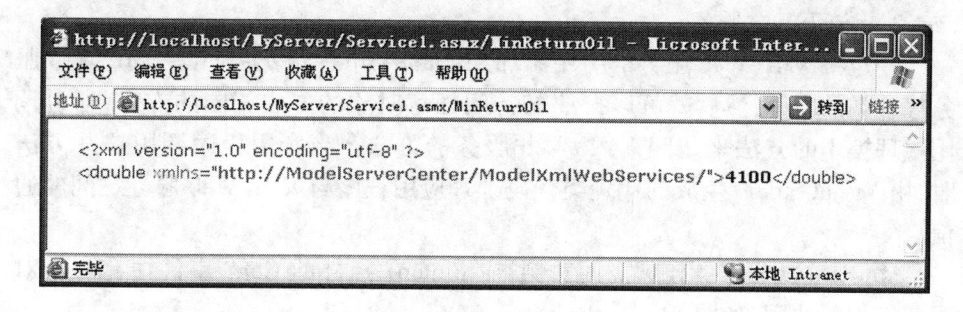

图 14-11　最低返航油量服务模型的调试运行结果

2. 部署 Web 服务

若要使 XML Web 服务可由他人使用，必须将其部署到您希望支持的客户端可访问的 Web 服务器上。若要将 XML Web 服务部署到开发服务器以外的服务器，可以添加 Web 安装项目或者将所需的文件复制到目标服务器。

对于使用 Web 安装项目部署 XML Web 服务的方式，其项目类型为"安装和部署项目"->"Web 安装项目"。

在默认情况下，在部署服务器上创建虚拟目录时，安装程序将使用部署项目名称。

在部署中，"内容文件"组由 XML Web 服务的以下文件组成：Service1. asmx、Global. asax 和 Web. config；"主输出"组由项目 DLL MinReturnOil1. dll 及其依赖项组成；"调试符号"组由项目 PDB 文件 MinReturnOil1. pdb 组成。

3. 创建 Web 服务客户端项目

在这一过程中，需要按以下步骤进行。

1）创建 ASP. NET Web 应用程序

通过 Web 应用程序调用所要求的服务。

2）添加 Web 引用

XML Web 服务发现是客户端定位 XML Web 服务和获取其服务说明的过程。Visual Studio 中的 XML Web 服务发现过程涉及按照预先确定的算法询问 Web 站点。该过程的目的是定位服务说明，服务说明是使用 Web 服务描述语言（WSDL）的 XML 文档。

值得注意的是：应用程序必须具有与 XML Web 服务通信和在运行时找到该服务的方法。向项目添加对 XML Web 服务的 Web 引用是通过生成一个代理类来完成此操作的，该代理类与 XML Web 服务进行接口操作并提供 XML Web 服务的本地表示形式。

3) 访问 Web 服务

一旦将 XML Web 服务的引用添加到项目中,下一步就是创建 XML Web 服务代理类的实例,然后就可以按照与访问任意对象的方法相同的方式,通过调用代理类中的方法来访问 XML Web 服务的方法。当应用程序调用这些方法时,由 Visual Studio 生成的代理类代码处理应用程序与 XML Web 服务之间的通信。

MinReturnOil 服务代理类的实例,在 Button1 控件的 Click 事件中有一个对服务组件的调用,如图 14-12 所示。

图 14-12 服务代理类的实例代码结构

为说明服务的调用过程,设计了一个 GUI 窗口,输入 3 个参数,通过"Calculating"按钮调用进行最低返航油量计算的模型服务组件。从图中可看出,实例中并不包括计算过程,而只是对服务组件的调用,计算是由在服务器端的相应组件完成的。

在这个对最低返航油量计算模型服务组件的调用过程中,只是按接口说明进行了调用,模型的运行是调用的服务结果。运行结果如图 14-13 所示。

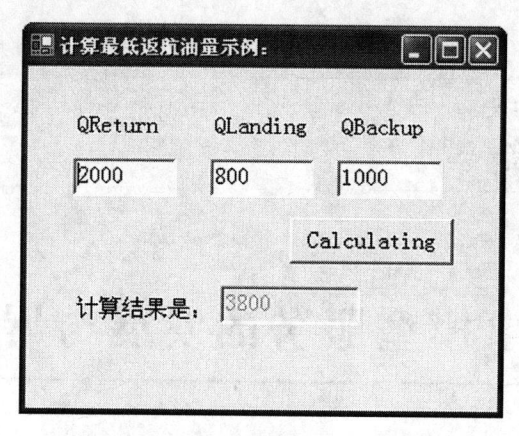

图 14-13　客户端服务访问运行结果

第 15 章

军事模型服务的发展与展望

顺应军事变革与军队信息化的发展,军事模型的共享与重用是军用建模与仿真技术发展的必然产物。随着计算机技术的发展,军事模型的重用技术经历了面向对象的、组件化的、基于框架的和面向服务的模型重用技术4个阶段,当然这4个阶段不是绝对割裂开的,而是紧密联系的,另外普适计算、物联网等技术也为增强军事模型服务能力提供了技术支持。

军事模型的价值体现在它对作战模拟系统构建的支持上,作战模拟系统对军事模型的要求,就是军事模型服务的需求。

因此,实现军事模型服务的技术及对军事模型服务的需求,牵引和推动着军事模型服务的进步与发展。

15.1 技术发展对军事模型服务的影响

在理论体系上,作战模拟属于军事运筹学科的一个分支,但随着研究的深入与应用的扩展,正逐渐发展为一个独立的新型的理论体系——建模与仿真学。在实现技术上,作战模拟系统属于计算机科学与技术学科的一个应用领域,信息技术(IT)的发展直接影响与推动着作战模拟的发展与变革。即信息技术不但使人们的各种需求变成了现实,而且还改变了人们传统的思维模式。信息技术的发展对军事模型服务的影响是全方位的,从模拟系统构建中对模型的需求、建模技术、模型共享方法到模型调用等各方面的技术发展与变化都会对军事模型服务提出新的要求或产生新的影响。本节借鉴当前信息技术发展的一些前沿问题,仅择几个侧面分析技术发展对军事模型服务发展带来的影响,借此启发思路。讨论内容不局限于军事模型服务本身,而是扩大到了与军事模型服务相关的环境,在这一环境中所有的发展与变化都会直接或间接地对军事模型服务产生影响,例如,技术实现平台——计算机系统的发展与变化会给模型服务的方式带来影响,未来在更广阔的空间实现模型资源共享时势必会遇到协同计算的问题等。

15.1.1 计算机系统发展带来的影响

虽然军事模型被作为组件从模拟系统中剥离出来,以便更有效地实现资源的共享与重用,但军事模型作用的发挥最终还是要被载入到系统中,而且当模型聚合到某一较高层次,并具有相对完整地处理事务的功能时,此时的模型也可被看作是系统。因此,系统设计模式的变化直接影响着模型构建的方法与模型调用的方法,能够给军事模型服务带来新的局面。

1. 系统演化

作为一门新兴的学科,计算机科学自它诞生至今近70年的发展中,它的应用范围和研究重点在不断发生着变化。世界上第一台电子计算机程序是为计算弹道而生的。20世纪70年代,大型计算机的出现将应用范围由科学计算扩展到了数据处理,使计算机进入到商用领域,与此同时,大规模集成电路的发展促进了计算能力的指数级增长,至今仍没有摆脱摩尔定理的魔咒。到20世纪80年代,信息科学和电子通信技术融合,为计算机的应用开辟了新天地,互联网使人类快步地进入到了信息化社会。随后,嵌入式系统技术将计算机的应用渗透到人们生活的方方面面。进入21世纪后,95%的芯片被嵌入到各种设备和应用中,比如日常生活中最常用的移动电话、照相机、家用电器、汽车等。据统计,在2008年,平均每人每天用到将近230块嵌入芯片,其中家用电器80块、工作40块、汽车70块、移动设备40块[44]。

如今,嵌入式技术和互联网相融合,产生了物联网。物联网简单的英文描述为"The Internet of Things"(缩写为IoT),直接表达了IoT是"物物相连的互联网",其核心和基础仍然是互联网,是在互联网基础上的延伸和扩展的网络,它互联互通的对象从人延展到了物体,而且互连互通的方式更加广泛,网络节点不仅包括了直接接入的节点,而且还包括那些未接入网络但与直接接入节点有信息交换的节点。较为完整的物联网的定义是:通过射频识别(RFID)、红外感应器、全球定位系统、激光扫描器等信息传感设备,按约定的协议,把任何物品与互联网连接起来,进行信息交换和通讯,以实现智能化识别、定位、跟踪、监控和管理的一种网络。物联网和遥感技术、云计算、下一代互联网、新一代宽带移动通信技术一起形成了新一代的信息技术。以简单RFID系统为基础，结合已有的网络技术、数据库技术、中间件技术等，构筑一个由大量联网的阅读器和无数移动的标签组成的，比互联网更为庞大的物联网已成为发展的趋势。

图灵奖得主Sifakis教授认为，计算机的发明和计算理论的发展是计算机科学发展史上的两大里程碑。前者完成了计算设备从机械化到电子化的转变，使计算变得更加快速和可靠；后者发展了一系列的便于人们研究算法、程序及其性能的计算模型。而物联网将在计算机科学发展史上树立起一座新的里程碑，数以亿计的嵌入式系统提供了数以亿计的零散服务，而物联网旨在使用互联技术整合这些服务，实现人们对信息更全面的感知和更智能的应用。在物联网中，一个简单的文件交换服务可能包含了实时监控的功能。这是因为，万物的状态皆可感知、测量和监控，人与物之间可以以一种全新的方式交流互动，人对物体的智能化控制已经不再是科幻电影中的场景，同时，智能系统使得人们对各种事件发展的预测更加容易、对各种资源的分配更加优化。在这一过程中，无处不在的"系统"发挥着重要的作用。

系统与程序和算法相比最大的不同在于，系统会对外界做出反馈。系统问题不断地与外部环境进行交互，系统的输入是触发状态改变的激励，而计算输出结果的过程又可能改变环境的状态。系统的行为可以抽象成历史输入和历史输出的关联。系统没有终结，也并不确定，而且系统的行为与平台相关，其正确性取决于运行平台的动态特性。为了能充分考虑物理资源和系统与环境之间的相互作用，亟需计算理论的扩展，并将研究重心从关注程序转到关注系统。

2. 系统设计发展趋势

系统设计是让程序软件和硬件系统结合，满足需求的过程[44]，如图15-1所示。

与传统的计算机系统不同，为满足物联网的应用需要，要求嵌入式系统应能同时满足以下几方面的技术要求：

（1）反应性（reactivity）要求。是指系统的响应延迟必须是已知并且有限的。这一点对于实时应用程序和有效的服务质量控制是必不可少的。

（2）自主性（autonomy）要求。是指在无人介入的情况下，系统能够提供连续的服务。特别是对移动设备来说，系统应当不需要手动启动，并且具备最优的能耗管理策略。

（3）可靠性（dependability）要求。是指系统应具有抵抗攻击、硬件故障、软件运行错误等威胁的能力。

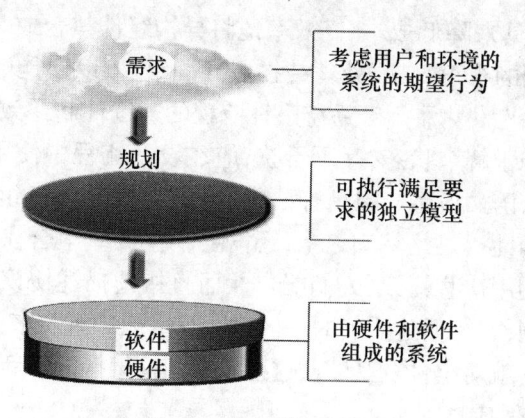

图 15-1 系统设计过程示意

(4) 可扩展性(scalability)要求。是指系统应具有性能提升与资源消耗相匹配的能力。

由于嵌入式系统往往集成在大规模商业产品中,这就要求嵌入式系统具有最优的性价比。然而,在实际的系统设计中,实现最佳的经济效益与不计成本地实现系统高品质相比,前者更为困难。如何兼顾功能性和质量要求,同时将成本控制在可接受的范围内是对系统开发能力的新挑战。为了能以较小的投入获得最好的资源利用率,在技术实现上需要解决的问题:一是能够实现对核心关键系统成本的有效控制。二是要实现异构"系统级系统"(Systems-of-Systems)的可靠集成。

在新一代信息技术的推动下,系统应呈现出物联化、互联化和智能化的特征。物联化是指系统具有能够通过物体与计算的结合,对系统的全局行为进行预测的能力;互联化是指系统能够通过理论、方法和工具将各种相关资源构建成复杂系统的能力;智能化是指系统具有能够适应环境变化而进行自我行为调整的能力。这也是系统设计面临的三大挑战:

1) 物体与计算相结合

由于嵌入式系统的引入,应用软件在设计中必须考虑硬件执行平台的物理资源和系统的物理环境。这就需要掌握软件执行和底层硬件间的交互过程,将物理系统工程中的分析模型(如描述机电系统行为的模型)与计算模型结合起来。而目前,还缺少实现二者统一的理论与工具,仅是在语义层上建立了两者的联系,这种方法的缺陷是语义转换的过程破坏了两种模型原有的结构。

2) 基于组件的框架设计

为了确保系统的生产能力和正确性,计算机科学同其他工程学一样,需要用理论、方法和工具来降低成本,高效率地将异构组件整合成复杂的系统。系统设计师需要从不同的视角入手,处理结构迥异的组件,以便能够较为全面的反映系统各个方面的特性。为了保证系统设计流程的连续性和一致性,并使对系统的开发与验证评估处于解耦状态,互不干扰,应在设计流程中使用统一的语义模型对系统进行描述。语义模型应当具有足够的表现能力来包容组件的抽象表达、执行和交互中的异构性。在此基础之上,还需要一些提供组合操作的框架,制定统一的组合范式。利用这些框架,人们能自然而直接地描述协议、调度和总线等组件之间的协调机制,并能通过明确的、完备的、有组织的概念来描述和分析组件之间的协调关系。这就对组件及其装载这些组件的框架提出了新的要求。

3) 系统的自适应性

随着物体的加入,不可预知的物理环境加剧了系统的不确定性。这种不确定性直接影响了分析技术的可预测性。所谓可预测性是指对于某一个属性,能够根据正确程度对其进行定性与定量的预测。尽管系统模型是用来表示实际系统行为的可靠抽象,但其中可能还会包含附加的难以执行的动作序列,并且在系统模型中并非所有的重要属性都是可计算的,这也导致了无法实现准确的分析技术。要想使系统具有自适应性,需要理论、方法与工具建立自适应控制器进行动态资源的管理,从而克服不确定性和可预测性的缺失对设计方法的影响,尽量减低所增加的开发成本。

自适应系统设计中的一个重要问题是如何减少由自适应控制器进行监测和控制时带来的额外开销。自适应系统设计对智能化的实现不同于以往的人工智能。人工智能认为人类智慧是可以逐渐被极其精准地描述,最终被机器执行出来,而自适应系统设计是使用基于控制论的方法来处理系统的不确定性,进而逐步实现系统的正确性。

将 IoT 技术应用于军事领域,就可以构建出"智慧"战场,即人们能够更透彻地感应和度量战场的本质和变化,促进各种作战要素(人、武器装备和战场环境)之间实现更全面地互联互通,在此基础上,所有作战(训练)、流程、运行方式都将实现更深入的智能化,因此可获得对战场更智能的洞察。相应地,作战模拟或仿真系统也要与之相适应,新的系统设计模式对建模过程和模型服务过程都会提出新的要求,创造出新的方法。

15.1.2 基于工作流技术的过程服务

在军事模型资源的重用过程中,我们将可执行的军事模型资源看作是 SaaS 中具有军事应用特征的 Software,称之为军事模型服务组件。它是由网络计算发展带来的资源共享与重用的新模式。无论是网格计算、普适计算、互联网计算、服务计算,还是云计算,尽管尚未有广泛被接受的统一的定义,但就其本质而言,它们都属于网络计算的范畴,其最本质的特征是:计算是一种网络交互行为。基于网络计算的军事模型服务,突破了传统的模拟或仿真系统中军事模型资源构建与使用的方式,军事模型资源不再是"谁建谁用",而是"大家建大家用",军事模型资源广泛分布于军事信息网络中。因此,如何让异构、自治、广域分布的军事模型服务资源产生交互,如何协调、控制和组织军事模型资源高效地运行,并构成具有业务功能的聚合级模型,甚至是模拟或仿真系统,是军事模型服务将要面临的问题之一。基于工作流技术的过程服务是军事模型服务下一步需要重点研究的内容。

1. 工作流技术

工作流技术起源于办公自动化的应用,被普遍认为是20世纪70年代到80年代间无纸化办公的产物。其核心思想是将功能执行和功能之间的逻辑关系分离开,人们可以通过定义或修改功能之间的逻辑关系描述来实现整体业务功能的重构。国际组织工作流管理联盟(Workflow Management Colitation,WFMC)给工作流下的定义是:工作流就是业务过程部分或全部地计算机化或自动化。从实现角度理解,工作流是为了一定的业务目的而根据一组事先定义好的规则将文本、信息和任务在工作过程参与者之间传送的过程自动化,而工作流管理系统(Workflow Management System,WFMS)是一个用来定义、管理和执行工作流的软件系统。WFMS的功能参考模型[45]如图15-2所示。

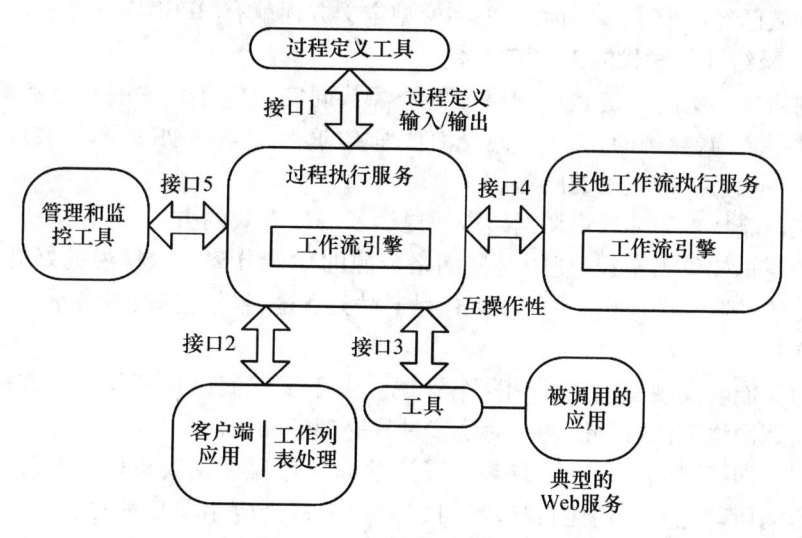

图15-2 工作流管理系统的功能参考模型

WFMS 提供的基本功能包括：构造功能、运行控制功能和运行交互功能。WFMS 功能之间的工作流程是：构造工作流通过过程定义工具对工作流过程及其组成活动进行定义和建模，并以一定的格式描述提供给工作流引擎执行；工作流引擎解释过程定义，并按照预定义的逻辑调用应用或者分配任务给相应的人员；客户端应用和工作列表处理器通过工作流引擎（或者工作流引擎主动发送通知）获取任务信息；工具 Agent 提供了集成外部应用及其可供工作流引擎调用的途径；管理和监控工具则对工作流在线运行和其他工作流引擎进行互动，以实现过程间的集成。

工作流管理系统具有灵活性、集成性、重用性和可扩展性特征。其中，灵活性是指由于工作流管理系统采用了过程模型与应用分离的设计和实现方法，因此，可以灵活地改变业务过程模型；集成性是指工作流管理系统可以通过工作流引擎对各种分析的应用进行调度；重用性是指由于工作流管理系统采用了工作流模板和工作流进货，使工作流结构本身体现了可供重用的功能应用，从而能够完成活动实现和过程模型的重用；而可扩展性是指工作流管理系统通过层次化的应用开发和递解的体系结构可实现系统的扩展，使应用开发和执行的规模按需变化。

WFMS 面向过程，可以管理文档处理流程、设计过程、生产过程和商业过程等，应用的领域包括企业管理、电子商务和电子政务等。由于这些工作流技术应用的场合主要是控制组织的业务过程，因此，也被称为业务工作流。目前，工作流领域已经形成了多项标准，如在模型定义方面就有 BPEL4WS 等。

2. 网络计算时代的工作流技术

网络计算中的关键是让网络上的资源共同完成任务。这些网络资源是具有多种形态的、异构的、属于不同自治管理域的，甚至是移动的，因此，协调网络资源是一项具有挑战性的问题。

工作流技术为实现协调网络资源提供了一种有效的方法，即它将协调网络资源的逻辑抽象出来，与使用这些网络资源的功能分离。这样做的好处是，一方面便于构造复杂应用，另一方面有利于对关系逻辑进行修改或者重组。具体表现在：

（1）能够实现有效地协调网络资源。由于工作流以规范化的方式来定义如何协调网络资源，因此，便于对协调过程的理解和分析。

（2）能够提供通用运行环境。通过建立工作流引擎解析模型并统一调用网络资源所建立的通用运行环境，可以避免为每个应用单独编写、调试应用程序。由于调度算法可以将工作流模型映射到资源层，所以工作流模型可以使开发将注意力集中关注于业务逻辑本身，而底层运行环境可以实现资源的统一优化调度。

（3）能够提高开发及部署效率。利用工作流对应用进行的开发工作，通常是通过图形化的方式定义模型实现的，而并非采用编程的方法，因此，大大简化了开发、部署的过程，提高了效率。

（4）便于重用。由于高层的工作流与具体的网络资源无关，因此能够在广泛的范围内实现重用。

与业务工作流技术相比，网络计算环境下的工作流技术面临的主要难点有：

（1）与网络资源集成的动态性。在业务工作流中，多数外部应用程序的绑定是静态的，而网络计算环境资源的动态性，使得很难实现静态绑定。

（2）控制流、数据流的复杂性。与业务工作流相比，在网络计算环境中，工作流要考虑数据传递、应用程序部署、资源调用失败等多种因素，因此，控制流的逻辑表达要比业务工作流复杂得多；同时，由于数据对象种类多，任务之间的数据传递关系较为复杂，而且数据流和控制流还会存在耦合，因此，数据流也要复杂得多。

（3）质量保证的难度大。与业务工作流涉及到的应用和人员通常限于一定的机构边界内的情况不同，网络计算环境的开放性和资源的动态性使得质量保证更为复杂。

（4）应用请求量巨大。网络计算环境通常是开放的、面向大众的，这就意味着应用请求数据和用户运行的工作流数量极为庞大。显然，这种情况下，单个的工作流引擎是无法满足这一需求的，需要可扩展的工作流执行服务。针对网络计算环境的需求，研究人员提出了服务工作流、网格工作流、云工作流等不同形态的工作流技术。

服务工作流主要针对的是协调 Web 服务。Web 服务可以被看做是一种特殊的应用程序，扩展传统的工作流管理系统，集成 Web 服务的工作流被称之为服务工作流。

网格工作流主要是为实现在网格环境中进行广域范围内的资源协调，以替代传统的批处理作业方式。它已成为网格环境中的一项基本服务，如 Gridbus workflow、Triana、Tavena 等。

云工作流主要针对的是云计算环境中的工作流服务需求。从云计算用户的角度看，工作流提供了复杂应用的抽象定义、灵活配置和自动化运行功能；从云计算服务提供者的角度看，工作流提供了任务的自动调度、资源的优化和管理。如微软在 Azure 服务平台利用工作流基础组件提供了工作流服务。

这些不同形态的工作流既有所差异，也相互融合，为满足用户的需求提供了多种选择。

3. 面向服务的工作流拓展

尽管网络计算环境中的工作流技术研究已经广受关注,但目前的主要思路仍局限在如何将业务工作流拓展到网络计算领域中,需要对研究的对象(单个工作流)、针对的范围(静态工作流模型)进行突破,让工作流在网络环境计算中扮演更重要的角色。

在网络计算环境中,资源的协同是核心。为了解决如何使资源从无序到有序,从无组织到有组织的问题,通常有两种方法:一种是强调发挥资源的自主特性,使得它们能够自主协同。自主协同具有很强的动态适应性,但是计算开销也很大;另一种方法是通过特定的主体施加调控来达到外部协调,显然,工作流属于后者。因而,工作流是网络计算环境中资源协同的一种方式。

从另外一个角度看,网络计算环境通过汇聚网络资源来满足功能需求。因此,网络计算环境也是一个问题环境,需要为问题(功能需求)寻找解决方案,工作流技术是问题(满足功能需求)的手段。

由于网络计算环境中资源的独立性和自治性更强,多个自主实体参与的特点更加明显,这使得网络计算环境下的工作流技术面临着更大的挑战。网络计算需要工作流扩展为普适的过程服务,这就要求网络计算环境应该提供基础架构,支持工作流建模、工作流演化、工作流执行,也就是提供过程方面的服务;此外,工作流模型通过工作流引擎变为提供特定功能、可执行的过程服务,因而可以从服务的角度研究过程,对过程服务的搜索、过程服务的组合等。

4. 过程服务

从过程服务角度来考虑网络环境下的工作流技术,需要重点研究的问题[45]如下。

1) 工作流模型的生成与演化

工作流模型通常以图形或者脚本的形式存在,主要是通过显式地建模操作进行构造。构建一个完善的工作流需要建模者对于领域知识(军事理论及作战、训练活动)具有深入的理解并具备抽象能力,而这种能力并不是人人都具备的。为解决这一问题,研究人员采用统计分析技术,对过程运行的历史数据进行自动化的"过程挖掘"。这种方法的前提是过程已经依靠其他信息的支撑"隐式地"稳定运行。在实际应用中,工作流有时是用户依据需要,以自组织的方式创建的,一些情况下甚至是边执行边创建的。在工作流的生成过程中,很多步骤之间的联系是依靠人来协调的,这些工作流可以在下次使用或者被其他人再次使用时,添加更多的约束,以提高工作流的自动化程度,也可能对某些步骤进行修正使之更加合理,也就是说,在创建和重用工作流的过程中,工作流逐步演化成更为合理的形式。目前,还没有方法来有效支持渐进式、增量化的工作流的获取。

在使用过程中,由于作战模拟或仿真的需求变化,或者一个通用的模型难以适应某些具体的应用场合,需要对工作流模型进行修改。通过特定的支持,用户可以对模型进行在线修改。这些修改实际上蕴含着可能被重用的知识。如何获取这种修改知识,并将这些知识为后续过程或者其他人所用,是一个值得研究的方向。

2)工作流模型的广域共享

当用户根据不同的业务需求(不同的模拟仿真需求)创造出很多工作流之后,工作流的共享便成为一个突出的问题。以英国 e-Science 计划支持的 my-Experiment 为例,这是一个在线的工作流模型仓库,目前已经积累了 1300 多个模型,但所提供的搜索工具是基于关键词和标签的。为了更有效地帮助用户寻找、理解和运用现有的工作流,需要建立工作流的高层语义描述,即对工作流的功能和性能提供规范化的语义描述,并建立工作流之间的联系。解决的方法是可以结合 Web2.0 的思想,依靠群体的贡献,建立不断扩展的模型库,并实现社会化的标注,或是对工作流模型本身携带的相关信息进行自动语义标注。如何实现自动语义标注是需要研究的内容。

3)过程服务的动态运用

在网络计算环境中,过程服务的应用是一个复杂问题,经常需要发起多个过程服务,具有迭代、动态渐进的特点。对过程服务的选择将受到求解目标、应用数据、可用资源等不同因素及其优先级关系的影响。同时,求解过程还需要满足许多规则,如军事训练的内存规律、数据和资源的约束等,在重用过程服务构造动态求解过程时,需要遵循以上的规则,同时需要协调多个过程服务之间的关系。为了解决此问题,引入了人工智能技术来动态创建工作流。这种方法需要事先将完整的目标和决策显式的表达出来,而对于军事活动来说,指挥员的很多决策并非是预先设定好的,而是依据瞬息万变的战场态势"灵机一动"而来的,其中包含了指挥员应对战场不确定性时自身积累的"隐性知识"。由于"隐性知识"的存在单靠人工智能的自动推理方法是不可能很好地解决全部的复杂问题的,而单靠人工方式,对人的认知能力和决策能力提出了过高的要求。因此,采用人机协同方式进行过程服务的动态运用,将是一条有效的途径。它体现了问题求解中的不确定性,决策的渐进性、层次性和问题求解过程中人的认知特征。

4)过程映射和资源集成

用户是从业务逻辑角度出发定义工作流的。通过过程服务,工作流将透明地映射到网络计算环境的资源上,在映射过程中,一方面要按照相应的需求和网络计算环境中资源的特点对资源进行配置,如系统的安装、数据的传输等;另一方面,需要按照多个具有不同优先级的过程实例引发的资源请求对资源的使用进行滚动优化,例如按照服务调用的期望时间进行资源预留。目前研究人员主要致力于在网络计算环境下,针对工作流进行任务调度,考虑任务之间的逻辑依赖关系,以及承担任务的资源的物理位置对任务之间数据传递的影响,以实现任务的优化分配和调度。

5) 弹性的过程执行服务

在实际运行中,用户的负载会发生变化。从经济性的角度看,如果安装固定的多个工作流引擎实例以满足高峰时的要求,在负载轻的时候会浪费资源。因而,需要过程执行服务环境能够针对负载变化进行动态配置。另外,过程执行服务提供的多个功能,如模型导航、服务调用、数据处理等,在实际运行中的负载也不一样,因此,需要对工作流引擎进行重新设计,以确定其细化的结构,使结构组件可以进行动态配置。目前在网络计算环境下的工作流引擎实现技术基本上都采用配置多个工作流以提供高性能处理能力,而对负载变动以及底层资源的优化集成研究不多。

6) 过程服务引导下的资源自主协同

在某些动态性非常强的场合下,集中式的过程服务难以满足需求。过程服务引导下的资源自主协同就是通过将全局的过程模型分解到各个资源,让每一个资源知道其前序任务,也知道其后续任务,从而建立起资源之间的协同关系。当一个任务完成后,由承担该任务的资源通知承担后续任务的资源,通过资源之间的相互协同完成过程执行。若某一项任务失败,可以通过局部搜索继续完成任务,从而能够较好地适应网络计算环境下的动态变化。在这种模式下,如何平衡发挥过程服务的集中控制作用和资源的自主性,使之适合于不同应用的需求,值得深入探讨。

15.1.3 服务过程中的协同问题

协同计算(Cooperative Computing)的概念产生于 20 世纪 80 年代中期,它源自于计算机支持的协同工作(Computer Supported Cooperative Work,CSCW),是指在地域上处于分散状态的一个群体借助于计算机和网络技术,相互协作共同完成一项任务。主要研究工作包括协同工作系统的建设、群体工作方式、支持群体工作的相关技术、应用系统开发等。受人类社会生产和生活方式的影响,协同计算从本质上讲具有群体性、交互性、分布性和协作性,在未来大规模的军事模型服务方式下,构成作战模拟系统的军事模型资源之间具有协同计算的特征。在下面的分析中,将军事模型服务看作是一种信息服务。

1. 军事模型服务的基本问题

军事模型服务涉及数据库、Web 技术、协同计算技术等实现技术,而且还需要军事领域的知识、人的行为心理学、美学等人文知识,未来发展的核心技术是军事模型服务信息探索和协同计算。需要解决的关键问题主要包括领域知识描述与服务信息模型、信息获取与结果展示、协同角色管理、信息服务模式与平台等,其相关关系如图 15-3 所示。

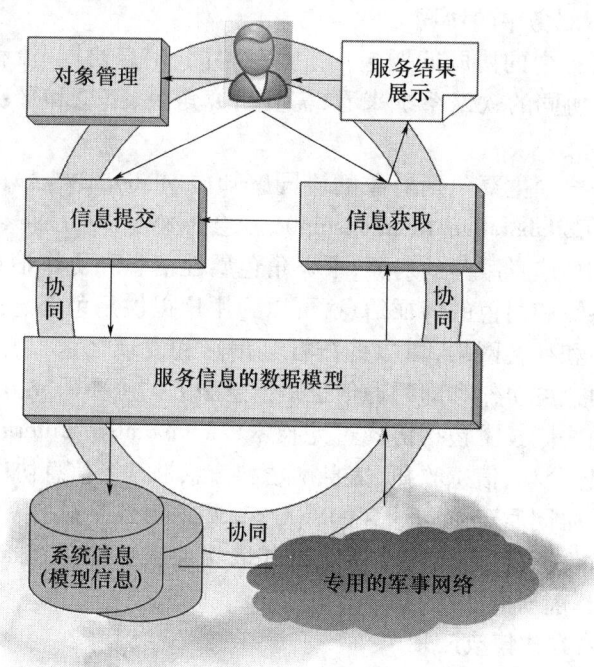

图 15-3 军事模型服务的基本问题

服务信息的数据模型(Data Model)是实现军事模型服务系统的基础。对该模型的研究需要结合领域知识,为服务信息建立有效的存储和管理机制,从而使服务提供者提供的服务信息源更加有效,同时,用户也能更有效地从服务系统获取所需的服务信息。它需要结合数据库、军事领域知识、逻辑方法(如描述逻辑、领域本体)等相关知识。

服务信息的获取是服务系统实现的核心技术。主要包括网络爬虫(Spider)、搜索引擎(Search Engine)、信息自动推荐(Automatic Recommendation)、数据挖掘（Data Mining）与知识发现（Knowledge Discovery）等相关实现技术[46]。

服务信息的提交包括了由用户提交的信息和由系统提交的信息两部分。

服务信息的结果展示是信息服务的最终目的。由于军事模型自身属性的静态性和动态性决定了结果展示分为两类，一类是静态的有关军事模型及服务相关信息的描述，另一类是军事模型计算返回的结果信息。

服务对象管理包括对服务提供者和请求者的管理。它从一个侧面反映了服务系统的技术和应用水平。对象管理的研究主要基于角色的管理技术（Role-based Management），包括对象属性管理、角色管理、协同感知和网络社区等。

2. 军事模型服务中的协同

军事模型服务中的协同问题包括了角色协同、信息协同、流程协同和计算协同等。从支持协同的软件系统来看，需要研究角色、信息和平台3个层面的协同技术。

服务对象的协同主要包括对象的协同感知（Collaborative Awareness）、角色协作关系（Role Collaborative Relationship）、社会网络（Social Network）等技术。角色本身往往也是信息服务的对象，根据角色属性信息和协作信息的上下文研究角色的协同感知和角色的特征信息，可以为用户提供角色信息的服务。研究角色的协作关系和社会网络，可以挖掘社会信息和发现社区，为用户提供扩展的信息服务。角色群协作和即时通信也是信息服务的主要研究方向。

服务信息的协同技术包括协同过滤技术（Collaborative Filtering）、协同检索技术等，用于信息分享、信息收藏、信息推送和信息推荐等信息协同活动。

服务平台的协同属于协同计算的领域，其基本模式是软件即服务（SaaS），用户无需下载软件，直接通过网络就可以获取相关服务信息，SaaS是云计算的基本概念，也是当前研究的热点。

3. 多种协同方式集成应用

按照不同的标准，有不同的协同方式类型。如按协同参与人员的位置关系，可分为同地协同和异地协同；按群体规模大小，可分为两人协同和多人协同；按照协同的时间可分为实时协同和非实时协同，或是称为同步协同和异步协同。在传统的CSCW中，主要的研究是针对单一协同方式或单一协同方式中的某一类特定应用进行的。随着应用的扩展，用户发现仅仅实现单一协同功能远不能满足群体协同的需要。在实际应用中，一个群体协同环境往往不止包括单一的协同方式，而是会涉及多种协同方式，整个任务需要各种不同的协同方式无缝集成来共同完成。这种协同需求相对于单一协同而言，被称之为多种协同方式集成，相应的环境称为多种协同方式集成环境[47]。

在一体化联合作战模拟过程中，存在不同层次的模拟类型，如：实物仿真、半实物仿真、聚合级仿真或战术层模拟、合同战术层模拟、战役层模拟。当进行实时推演时，不同专业兵种对军事模型计算有着不同的实时协同需求。对比在线实时协同游戏说明这一问题。在在线实时协同游戏中，不同的玩家对不同的游戏类型有不同的实时协同需求，例如，玩家在反恐精英、星际争霸、街霸等竞技类游戏中，对协同的实时性要求非常高，有些玩家甚至能感知到10毫秒~20毫秒的网络延迟，相比之下，一些在线角色扮演和策略类游戏则对实时协同的要求相对要低。在很多游戏平台中还集成了即时通信、留言板和异步消息推送等多种协同功能。

面向服务的军事模型资源重用，不仅实现了军事模型资源的共享使用，而且还会带动模拟系统开发模式的变化，形成基于异步工作的、多种协同应用的、跨组织跨部门的协同软件开发模式。即从整体上看，跨组织跨部门的作战模拟系统开发是一个由多个地理分布的系统开发组织共同参与，由软件设计、任务分配、模块开发、模块集成和软件调试等多个步骤组成的异步协同过程。在这个过程中，军事模型资源服务方式让开发者将关注更多的集中于系统功能需求的逻辑实现上，同时，也将实时协同带到了开发初期的软件设计和开发后期的模块集成与软件调试中。此外，在系统开发中期，还会涉及开发团队之间的实时讨论和异步开发等协同问题。

面向服务的军事模型资源重用对模型信息化管理带来了新的模式。按传统的建模方式，一旦模型构建完成，从其构造角度看，它是静态的，即在用户使用过程中只能按其预先设定的功能进行调用。当军事模型作为面向服务的公共资源后，类似于维基百科、YouTube那样的基于Web2.0的动态用户和多种协同应用也会出现在军事模型服务过程中。例如，对模型语义的描述，既可以由模型提供者根据模型开发时的宗旨和用途进行定义，也可以由用户根据对模型的使用情况和与业务领域应用的耦合性，对模型的语义进行修正、补充，从而使系统发现的模型能更加符合用户的应用需求，这种方法具有去中心化、用户参与贡献、大量用户动态协同的特点。当多个用户调用同一个模型资源时，或者当多个用户对某一模型描述进行同时修改时，或者当多个用户对同一个模型进行异步修改时，需要服务系统提供负载均衡管理和实时的协同编辑支持，或是通过版本控制等异步协同的方式来解决相应的问题。

4. 多种协同方式集成的研究

研究人员对多种协同方式集成的研究主要集中在多种不同的协同编辑方式的集成，其应用范围狭窄。产业界的多种协同方式集成的商业系统也存在着较大的局限性，虽然实现了一定程度的多种协同集成，但大多停留在简单的日常协同工具集成层面，仅是对过去成熟的协同技术的简单集成。若要真正建立多种协同方式的集成环境,还有大量的理论与技术问题需要解决。如,支持协同用户描述、服务描述以及协同交互规范描述的多种协同服务模型研究;通用的、可扩展的和灵活的多种协同方式集成环境体系架构研究;支持多种数据结构、动态大用户和复杂操作的统一的一致性维护方法;基于协议和接口标准的、可自动配置的即插即用的动态协同技术研究;基于上下文的多面多层次评价模型与性能评测规范研究等。

以 Web2.0 站点为例,为解决大量用户带来的可用性问题,大都用镜像站点来实现,维护这些镜像站点的一致性需要采用实时协同技术。多种协同方式集成环境使用一致性维护需要解决的关键技术[47]主要表现在以下几个方面:

(1) 数据类型的多样性。多种协同方式集成应用中的数据类型已不再局限于传统的线性结构,基于 Web2.0 和云计算的多种协同集成大多应用可扩展标记语言 XML 树型结构来存储数据。传统的协同组编辑涉及的诸如文本、表格等离散交互媒体,即数据对象的状态只根据用户的操作而改变,而作战行动实时模拟仿真中的持续型交互媒体(如战场态势画面或视频帧)是既能根据用户的操作,又能随着时间的流逝而改变状态的连续型交互媒体。这些数据类型都需要有新的一致性维护方法。

(2) 操作类型的复杂性。在多种协助应用中,除了一般用户的普通操作外,还有一些高级用户的关键性操作(如大量数据整理、模型动态更新等),以保证模型服务信息的完整性。这些操作之间的执行关系需要一致性维护的支持,需要一个同时支持普通操作和事务操作的统一的一致性维护方法。

(3) 高效移动协同的困难性。随着移动网络的发展及其在作战中的运用,出现了移动协同环境的新特点和新需求。例如,移动环境下的网络连接往往呈现出弱连接的特点,本地操作会积累起来,作为一个整体进行同步处理;移动设备本身通常受限于相对较弱的计算能力和电池的续航能力等。而现有一致性维护方法大多是一次对单个操作进行处理,当将这些方法用于操作序列处理时,算法复杂度较高,所以,移动协同环境需要一种能按照一个整体处理本地累积的操作序列的、高效的一致性维护方法。

(4) 网络协同规模的巨大性和动态性。新一代 Web2.0 应用呈现出同步和异步协同交互集成的趋势,并且这类应用的用户不仅规模大,而且具有很强的动态性,在应用中,随时会有大量的用户加入或退出协同环境。现有的一致性维护方法大多采用对等计算网络(Peer to Peer,P2P)结构,不适用于模型服务的 C/S 结构。而一致性维护方法中用于判断操作间因果关系的向量时戳的维数是固定的,且与协同站点的数目成正比,不能适用于动态和大规模用户的情况。所以需要有适用于网络平台支持大规模动态用户同步异步协同的一致性维护方法。

（5）支持选择性撤销的 Do – Undo 框架统一性难题。在多种协同环境下，用户操作类型多种多样，不但有 Do 操作,而且有 Undo 操作。对于选择性 Undo 操作,它是协同应用程序中不可或缺的重要功能,能支持用户撤消历史队列中的任何操作。现有的大多数一致性维护方法主要侧重对 Do 操作的处理,而且早期的 Undo 操作工作不能支持完整的选择性 Undo 操作。现有完整支持对信息操作的选择性 Undo 操作技术通常开销较大,不适用于移动等多种协同环境,需要一种能高效统一处理的一致性维护方法。

15.1.4 服务的标准化问题

建模与仿真领域中实现资源重用、共享和互操作的基本途径是标准化,大规模分布式仿真系统的开发过程通常也是一个不同领域标准融合的过程。传统专有标准的发展和应用受专利技术制约,新标准的产生在解决某领域互操作问题的同时,往往与其他领域标准互不兼容,给系统开发带来不必要的开销。开放标准相对专有标准而言具有更好的互操作性、更大的灵活性、更低的成本以及公平竞争等优势,从本质上消除了私有专利技术对标准应用的约束,因而受到越来越多的关注。开放互操作标准的提出和应用成功解决了部分领域的互操作问题,推动了仿真技术的发展,引起了广泛关注,MDA、BOM、SRML、MS-DL 和 GBML 是 5 种主流的新兴开放标准。

MDA（Model Driven Architecture）:MDA 是国际对象管理组织 OMG 提出的一种描述和建立系统的新方法,其基本思想是利用元建模技术（UML、MOF、XMI、CWM）抽象出系统中与实现技术无关、完整描述业务功能的 PIM（Platform Independent Model）,然后针对不同的实现技术,借助转换规则及辅助工具将 PIM 映射到与具体实现技术相关（CORBA、XML 等）的 PSM（Platform Specific Model）,最后将经过充实的 PSM 转换成代码实现 PSI（Platform Specific Implementation）。通过 PIM 和 PSM,MDA 把平台无关的功能描述和特定平台上的实现细节相分离,从而实现广泛的重用、互操作。

BOM（Based Object Model）:BOM 的概念起始于 HLA FOM 的开发需求,希望通过开发和重用 BOM 来开发 FOM。但随着仿真体系结构的发展,其定义和作用也在逐渐演变,不再局限于 HLA 的应用中。SISO 给出 BOM 概念的最新定义为:BOM 是概念模型、仿真对象模型或联邦对象模型的模块化表示,作为仿真系统或联邦开发和扩展所需的构建模块。BOM 是基于 XML 标准描述的开放性研究项目,将接口和实现进行了分离;它在向后兼容 HLA 的同时,提供一种独特的方法描述仿真系统中组合构建、修改、扩展成员或功能所需的相互作用模式和组件,减少了成员、模型的开发和修改的工作量,从模型层次上提高了仿真的可重用性和互操作性。2006年,SISO给出了BOM的标准规范草案。

SRML(Simulation Reference Markup Language):SRML是一种基于XML的用于表示仿真模型的参考标记语言(接口规范化),它试图确定一个灵活的表示仿真模型的参考标准,以加快模型的开发速度,支持模型的重用。SRML声明了一组数量较少但相对完备的XML元素和元素属性,如ItemClass、Item、EventClass、ItemEvent、EventSink、Simulation等来描述实体、实体间的关系、事件以支持仿真;它可最大限度地利用XML用户模式定义的元素来描述仿真实体。

MSDL(Military Scenario Definition Language):很长一段时间以来,仿真想定及相关开发工具往往都依赖于各自支持的仿真应用而未有统一的标准。仿真想定与仿真应用的这种依赖耦合限制了仿真系统与C^4I系统之间想定内容的共享和重用,也为第三方想定工具的开发带来了诸多不便。2005年,SISO成立了MSDL SG,研究使用一种通用的军事想定描述语言MSDL来准确描述仿真中战场初始态势及作战计划,约束想定的生成格式,为系统提供可重用的军事想定。MSDL最初起源于OneSAF的目标系统(OOS)计划,是一个基于XML的开放性想定描述机制,其涵盖的军事想定和任务数据描述范围包括选项、环境、兵力结构、作业构成、装置、图层、覆盖图/战术图、威胁、作战计划等几乎所有与作战想定相关的实体元素,每个实体元素中还可包括多个子元素。通过定义的XML模式,MSDL可以对想定描述内容添加语法和语义约束。

C-BML:C^4I的"自由文本"与仿真系统的互操作问题是建模仿真领域一直致力解决的主要问题之一。传统的解决方法往往局限于各自系统的应用环境,互操作性和可重用性差。为此,2004年,SISO在BML研究的基础上成立了C-BML SG,开始讨论确立一种可用于多国协同作战中命令和报告表示的公共BML语言——C-BML。C-BML被定义为一种用于描述指挥控制兵力/装备军事行动,提供战场态势共享和感知的开放性规范和方法集。它的核心思想是基于通用的数据交换模型(如C^2IEDM/JC^3IEDM),通过规则、协议、语法、表达、本体5个方面规范化描述C^4I与其他应用之间的任务或报告信息流,从而实现C^4I与其他系统间在概念层次上的互操作。从本质上说,C-BML是BML语言不同实现的一个子集,它并不是简单的军事规则标准化,而是一组关于军事规则如何描述的规范和方法集。

综上所述,MDA、BOM、SRML、C-BML、MSDL这5种开放标准分别面向各自的应用领域提出,以解决相应的互操作问题。MDA的优势在于为概念模型描述提供了更加丰富的手段和更加细化的模型表示;BOM是实现基于组件重用系统的基本技术手段之一,侧重于针对基于模型的仿真特别是为在 HLA 下基于模型的可组合仿真系统提供了一套快速有效的构建机制;SRML 则从仿真应用的角度强调了概念模型中的动态变化行为的描述,SRML 标记可集成应用于任何基于 XML 描述的文档中,增强和完善相关标准在语义和动态层的互操作能力。

15.1.5　情境感知的按需模型服务

在云计算中,用户所关心的核心问题不再是计算资源本身,而是他所能获得的服务。即服务问题(服务的提供和使用)是云计算中的核心和关键问题。

云计算通过管理、调度与整合分布在网络上的各种资源,以统一的界面为大量用户提供服务。当云平台上可用的服务资源越来越丰富时,为用户提供情境感知的按需服务成为提高用户体验的关键。具体涉及以下关键技术:

1. 领域需求驱动的用户需求建模

领域需求模型可以为用户的个性化需求建模提供基础和参照,用户可以在此基础上进行其个性化需求的建模与定制。面向服务的语义互操作技术,包括领域知识、规范、需求模型等技术,为用户需求的准确描述与匹配提供了互操作的语义基础,为以用户为中心的需求建模以及自动服务组合提供了底层支持。

2. 支持不确定性的需求建模技术

对用户需求准确建模的另一个主要挑战是,用户的需求经常是具有不确定性的,面临"说不清、说不准、说不全"的情况,如何对这种不确定性需求进行准确的刻画及推理是用户需求建模的关键。此外,对服务的建模、评价也存在不确定性,在进行服务和需求的匹配时,需要进行不确定性的推理。为此,需要综合采用各种不确定性的建模与推理技术,如概率逻辑、模糊逻辑和云模型等。

3. 用户和情境建模

在需求准确建模基础上,云计算中按需服务的关键问题是:如何针对用户及当前情境信息进行能够主动适应这些状态变化的按需服务。不同于一般情境感知计算所关注的问题,云应用中需要面对的是大规模的资源状态、用户情境的感知与推理计算问题,主要是要解决大规模情况下的情境识别、情境推理问题,效率是关键。单个情境的识别及推理逻辑不会太复杂,但需要针对大规模的识别及推理效率需求设计高效的算法。

以上情境感知的按需服务建模技术也是战术信息系统中亟待解决的关键问题,特别是在适应弱连接且低速率的信道、低算速、小屏幕、交互方式单一的移动终端方面需求尤为迫切。

15.2 作战模拟需求发展影响军事模型服务

科学技术对军事作战理论发展的影响似乎是通过先进武器装备的运用间接起作用的,但随着以信息技术为核心的高新技术的发展和应用,科学技术越来越直接地影响着军事理论的创新,尤其是现代模拟技术的运用,正在悄然改变着作战的方式。当今高科技武器和信息技术在战争中的运用,不仅没有简化战争问题,反而将战争问题带入了更加复杂和多变的空间,作战要素更加多元化,作战地域更加广阔,作战时效性更强,越来越多地呈现出复杂巨系统的特征。为适应战争的复杂性和多变性,需要作战模拟系统能够快速适应需求变化,甚至是达到"无条件模拟"的境界。这对模拟训练系统的可扩展性和可动态组合性提出了新的挑战,要求模拟训练系统能够动态组合、灵活扩展。相应地构成模拟系统的模型、数据和平台的构建都要与之相适应,服务化的资源重用方法更是必不可少的手段之一。本节试图通过对作战模拟应用变化几个侧面的分析,使读者从中窥视到作战模拟的发展趋势,为军事模型服务的发展提给一些启示和联想思考。

15.2.1 嵌入式的作战模拟

嵌入式的作战模拟是在作战模拟训练系统与武器装备交互形成的作战情景下,操作人员通过使用武器装备完成的单兵或全员训练活动,如战术指挥训练、战斗操作训练和技术维修训练等,是基于嵌入式仿真技术而发展的。所谓嵌入式仿真(Embedded Simulation)是将仿真程序模型(如地理信息系统 GIS、计算机兵力生成 CGF、虚拟现实 VR、裁决评估等)嵌入到实际装备中,与实装融为一体,同步运行实现仿真功能。嵌入式作战模拟指的是集成到装备中的那一部分系统,即在真实武器装备中嵌入仿真模块,使用真实武器装备进行高逼真度的模拟训练。其实质是在武器装备中嵌入一种能力,这种能力使得操作人员能够看到虚拟世界,并通过与武器装备中子系统的交互实现训练、任务演练、战场可视化、效果测试和评估等功能。

嵌入式的作战模拟训练借助于先进的训练方案,将训练转移到作战平台上,实现高效、低成本、逼真的训练,提高指战员在现代战争条件下的操控武器装备和作战的能力。应用实例有:基于嵌入模型的射击训练(火炮、导弹、电磁波)、驾驶训练;低空导弹训练中虚拟导弹打虚拟飞机;空战对抗训练中虚拟空空导弹攻击真实飞机,虚拟空空导弹的攻击虚拟飞机等。

利用嵌入式仿真技术在驾驶舱中嵌入虚拟实景模型,可以实现实装驾驶中的场景再现,为驾驶员提供模拟的街区驾车、航母着陆(舰)训练所需要的盲降和外视界观察条件,从而取代防撞雷达,实现虚拟碰撞检测,降低成本,提高训练的安全性。

利用嵌入式作战模拟训练,不但可通过减少训练所需的额外设备来降低成本,而且可以消除训练环境与工作环境之间的差距,加速向战训一致方向的转变,同时,还可提高训练设施的可用性,提供充分及时的训练等。因此,嵌入式作战模拟训练除具有比传统的训练更容易获得的明显优势外,还具有能产生更好的使用性能的潜力。

早在20世纪90年代末,美英等国海军开展了多项研究项目,开发出几种先进的嵌入式训练系统(AETS),其中有代表性的两种典型方案分别是基于演习想定的嵌入式训练(SBET)和舰载教官训练与保障(SITS)。前者是洛马公司为美陆军开发出的一种自动化训练技术,借助该项技术,单兵个体、成员组和部队单位可以在智能系统上实时开展技能练习和评估工作。后者是海军空战中心训练系统处开发出的一种训练系统,它创造了分析水兵在舰载作战信息中心进行训练时的行为和效果的一种新方法。

在嵌入式作战模拟系统中,作战模拟训练系统中,用于描述与武器装备交互的各种对象的静态结构、自身行为与外部交互的模型被称为嵌入式模型。通常以软件形式存在,由静态结构图、组成实体描述、动态行为交互图、输入输出接口定义、实现代码等组成。除了需要保持模型的重用性和可移植性等共性之外,在对嵌入式模型进行构建时,要对武器装备进行深入地理解和研究,必须采用与武器装备一致的交互与逻辑模型,才能确保建立模型所用信息准确、完整,使模型具有可信性;在满足功能需求的前提下,模型要尽可能简单,运行中应尽可能减少资源耗费,以降低对模型载体的要求,即遵循轻量化原则;嵌入式模型与武器装备宿主模型逻辑上是紧密关联的,模型载体应严格满足武器装备的运行要求;嵌入式模型在与武器装备交互过程中的安全性也是极为重用的,一方面模型不能使武器装备出现故障、引发事故,另一方面在完成模型交互的前提下,模型应尽可能小的影响武器装备原有性能;同时,在时间响应方面,模型的动态交互行为和内部状态行为应适应宿主模型的时间要求,保证模型运行过程中能满足武器装备的交互要求。嵌入式模型的特点对服务部署和实现都会提出新的要求。

15.2.2 伴随式的作战模拟

自计算机诞生以来,一直以它强大的计算能力而著称于世。除了强大的计算功能外，科学家们一直在设想能否让计算机具有像人一样的思维能力，能够根据当面的局势变化做出下一步的行为决策。于是，1997年，在一场著名的人—机国际象棋大赛中，一台由IBM公司制造的、名为"深蓝(Deep Blue)"的计算机和当时著名的国际象棋大师、世界冠军加里卡斯帕罗夫(Garry Kasparov)进行对弈，比赛经过了6局，最终，"深蓝"以2胜1负3平的成绩取得了胜利。

美军在对现代战争研究时发现，预先制定的作战计划在执行中被改变的比例越来越高。在海湾战争中作战开始后失效的作战计划约占20%，在科威特战争中这个数字变为了63%，而在伊拉克战争和阿富汗战争中，失效的作战计划竟然分别高达了80%和90%，也就是说，在战争的第一声枪响以后，大多数计划就赶不上变化了。为了解决这一问题，美军希望能有一个系统能根据战场变化及时对下一步的行动做出反应或是决策，也就是这个系统在战斗行动中能够做"深蓝"计算机在国际象棋比赛中所做的事情，即根据对手的行为做出当前的行动决策，并能预测出下几步的局势。于是，2007年美国国防高级研究计划局制定了"深绿(Deep Green)计划"，它的主要目的是利用模拟系统辅助决策者快速而有效地制定各种计划和方案，实现复杂战争状态变化下的作战计划制定。其基本思想是在作战(或训练)过程中，不是按参谋人员的事先估计来预测战斗将如何展开，而是使用模拟系统或是仿真代理(Agent)去跟踪正在进行的战事发展，以及用各种仿真技术来评估达到某些未来可能态势的可能性，实现所谓的"无作战计划"条件下的决策指挥问题，以适应为战场的变化。

对指挥官们来说，"深绿"系统是一种决策支持工具，它被描述为"下一代的、以指挥官为中心的作战指挥与决策支持技术"。它能帮助指挥官在战场上快速做出决策，同时还可减少对大量参谋人员的需求。在使用"深绿"系统后，让指挥官做出决策的信息是通过使用从正在进行的作战中获取的信息，而不是在计划阶段做出的假设，因此，指挥官和参谋人员就能够做出更符合实际情况的选择并集中精力为未来更可能出现的情况制订选择方案。

"深绿"系统由4个子系统组成，分别是：指挥员助手(Commander's Associate)、闪电战(Blitzkrieg)、水晶球(Crystal Ball)和仿真之路(Simulation Path)。从这四个子系统的名称上，就可以很容易地理解各自的主要功能。其中，"指挥官助手"主要是通过辅助的建模工具，完成行动计划的概念建模；而"闪电战"的主要功能是快速地接收自动化选项的内容，将概念模型通过数学逻辑模型转换为仿真程序模型；"仿真之路"主要是对生成的模型进行快速模拟的过程；而"水晶球"发挥着它对起未来的预测作用，主要是对生成的计划进行评估和预测。

4个子系统联合作用的过程是：把指挥官创造性的构思用于完成任务的方案选项，由软件系统对方案进行分析检验，生产各种可能的结果，并对各种可能的结果进行快速模拟,通过效果预测对方案进行优选。它的同步制定与实施计划和预先模拟执行的能力,能够针对战争的不确定性,提升指挥官应对偶发事件的能力,同时也可在无计划,没有选择的情况下帮助指挥官进行决策。"深绿"由旅级模块发展到连级模块,处理时间由 30 分钟提高到 3 分钟,它使指挥官在几分钟之内就可以看到他快速制订的计划的结果,从而可以迅速地、创造性地解决问题。这种应用打破先计划后执行的模式,采用各阶段同步进行方式,来针对战争的不确定性提升指挥官应对偶发事件的能力。它改变了原有先模拟训练,再实兵训练,或是先模拟训练,再实兵作战的时序关系,而是让作战模拟伴随着实兵训练或作战的进程,如图 15 - 4 所示。

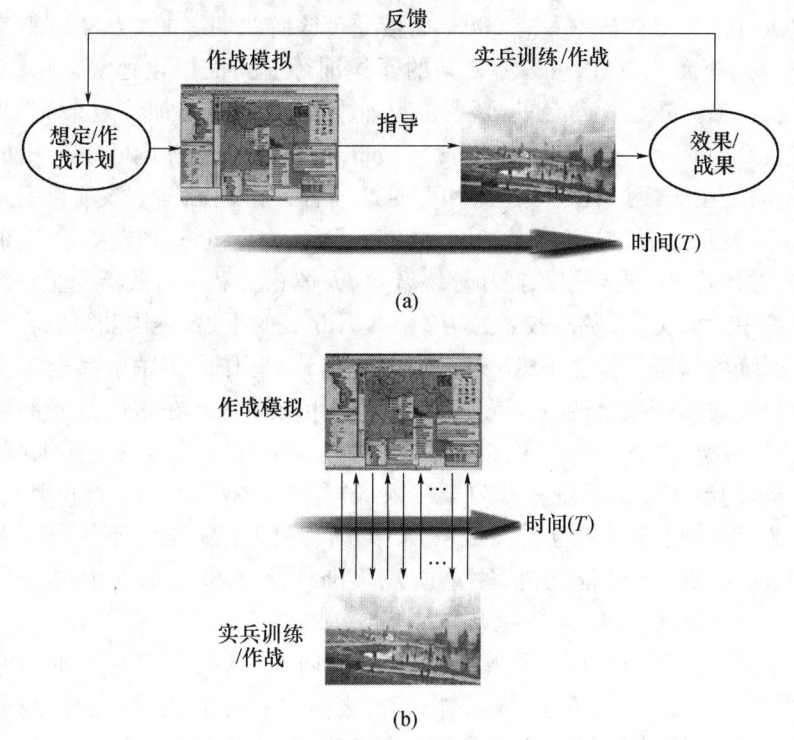

图 15 - 4 作战模拟应用的时序变化
(a) 传统的应用方式;(b) 伴随式应用。

从图中可以看出,传统的应用模式,作战模拟与训练或作战是串行的,而伴随式的作战模拟中,作战模拟与训练或作战是同步的,实际上是要求的是同步模拟或即时模拟。在这种新型模式下,实现模型的快速重组至关重要,因此对军事模型体系架构、军事模型组件化技术、军事模型服务的响应速度、模型可信性和模型标准化都提出了更高的要求,以达到支持全谱作战或训练的目标。

15.2.3 游戏化的作战模拟

计算机游戏是计算图形学和网络通信以及人工智能等技术在数字娱乐产业中的重要应用,是一项多学科的交叉研究领域。随着虚拟现实技术的发展与应用,利用计算模拟可以为用户制造一个三维空间的虚拟世界,甚至可以让使用者能够感受到逼真的视觉、听觉和触觉效果。将游戏引入军事训练已经成为世界各国军队训练的一个发展方向。例如,在伊拉克战争爆发前,美军就曾秘密开发了一款依照巴格达特征模拟的电脑游戏对参战士兵进行训练。据战后统计结果显示被派遣到伊拉克执行任务的人员中,未参加过该游戏训练的人员首次执行任务生存概率只有60%,而接受过该游戏训练的人员生存概率提高到90%。通过游戏方式,可以将复杂的作战训练变得简单化和常态化,而且游戏更容易让参与者产生角色的沉浸感,从而更全面的提升训练效果。"步兵训练系统"(Dismounted Soldier Training System,DSTS)是由美国陆军推出的新项目,其目的是用于模拟有关战争与和平时期的各种行动方案。该项目引入了耗资5700万美元打造的《孤岛危机2》游戏引擎(CryEngine3)技术,在这个游戏中,学员将戴着VR头盔跟踪器和环绕音效、人体感应和手持武器完全沉浸在虚拟的训练中。据美军《陆军技术》2012年8月6日的报道,美国陆军已在布拉格堡虚拟训练场部署了首套DSTS进行综合评估,以此作为美军士兵全沉浸式环境中所开展的训练项目的一部分。美国陆军计划将总共在布拉格堡部署三套DSTS进行试验,之后将会把更多的DSTS发放到全球各基地供士兵训练使用。借此,美军的步兵训练系统将开启全浸入式"军事游戏"之先河。事实上,除美军之外,军事游戏近年来也受到俄罗斯、英国、法国及新加坡等各国军方的关注,在大众娱乐平台功能之外,军事游戏逐渐作为军事训练助手进入公众的视野。

军事游戏将娱乐性引入严肃的作战模拟训练过程,以它的易于学习和操控、可中断、丰富的训练任务设计等特点较之需要更专业化设置的作战模拟而言,更容易被指挥员和士兵所接受。然尔,当前市面上的各类军事题材的商业游戏尚不能直接应用于军事训练,其主要原因是,游戏对军事规则刻画及武器装备描述与实际军事问题存在着很大的差异。但商业游戏的可玩性和画面细致程度都是优于当前作战模拟系统的。因此,将游戏与军事训练相结合,其关键技术是"模型+引擎"。其中模型就是对各类军事行动的抽象描述,最基本的要求是可信,为达到这一目标需要有一系列的建模理论、开发方法和服务管理手段。而引擎是游戏技术的核心,它涉及界面设计、人机交互控制、网络传输、图形渲染、动画生成、声响处理等技术。在构造军事游戏时，游戏引擎中的大部分技术均可以基于商业游戏中使用的开源游戏引擎，而动画生成中所需要的动作序列规则由军事模型提供。

基于游戏的作战模拟训练系统的结构自下而上，可分为三层，如图 15-5 所示。

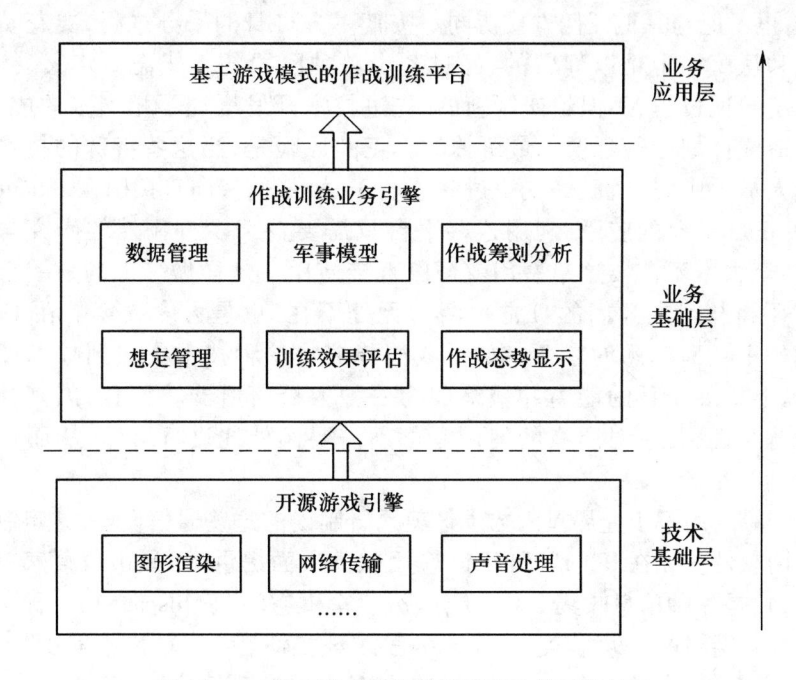

图 15-5 基于游戏的作战模拟系统的层次结构

在战术、战役和战略界限随科学技术发展日益模糊的今天，基于游戏的模拟训练易于布设，可随时随地展开。其中关键是要提供符合现有军事装备特性和军事规则的各类军事模型及其支持模型资源的共享与重用，模型的调用机制与服务机制都需要特定的设计。

15.2.4 技术融合的模拟训练

技术融合是将截然不同的技术、行业或装置融入一个统一的整体。随着融合程度的提高，可以直接将更新的技术引入到军事领域而改变封闭式、成本高昂、周期漫长的系统研发方式。以手持军事通信系统为例，美军曾经将军事采购过程与苹果公司的采购过程进行了对比，苹果公司只用了 24 个月来构思、研制、测试，就开始将 iPhone 手机投放市场，而"在国防部，24 个月之后，除了一份预算文件,我们还是两手空空。所以,苹果公司得到了 iPhone,我们只得到了预算。这是一种让人不能接受的交易。"

据美国国防高级研究计划局称,美军目前的大多数军用手持系统都是为单一的具体任务设计的,不适合通用的用途。例如,士兵的无线电台只有十分有限的数据能力,基本上没有多媒体能力,而且,目前的语言翻译装置既不能发送短消息,也不能与其他任何方式协同。按其军方自身的采办过程,要花费数年来完成和从事一个难以驾驭的、经过若干单独阶段的正式需求定义、技术开发和系统验证过程,不但给研制新的、先进技术开发增加了相当多的成本,而且还会造成计划上的延误。最可怕的真正的风险是,当这些特殊的技术在送到作战人员手中时,就已经变得过时了。于是,他们转向直接引入 iPhone、Android 和 iPad 平台的应用,利用这些平台只需要花费少许额外的研究与开发经费,甚至根本不需要这笔费用就可以直接使用。这样做带来的另一个好处是:因"手持技术在我们的日常生活中无处不在,也是大多数年龄在 19～25 岁之间的士兵最熟悉的东西。如果我们能够将这种技术集成到战术环境中来,它就能扩展士兵的能力并最终成为一种力量倍增器。"而且,因其社会化应用的普及性,几乎对所有的使用者都不需要额外地进行培训,从而达到灵活与速度的目标。

美陆军利用了工业界投入数十亿美元研制出的这些通信设备,并定制了专门的应用软件。如在 iPhone 和 iPad 应用软件方面提供了"硬币收藏家"(Coin Collector),是一种信息收集工具;还有就是"军事空间"(Milspace),一种结合了计划和社交网络的环境。美陆军在其官方科技博客"陆军技术实况"(Army Technology Live)中发布 iPhone 的应用软件(可以像苹果公司的 iTunes 商店免费下载那样获取)。2010 年 4 月,美国陆军引入了一种新的、名为"陆军一站通"(Army one‐source)的 iPad 应用软件。"陆军一站通"是陆军家庭与士气、福利与娱乐(MWR)司令部开发的,它的重要任务就是在军人海外部署或外出驻训时为他们与家庭之间的联系提供帮助。总之,"陆军一站通"应用软件是一种帮助美国陆军人员、他们的家庭、退休人员和老兵的多功能参考工具。通过激活这款 iPhone 或 iPad 应用软件,用户能够找到他们所在区域的所有陆军设施,包括从陆军消费合作社购物到医疗保健。

军事应用软件在 iPhone 和 iPad 上的融合无所不包,从训练到家庭准备工作组的社交网络,再到作战,使 iPhone 和 iPad 成为陆军最为心仪的东西。除了士气、福利与娱乐和训练应用软件之外,陆军认真研究了 iPhone 和 Android 在战斗行动中的用途。具有定制的军事应用软件、已经军事化的 iPhone 可以为战场上的士兵提供多种使用优势。首先 iPhone 能够为快速搜索和检索提供关键的数据(日程,装备和部队的状态,计划以及其他多得多的数据)。其次,智能手机(Smartphone)数据加载灵活,能够快速的将数据加载到一部手机,或从一部手机到多部手机,或从多部手机到多部手机,实现快速的命令更新。地图、静止的图像和视频报告都能够通过加载应用软件来进行发送。第三,智能手机还可以用作翻译器,满足非本土作战的需要。第四,更小型的、功能融合的数字式智能手机使用更加便捷。各种重要的作战信息,比如部队的位置、狙击手最新的瞄准目标、重点关注目标的位置都能够像美国电影《谍中谍4》所描述的场景那样被可视化地显示出来。由于当人们在对情况有足够认识时,处理问题将会变得更加容易,从而实现更快的态势感知和更迅速、更灵活的决策。

为了适应技术融合带来的变化,军事模型不再仅限于对军事领域问题的描述,其体系结构应该扩展到社会领域的相关问题,这样才能使作战模拟"模仿"的对象能够覆盖训练或作战领域中所有的实体与要素。因此,军事模型服务也应做出相应的调整与变化。

总之,为适应战争的复杂性和多变性,需要作战模拟系统能够快速适应需求变化,甚至是达到"零延时模拟"、"无条件模拟"的境界,即作战或训练对模拟系统要求的反应时间无限缩短、而适应需求的能力无限增长,可以随时随地应对任何模拟的要求。这对作战模拟系统的可扩展性和可动态组合性提出了新的挑战,要求模拟训练系统能够动态组合、灵活扩展,面向服务的军事模型资源共享与重用是解决这一问题的最好办法,而且实现的手段与方法在信息技术的支撑下会向更高的层次迈进。

参 考 文 献

[1] 王杏林,等. 概念建模[M]. 北京:国防工业出版社,2007.
[2] 王映辉. 软件构件体系结构—原理、方法与技术[M]. 北京:机械工业出版社,2009.
[3] 刘鹏,王立华. 走向军事网格时代[M]. 北京:解放军出版社,2004.
[4] 都志辉,陈渝,刘鹏. 网格计算[M]. 北京:清华大学出版社,2002.
[5] 冯玉琳,黄涛,金蓓弘. 网络分布计算和软件工程[M]. 北京:科学出版社,2004.
[6] 徐学文,王寿云. 现代作战模拟[M]. 北京:科学出版社,2001.
[7] 毛新生. SOA 原理·方法·实践[M]. 北京:电子工业出版社,2007.
[8] Abhishek Agrawal,Craig Donner,Neil Jones,Ritu Mahajan,A Perspective on Metacomputing,http://www. cs. ucsd. edu/classes/fa01/cse221/projects/group9. pdf[J/OL],Dec. 2001.
[9] 罗杰文. P2P:互联网时代的计算革命[J]. 计算机世界,2006.
[10] 徐光祐,史元春,等. 普适计算[J]计算机学报,2003.
[11] Eric Newcomer,Greg Lomow. Understanding SOA with Web Services 中文版[M]. 北京:电子工业出版社,2006.
[12] 毕长剑. 全军作战(联合)实验室军事模型仓储与管理系统技术报告[R],2003.7.
[13] 徐洸. 空军作战指挥学[M]. 北京:蓝天出版社,2000.
[14] 云翔,马满好,袁卫卫. 作战模型与模拟[M]. 长沙:国防科技大学出版社,2006.
[15] OpenLDAP;http://www. openldap. org.
[16] 张尧学,方存好. 主动服务—概念、结构与实现[M]. 北京:科学出版社,2005.
[17] Tim Bemers – Lee,J. Hendler,and O. Lassila,The Semantic Web,The Scientific American,May,2001.
[18] Uschold M,Gruninger M. OntoEogies:Principles. Methods and Applications[J]. The Knowledge Engineering Review,1996.11(2):93 – 155.
[19] Verma K,Sivashanmugam K,Sheth A,et al. METEOR – S WSDI:A Scalable Infrastructure of Registries for Semantic Publication and Discovery of Web Services. Journal of Information Technology andManagcment,2005,6(1):17 – 39.
[20] Massimo Paolucci,Takahiro Kawamura,Terry R. Payne,and Katia Sycara,Semantic Matching of Web Services Capabilities,In Proc. of the 1st International Semantic Web Conference(ISWC),2002,Springer Verlag,p333 – 347.
[21] Chakraborty D,Joshi A. Dynamic service composition;State – of the Art and reeearch directions[R] Department of Computer Science and Electrical Engineering. Uniuersity of Maryland,USA. http://www. cs. umbc. edu/dchakr1 /papers/tech_report_composition. ps. 2001.
[22] S. McIlraith and T. C. Son. Adapting Golog for composition of Semantic Web services. In Proceedings of the 8th International Conference on Knowledge Representation and Reasoning(KR2002),Toulouse,France,April 2002.

[23] D. McDermott. Estimated – regression planning for interactions with Web services. In Proceedings of the 6th International Conference on AI Planning and Scheduling,Toulouse, France, AAAI Press, 2002.

[24] B. Medjahed, A. Bouguettaya, and A. K. Elmagarnlid. Composing Web Services on the Semantic Web. The VLDB Journal, 12(4), November 2003.

[25] S. R. Ponnekanti and A. Fox. SWORD:A developer toolkit for Web service composition. In Proceedings of the 11th World Wide Web Conference, Honolulu, HI,USA, 2002.

[26] Using WSDL in a UDDI Registry,Version2.0.2. 2006. http://www.oasis-open.org/committees/uddi-spec/doc/tn/uddi-spec-tc-tn-wsdl-v20-20040631.htm.

[27] Paolucci Massimo, Kawamura Takahiro, Payne Terry R. Importing the Semantic Web in UDDLIn:Proceedings of Web Services,E–Business and Semantic Web Workshop,Toronto,Canada, 2002,225–236.

[28] http:J/www.gepsoft.com/gepsoft/APS3KB/Chapter08/Section2/SS07.htm, 2006.

[29] W3C. Web Service Choreography Interface (WSCI) 1.0. http:/lwww.w3.org/TR/wsci/, 2002.

[30] UN/CEFACT (Version 1.01) and OASIS. ebXML Business Process Specification Schema http:/lww.ebxml.org/specs/ebBPSS.pdf, 2001.

[31] Anis Charfi, Mira Mezini,Aspect–Oriented Web Service Composition with AO4BPEL,The 2nd European Conference on Web Services(ECOWS04),volume 3250 of LNCS, Springer, 2004.

[32] L. Baresi and S. Guinea, Towards Dynamic Monitoring of WS–BPEL Processes, the 3rd International Conference On Service Oriented Computing (ICSOCO5), 2005.

[33] 王庆波,金涬,何乐,等.虚拟化与云计算[M].北京:电子工业出版社,2010.

[34] 郑纬民.对等计算与广域网虚拟平台[J].中国计算机学会通讯.2009,8:58–61.

[35] 晓凡.服务器虚拟化、网络虚拟化及存储虚拟化释义[EB/OL].2008.2.http://cio.ctocio.com.cn/pinglun/385/7810885.shtml.

[36] IBM.追根溯源话虚拟,IBM虚拟技术大全[EB/OL].http://www-900.ibm.com/cn/itmanager/optimizeit/virtualizationworld/xpvw_01.shtml.

[37] Leonard J. Schiavone. Global Grid Architecture Concept[R]. The MITRE Corporation. 2004.

[38] Chervenak A, Deelman E, Foster I, et al. Giggle:a framework for constructing scalable replica location services, in Proceedings of the 2002 ACM/IEE conference on Supercomputing. IEEE Computer Press. 2002:1–17.

[39] Samar A, Stockinger H. Grid Data Management Pilot (GDMP):A Tool for Wide Area Replication, in IASTED International Conference on Applied Informatics (AI01), 2001:19–22.

[40] Kin S, Weissman J B. A genetic algorithm based approach for scheduling decomposable data grid applications, in International Conference on Parallel Processing (IC PP2004),2004.

[41] Song S,Kwok Y K,Hwang K. Security–Driven Heuristics and A Fast Genetic Algorithm for Trusted Grid Job Scheduliing,19th IEEE International Parallel and Distributed Processing Symposium. 2005:4–8.

[42] Wieczorek M, Prodan R, Fahringer T. Schedling of Scientific Workflows in the ASKALON Grid Environment. SIGMOD Record. 2005, 34(3).

[43] Ma T, Buyya R. Critical–Path and Priority based Algorithms for Scheduling Workflows with Parameter Swee PTasks on Global Grids, in 17th International Symposium on Computer Architecture and High Performance Computing. 2005:251–258.

[44] Joseph. Sifakis.计算机科学的愿景—系统发展观[J].中国计算机学会通讯.2012,3:11–18.

[45] 曹健.网络计算时代的工作流技术[J].中国计算机学会通讯.2011,1:57-61.
[46] 汤庸,李建国,陈国华,黄晋等.万维网信息服务的协同软件[J].中国计算机学会通讯.2010,12:21-23.
[47] 卢日敦,顾宁.多种协同方式集成的一致性维护[J].中国计算机学会通讯.2010,12:15-20.
[48] Venugopal S, Buyya R, Ramamohanarao K. A taxonomy of Data Grids for distributed data sharing, management, and processing. ACM Computeing Surveys (CSUR). 2006, 38(1).
[49] Bester J, Foster I, Kesselmen C, et al, GASS: a data movement and access service for wide area computing systems, inProccedings of the sixth workshop on I/O in parallel and distributed systems. ACM Press New York, NY, USA. 1999:78-88.